유대인의 고난의 역사교육

현용수의 고난교육신학 2

IQ·EQ 박사 현용수의 유대인의 자녀교육
《IQ는 아버지 EQ는 어머니 몫이다》 총서 ㊱ : 쉐마교육 시리즈 19

유대인의 고난의 역사교육 (현용수의 고난교육신학 2)

초판	1쇄 2015년 4월 6일
지은이	현용수
펴낸이	현용수
펴낸곳	도서출판 쉐마
등록	2004년 10월 27일 제315-2006-000033호
주소	서울시 강서구 공항대로71길 54 (염창동, 태진한솔아파트 상가동 3층)
전화	(02) 3662-6567
팩스	(02) 2659-6567
이메일	shemaiqeq@naver.com
홈페이지	http://www.shemaIQEQ.org
총판	한국출판협동조합(일반) (070) 7116-1740 소망사(기독교) (02) 392-4232

Copyright ⓒ 현용수(Yong Soo Hyun), 2015
본서에 실린 자료는 저자의 서면 허가 없이 복제를 금합니다.
Duplication of any forms can't be published without written permission.

ISBN 978-89-91663-64-0

값 25,000원

돌섬 쉐 마 는 무너진 교육을 세우기 위한 대안으로
인성교육과 쉐마교육의 원리와 실제를 연구하여 보급합니다.

이 책을 나를 위해 돌아가신 우리 주 예수 그리스도와
아버님 없이 5남매를 눈물로 키워 주신 고(故) 이순례 어머님
그리고 나를 키워주신 큰 형수님(곽정남)과 나의 소중한 아내 현복희,
세 여인들에게 바칩니다.

> **옛**날을 기억하라 역대의 연대를 생각하라
> 네 아비에게 물으라 그가 네게 설명할 것이요
> 네 어른들에게 물으라 그들이 네게 이르리로다.
>
> (신 32:7)

유대 민족은 이스라엘을 다시 위엄 있는 강한 독수리 국가로 만들었다. 사진은 이스라엘 군인들이 이스라엘 의회(Knesset) 앞에 있는 메노라 앞에서 결의를 다지는 모습. 메노라는 이스라엘을 상징한다. 출처: *The Times of Israel*, June 26, 2013.

그러나 전쟁은 아직도 계속되고 있다. 1979년 이스라엘 총리 베긴과 아랍의 대표 이집트의 사다트 대통령이 미국의 지미 카터 대통령의 중재로 미국의 데이빗 캠프에서 평화협정을 맺은 후 환하게 웃는 장면. 출처: Peace, SBS publishing, Inc. 1979..

유대인은 각 명절마다 자녀는 아비에게 질문하고 아비는 답변하며 과거의 역사를 전승한다. 사진은 아버지와 자녀들이 초막절을 지키며 이 절기의 유래에 관하여 질문하고 답변하는 모습

한국 교회는 순교자들의 피 위에 세워졌다. 우리는 그들의 피의 고난을 잊으면 안 된다. 사진은 위대한 순교자 주기철 목사

한국 기독교인도 유대인처럼 승리의 날보다 치욕의 날을 더 기억해야 한다. 사진은 조선일보에 실렸던 조선예수교장로회 임원들의 신사참배 광경

하나님은 이스라엘의 죄를 잊으셨나? 아니다. 기억하셨다. 사진은 이스라엘 백성이 광야에서 금송아지를 만든 후 축제를 벌이는 모습. 하나님은 그들의 이 전과기록을 기억하시어 몇 번이나 경고의 메시지로 사용하셨다.

"네 원수를 사랑하라"는 계명은 원칙적으로 개인에게 적용된다. 국가는 국민을 보호하기 위해 외적을 응징 할 책임이 있다. 따라서 미국의 부시 대통령이 뉴욕의 쌍둥이 빌딩을 테러한 오사마 빈 라덴에게 끝까지 책임을 물어 응징한 것은 옳다. 사진은 빈 라덴이 주도한 테러로 화염에 휩싸인 쌍둥이 빌딩. 2001년 9월 11일.

차 례

서평
- '광야의 고난'을 교육신학적으로 예리하게 분석하고 정리한 책 · 25
  - 김의원 박사 (전 총신대 총장, 구약학)
- '고난교육'의 역사신학적 의미를 '용서와 기억의 신학'에서 찾은 필독서 · 28
  - 김진섭 박사 (백석대 서울 부총장, 구약학)

저자 서문: 《고난교육신학서 제2-3권》을 출간하면서 · 32
IQ-EQ 총서를 발간하면서: 무너진 교육의 혁명적 대안을 찾아서 · 52

제2부
이스라엘의 건국 과정과 국가관

제1장
이스라엘과 이방 나라는 건국 과정이 다르다

I. 이스라엘이 건국되는 과정
　1. 이방 나라들은 땅을, 이스라엘은 사람을 중심으로 건국되었다 · 64
　2. 이방 나라들은 사람이, 이스라엘은 하나님이 건국하셨다 · 68
II. 이스라엘의 국가관과 이방 나라의 국가관의 차이 · 74
III. 이스라엘은 하나님이 낳으신 국가 · 85

제2장
가나안에 대한 영적 해석

I. 이스라엘의 국가관이 기독교인에게도 적용되는 이유 · 90
II. 가나안 정복의 뜻: 유대인과 기독교인의 동일성
　1. 유대인이 가나안을 얻었던 방법: 믿음 있는 유대인의 5가지 특징 · 92
　2. 기독교인이 가나안(천국)을 얻는 방법:
　　믿음 있는 기독교인의 5가지 특징 · 96

제3장
이스라엘 건국 과정과 건국 후
가나안에 관한 난해한 질문들과 답변

I. 하나님이 가나안 땅을 빼앗아 유대인에게 주신 것은 윤리적으로 옳은가?
   1. 질문 1: 하나님은 왜 사랑의 하나님이신데 가나안 일곱 족속이 살고 있는 가나안 땅을 빼앗아 유대인에게 주셨는가? · 102
   2. 질문 2: 하나님이 유대인에게 가나안 땅을 주셨을 때, 왜 그 땅에 거주했던 원주민을 협상 없이 모두 잔인하게 죽이라고 명령하셨는가? 가나안 원주민도 비록 죄인이긴 하지만 하나님이 창조하신 사람들인데, 그들에게도 요나서의 니느웨 사람들에게처럼 회개할 수 있는 기회를 줄 수도 있지 않았겠는가? · 103
   3. 질문 3: 하나님은 가나안 원주민을 죽일 때, 왜 죽일 사람으로 하필 하나님의 선민인 유대인을 선택하셨는가? 다른 이방 민족들을 이용해 죽일 수도 있지 않았겠는가? 더구나 죽일 때는 왜 불쌍히 여기지 말고, 모두 죽이라고 하셨나? · 104
   4. 기독교인에게 적용
      A. 기독교인은 강하고 담대해야 한다 · 112
      B. 미국과 이스라엘의 유사점
         1) 미국과 이스라엘의 건국 목적과 과정의 유사점 · 113
         2) 1달러 지폐에 나타난 미국의 성경적인 국가관:
            독수리의 양 발톱 - 올리브와 화살 · 116
      C. 가나안을 나 개인에 비유 · 120

II. 가나안 정복 이후 이스라엘 상황을 기독교인에게 적용:
   성도의 몸을 가나안으로 비유
   1. 질문 1과 기독교인에게 적용
      A. 질문 1: 가나안 원주민의 힘이 커지면 틈틈이 이스라엘 백성들을 괴롭혀 평화를 잃을 때가 많았다. 이스라엘은 언제 평화를 누렸고 언제 평화를 잃었는가? 그리고 왜 그랬는가? · 122
      B. 기독교인에게 적용 · 126
   2. 질문 2와 기독교인에게 적용

A. 질문 2: 가나안 원주민이 이스라엘 백성을 꾀어서 여호와 하나님을 배신
　　　　하고 자신들의 신을 섬기게 했다. 왜 그랬는가? 그리고 그 결과는
　　　　어떻게 되었는가? · 130
　　B. 기독교인에게 적용 · 131

제4장
요약 및 결론

제3부
유대인의 고난의 역사신학

제1장
유대인의 신구약 시대 고난의 역사와 고난의 이유

I. 구약시대의 고난의 역사 · 154
II. 신약시대의 고난의 역사
　　1. 신약시대의 고난의 역사 · 157
　　2. 시오니즘(Zionism)과 이스라엘의 회복 · 161
　　3. 4000년 동안 살아남은 유대인의 생각 · 166
III. 신약시대 유대인이 고난(미움)을 당한 이유
　　1. 반유대주의는 기독교인의 편견 때문이다 · 169
　　　　A. 구약성경에 나타난 유대인은 목이 곧은 민족이라는 편견 · 170
　　　　B. 유대인의 견해 · 170
　　　　C. 유대계 기독교인의 견해 · 171
　　　　D. 기독교가 유대인 교육을 배척한 이유 · 172
　　　　E. 비기독교인의 견해 · 173
　　2. 종교개혁자 마틴 루터의 편견 · 174
　　3. 유대인을 미워하여 잃은 것들 · 180
　　4. 유대인이 거할 땅은 가나안뿐이다 · 182
IV. 유대인의 인사법과 한국인의 인사법 차이
　　1. 유대인의 인사법 · 187

2. 한국인의 인사법 · 191

제2장
유대인의 고난의 역사신학
<신명기 32:7절을 중심으로>

[저자 주: 본 내용은 저자의 저서 《잃어버린 구약의 지상명령 쉐마》 (쉐마, 2009) 제1권 제2부 제3장 '아브라함이 지상명령을 실천한 방법'(3대 가정교육신학의 효시) 중 II. '자녀나 손자들은 윗세대에게 질문하라'(신 32:7 강해)와 III. '과거를 가르치는 부모와 배우는 자녀의 유형'을 수정증보하고 더 많은 항목을 첨가하여 쉐마교육학회 제10회 하계논문발표회에서 '역사 전수를 위한 부모와 자녀의 유형 연구'(신명기 32:7절을 중심으로)라는 제목으로 발표했다. 이에 몇 가지 항목을 더하여 싣는다.]

I. 서론
  1. 연구의 목적 · 202
  2. 본문의 역사적 및 교육적 배경 · 204
II. 기억의 신학
  1. 인간의 본성과 유대인의 특성
    A. 인간의 본성 · 209
    B. 유대인의 특성
      1) 유대인은 수치의 역사를 기록하여 가르친다 · 212
      2) 하나님이 유대인에게 명하신 여섯 가지 기억할 사건들 · 215
      3) 한국인에게 적용: 무엇을 기억해야 하나 · 217
      4) 하나님이 출애굽 사건을 기억하라고 하신 목적 · 222
      5) 유대교는 기억함의 신학이다 · 226
      6) 한국인에게 적용: 역사 모르는 한국인(?) · 231
  2. "과거를 기억하라"의 의미
    A. 과거를 기억해야 할 사람 · 233
    B. '옛날'과 '역대의 연대'와의 차이 · 236
    C. '기억하라'의 의미
      1) 사전적인 의미 · 238
      2) 가정신학적인 의미 · 241

D. '기억하라'와 '생각하라'의 차이: IQ자녀와 EQ자녀의 차이 · 244
        III. 유대인의 역사와 이방인의 역사의 차이
            1. 유대인의 역사 자체가 하나님의 말씀이다 · 248
            2. 유대인이 토라를 따끈따끈한 조간신문처럼 읽는 이유
                (왜 유대인은 과거를 현재로 적는가) · 254
        IV. 질문과 설명을 통한 기억의 방법
        (저자 주: Ⅵ.항과 Ⅴ항은 제4부 제1장에 필요한 내용이나 본 연구에도 필요하여 여기에 연이어 싣는다)
            1. 자녀는 질문을, 부모는 설명하라 · 259
                A. '네 아비'와 '네 어른'의 차이 · 260
                B. '설명하다'와 '이르리로다'의 차이 · 265
            2. 역사의 사건을 생각하는 자녀의 7가지 유형 · 268
        V. 과거를 가르치는 부모와 배우는 자녀의 유형
            1. 과거를 가르치는 부모의 네 가지 유형 · 273
            2. 부모의 과거에 대해 질문하는 자녀의 네 가지 유형 · 278
            3. 요약 및 결론 · 282
        Ⅵ. 요약 및 결론 · 285

제3-1장

용서와 기억의 신학 1
(개인과 개인 사이)

Ⅰ.문제 제기 · 292
Ⅱ. 용서의 유익
    1. 가해자의 죄를 용서해야 하는 이유 · 296
    2. 가해자의 잘못을 무조건 용서해야 하는가 · 299
    3. 가해자가 회개하지 않을 경우 할 수 있는 네 가지 방법 · 302
Ⅲ. 기억의 유익
    1. 갑의 입장에서 기억의 유익
        A. 하나님(갑)은 용서한 죄를 기억하시지 않는가? · 307
        B. 하나님(갑)은 왜 이스라엘의 죄를 기억하시는가 · 310

C. 하나님은 이스라엘과 변론하실 때 왜 법적 용어를 사용하셨는가 · 314
　　　D. 유대인 중에 증거 수집과 변론에 능한 법조인이 많은 이유 · 317
　　　E. 용서한 죄는 기억치 않겠다는 하나님의 말씀은 틀렸는가 · 320
　　　F. 성도는 용서한 죄를 기억치 않겠다는 하나님의 말씀을
　　　　 어떻게 적용해야 하는가 · 323
　　　G. 갑의 입장에서 기억의 유익 · 325
　　2. 을의 입장에서 기억의 유익
　　　A. 하나님이 나(을)의 죄를 기억하라고 하신 증거 · 328
　　　B. 을의 입장에서 기억의 유익: 하나님이 죄를 기억하라고 하신 이유 · 330
　IV. 예수님이 가르쳐 주신 '용서와 기억'의 신학
　　1. 예수님(갑)과 향유를 부은 여자(을) · 332
　　　A. 예수님이 성도들에게 과거 죄를 기억하라고 하신 이유 · 333
　　　B. 갑에 대한 보답은 용서받은 죄의 양에 비례해야 한다 · 340
　　2. 빚 주는 사람(갑)과 빚진 자(을)의 비유
　　　A. 임금 vs 만 달란트 빚진 종과 백 데나리온 빚진 종 · 345
　　　B. 을이 갑에게 보답하는 두 가지 방법 · 347
　　　C. 많이 탕감 받은 자가 동료의 빚을 탕감하지 못한 3가지 이유 · 349
　V. 용서의 심리학 · 352
　VI. 요약 및 결론 · 354

제3-2장

용서와 기억의 신학 2
(국가와 국가 사이)

[저자 주: 여기에 싣는 내용은 저자의 저서 '현용수의 인성교육 노하우'(동아일보, 2009) 제4권 제7부 '한국인의 세계관: 다문화 속의 인성교육(해외동포의 바른 자녀교육법)' 중 꼭 필요한 일부만 수정증보하여 싣고 나머지는 중복을 피하기 위하여 목차만 소개한다. 특히 제7부 제2장에는 한국인의 다문화권에서의 동화의 원리는 유대인의 동화의 원리를 들어 제세히 설명했다.]

　I. 세계화의 원리: 다문화권에서 동화의 원리

1. 다문화권에서 사랑의 우선순위 · 364
   2. '사회구조에의 동화'와 '문화에의 동화' 원리
      A. 유대인의 동화 모델 원리 · 369
      B. 한국인에게 적용(한국인의 동화 모델) · 374
II. 국수주의의 위험성과 샐러드 볼 이론
   1. 기독교인과 비기독교인의 민족주의의 차이점 · 381
   2. 다문화 속에서 함께 사는 샐러드 볼 이론 · 383
   3. 국수주의는 세계 평화의 적이다 · 388
   4. 독일과 일본의 다른 점을 기억하자 · 391
III. 올바른 국가관: 이웃과 이웃 사이, 국가와 국가 사이의 차이점
     (국가관의 시각에서 9·11 테러 후 미국의 대응은 옳았나) · 398

[저자 주: 저자의 저서 '현용수의 인성교육 노하우'(동아일보, 2009) 제4권제7부는 중복을 피하기 위하여 목차만 소개한다.]

제7부
한국인의 세계관:다문화 속의 인성교육
(해외동포의 바른 자녀교육법)

제1장
문제 제기: 지구촌에서 더불어 살아야 하는 한국인

Ⅰ. 서론
  1. 왜 한국인은 세계화와 다문화권을 생각해야 하는가?
  2. 한국의 전통문화는 종교성에 어떠한 영향을 주는가?
Ⅱ. 연구를 위한 질문

제2장
다문화 속의 인성교육:
한국인의 세계화 원리와 다문화권에서 동화의 원리

Ⅰ. 세계화의 원리 1: 지구촌 발전과 한국인의 세계화 원리와 방안
  1. 보편적 세계화의 원리: 인류를 위한 지식의 세계화와 복지의 세계화
  2. 한국인의 세계화 원리 1: 내 것을 가꾸어 세계화하라
  3. 한국인의 세계화 원리 2: 남의 것도 내 것으로 승화시켜라
  4. 한국인의 세계화 원리 3: 언어학적 측면에서 본 세계화
    (유대인은 자녀에게 몇 가지 언어를 가르치나)
    A. 유대인의 언어 정책과 한국에서 한자 병용의 필요성
    B. 교육학적 측면에서 본 한자 병용의 필요성
  5. 한국인의 세계화, 그 문제점과 해결책
  6. 유대인은 민족 형성 과정부터 세계화에 유리하다
Ⅱ. 세계화의 원리 2: 다문화권에서 동화의 원리(유대인의 동화 모델)
  1. '사회구조에의 동화'와 '문화에의 동화' 원리
  2. 유대인은 소화가 안 되는 민족이다
  3. 미국 코리안 아메리칸의 이상적인 동화 모델
    (나는 미국에서 미국인으로 살아야 하는가, 한국인으로 살아야 하는가)
  4. 다문화 속에서 성경적 동화 모델(예수님과 바울의 예)

제3장
코리안 디아스포라 2세의 인성교육

I. 코리안 디아스포라 2세가 부모 세대를 섬기게 하는 방법
   1. 먼저 한국인으로 키워라: 문화는 신앙을 담는 그릇이다
   2. 한국인 기독교인으로 키우려면 4단계 교육을 시켜라
   3. 각 인종도 성숙한 기독교인으로 키우려면 4단계 교육을 시켜라
   4. 적용 사례
      A. 적용 사례 1: 한국 기독교에도 유대인 같은 교육의 형식이 있었다
      B. 적용 사례 2: 서양의 위인보다 한국의 위인을 먼저 가르쳐라
II. 왜 부모는 자녀에게 족보를 가르쳐야 하는가
   [질문 1] 인간에게 왜 족보교육이 필요한가?(왜 한국인 기독교인도 자녀에게
        족보교육을 해야 하는가?)
   1. 윤리학적 답변
   2. 종교심리학적 답변
   3. 신학적 답변
   [질문 2] 유대인은 아브라함의 조상으로 선민의 족보를 잘 가르칠 수 있지만,
        한국인은 기독교 역사가 짧아 위의 조상들이 모두 우상숭배자들이었는데,
        어떻게 그들의 족보를 가르칠 수 있는가?
   [질문 3] 자신의 족보가 다른 성씨보다 자랑스럽지 못해도 가르쳐야 하는가?
   [질문 4] 족보가 없는 사람은 어떻게 해야 하는가?
   [질문 5] 바울은 그리스도를 안 이후 자신의 자랑스러운 족보를 배설물처럼
        여겼다고 말했다(빌 3:8). 그런데도 왜 족보교육이 필요한가?

제4장
한국인 기독교인은 예수님을 안 믿는 동족보다
예수님을 믿는 타인종을 더 사랑해야 하는가

I. 문제 제기
   1. 한인 1세들의 강한 민족주의
   2. 한인 2세들의 약한 민족의식
II. 예수님의 동족, 유대인 사랑의 예
   [질문] 예수님은 동족인 유대인과 이방인 중 누구를 더 사랑하셨는가?

III. 정통파 유대인 바울의 동족 사랑의 예
　　[질문] 정통파 유대인이었던 바울은 비기독교인 유대인과 기독교인인 헬라인이나 로마인 중 누구를 더 사랑하였는가?

제5장
대한민국 국민의 민족관과 국가관 그리고 세계화

I. 사랑의 우선순위
II. 국수주의의 위험성과 샐러드 볼 이론
　1. 기독교인과 비기독교인의 민족주의의 차이점
　2. 다문화 속에서 함께 사는 샐러드 볼 이론
　3. 한국인의 국제결혼 열풍, 세계화에 도움이 되는가?
　　　A. 문제 제기: 한국에 급증하는 외국인 이주자들, 이대로 좋은가?
　　　B. 이스라엘의 다문화 사회 대처 방법
　　　C. 한국의 급속한 다문화 사회, 어떻게 대처해야 하나?
　4. 국수주의는 세계 평화의 적이다
III. 대한민국 국민의 민족관과 국가관
　1. 올바른 국가관: 이웃과 이웃 사이, 국가와 국가 사이의 차이점
　　(국가관의 시각에서 9·11 테러 후 미국의 대응은 어느 것이 옳은가)
　2. 한국인은 왜 미국 편에 서야 하는가
IV. 분단 상황에서 대한민국 국민의 국가관과 대북관계
　1. 왜 한국의 국가 정체성이 흔들리는가
　2. 성공한 대한민국의 건국과 정체성: 보수 한국인의 국가관이 옳은 이유
　3. 흔들리는 한국인의 국가관을 바로잡을 논리
　　　A. 한국은 '민족 사랑'과 '대한민국 국가를 지키는 것' 중 어느 것이 우선인가
　　　B. 한국은 '남북통일'과 '대한민국 국가를 지키는 것' 중 어느 것이 우선인가
　　　C. 통일은 언제 해야 하는가
　　　D. 전후 한국에 50년간 평화와 유지된 것은 햇볕정책 때문인가
　4. 유대인의 시각에서 본 북한의 인권
　5. 역사의 심판은 반드시 온다

제3권의 목차(근간예정)

제3부 유대인의 고난의 역사신학

제4-1장 고난의 역사교육, 왜 필요한가: 인성교육학적 입장
I. 고난의 역사교육은 정체성을 갖게 하는 수직문화다
II. 역사 속에서 살아남은 유대민족의 특성
III. 결론: 랍비의 증언 - 유대인은 문화를 지니고 다녔다

제4-2장 고난의 역사교육, 왜 필요한가: 신학적 입장
<유대인이 고난의 역사를 기억하는 이유>
I. 절망 건너편에 반드시 희망이 있다
II. 유대인이 고난의 역사를 기억하는 이유
III. 한국인 2세 교육에 적용
IV. 유대인의 키두쉬 하솀과 순교 정신
V. 결론

※ 〈저자주: 제4, 5, 6, 7부는 미완성임〉

제4부 유대인의 고난의 역사 교육 방법
제1장 자녀들은 질문하고 아비는 설명하라
제2장 절기 교육
제3장 고난의 역사 현장 교육
제4장 고난의 역사 박물관 교육
제5장 고난의 역사를 기억하게 하는 교육 방법의 창안

제5부 유대인의 고난의 역사 교육 방법
I. 하나님은 왜 인간에게 고난을 주시나
II. 고난이 주는 유익: 왜 인간에게 고난이 중요한가
III. 인간과 하나님의 자녀를 출세시키는 법의 차이

제6부 한국인과 유대인의 유사성
I. 한국인의 선비 사상
II. 한국인에 맞는 기독교 교육 철학을 정립해야 한다
III. 한국의 최근대사(이스라엘과 한국의 비교)

제7부 결론 및 에필로그

부록

부록 1 쉐마지도자클리닉 참석자들의 증언

- 유대인 현장 체험은 맹인이 눈뜨고 세상을 보는 것과 같았습니다 · 408
  - 김용택 목사 (온세계교회)
- 금맥을 발견한 환희, 어떻게 표현할지 몰라 · 411
  - 윤옥순 선교사 (중국 선교사)
- 쉐마전도사로 만드신 하나님의 징계 · 414
  - 양주성 목사 (전 백석문화대 교수)
- 교회학교 문제의 근본 해결을 찾았다 · 427
  - 이병두 목사 (부산 수영로교회 유년부 담당)
- 쉐마교육이 없었다면 까칠한 사춘기에 짧은 치마입고 망가졌을 겁니다 · 433
  - 백하림 학생 (초등 5년, 새빛충신교회)

부록 2 국악 찬양 · 435

부록 3 쉐마 십계명 · 446

참고자료(References) · 456

랍비 강의
- 거짓말을 해서는 안 된다. 그러나 진실도 말해서는 안 되는 것이 있다 · 72
- 애정의 편지 · 84
- 두 시간의 길이 · 137
- 무엇을 위해 달려가는가? · 220
- 열이란 숫자 · 306

쉬었다 갑시다
- 유대인의 기부금 나누는 방법 · 289

토막 상식
- "이슬람 뭉치나" 美-이 긴장…말聯 57개국 정상회의 개막 · 110
- 승자없는 전쟁, 가자의 비극 · 145
- '홀로코스트' 생존자 비젠탈 사망 · 239
- 재외동포 정책과 '검은 유대인' · 359

생각하며 갑시다
- '유대인을 가스실로' 유럽에 다시 부는 반유대주의 · 178
- 이스라엘은 왜 가혹하게 대응하는가 · 185
- 행복 십계명 · 190
- 너희가 가난과 전쟁을 아느냐 · 194
- 외국인 6000여명에게 '한국'하면 떠오르는 것 물었더니… · 197
- 한국이 세계에서 가장 뛰어난 점 · 198
- 일본에 선의로 접근한 노무현, 독도로 뒤통수 친 일본 · 229
- 이미한 양, 부시 앞에서 '일제 만행' 에세이 읽어 · 377
- 독일인 친구의 충격적인 고백 · 393
- 우리가 선진국 독일에서 보고 배워야 할 점들 · 395

Los Angeles Times

SATURDAY, JULY 13, 2002   Religion

'We have to learn the secrets of the Jews.'
The Rev. Yong-Soo Hyun

LORI SHEPLER / Los Angeles Times

The Rev. Yong-Soo Hyun, left, who has immersed himself in the study of Orthodox Judaism, meets with Rabbi Yitzchok Adlerstein at a Shabbat meal.

Taking a Cue From Jews' Survival

Culture: Minister studies Orthodox Judaism to teach Korean Americans how to educate children, help churches thrive.

By TERESA WATANABE
TIMES STAFF WRITER

The Rev. Yong-Soo Hyun says God called him to abandon a well-paying engineering career 20 years ago in favor of Christian ministry.

So what is he doing shepherding a group of Korean visitors around Southern California to attend a Shabbat dinner, an Orthodox Jewish temple and a lecture by a Jewish rabbi on how to keep children holy?

Hyun, 53, may be the biggest booster of traditional Jewish education in all of Korean America.

It is, he tells you, the antidote to the loss of cultural identity and religious grounding he sees in successive generations of Koreans here.

So the minister now writes books, conducts tours and has even opened the Shema Education Institute to teach Koreans the Jewish "secrets of survival."

"For Korean churches to survive in America, we have to successfully pass down the word of God from generation to generation, just as Jews have done since the time of Moses," said Hyun, a short, dynamic man with an easy grin. "We have to learn the secrets of the Jews."

Hyun, who immigrated to the United States in 1975 at age 26, says he sees several parallels between Korea and Israel.

Both, he says, are small nations surrounded by large and sometimes menacing neighbors.

Both, he says, prospered when their people honored God and became imperiled when they did not. The Israeli captivity in Babylonia, he says, mirrors the Korean colonization by Japan.

His fascination with traditional Judaism was sparked 12 years ago, when he was a doctoral student at Biola University. He was studying the philosophy of Christian education and wrote a term paper comparing secular education with traditional Jewish education.

What struck him, he says, was the way Jewish education seemed to produce children who were intellectually excellent, honed through hours of Torah training and Socratic-style questioning, as well as religiously pious and morally grounded.

Traditional Jews also seemed to keep family ties strong, with fewer generation gaps than he says he found in his own community, and low divorce rates.

Persistence Pays Off

Trying to learn more about Jewish religious education, however, wasn't easy. He called the Orthodox Yeshiva University in Los Angeles but says he was told it was not open to non-Jews. He called again and was told the same thing. The third time, he said he began to argue with the rabbi on the other end:

"Why do you want to hide? God gave the Torah not just for you but also to shine for all nations. If you teach me the secrets of survival, how to keep your children holy, I will teach this to the Koreans. This will be good for you and good for God!" Hyun said he told the rabbi.

There was a pause. Then the rabbi gave him the name and number of Rabbi Yitzchok Adlerstein, a professor of Jewish law at Loyola University and prominent member of the Orthodox community known for reaching out to non-Jews.

Hyun called Adlerstein, who immediately invited him to his home for Shabbat dinner. Even better, Hyun said, Adlerstein agreed to guide his research into Jewish education.

"He allowed me to attend his Talmudic teachings," Hyun said. "He invited me to all of the ritual meals—the Passover Seder, Sukkot, Rosh Hashana. I asked so many questions and he answered them all."

The Shabbat meal, in particular, left a lasting impression, Hyun says. He was moved by the way the family sang a ritual song of praise to Adlerstein's wife—a contrast, he says, with an old Korean saying that the "three dumb things" a man must not do are praise his wife, his children or himself. He was touched by the way Adlerstein blessed each of his children.

And he was impressed at the way Adlerstein taught his children the Torah, quizzing them on passages, never spoon-feeding answers but asking more questions to stimulate their critical thinking skills and creative intellects.

For his part, Adlerstein said he initially thought the idea of a Korean Christian minister wanting to learn about Orthodox Judaism seemed "a little odd."

Although traditional Jews don't believe Judaism was meant for the world—they do not proselytize and often discourage would-be converts—Adlerstein was willing to guide Hyun.

"Our attitude generally as a community is that when you're enthusiastic about God and his teachings, you have a gift that you want to share with any well-intentioned person," he said.

Armed with his experiences, Hyun was ready to try the techniques on his four sons at home. He announced that, like Adlerstein, he would no longer allow them to watch TV. Instead, three evenings a week he would teach them the Bible.

The reaction? "They rejected it all," Hyun said, laughing.

After too many nights of arguments, Hyun got them interested in Bible studies by asking them to take turns preaching. But more than the intellectual training, Hyun said, it was his mimicry of Jewish expressions of family love that seemed to bring the most dramatic results.

Praise for His Wife

For the first time, Hyun says, he began praising his wife as he had seen his Jewish mentor do. He took her to Malibu at night, and strolled around the waterfront. He began washing the dishes and taking his wife on his travels. Before, he said, their marriage was characterized by "no romance—just orders" to her from him.

For the first time, he gathered his sons around to bless them. He asked God to bless them with wisdom, prosperity, leadership and the light of the gospel. "I cried, and they cried," he said.

From then on, he says, his family life dramatically improved. "Judaism showed me patience and how to lead children by wisdom and not authoritarianism. Now our family friendship has recovered."

Eager to share his experiences with other Koreans, Hyun has written a book on Jewish religious education that has sold more than 120,000 copies.

Hyun writes that Jewish fathers develop a child's IQ through Talmudic teachings, while mothers nurture their "EQ," or emotional quotient, with their maternal love—a thesis Adlerstein himself rejects in favor of viewing both parents as responsible for nurturing both aspects.

Experiencing Judaism

Hyun also figures he's reached 300,000 other Koreans in his tours on Jewish education at various seminars and conferences around the world.

And he says he has brought at least 150 people to Los Angeles to experience traditional Judaism firsthand in visits to synagogues and Friday night Shabbat dinners.

During one recent tour, Hyun led a group into the Beth Jacob congregation on Olympic Boulevard, wearing a traditional Korean jacket and a Jewish yarmulke.

After Sabbath prayers, Rabbi Shimon Kraft fielded a stream of lively questions: Why do you wear a head covering? Why do you wear a beard? Why kiss the door? Why do men shake when they pray? Why do you have two pulpits? Do you evangelize?

Finally, someone asked: "We've learned about Jews, but what do you think about Koreans?"

Kraft gave the crowd a broad smile.

"They are bright, hard-working, studious—just like Jewish people," he said. "We seem to share a lot of the same values."

THE JEWISH JOURNAL
OF GREATER LOS ANGELES

Judaism by Example

Koreans study Jewish family values, traditions and history as secrets to longevity.

by JULIE GRUENBAUM FAX, Senior Writer

Thirty-five Korean ministers and professors visited the Los Angeles Jewish community last week, sitting in on high school Torah classes, attending morning prayers, joining a Shabbat meal and studying Jewish texts with local rabbis.

All devout Christians, these students of Judaism hailed not only from South Korea, but also from Korean communities in Russia, China, South America, Canada and across the United States.

They were not interested in converting to Judaism or in proselytizing Jews, but rather were here to learn the secret to Judaism's survival.

"Jews successfully conveyed the Torah, the traditions, the history — especially the history of suffering — and the family values based on Torah for 3,000 years with no generation gaps," said the group's leader, Yongsoo Hyun. "The Christian people lost the value of how to raise children who are holy. We are recovering that history to spread it all over the world."

Hyun, 62, a Presbyterian minister and professor who moved to the United States in 1975, has spent the last 18 years studying the Jewish community and spreading his Jewish gospel from his Mar Vista-based Shema Education Institute.

This is the ninth annual tour of Los Angeles Hyun has led, the culminating event of a three-semester course attended by 400 students each year at locations around the world. Hyun says 3,000 Koreans have graduated his class, paying $350 a semester, and he believes about 3 million people have been affected by his teachings through seminars led by his disciples or by reading one of his 22 books on Judaism, which have sold hundreds of thousands of copies in South Korea.

Hyun focuses on family, jumping off the biblical idea of keeping three generations together — as in Abraham, Isaac and Jacob, or the Torah's refrain of "you and your children and your children's children."

But some Jews might not recognize the Judaism Hyun teaches. He speaks of a Judaism with intact families and no faulty transmission lines between parent and child. He speaks of Jewish Nobel laureates gaining their wisdom through Jewish studies, though most did not have a Jewish education.

Yongsoo Hyun

His understanding of Judaism derives almost exclusively from observance of Orthodox families and studying with traditional rabbis. He believes the father is primarily responsible for transmitting texts and traditions to children, with the mother being responsible for the family's emotional well-being and helping the father.

"I don't get high grades in modern feminist literature, but I don't think this division of labor is clear cut. Both parents contribute appreciably to both the intellectual and the emotional training of their children," said Rabbi Yitzchok Adlerstein, who has been Hyun's mentor. "It is partially Dr. Hyun's reaction coming from a very man-centered society, where these divisions of labor still exist, and he thinks he spots them in traditional Judaism, but I don't see them in my home or in my community."

Adlerstein, a professor of Jewish law and ethics at Loyola Law School, said Hyun is as loyal a friend as the Jewish community and Israel will find, as well as a personal friend. Hyun pursues Jewish knowledge assiduously, and he knows more about Jewish texts and traditions than most Jews.

The visitors to Los Angeles, many of whom brought their families, toured the Museum of Tolerance, Beth Jacob Congregation in Beverly Hills, the Skirball Cultural Center, American Jewish University and YULA Boys High School and went on a shopping spree at 613 The Mitzvah Store before participating in a commencement ceremony at the JJ Grand Hotel in Koreatown at the end of their weeklong stay.

Koreans often compare themselves to Jews — a beleaguered people from a small country surrounded by enemies, which is, like ancient Israel, divided in two. Their brothers in North Korea are persecuted, while millions of Koreans in the Diaspora — and even those in the increasingly westernized South Korea — struggle to maintain their traditions and a standard of excellence for their children.

Hyun's interest in Judaism began in 1990 while working toward his Ph.D. in education at Biola University, a Christian school in Orange County. As part of his studies, he was moved by what he saw as the God-centered nature of Jewish education, compared to the student-centered nature of classical American education.

He started taking classes at the University of Judaism (now American Jewish University), but was turned off by the liberal approach he found there. He switched to Yeshiva University of Los Angeles and, after some persistent nudging, ended up talking with Adlerstein, who was teaching there at the time.

Adlerstein, currently director of interfaith affairs at the Simon Wiesenthal Center, invited Hyun to his home for Shabbat dinner. Now Hyun and his wife — and often dozens of Hyun's guests — regularly attend Adlerstein's Passover, Rosh Hashanah and Shabbat meals.

Hyun set up the Shema Education Institute in 1992, and has since become something of a cult figure among his followers in South Korea and in the Korean Diaspora.

"We have had great leaders like Moses, and Paul in the New Testament, and Dr. Hyun's discovery of the secret of Jewish survival is one of the greatest discoveries in human history," said Yeong Pog Kim, who with Hyun translating.

Kim has 2,000 members at his Presbyterian Church of Love and Peace near Seoul, and he said he is slowly introducing them to Jewish family values and educational methods.

He believes the Jewish give and take between teacher and student can revolutionize stad Korean classrooms. And it will make families stronger, as husbands learn to respect their wives and spend more time with their children.

Like many of Hyun's students, Chi Nam Kim, a pastor in Toronto, has modified how he observes the Lord's Day. Now, his wife lights candles every Sunday, and he says a prayer over the wine and the bread, and blesses his children and wife, all dressed in their best traditional clothes.

Chi Nam Kim explains this commitment by quoting Rabbi Abraham Joshua Heschel's observation, "More than the Jews have kept the Sabbath, the Sabbath has kept the Jews."

One student, Jin Sup Kim, prays three times a day, reciting the Shema and the biblical chapters that come after it, along with verses from the New Testament.

Jin Sup Kim is vice president of the divinity college at Baekseok University, a Christian school near Seoul with 30,000 students. Kim earned a Ph.D. in ancient near eastern studies at Philadelphia's Dropsie College, now known as the Center for Advanced Judaic Studies at the University of Pennsylvania.

Kim, who teaches Hebrew, named his children Salome, Emet and Chesed, Hebrew words for peace, truth and kindness. During summer and winter breaks, he studies the Bible with his children for hours every day and encourages his 950-divinity students to do the same.

Kim leads a division of the Shema Education Institute and his own organization, the Korean Diaspora Revival Foundation, with offices in Israel aimed at drumming up Korean support for Israel and Judaism. Addressing the anti-Semitism some Christian missionaries imported into Korea has been a clear benefit of the program.

"I didn't like the Jewish people because of what they did to Jesus and Paul in the New Testament," said Yeong Pog Kim, the minister from Seoul. "But now I turned to being pro-Israel. Now it opened my eyes to see the Jews positively, as a friend, and to see the Old Testament with a positive mind."

In the past decade, South Korea has sent more tourists — mostly Christian pilgrims — to Israel than the rest of Asia combined, and the political relationship between the two countries continues to improve, according to the Jerusalem Center for Public Affairs.

While Israel needs that kind of international support, and the attention the Shema Education Institute is offering the L.A. Jewish community is flattering, is this attention all positive?

Adlerstein isn't so worried about the Koreans' filtered interpretations of Judaism — they are, after all, not planning to become Jewish. But Adlerstein does worry about what some refer to as reverse anti-Semitism, something he has seen in many parts of the world.

"Putting Jews up on a pedestal for how they are educated or for their achievements is sort of nice, but at the same time, it sends the message that the reason why we like Jews or will tolerate them is because they act on a higher plane. And we don't always act on a higher plane, and these positive stereotypes are not always true," Adlerstein said. "We would rather be accepted because we are a people and all people deserve tolerance and acceptance."

Still, there is something compelling about the expectation, Adlerstein said.

"As a traditional Jew, I can't fight it too much because I do believe it is what the Ribono Shel Olam [Master of the Universe] asks of us. He does ask of us to live on a higher plane, to be an or lagoyim [a light unto the nations]. I find this insistence in some people who are not anti-Semites, but who insist on Jews being different, to be disturbing and exhilarating at the same time."

Book Review

《유대인의 고난의 역사교육》을 읽고

- '광야의 고난'을 교육신학적으로 예리하게 분석하고 정리한 책
  - 김의원 박사 (구약학, 전 총신대 총장)

- '고난교육'의 역사신학적 의미를 '용서와 기억의 신학'에서 찾은 필독서
  - 김진섭 박사 (구약학, 백석대 백석정신아카데미 부총재)

'광야의 고난'을 교육신학적으로
예리하게 분석하고 정리한 책

김의원 박사 (전 총신대 총장, 구약학)

- 전 총신대학교 총장
- 쉐마목회자클리닉 15기 수학
- 복음주의신학회 회장 역임
- 미국 뉴욕대학교(Ph.D., 히브리어, 유대학)
- 미국 웨스트민스터 신대원(Th.M., 구약)
- 미국 웨스트민스터 신대원(M.Div.)
- 총신대학교 신대원(M.Div.)

〈편집자 주: 김의원 박사의 형편상 고난역사신학 시리즈 제2권의 서평을 쓸 수 없어서 제1권의 서평을 그대로 싣는다〉

하나님은 어떻게 가장 천한 노예 출신 이스라엘을 열방 가운데서 '제사장 나라' 곧 제사장들처럼 성별된 나라로 만드셨는가? 그 답은 젖과 꿀이 흐르는 가나안 땅으로 인도하기 전에 '광야학교'에서 40년씩이나 반복하여 가르쳤던 인성교육에 있다.

그들은 40년 동안 광야를 지나면서 무엇을 보았는가? 모든 사람이 다 '눈'을 가지고 바라보지만, 문제는 무엇을 보았느냐에 있다. 광야와 같은 인생길을 걷노라면 축복도 누리지만 때로 원치 않는 고난도 겪기 마련이다. 왜냐하면 광야는 사통팔달, 곧 모든 방향으로 열려 있는 공간이기 때문이다. 넓은 광야는 무엇이나 해볼 수 있는 약속으로 꽉 찬 땅이다.

그러나 동시에 광야는 모든 위험이 존재하고 개화되지 않은 거친 땅이기도 하다. 실제로 이스라엘 백성은 시내 광야 40년간 약속과 위험을 번갈아 경험한다. 기갈의 위험이 있는가 하면 바위에서 생수가 솟는 약속을 체험했고, 굶주림의 위험을 당했는가 하면 신비로운 양식인 만나라고 하는 약속을 체험하기도 하였다. 하나님을 반역하다가 불뱀의 위험을 맛보기도 하고 하나님의 구원과 은혜의 상징인 구리뱀의 약속도 경험한다. 그들이 체험한 약속과 위험의 예는 광야생활에서 수없이 반복되었다. 이처럼 광야는 위험과 약속의 교차하는 곳이다. 위험과 약속이 동시에 몰려 올 때 그것을 위기라고 부른다.

성경이 단순히 '위험'만을 말한다면 기독교는 '수호신의 종교' 밖에 안 된다. 한국의 택시 운전사들이 사무엘이 기도하는 성화를 걸어 놓으면 교통사고가 나지 않을 것을 믿는 것과 다를 바가 없다. 반면에 성경이 단순히 '약속'만을 말했다면 허다한 기복종교들 중의 하나가 되어 병과 사업 번창과 아들 딸 낳고 오래 사는 이기적인 목적만을 일삼게 된다.

그러나 성경은 위기의 상태, 즉 위험과 약속이 공존하는 장소인 광야를 말한다. 따라서 이 광야에서 배우는 것은 피난처와 안식처만을 찾아 헤매는 수호신의 종교도 극복하고 나의 욕심을 만족시키는 기복종교, '주세요. 주세요.'하는 종교도 극복하고 "하나님만을 신뢰하는 태도" 즉 신앙을 배우는 것이다. 사람이 빵으로 사는 것이 아니라 하나님의 말씀으로 산다는 진리는 광야가 아니고는 배울 수가 없다(신 8:3). 다시 말해서 위험과 약속,

시련과 은혜, 절망과 소망, 흑암과 빛이 교차되는 위기와 긴장의 장소, 광야에서만 진정한 신앙이 발생될 수 있다.

이처럼 광야학교는 장소, 과목, 선생이 정해진 정규학교가 아니다. 비정규 훈련학교이다. 정해진 과목도 없고 정해진 선생도 없다. 고난을 단지 누구나 겪게 되는 어려움 정도로만 여긴다면 배움의 기회를 상실하게 된다. 내가 만나는 사람, 내가 처한 환경, 내가 겪는 사건들 모두가 나의 교실이요 교과 과목이요 교사이다.

이런 환경에서 물어야 할 주된 질문은 한 가지이다. '주여, 이것을 통하여 저에게 무엇을 가르치기를 원하십니까?' 단순히 겪는 사건과 환경이 아니라 하나님이 나를 훈련시키기 위해 교육방법이다. 성경의 아브라함, 요셉, 모세, 다니엘이 그리하였다. 그들은 고난을 탓하지 않고 그곳에서 하나님의 인도하심을 배웠다.

위기가 항존하는 광야와 같은 고난 속에서 무엇을 보는가? 하루 종일 일하는 일터에서, 사건과 고통으로 얼룩진 사회에서, 기쁨과 슬픔이 교차하는 가정에서 무엇을 배우는가? 이에 대한 좋은 지침으로 현용수 박사가 "하나님의 독수리 자녀교육(부제: 현용수의 고난교육신학)"을 출간하였다. 그는 성경 속 광야에서 이스라엘 민족 뿐 아니라 현금의 유대인 교육에서 하나님이 주시는 '고난'의 목적과 의미, 방법 그리고 마침내 축복을 교육신학적 입장에서 예리하게 분석하고 정리했다. 고난과 역경을 통해 배우는 하나님 말씀의 순종이 우리를 젖과 꿀이 흐르는 가나안으로 인도할 것이다.

서평

'고난교육'의 역사신학적 의미를
'용서와 기억의 신학'에서 찾은 필독서

김진섭 박사 (Ph.D., 구약학)

- 백석대학교 서울캠퍼스 부총장
- 쉐마교육학회 회장
- 쉐마교사대학 9회 졸업
- 한국복음주의신학회 구약학회 전 회장
- 미국 Dropsie 대학교 고대근동학(Ph.D.)
- 고려신학대학원 목회학(M.Div.)
- 서울대학교 농화학과(BA)

현용수 박사님의 노익장은 "갈수록 더 맛 나는"갈릴리 혼인 잔치처럼(요 2:10), 한국 사회와 한국 교회에 매우 시의 적절한 또 하나의 쾌저를 출간하였다. 이 책은 2014년 10월에 출간된 「모세오경에 나타난 하나님의 독수리 자녀교육」의 후속편으로서 3부작으로 기획하고 있는 "현용수의 고난교육신학"의 제2권이다.

미주 한인 2세교육의 방향을 제시하는 논문으로 박사학위를 받은(1990) 현 박사님은 그 학위 논문을 개정한 「문화와 종교교육」(1993)과 이에 상응하는 유대인을 모델로 한 「IQ는 아버지 EQ는 어머니 몫이다」(1996)와 함께 2015년 현재까지 '인성교육론' 시리즈 7권, '쉐마교육신학론' 시리즈 21권, 도합 28권의 책과 탈무드 시리즈 번역서 7권을 출간하였다.

공교육의 인성교육과 국가관 및 안보관의 붕괴와 함께 1인 독거시대와 가정해체로 인한 '밥상머리 교육'의 실종은 "이혼율·저출산율·자살율 세계 1위, 성범죄율 2위, 낙태율 3위, 국민 행복지수 세계 꼴찌 수준"라는 절망적인 통계를 생산하고 있다. 게다가 "너희만이 세상의 소금과 빛"(마 5:13-16)이라는 사회 정화와 선도적 사명을 가진 한국 교회가 사회에 냉대를 받으며 총체적으로 표류하고 있는 위기 상황에서 이 책은 독자로 하여금 무엇이 문제이며, 어떻게 해결할 것인가에 대한 보다 근원적인 진단과 처방에 대한 해답을 제공한다.

이미 출간 된 제1권, 「모세오경에 나타난 하나님의 독수리 자녀교육」은 구원론적·인성교육학적인 측면을 다루었다. 신명기 8:1-3이 요약하는 바, 430년의 애굽 노예근성의 이스라엘 백성이 40년간 '광야 학교'(평가 교육)에서 '주림'(육적 교육)과 '낮춤'(인격 교육)과 '만나'(영적 교육)란 강의실에서, '하나님의 독수리 자녀교육'(출 19:4; 신 32:11)의 교과 과목인 "효교육, 고난교육, 성막교육(종교교육), 율법교육, 절기교육", 뒤잇는 "고난의 역사교육"(신 32:7)을 통하여 어떻게 대대로 수직문화에 강하고 큰 민족을 형성시켰으며, 지금까지 전수되어 왔는지를 감동 있게 제시하면서 한국교회와 사회의 총체적 위기에 대한 '인물 양육론'의 대안이 될 수 있음을 역설한다.

금번에 출간되는 제2권인 본서, 「유대인의 고난의 역사교육」은 먼저 오늘의 이스라엘 국가의 정체성과 국가관은 하나님이 '아브라함 언약'(창 12:1-3)에서 밝힌 "모든 족속이 복을 받으리라"는 목표의 보편성을 향해 "네[아브라함] 안에서"라는 수단의 특정성을 구현하신 '신정국가 이스라엘'(출 19:5-6) 탄생에 기원을 두고, 그 이후 수천 년 동안 강대한 아랍권과의 적대적인 대치 관계를 통한 '하나님의 고난교육'이란 시각에서 상론한다(제2부). 이스라엘 역사 전반에, 특히 '이슬람국가'(IS = Islam State)의 천인공노할 만행의 살상들로 인해 21세기 홀로코스트를 예견하게 하는 오늘의 실상에 이르기까지, 이스라엘이 하나님의 선민적 정체성을 간직하고 생존할 수 있었던 비법인 고난의 역사교육신학의 진정한 가치를 유대인과 예수님을 모델로 하여 재확인함으로써 한국교회와 사회에 접목할 수 있는 대안으로서 제시한다(제3부).

저자 현용수 박사님은 제1권에서 광야 40년의 하나님이 교사(신 8:1-4)로서 주도하신(대리인인 모세) 고난 교육의 훈련(이론과 방법)에 주력했다면, 이제 제2권에서는 대조적으로 애굽의 노예생활과 광야의 고난을 포함하여 특별히 가나안 정착 이후(신 6:1-2)부터 오늘에 이르는 약 3,200년의 역사에 반복되어진 여러 형태의 고난의 역사를 하나님과 가정의 부모(신 6:4-9; 32:7)가 교사로서 자녀에게 '기억'시키는 교육에 집중한다.

저자는 이스라엘을 자신의 백성으로 선택하신 하나님의 경륜적 위대하심을 3,200년 전 이스라엘 백성에게 훈련시키셨던 교육의 내용(이론)과 방법이 아직도 세대차이 없이 거의 동일하게 유대인들에 의해 유지되고 있다는 사실에서 찾는다.

하나님의 40년 광야 훈련교육이 그 이후에 지속된 주변 강대국들과의 실전에서도 생존될 수 있게 한 생명력은 저자의 다른 여러 저서들에서도 밝히고 있지만, 바로 유대인의 쉐마교육, 특별히 개인 대 개인, 국가 대 국가 사이의 '용서와 기억의 신학'에 있음을 이 책에서 강조하고 있다.

따라서 저자는 그리스도인이 영적 유대인이라면(갈 3:6-9), 이 고난교육을 포함하는 쉐마교육이야말로 자손 대대손손이 주 예수님의 복음을 전수하며, 하나님 왕국(제사장 왕국; 출 19:9의 인용인 벧전 2:9)을 확장시킬 뿐만 아니라, 특별히 다문화 속의 인성교육으로서 코리안 디아스포라의 자녀 인성교육에서도 우뚝 설 수 있는 대안으로 확신한다.

결론적으로 이 책은 하나님이 귀히 쓰시는 인물 양육론의 필수 과목인 '고난 교육'의 역사신학적 의미를, 신명기 32:7을 근간으로 구약에서 현대 이스라엘에 이르는 '용서와 기억의 신학'을 통해 조명하고, 다문화 속의 한국인의 인성교육에 적용한 필독 지침서다. 앞으로 완성 될 고난교육신학 시리즈의 제3탄을 더욱 기대한다.

저자 서문

《고난교육신학서 제2-3권》을 출간하면서

쉐마교육학 개척 과정

저자는 1990년에 학위 논문으로 2세종교교육의 방향을 제시하는 논문을 써서 '문화와 종교교육'이라는 저서를 출간했다. 그리고 그 이론에 맞는 모델로 정통파 유대인을 연구하여 '*IQ*는 아버지 *EQ*는 어머니 몫이다'(전3권, 1996, 1999)를 출간했는데, 이 책이 스테디 베스트셀러가 되면서 세상에 알려지게 되었다.

그 후 2006년에는 하나님의 은혜로 세계 최초로 창세기 18장 19절을 연구하다가 구약의 지상명령을 발견하여 '*잃어버린 구약의 지상명령 쉐마*'(전3권, 2006, 2009)를 출간했다. 구약의 지상명령(창 18:19; 신 6:4-9)은 하나님이 아브라함에게 주신 가정에서 자손대대로 하나님의 말씀을 전수하여 오실 예수님을 준비하라는 절대 명령이다. 신약의 지상명령이 복음을 만방에 전파하라는 수평선교라면, 구약의 지상명령은 하나님의 말씀을 자손대대로 전수하라는 수직선교다.

이것은 신약교회가 잃어버렸던 신구약 교육신학의 척추를 발견하는 놀라운 계기가 되었다. 그 동안 연구해왔던 유대인 자녀교육에 대한 단편적인 소주제들이 마치 흩어졌던 퍼즐들의 짝이 맞추어지듯 구약의 지상명령 쉐마를 중심으로 하나로 맞추어지기 시작했다. 이것이 '쉐마교육학'이라는 새로운 학문의 영역을 개척하게 된 계기였다.

그동안 출간된 쉐마교육론 총서는 모두 성경을 근거로 구약의 지상명령 쉐마(전3권)를 실천하는데 필요한 도서들이다. 가정신학(전2권), 자녀신학, 아버지 신학, 어머니 신학(전2권), 성신학, 효신학(전3권), 경제신학, 한국형 주일가정식탁예배 예식서 등이 있다. 현재는 고난의 역사교육신학서 전3권 중 제2권까지 집필을 완료한 상태다.

또한 '문화와 종교교육'의 이론에 기초하여 유대인을 모델로 한 '현용수의 인성교육 노하우'(전4권)를 출간함으로 '인성교육학'이라는 새로운 학문의 영역을 개척하게 되었다. 이로써 인성교육에 대한 필요성이 무엇보다 높아졌음에도 불구하고 그저 단편적이고 일시적인 방안들만 제시하던 기존 이론들의 문제를 짚어내고 통합적 인성교육의 대안을 명쾌하게 제시할 수 있게 되었다.

그리고 왜 기독교교육에 유대인 자녀교육이 필요한지를 논증하는 '부모여 자녀를 제자삼아라'(전2권)를 출간하였다. 그 결과 약 25년 동안 인성교육론 총서 7권과 쉐마교육론 총서 19권, 도합 29권(IQ-EQ서 포함)을 출간하게 되었다. 여기에 유대인 랍비 토카이어와 랍비 솔로몬이 지은 탈무드서를 편역한 7권까지 더하면 36권이다.

유대인의 고난의 역사교육의 위력과
제1권과 제2-3권의 내용 비교

제1권 주제 요약

이스라엘은 한국의 강원도(21,643km2, 한반도의 1/10)만한 지극히 작은 나라다. 비도 잘 오지 않는 지중해 습윤(연안과 고지 지역)과 건조 고원(브엘세바 중심한 네게브 지역), 사하라 사막(네게브 남방), 오하시스(사해 주변) 기후의 혼합형이다. 거기다 늘 팔레스타인과의 전쟁 때문에 불안정한 사회생활의 연속이다. 그 뿐인가? 이스라엘은 AD 70년에 로마에 멸망을 당한 후 세계로 흩어진 후 1948년 5월 14일에 독립 했다. 그 후 약 2000여 년 동안 유럽, 아프리카, 아시아, 아메리카 등 세계 102개 나라에 흩어져서 살았던 유대인이 계속 이스라엘로 귀환하여 구성된 나라다(The Christian World, USA, 2009, Nov. 16). 현대 이스라엘의 역사는 70년도 채 안 된다(2015년 기준). 인구도 건국 당시 60만이었는데 2008년 현재 7,018,000명으로 늘었을 뿐이다(The Christian World, USA, 2009, Nov. 16). 다양한 지역에서 이주하여 왔기 때문에 다양한 언어와 문화적 배경을 가지고 있는 이민자들을 흡수, 정착시키는 일도 힘든데, 주변엔 온통 이스라엘을 멸망시키려고 호시탐탐 기회를 노리는 13억의 거대한 아랍 나라들이 둘러싸고 있으니 얼마나 힘겨운 상황인가?

이러한 최악의 인적, 역사적, 지형적 열세에도 불구하고 유대인은 역사적으로 다음 네 가지 기적 같은 일들을 성취했다.

1. 4000년 동안 세대차이 없는 하나님의 말씀전수에 성공

유대인은 어떻게 아브라함 때부터 현재까지 4000년 동안 자손 대대로 하나님의 말씀을 전수하는 데 성공했는가?

2. 4000년 동안 세대차이 없는 자녀의 성결교육에 성공

유대인은 어떻게 전 세계를 유랑하면서도 자녀들을 거주하는 지역의 이방문화에 동화되지 않게 하고, 성결교육을 시키는 데 성공했는가?

3. 강한 국가 경쟁력 강화에 성공

이스라엘은 어떻게 700만명으로 13억의 아랍권을 이기는가?

4. 세상의 IQ교육에도 성공

그럼에도 불구하고 유대인은 어떻게 역사적으로 노벨상 32%를 받을 만큼 IQ교육에도 성공했는가?

저자는 유대인의 이 네 가지 기적 같은 성공의 비밀을 밝히기 위해 29권의 책을 저술했다. 특히 이스라엘이 700만 명이라는 적은 인구로 13억의 아랍권을 이기는 저력은 어디에서 나오는가? 강력한 정신세계가 있기 때문이다. 그 정신세계를 이루게 하는 유대인의 가장 중요한 교육들 중 하나가 고난의 역사교육이다.
[물론 IQ교육은 '유대인 아버지의 4차원 영재교육', 그리고 1항과 2항은 '잃어버린 구약의 지상명령 쉐마'(전3권)와 '신앙명가 이렇게 세워라'(전2권)를 비롯한 다른 저서들 참고 바람]

본서의 주제인 '고난교육신학'은 고난교육과 고난의 역사교육으로 형성되어 있다. 고난교육신학 시리즈 제1권 제1부가 2014년에 모세오경을 중심으로 쓴 '하나님의 독수리 자녀교육'이란 제목으로 출간되었다. 모세오경에 나타난 출애굽 사건과 광야 40년의 생활을 '구원론적 측면'과 '인성교육학적인 측면'에서 분석하고 정리한 책이다. 큰 틀에서 보면 하나님이 창조하신 인간을 어떻게 하나님이 원하시는 인간으로 교육하시고 훈련시키시는가 하는 '하나님의 인간교육'에 관한 내용이다.

제1권 '하나님의 독수리 자녀교육'

모세오경에 나타난
하나님의 인간교육
=
구원론적 측면 + 인성교육학적인 측면에서 분석한 책

하나님은 이스라엘 백성을 광야에서 여러 번 시험하셨고(평가교육), 40년 동안 주리게 하셨고(육적 교육), 낮추셨고(인격 교육), 만나를 먹이셨다(영적 교육)(신 8:1-3). '하나님의 독수리 자녀교육'은 하나님이 가장 사랑하신다는 이스라엘 백성을 교육시키시는데 왜 그토록 험난한 고난을 주셨는지, 그 이유를 밝힌 책이다. 하나님의 교육은 여기에서 그치지 않으셨다. 그들을 자손대대로 강한 민족으로 만드시기 위하여 조직적이고 강력한 수직문화를 형성하게 하셨다.

그것을 무엇으로 증명할 수 있는가? 하나님은 이스라엘 백성의 인성교육에 반드시 필요한 수직문화를 형성하기 위한 효교육, 고난교육, 성막교육(종교교육), 율법 및 율례와 법도 교육 및 절기교육

하나님이 원하시는 이스라엘 나라와 민족

이스라엘에서 영적 측면	세계에서 힘의 측면
하나님의 거룩한 **제사장 나라** 유일신 하나님만 섬기는 나라 방법: 예배(제사)·기도 성경공부 자녀에게 말씀전수	**작지만 강한** **독수리 민족** 수많은 참새들(아랍)을 이기는 민족 방법: **강한 수직문화 창안** 효교육·고난교육·고난의 역사교육 성막교육·율법교육·절기교육 탈무딕 디베이트식 IQ교육

두 박스는 + 로 연결

※ 따라서 하나님의 백성은 성경공부만 하면 안 된다.
강한 수직문화도 가져야 한다.

들을 창안하시고 실천하게 하셨다. 그리고 후일 고난의 역사교육을 첨가하셨다(신 32:7). 이런 수직문화의 중요한 요소들은 후일 유대인의 전통과 문화로 정착되어 자손대대로 전수되고 있다.

이것은 무엇을 뜻하나? 유대인이 탁월한 민족이 된 것은 성경공부만을 잘 해서 된 것이 아니고, 인성교육학적인 입장에서 그들의 탁월한 수직문화를 소유했기 때문이라는 점에 주목해야 한다(수직문화에 대해서는 저자의 저서 '현용수의 인성교육 노하우' 전4권 참조). 성경공부만 잘 할 경우에는 제사장 나라는 만들 수 있지만, 그 나라를 지킬만한 독수리 민족은 될 수 없다는 점을 명심해야 한다. 오늘날 교회에서 자녀들에게 성경을 열심히 가르쳐 영성이 높은 자녀들은 많은데, 그 중에서 독수리 같은 큰 인물들이 많이 나오지 않는 이유가 여기에 있다.

독수리는 가장 빠르고 높이 나는 기민한 새(삼하 1:23; 욥 9:26, 39:27)로 세상에서 가장 강한 하늘의 제왕이다. 따라서 독수리는 이스라엘을 구할 지도자의 상징(출 19:4; 신 28:49)이며, 힘의 상징(사 40:31)이다. 우리는 하나님이 이스라엘 민족에게 왜 율법(말씀)만 주시지 않으시고, 이와 함께 강한 수직문화를 형성하기 위해 앞에서 언급한 요소들을 주셨는지를 곰곰이 생각해야 한다.

그 이유는 하나님은 당시 세계에서 가장 천하고 무기력했던 노예 민족을 택하시어 광야에서 40년 만에 영적으로는 하나님의 소유인 거룩한 백성이 되어 제사장 나라(출 19:6)로 우뚝 서게 하고, 동시에 세상에서는 세계 열방 위에 뛰어난 독수리 민족(신 32:11)으로 우뚝 서게 하시기 위함이었다.

따라서 이스라엘은 역사적으로 하나님과의 관계가 좋았을 때는, 즉 제사장 나라의 역할을 잘 했을 때에는 항상 적은 인구수와 작은 국토를 가졌음에도 불구하고(신 7:7), 주변의 수많은 거대한 아랍 나라들을 이겨왔었다. 이것은 작은 독수리 한 마리가 주변의 수많은 참새 떼를 이기는 것으로 비유할 수 있다. 창조주 하나님이 계획하시고 성취하신 쉐마교육의 파워가 여기에 있다. 제1권은 이 비밀을 성경신학적 입장과 인성교육학적인 입장에서 분석하고 정리한 책이다.

제2권 주제 요약

본서 '유대인의 고난의 역사교육'은 고난교육신학 시리즈 제2권이다. 제2-3부가 포함된다. 제2부에서는 이스라엘의 정체성과 국가관을 다룬다. 현재와 같은 이스라엘의 국가관이 왜 어떻게 형성되었는지를 성경신학적으로 설명한다. 하나님이 인류 구원을 위해 예정하신 최초의 신본주의 국가인 제사장 나라(출 19:5-6)를 건국하시는 과정을 자세하게 설명한다.

이를 위해 이스라엘과 이방 국가의 차이를 여러 각도에서 설명하고 이에 얽힌 난해한 질문들에 답변한다. 그리고 하나님께서 이스라엘이 수천 년 동안 강대한 아랍권과 적대적인 대치 관계를 형성하게 된 원인을 제공한 분이시라는 것을 밝힌다. 가장 큰 이유는 하나님께서 이스라엘이라는 국가를 만드실 때 그들이 점령한 가나안 땅 자체를 세상법과 어긋나게 진행하셨다는 것이다. 그런 환경을 만들어 놓으시고 하나님은 이스라엘 백성이 하나님과의 관계가 좋을 때는 강대한 아랍권을 이기게 하시고, 그렇지 못했을 때에는 항상 아랍권에 괴롭힘을 당하도록 하셨다. 따라서 제2부에서는 유대인이 왜 1) 하나님으로부터, 그리고 2) 이방인으로부터 많은 고난을 당했는지, 그 이유를 설명한다.

제3부의 주제는 고난의 역사교육신학으로 바뀐다. 유대인이 가나안에 이스라엘이라는 나라를 건설한 이후 그 나라에 살면서 왜 고난을 당한 과거의 사건들을 기억해야 하는지를 설명한다. 이것은 신약시대의 기독교교육이 하나님께서는 우리의 과거 죄를 기억하시지 않으신다(사 43:25; 렘 31:34; 히 8:12, 10:17)는 이유로 우리가 지은 과거의 죄와 사건, 즉 고난의 역사를 기억하지 않게 교육시킨 것과 대치되는 대목이다.

이것은 대단히 중요한 어젠다이다. 왜냐하면 자녀에게 고난의 역사를 기억시키는 것과 그렇지 못함에 따라 인성교육에 엄청난 긍정적인 영향과 부정적인 영향을 미치기 때문이다. 오늘 날 많은 자녀들이 방자한 이유가 부모들로부터 조부모나 그 이전 조상들이 과거에 겪은 고난의 역사를 들은 적이 없기 때문이다. 즉 부모가 자녀들에게 고난의 역사를 기억시키지 않은 결과다.

따라서 저자는 2000년 동안 잘못 가르쳐 왔던 '용서와 기억의 신학'을 왜 그것이 잘못되었는지 성경신학적으로 논증하여 바로 잡는다. 여기에 제시한 근거들은 구약 성경 뿐만 아니라, 예수님이 가르쳐주신 말씀도 포함된다. 즉 예수님의 말씀도 구약의 견해와 다르지 않다는 것을 입증한다. 그리고 유대인이 가르치는 고난의 역사교육이 왜 옳은지, 그 당위성을 인성교육학적 입장과 신학적 입장에서 분석하며 설명한다(제3권 제3부 제4장에 이어짐).

제1권과 제2-3권의 내용 비교

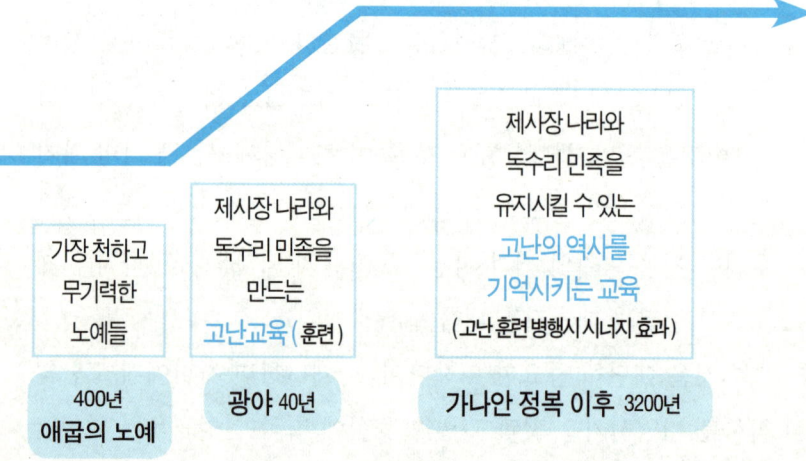

고난교육신학, 제1권과 제2·3권의 차이

구분	제1권 '하나님의 독수리 자녀교육' 고난교육신학1	제2-3권 '유대인의 고난의 역사교육' 고난교육신학2
교육의 목표	하나님의 소유, 거룩한 백성 제사장 나라(출 19:6) 세계에 뛰어난 독수리 민족(신 32:11) 온 인류 구원의 모델이 됨	하나님의 소유, 거룩한 백성 제사장 나라(출 19:6) 세계에 뛰어난 독수리 민족(신 32:11) 온 인류 구원의 모델이 됨
고난 교육의 차이	가장 천하고 무기력한 노예 민족을 최강 민족으로 만들기 위한 고난훈련	가나안에 이스라엘을 건설한 이후 자손대대로 주변 강적들과 싸워 이길만한 힘을 유지시키기 위한 '고난의 역사를 기억시키는 교육'
교육의 내용	하나님이 유대인을 시내 광야에서 훈련시키신 고난교육의 이론과 방법(신 8:1-4)	유대인이 가나안을 정복한 이후에 하나님이 고난의 역사를 기억하라(신 32:7) 고 하신 고난교육의 이론과 방법
교사	하나님 자신(대리인=모세)(신 8:1-4)	첫째 교사=하나님, 두 번째 교사=부모(신 6:4-9; 신 32:7)
학생	이스라엘 백성=유대인	이스라엘 백성=유대인
교육의 공간	광야 40년으로 제한	모세 이후 현대까지 약 3200년 동안
기억의 내용	없음(광야에서 직접 고난을 겪음)	애굽에서 + 광야에서 + 가나안 정착이 후에 겪었던 고난들
고난 교육의 형태	훈련소에서 가르친 인간교육의 모델 (원형)	거대한 이방 나라들과 실전에서 겪은 수많은 고난의 역사교육 (고난의 훈련도 병행)
하나님의 위대하심을 증명	– 하나님이 3200년 전 이스라엘 백성에게 훈련시키셨던 고난교육의 　내용과 방법이 21세기에 동일하게 적용되고 있음 – 세대차이 없음 – 현재 정통파 유대인의 생활 방식에서 확인할 수 있음	
결론	고난의 역사를 기억시키는 교육은 고난의 훈련만큼 중요하다. 이것이 유대인의 생존 비밀이다. 하나님이 창안하신 쉐마교육의 위력이다. 한국인도 이를 본받아야 한다.	

제1권은 '하나님의 독수리 자녀교육'이고 제2권은 '유대인의 고난의 역사교육'이다. 그리고 제3권은 제2권의 내용과 연결된 유대인의 고난의 역사교육 방법을 소개하는 '고난의 역사교육 노하우'(가제)이다. 제1권과 제2-3권의 차이를 교육학적인 입장에서 대조해보자.

제1권이 하나님이 이스라엘 백성을 광야에 모아놓고 40년 동안 고난 속에서 훈련시키신 교육의 이론과 방법에 대한 고난교육신학서라면, 제2-3권은 유대인이 요단강을 건너 가나안을 정복한 이후(신 6:1-2)에 하나님께서 그들에게 왜 고난의 역사를 기억하라고 교육시키셨나하는 것을 다룬 고난교육신학서이다.

전자가 공간적으로 시내광야였다면, 후자는 하나님이 주신 가나안과 그 외 이방인 땅에서 유랑했던 공간도 포함된다. 전자의 교사가 하나님 자신이라면(대리인은 모세), 후자의 교사는 둘인데, 첫째 교사는 하나님이시고, 두 번째 교사는 가정의 부모다(신 6:4-9). 학생은 전자나 후자나 모두 이스라엘 백성이다(신 32:7). 전자가 시간적으로 40년으로 제한되었다면, 후자는 모세 이후 현대까지 약 3200년 동안이다.

고난교육신학적인 입장에서 고난교육의 내용은 전자가 하나님께서 이스라엘 백성에게 광야의 광야 길을 걷게 하시거나 주리게 하시는 고난을 주신 훈련이었다면, 후자는 이스라엘 백성이 애굽에서 겪었던 고난과 하나님이 그들에게 광야에서 주셨던 고난과 그 이후에 겪은 고난의 역사들을 잊지 말고 기억시키라는 교육이다. 고난교육의 형태적 입장에서 전자가 이스라엘 백성에게 생업을 중단하게 하고 집단적으로 훈련소에 모아놓고 가르친 인간교육의 모델(원형)이었다면, 후자는 실제적으로 생업에 전념하면서 그리고 거대한 이방 나라들과 접해 살면서 그들과 실전(實戰)에서 겪은 수많은 고난의 역사들을 교육시키는 것이다.

따라서 전자가 가장 천하고 무기력한 유대인을 영적으로는 제사장 나라, 그리고 세상적으로는 세계 최강의 독수리 민족으로 만들기 위한 '고난의 훈련'이었다면, 후자는 가나안에 이스라엘을 건설한 이후 자손대대로 주변 강적들과 싸워 이길만한 힘을 유지시키기 위한 '고난의 역사를 기억시키는 교육'이다. 이것은 인성교육을 위한 수직문화교육의 일부로써 고난의 훈련도 중요하지만, 고난의 역사를 기억시키는 교육 역시 그 만큼 중요하다는 것을 뜻한다. 물론 가장 효과적인 고난교육은 고난의 훈련과 고난의 역사를 기억시키는 교육을 함께 시키는 것이다. 그렇게 하면 더 큰 시너지 효과가 나타날 수 있다.

따라서 제1권의 고난교육과 제2-3권의 고난의 역사를 기억시키는 교육은 무기력해져가는 기독교를 다시 초대교회처럼 새 힘을 얻어 독수리의 날개 치며 올라감 같게(사 40:31) 만드는 비법이 될 것이다.

제3권에서는, 그렇다면 유대인은 조상들이 겪은 고난의 역사들을 어떤 방법들을 통하여 기억시키는지, 그 노하우를 자세히 소개한다. 그리고 한국 민족에게 그것을 어떻게 가정과 교회 그리고 공동체에 적용할 수 있는지, 그 노하우도 소개한다. 따라서 제2권이 고난의 역사교육의 이론서라면, 제3권은 방법론이다.

여기에서 하나님의 위대하심을 다시 한 번 깨닫게 되는 것은 하나님이 3200년 전 이스라엘 백성에게 훈련시키셨던 교육의 내용(이론)과 방법이 아직도 세대차이 없이 거의 동일하게 유지되고 있다는 사실이다. 이것은 21세기를 살아가는 정통파 유대인의 생활 방식에서 확인할 수 있다(저자의 다른 저서들 참조 바람). 만약 하나님의 광야 훈련교육이 그곳에서만 성공하고, 이스라엘이라는 나라를 건설한 이후 주변 강대국들과의 실전에서 실패를 했다면 하나님의 쉐마교육은 죽은 교육이 되었을 것이다.

따라서 예수님을 믿는 영적 유대인인 기독교인(갈 3:6-9)은 이 쉐마교육을 통해 자녀들에게 신앙을 전수하여 하나님 나라(제사장 나라)를 확장시킬 뿐만 아니라, 세상에서도 우뚝 설 수 있는 리더로 키우는 교육의 대안으로 적용해야 한다.

제2권 내용 더 엿보기

제2부는 '이스라엘의 건국 과정과 국가관'을 설명한다. 총4장으로 구성되어 있다. 제1장은 이방 나라들은 이미 거주하고 있었던 땅을 자국의 영토로 삼아 건국되었지만, 이스라엘은 하나님의 사람 아브라함의 후손들을 중심으로 건국되었다는 것을 강조한다. 그들은 이 세상에서 나라도 없이 떠돌던 나그네였었다. 그런데 그들이 세월이 지나자 하나님의 명령을 따라 출애굽을 한 후, 다른 민족이 살고 있었던 가나안을 점령하고 이스라엘이라는 신본주의 나라를 건설했다.

따라서 이스라엘은 이방 국가들과 건국의 목적, 건국의 주체, 건국의 과정, 영토 확보 방법, 통치의 주체 및 국가의 법이 각각 다르다. 따라서 국가의 정체성과 국가관이 완전히 다르다. 여기에서 이스라엘이 세상 나라와 구별된 하나님에게 속한 거룩한 나라라는 것을 분명히 알게 된다.

제2장은 이스라엘의 정체성과 국가관이 왜, 어떻게 기독교인에게도 적용될 수 있는지를 설명한다. 그리고 이스라엘의 영토인 가나안에 대한 역사적인 사건들을 구약은 신약의 그림자(히 4:3, 11, 9:23-24, 10:1)라는 측면에서 '가나안'을 영적인 '천국'으로, 또는 '성도의 몸'으로 비유해 성경의 난제들을 풀어나간다.

예를 들어, 가나안 정복은 구원론 적인 입장에서 죄악의 상징이었던 가나안이란 영토에서 원주민이 모두 진멸된 이후 거룩한 하나님의 나라 이스라엘이 건국된 것처럼, 죄인이었던 인간이 예수님의 보혈로 그의 모든 죄가 씻긴 이후 거룩한 하나님의 성전이며 성령님이 내주하는 곳(고전 3:16)이 되었음과 같다. 따라서 남겨진 가나안 원주민들이 이스라엘을 괴롭게 했던 것처럼, 기독교인이 예수님을 믿은 이후에도 남겨진 육의 속성(악)이 나타나 괴롭힐 때가 많다(롬 7:21)고 설명한다.

이외에도 선민교육학적인 입장에서 믿음 있는 유대인의 5가지 특징을 믿음 있는 기독교인의 5가지 특징과 비교했다. 예수님께서 말씀하신 "천국은 침노를 당하나니 침노하는 자는 빼앗느니라"(마 11:12)는 "유대인이 가나안을 침노한 것과 어떤 상관관계가 있는가?" 등을 다룬다.

제3장은 이외에도 이스라엘의 건국 과정에서 상식적으로 이해가 되지 않는 난해한 질문들에 대해 답변했다. 하나님은 왜 사랑의 하나님이신데 가나안 일곱 족속이 살고 있는 가나안 땅

을 빼앗아 유대인에게 주셨는가? 이것은 윤리적으로 옳은가? 하나님은 왜 그 땅에 거주했던 원주민을 협상 없이 모두 잔인하게 죽이라고 명령하셨는가? 왜 하나님은 원주민을 죽일 사람(murderers/killers)으로 하필 사랑하시는 유대인을 선택하셨는가?

이스라엘의 건국 과정과 가나안에 하나님이 주권적으로 개입하셨다는 사실을 모른다면, 오늘날 직면하고 있는 이스라엘과 아랍권의 적대적인 대치 상황을 이해할 수 없다. 그리고 예수님의 재림을 준비하는 바른 종말론을 기대할 수 없다.

제3부의 '유대인의 고난의 역사신학'은 총4장으로 구성되어 있지만, 본서에는 지면상 제3장까지만 싣는다. 제1장은 '유대인의 신구약 시대 고난의 역사'를 개론적으로 다룬다. 구약시대에 이스라엘이 주변국들의 침략으로 고난을 많이 겪은 것은 성경에 나타나 있기 때문에 잘 알지만, 신약시대에 유대인이 고난을 많이 겪은 원인은 잘 알려지지 않았다. 본서는 왜 반유대주의가 전 세계에 퍼졌는지, 그 원인을 밝힌다. 특히 신약시대에 기독교와의 적대관계가 생긴 이유를 설명하고, 쉐마교육학적인 입장에서 안타깝게도 기독교가 유대인을 미워하여 잃은 것들이 무엇인지를 밝힌다.

제2장 '유대인의 고난의 역사교육신학'은 신명기 32:7절을 '기억의 신학'의 핵심 구절(key verse)로 선택하고 자세히 강해한다. 하나님은 이 말씀을 왜 주셨는지, 유대인은 역사의 단절을 막기 위해 이 말씀을 어떻게 실천하는지 그리고 그 결과는 무엇인지를 설명한다. 그리고 유대인은 왜 수치의 역사를 자녀들에게 가

르치는지, 그리고 왜 유대교는 '기억의 신학'인지를 설명한다.

'유대인의 과거와 이방인의 과거와의 차이'에서는 성경 역사와 이방의 역사의 차이란 점에서 유대인의 과거가 구속사적인 입장에서 얼마나 중요하고, 그런 점에서 '옛날'과 '역대의 연대'와의 차이와 '기억하라'와 '생각하라'의 차이에서 심오한 하나님의 뜻을 발견한다.

하나님은 왜 남자를 창조하실 때(창 1:27) 하나님의 말씀을 기억하며 살아가야 할 존재로 만드셨는지를 '남자'라는 히브리 원어 '자카르'(זכר)의 모음 변화에서 찾는다. '자카르'는 모음 변화에 따라 '남자', 혹은 '기억'이란 뜻이 되기 때문이다. 이것은 쉐마교육학적으로 아버지의 정체성을 설명하는데 매우 중요한 단서가 된다. 또한 하나님은 왜 자녀들에게 부모에게 질문하라고 하고, 부모들에게는 자녀들에게 설명하라고 명령하셨는지를 설명한다.

여기에서 '네 아비'와 '네 어른'의 차이, '설명하다'와 '이르리로다'의 차이를 설명하고, '역사의 사건을 생각하는 자녀의 7가지 유형', '과거를 가르치는 부모의 네 가지 유형' 그리고 '부모의 과거에 대해 질문하는 자녀의 네 가지 유형'을 분석하여 실제로 가정에서 부모와 자녀가 자신들의 잘못을 깨닫고 잘못된 생각과 생활을 고쳐나갈 수 있게 했다.

제3장의 주제는 가해자와 피해자 사이에서 있을 수 있는 '용서와 기억의 신학'을 둘로 나누어 다룬다. 개인과 개인 사이에 필요한 '용서와 기억의 신학'(제3-1장)과 국가와 국가 사이에 필요한 '용서와 기억의 신학'(제3-2장)이다.

제3-1장은 '용서'와 '기억함'이라는 두 주제의 상관관계를 다룬다. 만약 이 사회에서 피해자가 가해자의 죄악만 기억하고 용서가 없다면, 미움과 증오로 말미암아 하나님이 창조하신 이 세상은 복수의 피로 물들 수도 있다. 그렇다면, 구체적으로 피해자의 용서의 방법과 유익은 무엇인가, 용서의 조건은 무엇인가, 그리고 만약 용서가 안 된다면 어떻게 해야 하나에 대한 답을 제시했다.

또한 대부분 사람들은 피해자와 가해자, 모두 상대방의 죄를 용서하고, 용서 받은 입장에서 다시 그 사건을 기억해야 할 필요가 없다고 주장한다. 이것이 진정한 용서이고, 화합이라고 주장한다. 성경적인 근거는 하나님도 우리의 죄를 용서하신 이후에는 다시는 기억하시지 않겠다(사 43:25; 렘 31:34; 히 8:12, 10:17)고 말씀하셨기 때문이라고 한다.

저자는 이 주장이 잘못되었다는 가설 하에 몇 가지 연구를 위한 질문을 제기하며 신구약성경을 근거로 반박한다.

1) 과연 하나님은 성도들이 지은 모든 죄를 잊으시고 기억하시지 않는가? 아니다. 하나님은 이스라엘 백성이 만든 우상 금송아지 사건을 계속 기억하셨다(신 9:7; 행 7:39-41)

2) 하나님이 이스라엘 백성의 과거 죄를 기억하시는 목적은 무엇인가?

3) 하나님도 나의 죄를 용서하신 후 잊어버리셨는데, 왜 내가 그 죄를 들추어내어 기억해야 하는가? 용서한 죄는 기억치 않겠다는 하나님의 말씀은 틀렸는가?

이런 질문에 답변하는 것은 대단히 중요하다. 왜냐하면 그 동안 잘못 정리된 '기억의 신학'으로 말미암아 기독교 2000년 동안 인간관계와 자녀교육에 막대한 손실을 입혔기 때문이다. 이제 이를 바로 잡아야 한다.

제3-2장은 용서와 기억의 신학을 국가와 국가 사이 입장에서 조명한다. 왜냐하면 개인과 개인 사이와 국가와 국가 사이는 다르기 때문이다. 우리는 이것을 혼돈하기 때문에 국가관을 정립하는데 많은 문제들을 야기해 왔다. "네 이웃을 네 몸처럼 사랑하라"(레 19:18; 마 22:39)는 말씀은 원칙적으로 개인 간의 갈등이 생길 때, 용서와 사랑으로 문제를 풀라는 말씀이다.

그러나 국가와 국가 사이에서는 다르다. 국가는 적국에게 단호하고 강해야 한다. 그 모델이 바로 신본주의 국가인 이스라엘이다. 다만 문제점은 자신의 우월감만을 앞세워 타민족과 다른 국가를 경시하며 자신들의 유익만을 추구하는 비뚤어진 민족주의, 즉 '국수주의'에 위험성이 있다는 것이다. 국수주의 국가의 대표적인 예로 제 1·2차 세계대전의 주범이었던 일본과 독일의 만행을 들 수 있다.

그리고 여러 인종들과 혹은 여러 나라에 흩어져 다 문화권에서 살고 있는 한국인의 바른 2세교육의 방법을 제시한다. 예를 들면, 미국에 사는 한인 동포들의 2세들은 미국인으로 살아야 하는가, 아니면 한국인으로 살아야 하는가? 먼저 2가지 동화 이론, '사회구조에의 동화'와 '문화에의 동화'를 설명한 후 '사회구조에의 동화'가 왜 옳은지를 유대인을 예로 들며 설명한다.

또한 각 개인이나 인종 문제도 각 인종의 다양한 특성을 없애고 한 가지 특성만을 갖게 하는 용광로 이론인 '멜팅 팟' 이론(Melting Pot Theory)이 아니고, 다양한 특성을 인정하고 서로 조화를 이루는 '샐러드 볼' 이론(Salad Bowl Theory)으로 풀어야 하는 이유를, 바울이 몸은 하나인데 지체는 여럿이라는 원리(고전 12장)에서 찾아 설명한다.

결 론

결론적으로 한국인이 어려움을 겪고 있는 자녀들의 인성교육 문제는 수직문화를 형성하는 데 가장 중요한 요소들 중 하나인 조상들의 고난의 역사교육을 가정이나, 교회 혹은 학교에서 잘 가르치지 않기 때문에 일어나는 경우가 많다.

유대인은 이방인과 다르다. 그들은 성공한 날보다는 실패의 날을 더 기념한다. 철저한 고난의 역사교육신학이 그들을 3200년 동안 살아남게 했다. 따라서 그들은 "우리는 과거의 고난의 역사를 기억하는 한 살아남을 수 있다"고 외친다. 이런 고난의 역사교육신학은 하나님께서 그들에게 가르쳐 주신 것이다. 때문에 주변 강대국으로 둘러싸인 대한민국 국민들도 이를 당연히 본받아야 한다. 그래야 자신은 물론 가정과 교회 그리고 국가를 영원히 지켜나갈 수 있을 것이다. 이것이 본서를 집필하는 저자의 간절한 소망이다.

부족한 종에게 하늘 문을 여시고, 하나님의 지혜를 주셔서 구약의 지상명령을 발견하게 하시고 이를 성취하기 위한 고난의 역사교육신학의 비밀을 정리하게 하신 우리 주 예수님에게 감사와 찬송과 영광을 돌린다. 그리고 바쁘신 중에도 서평을 써주신 김의원 박사님과 김진섭 박사님에게 감사드린다. 또한 늘 기도와 내조로 도와준 제 아내 황(현)복희와 네 아들; 승진(Stephen), 재진(Phillip), 상진(Peter), 호진(Andrew)이와 편집과 교정을 도와준 이병준(박희진) 박사 부부, 황갑순 학제와 손경태 간사, 이현기 간사에게도 감사드린다.

2015년 4월 예수님의 부활 절기에
미국 웨스트 로스앤젤레스 쉐마교육연구원에서
현용수

IQ-EQ 총서를 발간하면서

무너진 교육의 혁명적 대안을 찾아서

왜 유대인의 IQ+EQ교육은 인성교육+쉐마교육인가

현대인들은 교육의 문제점은 많이 지적하지만, 속 시원한 대안은 찾지 못하는 시대에 살고 있다. 저자는 오랜 연구 끝에 그 대안으로 온전한 인간교육을 위해 크게 두 가지가 필요하다는 사실을 깨달았다. 하나는 인성교육이고, 다른 하나는 종교교육이다. 기독교인을 예로 든다면, 인성교육을 바탕으로 한 성경적 쉐마교육(기독교교육)을 해야 한다는 것이다. 따라서 전체 기독교교육은 예수님을 믿기 이전과 이후로 나뉘는데, 이전에는 인성교육을, 이후에는 쉐마교육을 시켜야 한다. 그래서 유대인 자녀교육《IQ는 아버지 EQ는 어머니 몫이다》총서는 인성교육론 편과 쉐마교육신학론 편으로 나누어 정리했다.

인성교육론 편(인성교육 노하우 시리즈)
예수님을 믿기 이전: 왜 인성교육은 Pre-Evangelism인가?

'인성교육론 시리즈'는 전체 7권으로 출간 되었다. 1. 문화와 종교교육(저자의 박사 학위 논문), 2. 현용수의 인성교육 노하우(전 4권), 3.

현용수의 쉐마교육 개척기. 4. 가정 해체로 인한 인성교육 실종 대재앙을 막는 길. 7권의 내용은 현대교육의 근본적인 문제점을 분석하고, 해결 방안을 제시한다. 즉 다음 네 가지 질문에 답을 준다.

Q 1. 일반 교육학적 질문: 가르치고 가르쳐도 왜 자녀가 달라지지 않는가? 왜 현대교육은 점점 발달하는데 인간은 점점 더 타락하는가?

그것은 IQ교육 위주의 현대교육은 인성교육에 꼭 필요한 세 가지를 놓치고 있기 때문이다.

– 어떻게 자녀들에게 깊이 생각하게 하는 교육을 시킬 수 있을까?
– 어떻게 자녀들이 바른 행동을 하게 할 수 있을까?
– 수직문화의 중요성과 수평문화의 위험성은 무엇인가?

Q 2. 문화인류학적 질문: 왜 한국인 자녀들이 서양 문화에 물들고 있는가?

한국의 젊은 세대는 거의가 한국인의 문화적 및 철학적 정체성의 빈곤에 처해 있다. 부모들이 인성교육의 본질이 수직문화인지를 모르고 가르치지 않았기 때문이다. 그 결과 세대 간의 가치관 차이가 너무나 다르다. 북미주 한인 2세 자녀들이 부모가 섬기는 교회를 떠난다.

Q 3: 기독교인의 인성 문제: 왜 예수님을 믿는다고 하면서 사람의 근본은 잘 변하지 않는가?

많은 기독교인들이 예수님만 믿으면 모든 인성교육이 잘되는 줄 알고 있다. 그러나 모두 그런 건 아니다. 왜 유교교육을 받은 가정의 어린이들이 기독교교육을 받은 어린이들보다 더 예의 바르고 효자가 많을까? 예수님을 믿고 성령의 은사가 많았던 고린도교회는 왜 데살로니가교회보다 도덕적인 문제가 더 많았을까?

Q 4. 기독교의 복음주의적 질문: 왜 현대인들에게 전도하기가 힘든가?

왜 기독교 가정에서 2세들이 대학을 졸업하면 90% 이상 교회를 떠나는가? 교회학교 교육이 천문학적인 투자에도 불구하고 90% 이상 실패하는 이유는 무엇인가? 왜 현대(2000년대)에는 1970년대 이전보다 복음 전하기가 더 힘든가? 아마 생각 있는 교육자라면 모두가 이런 고민을 안고 살았을 것이다.

한 인간의 마음이 예수님을 믿기 이전 인성교육, 즉 복음적 토양교육이 잘못되었기 때문이다. 예수님의 '씨 뿌리는 자의 비유'에서 말씀하신 네 가지 종교성 토양(길가, 돌밭, 가시떨기, 옥토)(눅 8:4~15) 중 옥토이어야 복음을 영접하기도 쉽거니와 구원을 받은 후 예수님을 닮는 제자화도 되기 쉽다는 말이다. 이를 'Pre-Evangelism'(예수님을 믿기 이전의 복음적 토양 교육)이라 이름했다.

> 현용수의 인성교육론은
> **인성교육**의 **원리**와 **공식**을 제공한다

쉐마교육신학론 편(쉐마교육 시리즈)
예수님을 믿은 후: 왜 쉐마교육은 Post-Evangelism인가?

예수님을 영접한 사람에게는 하나님의 형상을 닮아가는 기독교교육을 시켜야 한다. 이를 '성화교육' 혹은 '예수님의 제자교육'이라고도 한다. '신의 성품'(벧후 1:4)에 참여하는 자(partakers of the divine nature)가 되는 과정이다. 이를 'Post-Evangelism'(예수님을 믿은 이후의 성화교육)이라 이름했다. 교육의 내용은 신·구약 하나님의 말씀이다. 예수님 믿기 이전의 좋은 인성교육이 마음의 옥토를 준비하는 과정이라면, 복음과 하나님의 말씀은 그 옥토에 심어야 하는 생명의 씨앗이며 기독교적 가치관이다(물론 기독교 가정에서 태어난 자녀에게는 어려서부터 인성교육과 쉐마교육을 함께 시켜야 한다).

저자는 성경적 기독교교육의 본질과 원리를 유대인의 선민교육에서 찾았고 그 내용과 방법이 바로 구약의 '쉐마'에 있음을 발견했다. 즉 성경적 교육신학의 본질과 원리가 '쉐마'에 있다는 것이다. '쉐마'는 한 마디로 부모가 자녀에게 말씀을 가르쳐, 자손 대대로 자녀를 말씀의 제자 삼으라는 '구약의 지상명령'이다[저자의 저서 《잃어버린 구약의 지상명령 쉐마》(쉐마, 2006, 2009), 제1권 제1~2부 참조]. 유대인이 아브라함 때부터 현재까지 4,000년 간 하나님의 말씀을 후대에게 전수하는 데 성공한 것은 자녀를 말씀의 제자 삼는 쉐마교육에 성공했기 때문이다(물론 신약시대는 영적 성숙을 위해 신약성경도 필요함).

여기에서 "왜 기독교교육에 유대인 선민교육이 필요한가?"란 질문이 대두 된다. 신약시대에 복음으로 구원받은 하나님의 선민

인 기독교인은 영적 유대인(갈 3:6~9)으로 구약에 나타난 선진들(예; 모세, 다윗, 에스라)의 믿음생활과 쉐마교육을 본받아야 한다(히 11장). 예수님도 유대인으로 태어나셔서 유대인의 선민교육(쉐마교육)을 받고 자라셨으며 제자들에게도 그 교육을 시켰다(마 23:1~4). [더 자세한 내용은 저자의 저서《부모여 자녀를 제자 삼아라》(쉐마, 2005), 제1권 제1장 '왜 기독교교육에 유대인 자녀교육이 필요한가'의 '성경신학적 입장' 참조]

기독교의 제자교육에는 교회에서 타인을 제자 삼는 수평적 제자교육과 가정에서 자녀를 제자 삼는 수직적 제자교육, 두 가지가 있다. 유대인의 쉐마교육에는 전도에 필요한 복음은 없지만, 자녀를 제자 삼는 교육의 원리와 방법이 있다. 이 원리와 방법은 타인을 제자로 삼는 데도 적용할 수 있다. 먼저 가정에서 자녀를 제자 삼을 수 있는 지도자가 된 후에 타인을 제자 삼는 지도자가 성경적 지도자의 모델이다.

저자는 구약의 지상명령, 쉐마를 성취하기 위해 필요한 쉐마교육신학들을 다음과 같이 정리했다.

쉐마교육신학론 주제들(쉐마교육 시리즈)
1. 왜 유대인의 선민교육이 기독교교육에 필요한가?
2. 구약의 지상명령 쉐마(교육신학)
3. 자녀신학
4. 유대인의 가정교육(가정신학)
5. 유대인의 아버지 교육(아버지신학, 경제신학)
6. 유대인의 어머니 교육(어머니신학)
7. 유대인의 결혼 및 성교육(부부·성신학)
8. 유대인의 효도교육(효신학)
9. 유대인의 고난의 역사교육(고난의 역사신학) 등.

이것은 구약성경에 근거한 기독교교육의 새로운 패러다임이며, 대안이다. 또한 개혁주의 입장에서 신약 교회가 적용할 수 있도록 정리했다.

왜 인성교육론이 'Know-Why'라면 유대인의 쉐마교육신학론은 'Know-How'인가?

유대인 자녀교육의 우수성은 이미 역사를 거듭하면서 증명되었다. 그러나 두 가지 의문이 아직까지 남아 있다. 첫째, 그것이 왜 우수한지에 대한 교육학적, 심리학적 및 철학적 이유를 설명하지는 못했다. 둘째, 왜 유대인 자녀교육이 기독교교육에 필요한지 그 이유를 설명할 수 있는 확실한 교육신학적 해답을 제공하는 데 미흡했다.

두 가지 의문 중 전자에 대한 답이 '인성교육 노하우 시리즈'라면, 후자에 대한 답은 '쉐마교육 시리즈'다. 왜 유대인 자녀교육이 한국인에게 필요한지를 설명한 '인성교육 노하우 시리즈'가 'Know-Why'라고 한다면, '쉐마교육 시리즈'는 'Know-How'가 될 것이다. 원인을 밝히고 당위성을 설명하는 'Know-Why'가 있기에 쉐마교육인 'Know-How'가 더 힘을 받아 자신과 자신의 가정 그리고 교회에서 적용할 수 있다.

현재까지 천문학적 돈을 교육에 투자하고도 교육의 열매가 바람직하지 못한 것은 교육의 원리와 공식을 발견하지 못했기 때문이다. 물론 현대 기독교교육의 이론이 모두 필요 없다는 뜻은 아니다. 인간교육과 교회성장 위기의 근본 대안이 인성교육 + 쉐마교육이라는 뜻이다.

처음 국민일보에서 초판 2권(1996년, 23쇄), 조선일보에서 개정2판 3권(1999년, 19쇄)으로 출간됐던 유대인 자녀교육서 《IQ는 아버지 EQ는 어머니 몫이다》가 하나님의 은혜와 교계의 열화 같은 성원에 힘입어 지금까지도 스테디셀러인 것에 감사드린다. 그러나 소수이긴 하지만 목회자들과 신학자들께서 까다로운 질문도 했다. 그도 그럴 것이 구원론과 관계없는 인성교육에 관한 수직문화와 수평문화에 대해, 그리고 기독교가 2000년간 원수처럼 여겼던 복음도 없는 유대인의 교육을 이해하기란 쉽지 않았을 것이다. 덕분에 저자는 계속 연구에 연구를 거듭하는 계기가 되었다.

긴 학문의 순례를 마치는 기분이다. 처음 개척한 분야이기에 더 많은 연구가 필요하다. 그리고 쉐마가 주님의 종말을 준비하는 세계선교까지 가려면 갈 길은 아직 멀었다. 이제 하나님의 은혜로 많은 오해도 풀렸다. 많은 쉐마 동역자들의 도움으로 쉐마 교육이 파도처럼 번지고 있다.

  이 연구는 분명히 하나님의 지혜로 하나님께서 하셨다. 세세토록 영광 받으실 오직 우리 주 예수님께만 감사와 찬송과 영광을 드린다.

2015년 4월 예수님의 부활 절기에
미국 West Los Angeles 쉐마교육연구실에서
저자 현용수

본 논문은 이스라엘의 건국 과정이
이방 나라의 것과 무엇이 다른지,
그리고 이스라엘의 영토인 가나안의 의미를
신본주의 및 기독교적 관점에서 재조명했다.
이것은 왜 이스라엘이 팔레스타인에서
역사적으로 항상 아랍권과 갈등이 있는지,
그 원인이 무엇인지를 설명해준다.

이스라엘의 건국은
하나님의 예정에 의한 시나리오에
그분이 직접 연출과 감독을
겸하여 이루어진
인류 최대의 대하드라마다.

제2부

이스라엘의 건국 과정과 국가관

〈저자 주: 본 주제는 쉐마교육학회(학회장 김진섭)가 주최한 하계논문 발표회(2014.7.7, 서울)에서 발표한 논문을 수정증보하여 싣는다〉

제1장 이스라엘과 이방 나라는 건국 과정이 다르다
제2장 가나안에 대한 영적 해석
제3장 이스라엘 건국 과정과 건국 후에 가나안에 관한
　　　난해한 질문들과 답변
제4장 요약 및 결론

세계가 다 내게 속하였나니
너희가 내 말을 잘 듣고 내 언약을 지키면
너희는 모든 민족 중에서 내 소유가 되겠고
너희가 내게 대하여 제사장 나라가 되며
거룩한 백성이 되리라
너는 이 말을 이스라엘 자손에게 전할지니라
(출 19:5~6)

여호와께서 아브람에게 이르시되
너는 너의 고향과 친척과 아버지의 집을 떠나
내가 네게 보여 줄 땅으로 가라
내가 너로 큰 민족을 이루고 네게 복을 주어
네 이름을 창대하게 하리니 너는 복이 될지라.
(창 12:1-2)

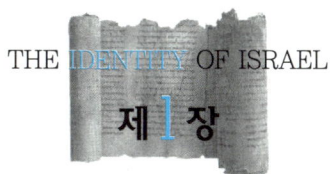

THE IDENTITY OF ISRAEL
제 1 장

이스라엘과 이방 나라는 건국 과정이 다르다

I. 이스라엘이 건국되는 과정
   1. 이방 나라들은 땅을, 이스라엘은 사람을 중심으로 건국되었다
   2. 이방 나라들은 사람이, 이스라엘은 하나님이 건국하셨다
II. 이스라엘과 이방 나라와의 차이
III. 이스라엘은 하나님이 낳으신 국가

I. 이스라엘이 건국되는 과정

1. 이방 나라들은 땅을, 이스라엘은 사람을 중심으로 건국되었다

이스라엘은 하나의 국가로 건국되는 과정이 다른 이방 나라와 다르다. 보통 이방 나라들은 이미 어떤 민족이 역사적으로 거주하고 있는 땅(land)을 영토로 삼고 건국되었다. 즉 국가를 이루는 3대 요소인 국민, 영토, 주권 중에 국민과 영토를 기초로 건국되었다.

예를 들면, 중국은 대부분 한족이 거주하는 나라(영토)이며, 일본은 일본인이 거주하는 나라(영토)다. 그리고 한국은 한국인이 거주하는 나라(영토)다. 그들은 자신들이 거주하는 영토에서 주권을 갖고 있기 때문에 하나의 국가로 인정을 받고 있다.

그러나 유대인의 건국 과정은 다르다. 이스라엘의 건국 과정을 간단히 살펴보자. 이스라엘은 하나님이 선택하신 사람들(persons)을 중심으로 건국되었다. 유대인에게는 그들이 거주할 영토가 처음부터 약 650년 동안 없었다. 영토가 없으니 행사할 주권도 없었다.

이스라엘이라는 나라는 B.C. 2091년에 하나님이 갈대아 우르에 거하는 자연인 아브람을 선택하시어 그를 가나안으로 이민을 가라고 명령하시는 데서부터 시작되었다(창 12:1-3).

> 여호와께서 아브람에게 이르시되 너는 너의 고향과 친척과 아버지의 집을 떠나 내가 네게 보여 줄 땅으로 가라 내가 너로 큰 민족을 이루고 네게 복을 주어 네 이름을 창대하게 하리니 너는 복이 될지라 너를 축복하는 자에게는 내가 복을 내리고 너를 저주하는 자에게는 내가 저주하리니 땅의 모든 족속이 너로 말미암아 복을 얻을 것이라 하신지라. (창 12:1-3)

그리고 하나님은 장차 그와 그의 후손들에게 그가 거주하는 그 땅(가나안)을 기업으로 주시겠다고 약속하셨다(창 15장, 횃불 언약).

〈아브라함의 이동경로〉

하나님은 갈대아 우르 지방에 사는 아브라함을 불러 가나안으로 보내신 후 그의 후손이 원주민을 정복한 후 이스라엘이 탄생 할 것을 약속하셨다(창 15장).

> 네 자손은 사대 만에 이 땅으로 돌아오리니 이는 아모리 족속
> 의 죄악이 아직 가득 차지 아니함이니라 하시더니…. 그 날에
> 여호와께서 아브람과 더불어 언약을 세워 이르시되 내가 이
> 땅을 애굽 강에서부터 그 큰 강 유브라데까지 네 자손에게 주
> 노니…. (창 15:16-18)

그래서 가나안을 '약속의 땅'(The Land of Promise)이라고 말한다. 이런 약속은 하나님의 일방적인 선포였다. 그리고 이런 약속은 아브라함과 이삭과 야곱 3대에 걸쳐 계속하여 이어졌다(창 26:3; 28:13, 35:12; 출 6:8; 신 6:10).

> 내가 아브라함과 이삭과 야곱에게 주기로 맹세한 땅으로 너
> 희를 인도하고 그 땅을 너희에게 주어 기업을 삼게 하리라(I
> will give it to you for an heritage). (출 6:8)

원래 그 땅 '가나안'은 역사적으로 노아의 저주를 받은 함의 아들 이름이었다(창 9:25). 따라서 가나안 거주민은 저주 받은 가나안의 후손들이 살고 있었다. 후에 지명은 "가나안"(Canaan) 그리고 가나안 거주민은 "가나안나이트"(Canaanite)라고 불렀다. 그 후손들이 번성하여 일곱 족속으로 구성되어 있었다. 그리고 그 자손들이 대대로 살고 있었던 땅이었다(창 10:18-19). 그런데 하나님이 "가나안 땅 일곱 족속을 멸하시고 그 땅을 이스라엘 백성들 (유대인)에게 기업으로 주신 것이다"(신 7:1; 행 13:19).

그리고 하나님은 그분의 정체성을 초대 족장 3세대인 '아브라함과 이삭과 야곱의 하나님'(출 3:16; 시 105:9-10; 행 3:13, 7:32; 히 11:9)

이라고 말씀하셨다. 그래서 아브라함과 이삭과 야곱의 후손 유대인도 여호와 하나님을 우리의 조상 '아브라함과 이삭과 야곱의 하나님'이라고 불렀다.

따라서 이방인 국가와 이스라엘의 건국 과정을 간단히 요약한다면, 보통 이방 나라들은 이미 어떤 민족이 역사적으로 거주하고 있는 땅(land)을 영토로 삼고 건국되었지만, 이스라엘의 건국은 하나님이 선택하신 사람들(persons)을 중심으로, 거주할 땅(land)이 없는 상태에서 시작되었다고 볼 수 있다.

이방 나라들은 이미 거주하고 있는 땅을
영토로 삼아 건국되었지만,
이스라엘은 하나님의 사람들을 중심으로 건국되었다.

2. 이방 나라들은 사람이, 이스라엘은 하나님이 건국하셨다

하나님이 아브라함과 이삭과 야곱의 후손 유대인에게 가나안을 주시는 방법 또한 다른 나라의 건국 과정과 매우 다르다. 야곱이 자신의 후손 70인을 데리고 식량을 구하러 애굽으로 찾아갔다. 거기에서 먼저 가 있었던 아들 애굽의 국무총리 요셉을 만났다(창 48장).

그리고 그곳에서 요셉이 살아 있을 때에는 그의 도움으로 평안하게 살았으나 요셉이 죽은 후 유대인의 인구가 너무 빨리 증가되자, 애굽의 왕 바로가 그들의 힘이 더욱 커지는 것을 두려워하여 노예로 만들었다. 그래서 그들은 400년 동안 노예 생활을 했다(출 1장 참조).

노예 생활의 연수가 400년이 차자 하나님은 그들을 약속대로 구원하시기 위하여 그들을 구원해 낼 지도자 모세를 키우셨다. 하나님은 모세가 갓난아기일 때 최강의 나라 애굽의 왕자로 보내셨다(출 2장 참조). 그리고 궁중에서 왕자의 신분으로 학술과 무예를 배우게 하고 그들의 전통 수직문화를 배우게 하여 큰 그릇으로 준비하셨다.

하나님은 모세의 나이가 80세가 되었을 때 그를 지도자로 삼으시고 B.C. 1446년에 이스라엘 백성을 출애굽 시키셨다. 그리고 그들에게 시내산 광야에서 율법을 주신 이후 40년 동안 믿음이 자라게 하기 위해 율법대로 훈련을 시키셨다. 강하고 장대한 가나안의 원주민과 싸워 이기기 위해서는 하나님의 능력을 절대적으로 의지하는 믿음이 강해져야 했기 때문이었다.

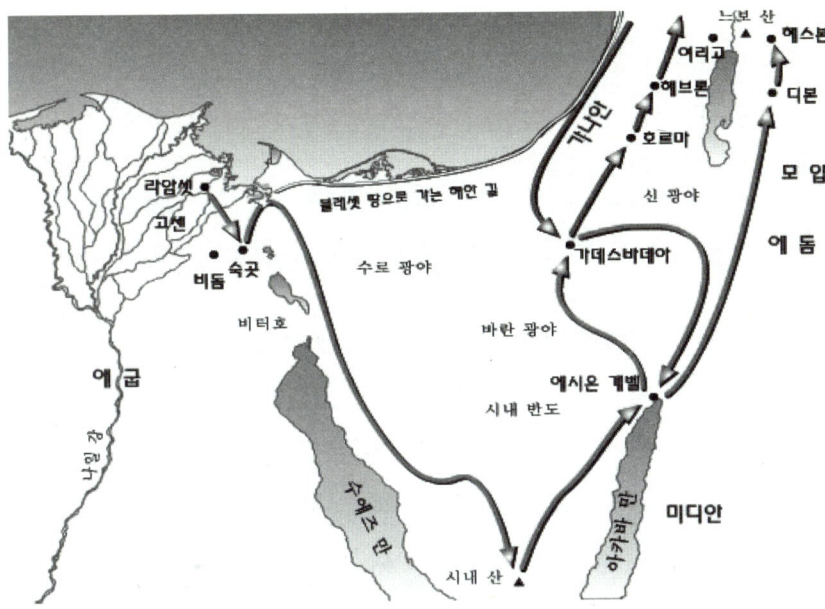

〈출애굽의 경로〉

하나님이 유대인에게 가나안을 정복하라고 명령하심으로 그 땅에 건국하신 이스라엘의 영토

하나님은 모세가 죽은 후 여호수아를 후계자로 삼으시고 그를 공격 대장으로 삼아 B.C. 1406년 요단강을 건너 가게 하시고, 가나안의 원주민들을 공격하라고 명령하셨다. 하나님께서는 이스라엘 백성들로 가나안의 원주민들을 쳐서 멸하셨다(신 7:1; 행 13:19). 그들을 치

실 때 남녀노소를 막론하고 호흡이 있는 자는 모두 죽이라고 명령하셨다(신 20:16; 수 11:14).

> 오직 네 하나님 여호와께서 네게 기업으로 주시는 이 민족들의
> 성읍에서는 호흡 있는 자를 하나도 살리지 말지니…. (신 20:16)

하나님은 유대인에게 가나안 원주민에게는 다른 이방 족속들과 싸울 때 적용했던, 즉 신명기 20장 10-14절까지의 전쟁의 법칙, 예를 들면 "그 성읍이 만일 화평하기로 회답하고 너를 향하여 성문을 열거든 그 모든 주민들에게 네게 조공을 바치고 너를 섬기게 할 것이요"(신 20:11), 등의 화친 조약을 적용하지 말라고 명하셨다.

여호와 하나님께서 유대인에게 가나안 원주민과는 어떤 화친 조약도 맺지 말 것이요, 그들을 불쌍히 여기지도, 긍휼히 보지도 말라고 하셨다(신 7:2, 16). 이는 노약자나 어린이 및 임신한 부인들까지 모두 죽이라는 뜻이다.

> 네 하나님 여호와께서 그들을 네게 넘겨 네게 치게 하시리니
> 그 때에 너는 그들을 진멸할 것이라 그들과 어떤 언약도 하지
> 말 것이요 그들을 불쌍히 여기지도 말 것이며…. (신 7:2)

가나안 원주민을 모두 죽이고 얻은 땅이 바로 후일 이스라엘 국가가 되었다. [물론 당시 죽음을 면한 가나안 사람들도 있었다(수 9장 18-20 참조)] 하나님께서 아브라함을 선택하신 이후 약 700년이 지나서야 이루어진 건국이었다.

이처럼 이스라엘의 건국 과정은 복잡하고 드라마틱하다. 하나님의 예정에 의한 시나리오에 하나님께서 주연과 조연 그리고 엑스트라를 지명하시고 하나님이 직접 연출과 감독을 겸하여 이루어진 인류 최대의 대하드라마다.

결론적으로 이방 나라가 자신들이 거주하던 나라에서 자신들의 힘으로 세운 국가라면, 이스라엘은 영토 없이 떠돌던 하나님의 백성들(유대인)이 하나님의 힘으로 가나안에 거주하던 원주민을 강제로 멸하고 얻은 땅(가나안)이다.

뿐만 아니라, 하나님은 유대인이 건축하지 아니한 크고 아름다운 성읍을 얻게 하셨고, 유대인이 채우지 아니한 아름다운 물건이 가득한 집을 얻게 하셨으며, 유대인이 파지 아니한 우물을 차지하게 하셨고, 유대인이 심지 아니한 포도원과 감람나무를 차지하게 하셨다(신 6:10-11). 이것도 하나님이 준비하신 것이다. 그러나 그 방법은 세상의 논리로는 맞지 않다. (후에 왜 그렇게 하셨는지를 설명함)

**이스라엘의 건국은 하나님의 예정에 의한 시나리오에
그분이 직접 연출과 감독을 겸하여 이루어진
인류 최대의 대하드라마다.**

랍비 강의

거짓말을 해서는 안 된다.
그러나 진실도 말해서는 안 되는 것이 있다

거짓말을 해서는 안 된다. 거짓말을 하는 것이 나쁘다는 것은 어렸을 때부터 귀에 못이 박히도록 들어서 잘 알고 있는 사실이다. 그리고 진실은 당당하게 말해야 한다고 배웠다. 그런데 진실 중에서도 말해서는 안 될 것이 있다. 그 하나는 사람을 다치게 하는 진실이다.

진실에도 거짓말과 같이 사람을 괴롭히는 것이 있다는 것을 알아야 한다. 얼굴이 못생긴 여자에게 "당신은 못생겼군요"하고 말해서는 안 되며, 종기를 앓고 있는 사람 앞에서 부스럼 이야기를 해서는 안 된다. 누가 어떤 물건을 산 후 어떠냐고 의견을 물으면 설령 그것이 좋지 않아도 좋은 것이라고 말하라.

친구가 결혼을 했을 때 그 신부가 미인이 아닐지라도 부인은 정말 아름다운 미인이니 행복하게 살라고 반드시 말해라. 또 남편의 회사가 도산한 부인에게 도산한 회사 이야기를 꺼낼 필요는 없을 것이다.

또 하나 이야기하면 안 되는 진실은 '비밀'이다. 자신의 비밀이나 남의 비밀을 말해서는 안 된다. 진실도 거짓말과 같이 위험한 것이다. 진실도 면도칼처럼 조심스럽게 다루어야 한다.

출처: Tokayer, 탈무드 5: 탈무드의 잠언집, 2009, 동아일보, pp. 275-276.

제2부 1장

- 중상은 어떤 무기보다도 무서운 것이다. 화살은 보이는 곳까지만 쏠 수 있지만, 중상은 멀리 있는 마을까지 망하게 한다.

- 모든 거짓말은 금지되어 있으나, 한 가지 예외가 있다. 그것은 평화를 가져오는 거짓말이다.

- 탈무드 중에서 -

II. 이스라엘의 국가관과 이방 나라의 국가관의 차이

이제 앞의 내용을 참조하며 이스라엘 국가는 이방 나라들과 건국 과정에 어떤 차이가 있는지 몇 가지 측면에서 살펴보자. 이것은 이스라엘의 국가관이 이방인의 것과 무엇이, 얼마나, 왜, 다른지를 보여준다.

첫째, 이스라엘의 건국 목적이 이방 나라와 다르다.

대부분 이방 나라의 건국 목적은 자신들의 공동체, 혹은 거주민들의 안녕과 복지를 위해서 이지만, 이스라엘의 건국 목적은 하나님의 나라를 이 땅에 건설하기 위함이다. 더 구체적으로는 아담과 하와의 타락 이후 온 인류가 죄 아래 있었는데, 하나님은 그들을 구원하시기 위하여 신본주의 국가를 세우시고, 그 국가를 통하여 인류의 구원자 예수 그리스도가 오게 하시고, 예수님이 오신 이후 신약시대 모든 족속들에게 복음을 전하여 하나님의 나라가 더욱 번성하게 하기 위함이다.

둘째, 이스라엘의 건국 주체가 이방 나라와 다르다.

이방 나라는 비기독교인들이 자기들의 목적을 갖고 자기들(사람)의 힘으로 세운 나라이지만, 이스라엘 국가는 하나님의 목적에 따라 하나님의 힘으로 하나님이 세우신 나라다. 즉 이방 나라의 건국 주체는 사람이지만, 이스라엘의 건국 주체는 하나님이시다.

따라서 이스라엘이라는 나라의 영토는 유대인들이 거주하던 땅이 아니고, 가나안 일곱 족속이 거주하던 땅이었는데, 하나님은 이 땅을 유대인들의 의지와는 전혀 상관없이 주시겠다고 약속하셨다.

셋째, 이스라엘의 건국 과정이 이방 나라와 다르다.

이스라엘이라는 국가는 다른 이방 나라들처럼 자신들이 거주하는 영토를 중심으로 건국된 나라가 아니고, 하나님이 선택하신 아브라함과 그의 후손들, 즉 하나님의 백성들(유대인)을 중심으로 건국되었다. 그리고 국가를 형성하는 최초의 인구도 이방 나라들은 대부분 다수의 거주민들이 뭉쳐서 국가를 세웠다면, 이스라엘은 아브라함 한 사람으로부터 시작되었다.

넷째, 이스라엘 건국의 시조 아브라함은 세상 나라에 속하지 않은 나그네였다.

소속감, 즉 시민권적인 입장에서 아브라함과 그의 후손들은 처음에는 가나안으로 이민을 가서 원주민과 분리된 나그네 인생이었다(창 15:13, 23:4, 47:9; 출 22:21; 신 10:19).

> 야곱이 바로에게 고하되 내 나그네 길의 세월이 일백삼십 년이니이다 나의 연세가 얼마 못되니 우리 조상의 나그네 길의 세월에 미치지 못하나 험악한 세월을 보내었나이다. (창 47:9)

> 너희는 나그네를 사랑하라 전에 너희도 애굽 땅에서 나그네 되었었음이니라. (신 10:19)

그리고 아브라함의 후손들은 오랫동안 세상의 어느 국가에도 속하지 않은 떠돌이 인생이었다. 더구나 이방의 객이 되어 애굽을 400년 동안 섬겼다(창 15:13; 행 7:6). 요즘으로 말하면, 그들은 하나의 법치 국가가 발행하는 여권이 없는, 불법체류자 같은 변두리 사람들이었다. 그들은 이 세상 나라의 시민권을 가지지 못하고, 그 대신 하늘나라의 시민권을 가지고 있었다. 그들은 땅에 속하지 않은, 오직 눈에 보이지 않는, 하늘에 계신 하나님의 나라에 소속을 두고 하나님의 명령에 따라 움직이는 사람들이었다.

따라서 이방 나라 사람들은 세상에 속한 자신의 나라 시민권임을 자랑스럽게 여겼지만, 이스라엘에 속한 유대인은 하늘나라 백성임을 자랑스럽게 여겼다. 이런 자부심은 기독교인에게도 해당된다. 기독교인은 자신이 속한 민족이나 나라의 시민권자임을 자랑스럽게 여겨야 하지만, 하늘나라 백성임을 더 자랑스러워해야 한다.

다섯째, 이스라엘 건국을 위한 영토 확보 방법이 이방 나라와 다르다.

1. 하나님은 유대인이 살 땅(가나안)을 주실 때에 아무도 살지 않는 공터를 찾아 주셨거나, 그 땅 주인에게 땅 값을 대신 지불하지 않으셨다. 가나안 원주민이 살고 있던 땅을 그들의 허락도 없이 유대인을 시켜서 강제로 그들을 진멸하게 하시고 그 땅에 거주하게 하셨다. 세상의 논리로 보면 매우 비합리적이다. 이로 인한 이스라엘과 주변 국가들과의 갈등은 현재까지도 진행되고 있다.

2. 이스라엘의 영토를 확보할 때 가나안 원주민과 협상 없이 그들을 모두 죽였다.

이스라엘과 이방 나라의 차이점

번호	항목	이방 나라	이스라엘
1	건국의 목적	자신들의 안녕과 복지	- 하나님의 나라를 이 땅에 건설 - 모든 족속들에게 복음 전파
2	건국의 주체	- 사람의 힘으로 세운 나라 - 사람이 주체	- 하나님의 힘으로 세운 나라 - 하나님이 주체
3	건국의 과정	- 자신들이 거주하는 영토를 중심으로 건국 - 다수가 참여	- 하나님의 백성을 중심으로 건국 - 아브라함 한 사람으로 시작
4	국민들의 소속	- 세상 나라의 시민권 소유 - 자기 나라 시민권을 자랑	- 하나님 나라의 시민권 소유: 세상에서는 나그네 인생 - 하늘나라 백성임을 자랑
5	영토 확보 방법	1. 자신들이 소유했던 영토 2. 다른 나라가 항복하면 협상하여 살려 줌 3. 군사력이 강하지만 패배	1. 가나안 원주민이 소유했던 영토 2. 하나님이 유대인에게 "협상 없이 모두 죽이라"고 명령하심 3. 군사력이 약하지만 승리
6	가나안 침략의 목적	자국의 이해 관계	원주민의 죄악에 대한 심판
7	하나님의 죄의 심판 방법	노아의 홍수(창 9장)나 소돔과 고모라의 불 심판: 초자연적인 방법	- 가나안 원주민 심판: 유대인이 그들을 죽게 하고 그 땅을 주심
8	영토의 크기, 지정학적 위치	이스라엘 주변국들: 크고 초강대국들이며 이스라엘을 괴롭힘 - 세상을 뜻함	- 초미니 국가: 주변이 눈에 보이는 초강대국들이며, 그들이 적이다 - 그러나 눈에 보이지 않는 하나님이 그들의 힘이다
9	영토 유지 방법	자국의 군사력이 좌우함	유대인의 죄악의 크기가 좌우함
10	영토의 변경	자국의 힘에 따라 변경, 혹은 소멸이 가능함	- 크기 변경은 거의 없고 항상 존재함 - 아브라함의 후손들이 거주할 땅은 오직 가나안뿐이다.
11	통치의 주체	- 그 나라의 지도자나 국민 - 인본주의 국가	- 하나님이 주권을 가지시고 그 분이 통치하심 - 신본주의 국가
12	국가에 반역	가능하다	- 불가능하다 - 편하게 사는 방법: 하나님께 기쁨으로 순종
13	국가의 법	사람이 만든 법으로 국가 통치	하나님이 주신 율법으로 국가 통치

제1장 이스라엘과 이방 나라는 건국 과정이 다르다

당시에 대부분 이방 나라는 외국을 침략할 때 상대방이 항복하기 위하여 협상을 청하면 그 협상을 받아들여 유리하게 조약을 맺어 식민지로 삼고 원주민을 노예로 삼는 경우가 많았지만, 하나님은 유대인에게 가나안 일곱 족속과 어떤 협상도 하지 말고 호흡이 있는 자마다 모두 죽이라고 명령하셨다. 매우 잔인하게 보인다. 그 이유는 무엇일까? 다음 항에서 설명한다.

3. 가나안은 군사력 측면에서 군사의 질이나 양 그리고 수에서 매우 강한데 비하여, 유대인은 수효도 심히 적고 무기나 전투 기술도 별로 없었는데, 하나님은 실전에서 유대인이 그들을 이기게 하셨다(민 13:33, 신 1:28, 7:6-7). 여호와의 전쟁은 수효나 무기에 있지 않고 하나님의 능력에 있다(출 14:13-14; 신 20:1; 삿 7장 기드온 300용사 참조; 역대상 21:1-8).

여섯째, 유대인이 가나안 원주민을 진멸하는 이유가 이방 나라와 다르다.

유대인이 가나안 원주민들을 모두 죽여야 하는 이유도 하나님이 정하셨는데, 그것은 가나안의 죄악이 관영했다는 것이었다(창 15:16). 즉 하나님은 가나안의 우상 섬김(신 7:2-6), 도덕과 윤리의 타락을 문제 삼아 죄악을 제거하기 위하여 하나님의 방법대로 심판하신 것이었다.

이것은 일반적으로 이방 나라들이 자신들의 육적인 탐욕을 위하여 다른 나라를 침략하는 것과 차이가 있다. 즉 침략의 목적이 이방 나라는 세상의 이해관계에 있지만, 하나님이 유대인에게 가나안을 진멸하라고 명령하신 것은 그들의 죄악에 대한 심판이다.

일곱째, 하나님의 죄악에 대한 심판 방법이 기존의 방법과 다르다.

　하나님이 죄악에 대한 심판을 하실 때도 그 방법이 앞에서 보였던 노아의 홍수(창 9장)나 소돔과 고모라(창 19장)의 불 심판과 다르다. 전자는 초자연적인 방법으로 하셨지만, 가나안 일곱 족속에 관한 심판은 하나님의 백성인 유대인을 통하여 하셨다는 점에서 특이하다.

　여덟째, 영토의 변경 여부: 이스라엘 영토의 크기와 지정학적 위치가 특이하다.

　영토의 크기 측면에서 이스라엘은 한국의 강원도만 한 초미니 국가다. 그런데 그 작은 나라를 초강대국들이 에워싸고 있다. 그리고 그 강대국들은 역사적으로 늘 적대적이며 이스라엘을 괴롭혔다. 오늘날도 마찬가지다.

　이것은 하나님 나라에 속한 소수의 백성들은 세상 사람들의 질시를 늘 받는다는 것을 뜻한다. 즉 하나님의 사람은 이 세상을 살면서 늘 사탄의 공격을 받는다.

　아홉째, 이스라엘은 국가의 영토를 유지하는 방법이 이방 나라와 무엇이 다른가?

　이방 나라는 자신들의 육적인 힘의 크기, 즉 군사력이 국가의 영토를 지킨다. 그러나 이스라엘은 하나님이 주신 영토를 유지하는 방법이 다르다. 그 영토를 얻을 때도 하나님의 능력으로 얻었지만, 유지시키는 방법도 하나님에게 속해 있었다.

이스라엘은 그 나라 백성인 유대인이 하나님의 명령(율법)을 잘 지키어 죄악을 범하지 않으면 평안을 얻게 되고, 율법을 어기어 죄악을 범하면 하나님의 심판을 받아 어려움(고난)을 겪었다(신 11:26-28, 28장, 30:15-20 참조). 즉 그들의 영토 유지 여부는 이스라엘의 죄악의 크기에 달렸다.

> 내가 오늘 복과 저주를 너희 앞에 두나니 너희가 만일 내가 오늘 너희에게 명하는 너희의 하나님 여호와의 명령을 들으면 축복이 될 것이요 너희가 만일 내가 오늘 너희에 명령하는 도에서 돌이켜 떠나 너희의 하나님 여호와의 명령을 듣지 아니하고 본래 알지 못하던 다른 신들을 따르면 저주를 받으리라. (신 11:26-28)

그렇다고 유대인이 게을러도 되는가? 아니다. 물론 하나님의 율법을 잘 지키면 지혜가 생기고 강인한 힘을 길러 세상에서도 머리가 될 수 있다고 가르친다(신 11:27-28, 28:1-14, 전도서와 잠언 참조).

열째, 유대인이 거할 곳은 하나님이 정해주신 가나안 이외는 없다. 이방 나라들의 영토는 항상 변할 수 있다. 그들의 힘이 커지거나 약해지면 다른 나라와의 전쟁을 통해 영토가 늘거나 줄거나, 혹은 아예 없어지기도 하는데, 이스라엘은 약간의 차이가 있기도 하지만 항상 그 영토를 그대로 가지고 있으며 없어지지 않았다.

따라서 역사적으로 이스라엘이 다윗이나 솔로몬 시대처럼 아무리 강성한 나라가 되어도, 하나님이 허락하신 가나안의 국경을 지키기 위해 노력은 했으나, 그 이상의 영토를 확장시키기 위

이스라엘 백성은 하나님의 명령을 따라 가나안을 정복한 후 이스라엘을 건국했다. 사진은 이스라엘 군인들이 이스라엘 의회(Knesset) 앞에 있는 메노라 앞에서 결의를 다지는 모습. 메노라는 이스라엘을 상징한다.
출처: *The Times of Israel*, June 26, 2013

해 다른 이웃 나라를 침범치 않았다. 현재도 마찬가지다. 하나님이 선택하신 아브라함과 그의 후손들이 거주할 땅(영토)은 오직 가나안 이외에는 없다.

그리고 유대인이 많은 죄악을 행하였을 경우 하나님이 그들을 심판하시는 방법으로, 다른 나라에 노예로 잡혀가 살게 한 경우가 있었는데(바벨론 포로기 참조), 그 때에도 때가 차면 가나안으로 다시 돌아오게 하셨다(사 43:5-6, 49:6; 렘 29:14; 겔11:17, 39:28).

> 나 여호와가 말하노라 내가 너희에게 만나지겠고 너희를 포로된 중에서 다시 돌아오게 하되 내가 쫓아 보내었던 열방과 모든 곳에서 모아 사로잡혀 떠나게 하던 본 곳[이스라엘]으로

돌아오게 하리라 여호와의 말이니라 하셨느니라. (렘 29:14)

그가 가라사대 네가 나의 종이 되어 야곱의 지파들을 일으키며 이스라엘 중에 보전된 자를 돌아오게 할 것은 오히려 경한 일이라 내가 또 너로 이방의 빛을 삼아 나의 구원을 베풀어서 땅 끝까지 이르게 하리라. (사 49:6)

전에는 내가 그들로 사로잡혀 열국에 이르게 하였거니와 후에는 내가 그들을 모아 고토[이스라엘]로 돌아오게 하고 그 한 사람도 이방에 남기지 아니하리니 그들이 나를 여호와 자기들의 하나님인 줄 알리라. (겔 39:28)

이것은 이스라엘 국가는 지구상에서 없어지지 않는다는 것을 뜻한다. 설사 오랜 동안 없어졌다가도 다시 살아나곤 했다. 신약시대 A.D. 70년 로마의 침공으로 이스라엘이 없어졌다가 1948년 5월 14일 이스라엘이 다시 유엔의 도움으로 독립한 것이 그 예다.

(이 주제에 대한 현실의 상황은 제3부 제1장 III. 4. '유대인이 거할 땅은 가나안뿐이다'에서 설명함)

열한 번째, 이스라엘과 이방 나라는 국가 통치의 주체가 다르다. 한 나라를 통치하는 측면에서 이방 나라는 그 나라의 지도자나 국민 자체가 주권을 갖고 그 나라의 지도자가 국민을 통치하지만, 이스라엘은 하나님이 주권을 가지시고 하나님이 선택하신 지도자를 통하여 하나님 스스로 통치하신다.

전자는 인본주의 국가에서 인본주의 정치를 펼치는데 반하여, 후자는 하나님이 세우신 신정국가이며 신정정치를 실행하신다. 대부분 민주주의 국가는 모든 주권과 힘이 국민으로부터 나오지만,

이스라엘은 모든 주권과 힘이 하나님으로부터 나온다. 그리고 전자는 국민의 국가이며 국민에 의한, 국민을 위한 국가이지만, 후자는 하나님의 국가이며 하나님에 의한, 하나님을 위한 국가다. 즉 전자는 국가의 중심이 국민이지만(people centered nation), 후자는 국가의 중심이 하나님이시다(God centered nation).

열두 번째, 이스라엘에서는 국가에 대한 반역이 불가능하지만, 이방 나라에서는 가능하다.

이방 나라에서는 통치자가 약점을 보이거나 힘이 약해질 경우 국민이 통치자에게 순종을 거역하거나 반역이 가능하지만, 이스라엘에서는 하나님에게 불순종이나 반역이 불가능하다. 만약 하나님에게 불순종을 하면 혹독한 죄의 심판을 받아 엄청난 고통을 겪거나 심한 경우 죽기도 한다. 따라서 편하게 사는 방법은 항상 기쁨으로 순종하는 길밖에 없다.

열세 번째, 국가를 통치하는 법이 이스라엘과 이방 나라가 다르다.

이방 나라는 자신들(사람들)이 만든 법으로 국가를 통치하지만, 이스라엘은 하나님이 유대인에게 직접 시내산에서 주신 율법(출 20:1-17의 십계명과 그 이하 율법들 참조)으로 국가를 통치한다. 전자는 세속법이지만, 후자는 거룩한 율법, 즉 말씀이다. 전자는 이방 사람들이 지켜야 할 법이지만, 후자는 거룩한 하나님의 백성들이 반드시 지켜야 할 법이다.

랍비 강의

애정의 편지

어떤 청년과 아름다운 처녀가 있었다. 두 사람은 사랑에 빠졌다. 그 청년은 일생 동안 아가씨에게 성실히 대할 것을 맹세했다. 그들은 얼마동안 매사가 잘 되어 행복한 나날을 보냈다. 그러던 어느 날 젊은이는 이 처녀를 남겨 두고 여행길에 나서야만 했다. 처녀는 오랫 동안 젊은이가 돌아오기를 기다렸으나, 그는 돌아오지 않았다. 이 처녀의 다정한 친구들은 그녀를 동정했고, 그녀를 시기하고 있던 여자들은 젊은이가 절대로 돌아오지 않을 것이라고 비웃었다. 처녀는 집으로 돌아가 젊은이가 일생동안 성실할 것을 맹세했던 편지들을 보면서 눈물을 흘렸다. 편지는 이 처녀의 마음을 위로해 주었고 그녀에게 힘이 되었다.

어느 날 젊은이가 돌아오자, 처녀는 그 동안의 슬픔을 그에게 호소했다. 젊은이는 "그렇게 괴로운 시간을 보내면서도 어떻게 나만을 기다리며 정절을 지킬 수 있었소?" 하고 물었다. 그러자 처녀는 이렇게 대답하며 웃었다.

"나는 이스라엘과 같은 몸이에요."

(저자 주: 이스라엘이 이민족에게 지배받고 있을 때, 다른 나라 사람들은 모두 유대인을 비웃었고, 이스라엘이 독립한다는 말을 듣자, 그들은 이스라엘의 현인들을 바보라고 비웃었다. 그러나 유대인은 회당과 학교에서 이스라엘을 굳게 지켜왔다. 유대인들은 하나님이 이스라엘 민족에 주신 거룩한 약속을 믿고 살아왔다. 하나님이 그 약속을 지켜 주셨으므로 이스라엘은 마침내 독립했다. 이 이야기 속의 처녀도 청년이 맹세한 편지를 읽으면서 청년을 믿고, 그가 돌아오기를 기다리고 있었기 때문에 이스라엘과 같다고 말했다.)

출처: Tokayer, 탈무드 1: 탈무드의 지혜, 2007, 동아일보, pp. 142-143.

Ⅲ. 이스라엘은 하나님이 낳으신 국가

이스라엘이라는 국가의 탄생을 임신한 어미(하나님)와 아기(이스라엘)의 비유로 설명해 보자. 한 여인이 임신을 하면 뱃속의 아기는 10개월 후에는 반드시 세상으로 나와야 한다. 더 이상 어머니의 뱃속에 있을 수 없다.

이처럼 하나님은 믿음의 조상 아브라함을 부르시고 그를 이스라엘 국가의 씨앗으로 잉태하신 이후 약 500여 년 동안 뱃속에서 그의 후손들을 수백만 명으로 증가시키셨다. 그리고 때가 차매 마침내 그의 후손들, 즉 유대인들을 출애굽시키시어 이스라엘이라는 아기(나라)를 낳으셨다.

이는 마치 아기가 어미의 뱃속에 있을 때에는 다른 공간이 필요 없다가, 출산을 하면 그 아기가 거주할 새로운 공간이 필요한 것처럼, 하나님은 유대인을 뱃속에 오랫동안 국가 없이 나그네로 살게 하시다가 가나안이라는 새로운 공간에 이스라엘이라는 국가를 출산(건국)하신 것과 같다.

또한 아기가 어미의 뱃속에 있을 때에는 어두운 자궁 속 어미의 탯줄에서 나오는 영양을 먹고 자란 후 밝은 세상에 나온 것처럼, 유대인도 오랫동안 애굽의 압제 하에서 어두운 노예 생활을 하며 하나님이 공급하시는 힘으로 살다가, 때가 차매 하나님의 은혜로 출애굽을 하여 밝은 자유의 나라 이스라엘에 태어났다.

따라서 이스라엘이라는 국가는 하나님에게 그 분 스스로 자신의 백성을 잉태하시고 낳으신 옥동자 같은 존재다. 어미가 옥동자를 출산할 때 고통 속에서도 최대의 희열을 맛보는 것처럼, 하나님도 이스라엘이 건국되었을 때 얼마나 기뻐하셨겠는가! 태초의 신정국가 이스라엘 왕국의 탄생은 곧 하나님의 예정 아래 인류 구원을 위한 시금석을 놓으신 것이 아닌가! 창세기 15장의 횃불 언약이 성취된 것이다.

그래서 하나님은 이스라엘을 '헵시바'("나의 기쁨은 그녀 안에 있다"라는 뜻)라고 말씀하셨다(사 62:4). 하나님은 이스라엘을 영원토록 사랑하시고 눈동자처럼 지키신다(신 32:10; 삼하 7:23-24; 대상 17:21; 시 48:14).

> 땅의 어느 한 나라가 주의 백성 이스라엘과 같으리이까 하나님이 가서 구속하사 자기 백성으로 삼아 주의 명성을 내시며 그들을 위하여 큰일을, 주의 땅을 위하여 두려운 일을 애굽과 많은 나라들과 그의 신들에게서 구속하신 백성 앞에서 행하셨사오며 주께서 주의 백성 이스라엘을 세우사 영원히 주의 백성으로 삼으셨사오니 여호와여 주께서 그들의 하나님이 되셨나이다. (삼하 7:23-24)

결론적으로 이방 나라들은 땅을 중심으로, 이스라엘은 하나님에 의하여 하나님이 부르신 사람, 즉 아브라함의 후손을 중심으로 건국되었다. 그리고 이방 나라들은 사람이 건국했지만, 이스라엘은 하나님이 인류 구원을 이루시기 위하여 건국하셨다. 따라서 이스라엘의 국가관은 앞에서 '이스라엘과 이방 나라와의 차이'에서 설명한 것처럼 이방인의 국가관과 당연히 다를 수밖에 없다.

어미가 옥동자를 출산할 때 고통 속에서도
최대의 희열을 맛보는 것처럼,
하나님도 이스라엘이 건국되었을 때 얼마나 기뻐하셨겠는가!
태초의 신정국가 이스라엘 왕국의 탄생은 곧
하나님의 예정 아래 인류 구원을 위한 시금석을 놓으신 것이다.

내가 전에 너희에게 이르기를
너희가 그들의 땅[가나안]을
기업으로 얻을 것이라
내가 그 땅 곧 젖과 꿀이 흐르는 땅으로
너희에게 주어 유업을
삼게 하리라 하였노라
나는 너희를 만민 중에서 구별한
너희 하나님 여호와라.
(레 20:24)

SPIRITUAL INTERPRETATION OF CANAAN

제 2 장

가나안에 대한 영적 해석

I. 이스라엘의 국가관이 기독교인에게도 적용되는 이유
II. 가나안 정복의 뜻: 유대인과 기독교인의 동일성
  1. 유대인이 가나안을 얻었던 방법: 믿음 있는 유대인의 5가지 특징
  2. 기독교인이 가나안(천국)을 얻는 방법:
    믿음 있는 기독교인의 5가지 특징

I. 이스라엘의 국가관이 기독교인에게도 적용되는 이유

앞에서 이스라엘 국가와 이방 나라의 차이를 여러 가지 측면에서 살펴보았다. 몇 가지를 제하고는 신약시대 기독교인에게도 그대로 적용된다. 왜 그런가? 예수님을 믿는 기독교인들은 아브라함의 자손, 즉 영적 유대인이기 때문이다. (이해가 되지 않는 몇 몇 가지에 대해서는 본 항목에서 설명한다)

> 아브라함이 하나님을 믿으매 그것을 그에게 의로 정하셨다 함과 같으니라 그런즉 믿음으로 말미암은 자들은 아브라함의 자손인 줄 알지어다 또 하나님이 이방을 믿음으로 말미암아 의로 정하실 것을 성경이 미리 알고 먼저 아브라함에게 복음을 전하되 모든 이방이 너로 말미암아 복을 받으리라 하였느니라 그러므로 믿음으로 말미암은 자는 믿음이 있는 아브라함과 함께 복을 받느니라. (갈 3:6-9)

따라서 유대인이 가졌던 신앙의 대상, 가족관, 국가관 그리고 하나님의 율법을 지켜야 하는 이유 등은 기독교인에게도 그대로 적용된다. [더 자세한 복음과 율법에 관해서는 저자의 저서 '부모여 자녀를 제자 삼아라'(쉐마, 2005), 제1권 제2장 '유대인의 율법은 악한가' 참조]

바울은 기독교인에게 더 구체적으로 "너희가 그리스도의 것이면 곧 아브라함의 자손이요 약속대로 유업을 이을 자니라"(갈

3:29)라고 말했다. "약속대로 유업을 이을 자"(갈 3:29c)는 "약속대로 [유대인처럼] 유업을 이을 자"란 뜻이다. 여기에서 유업은 어떤 유업을 뜻하는가? 여러 가지가 있지만 그 중의 하나가 가나안을 유업으로 받을 수 있다는 뜻이다.

구약에서의 안식의 땅 가나안은 '천국의 그림자'(히 4:3, 11, 9:23-24, 10:1)이기 때문에 천국을 상징한다. 누가 무엇으로 가나안, 즉 천국에 들어갈 수 있는가? 구약의 유대인이나 신약의 기독교인이나 모두 믿음으로 가나안(천국)에 들어갈 수 있다. 왜냐하면 바울은 아브라함이 여호와를 믿음으로 의인이 된 것(창 15:6; 롬 4:3)처럼, 기독교인도 예수님을 믿음으로 의인이 될 수 있다(갈 3:6-9)고 말했기 때문이다.

유대인이 가졌던 신앙의 대상, 가족관, 국가관
그리고 하나님의 율법을 지켜야 하는 이유 등은
기독교인에게도 그대로 적용된다.

II. 가나안 정복의 뜻: 유대인과 기독교인의 동일성

1. 유대인이 가나안을 얻었던 방법: 믿음 있는 유대인의 5가지 특징

구약시대 유대인은 세상의 힘이 아닌 오직 믿음으로 요단강을 건널 수 있었다(수 3:1-17). 그리고 믿음으로 여리고 성을 무너뜨리고(수 6: 1-27) 마침내 가나안을 정복할 수 있었다(수 6:1-12:24).

가나안 정복과 관련하여, 구약시대 믿음이 있는 유대인은 어떤 특징들이 있는지 알아보자.

첫째, 믿음이 있는 유대인은 하나님이 주신 약속의 땅, 가나안이 자신의 것이 될 것을 믿었다. 따라서 하나님은 유대인의 조상 아브라함과 이삭과 야곱에게 주신 언약과 시내산에서 주신 언약과 말씀으로 그들의 믿음을 계속 키우셨다.

둘째, 믿음이 있는 유대인은 아브라함의 때부터 가나안에 도착하기 이전의 모든 여정을 나그네 인생이라 믿었다. 그들은 가나안이 최종 목표지이며 소망이었다. 즉 모세는 젖과 꿀이 흐르는 가나안이 그들 여정의 최종 목표라는 비전을 주었다(출 3:8, 17, 레 20:24; 신 6:3, 11:9).

> 내가 전에 너희에게 이르기를 너희가 그들의 땅[가나안]을 기업으로 얻을 것이라 내가 그 땅 곧 젖과 꿀이 흐르는 땅으로 너희에게 주어 유업을 삼게 하리라 하였노라 나는 너희를 만민 중에서 구별한 너희 하나님 여호와라. (레 20:24)

유대인이 영원히 살 곳은 가나안 이외에는 없다.

셋째. 믿음이 있는 유대인은 세상에서 아무리 힘든 일이 있다 해도 하나님의 말씀만 믿고 가나안을 끊임없이 사모해야 했다(민 13:27, 14:6-9; 신 1:25, 6:10-11, 8:7-9). 예를 들면, 가나안을 정탐한 12 대표들 중 하나님의 말씀을 굳게 믿었던 여호수아와 갈렙 같은 사람들이다. 그들은 이렇게 말했다.

> 그 땅을 탐지한 자 중 눈의 아들 여호수아와 여분네의 아들 갈렙이 그 옷을 찢고 이스라엘 자손의 온 회중에 일러 가로되 우리가 두루 다니며 탐지한 땅은 심히 아름다운 땅이라 여호와께서 우리를 기뻐하시면 우리를 그 땅으로 인도하여 들이시고 그 땅을 우리에게 주시리라 이는 과연 젖과 꿀이 흐르는 땅이니라 오직 여호와를 거역하지 말라 또 그 땅 백성을 두려워하지 말라 그들은 우리 밥이라 그들의 보호자는 그들에게서 떠났고 여호와는 우리와 함께 하시느니라 그들을 두려워 말라. (민 14:6-9)

반면 하나님의 말씀을 믿지 않고 불순종하면 가나안을 정복할 수 없었다(민 13장, 13:27-33, 16:14). 예를 들면, 가나안을 정탐한 12명의 대표들 중 하나님의 말씀을 믿지 않았던 10명의 대표들 같은 사람들이다. 그들은 가나안 원주민을 무서워하며 이렇게 말했다.

> 그와 함께 올라갔던 사람들은 이르되 우리는 능히 올라가서 그 백성을 치지 못하리라 그들은 우리보다 강하니라 하고 이스라엘 자손 앞에서 그 정탐한 땅을 악평하여 이르되 우리가 두루 다니며 정탐한 땅은 그 거주민을 삼키는 땅이요 거기서 본 모든 백성은 신장이 장대한 자들이며 거기서 네피림 후손인 아낙 자손의 거인들을 보았나니 우리는 스스로 보기에도 메뚜기 같으니 그들이 보기에도 그와 같았을 것이니라. (민 13:31-33)

따라서 믿음이 있는 자는 눈에 보이는 가나안 원주민보다 눈에 보이지 않는 하나님의 능력을 더 신뢰해야 한다. 믿음이 그만큼 중요한 것이다. 성경은 당시 출애굽을 한 1세대 유대인 중에서 하나님의 말씀을 믿고 가나안을 정복할 수 있다는 긍정적인 확신을 가졌던 2명(여호수아와 갈렙)만 가나안에 들어갔고, 나머지 10명의 불신앙자를 따랐던 사람들은 모두 광야에서 죽임을 당했다(민 14:30)고 기록하고 있다.

넷째, 믿음이 있는 자는 가나안을 침노했다. 하나님이 허락하신 영토, 즉 가나안은 가만히 앉아서 얻는 것이 아니었다. 하나님이 유대인에게 그 땅을 주시겠다고 약속하셨더라도, 유대인이 몸소 그 땅을 침노하여 원주민과 싸우고 발바닥으로 밟은 것만큼만 얻을 수 있었다. 여호와 하나님이 여호수아에게 하신 말씀을 들어보자.

> 내가 모세에게 말한 바와 같이 너희 발바닥으로 밟는 곳은 모두 내가 너희에게 주었노니 곧 광야와 이 레바논에서부터 큰 강 곧 유브라데 강까지 헷 족속의 온 땅과 또 해 지는 쪽 대해까지 너희의 영토가 되리라. (수 1:3-4)

실제로 여호수아는 "나와 함께 올라갔던 내 형제들은 백성의 간담을 녹게 하였으나 나는 나의 하나님 여호와를 온전히 좇았으므로"(수 14:8) 가나안을 정복할 수 있었다고 회고했다.

다섯째, 믿음이 있는 자는 하나님의 말씀을 그대로 강하고 담대하게 실천했다.

가나안을 침노할 때의 마음가짐은 어떠해야 했는가? 오직 강하고 극히 담대해야 했다. 그리고 침노하는 방법은 우로나 좌로나 치우치지 말고, 하나님의 율법책(성경책)을 자신의 입에서 떠나지 말게 해야 하며 주야로 그것을 묵상하여 그 안에 기록된 대로 다 지켜 행해야 했다.

> 오직 강하고 극히 담대하여 나의 종 모세가 네게 명령한 그 율법을 다 지켜 행하고 우로나 좌로나 치우치지 말라 그리하면 어디로 가든지 형통하리니 이 율법책을 네 입에서 떠나지 말게 하며 주야로 그것을 묵상하여 그 안에 기록된 대로 다 지켜 행하라 그리하면 네 길이 평탄하게 될 것이며 네가 형통하리라. (수 1:7-8)

여기에서 한 가지 더 짚고 넘어갈 것이 있다. "가나안을 침노"한다는 명제는 개인적인 적용과 민족 공동체적인 적용으로 나누어 설명해야 한다. 전자는 일단 유대인 개인이 가나안에 들어가기만 하면 이스라엘의 시민이 되겠지만, 후자는 하나님이 허락하신 영토 전체를 유대민족 공동체가 함께 정복해야 할 이스라엘의 국가적인 사명이다.

믿음이 있는 자는 가나안을 침노했다.
하나님이 허락하신 영토,
즉 가나안은 가만히 앉아서 얻는 것이 아니었다.

2. 기독교인이 가나안(천국)을 얻는 방법: 믿음 있는 기독교인의 5가지 특징

앞에서 가나안을 정복한 믿음 있는 유대인의 5가지 특징을 살펴보았다. 이 5가지 특징을 신약시대의 기독교인에게 적용해 보자. 앞에서 가나안은 천국을 상징한다고 설명했다.

첫째, 믿음이 있는 자는 하나님이 주신 약속의 땅, 가나안, 즉 천국이 자신의 것이 될 것을 굳게 믿어야 한다. 이것이 복음을 믿은 후 갖게 되는 구원의 확신이다. 그 믿음은 그리스도의 말씀(율법)을 들음에서 나온다(롬 10:17).

둘째, 믿음이 있는 자는 이 땅에서는 나그네 인생으로 살며, 영원한 본향 가나안, 즉 천국에 가는 소망을 최종 목표로 삼아야 한다.

셋째, 믿음이 있는 자는 사는 동안 세상에서 아무리 힘든 일이 있다 해도 하나님의 말씀만 믿고 가나안을 끊임없이 사모해야 한다.

넷째, 믿음이 있는 자는 가나안, 즉 천국을 침노해야 한다(눅 11:28). 이 대목은 더 많은 설명이 필요하다. 예수님은 천국은 침노하는 자가 빼앗는다고 말씀하셨다.

> 세례 요한의 때부터 지금까지 천국은 침노를 당하나니 침노하는 자는 빼앗느니라. (마 11:12)

왜 예수님은 천국이 침노를 당한다고 말씀하셨을까? 그것은 구약시대에 가나안이 하나님의 백성 유대인으로부터 침노를 당한 것처럼, 신약시대의 천국도 하나님의 백성 기독교인으로부터 침노를 당하기 때문이다.

여기에서 개인 구원에 대한 적용과 전체 기독교인 공동체에 대한 적용으로 나누어 설명해야 한다. 전자는 개인이 예수님을 믿어 구원을 받아 천국 백성이 되면 끝나지만, 후자는 기독교인 공동체 전체가 하나님이 예정해 놓으신 인류 구원사역 전체를 생각해야 한다.

예수님이 이 땅에 오신 목적은 무엇인가? 신약시대 이스라엘이라는 영토의 공간이나 유대인이라는 민족적인 제한 없이 온 세계 모든 백성들에게 천국이 가까이 왔음을 알리고 천국을 확장하기 위함이다.

예수님께서는 신약시대에 천국이 언제부터 침노를 당했다고 말씀하셨나? 요한의 때부터라고 말씀하셨다(마 11:12a). 그 이유는 예수님 이전에 요한이 최초로 "회개하라 천국이 가까웠느니라"라고 말하며 복음을 전했기 때문이다(마 3:2). 예수님은 요한 이후에 40일 금식기도를 마치시고 마귀의 시험을 이기신 이후에 천국 복음을 전파하셨다.

> 이때[마귀의 시험을 이기신 이후]부터 예수께서 비로소 전파하여 가라사대 회개하라 천국이 가까왔느니라 하시더라. (마 4:17)

따라서 요한이 복음을 전한 시기는 여호수아가 요단강을 건너 가나안을 침노하는 그 시기로 비유할 수 있다.

다섯째, 믿음이 있는 자는 하나님의 말씀을 그대로 강하고 담대하게 실천한다.

천국을 침노하는 자의 자세는 어떠해야 하는가? 여호수아가 매우 강하고 담대하게 여호와 하나님의 말씀만 의지하고 우로나 좌로나 치우치지 않고 가나안을 공격했던 것처럼, 신약시대의 기독교인도 복음으로 천국을 공격할 때, 매우 강하고 담대하게 여호와 하나님의 말씀만 의지하고 우로나 좌로나 치우치지 않고 천국, 즉 가나안을 공격해야 한다. 세례 요한과 예수님 그리고 바울이 그 모델이다.

침노의 대상은 누구인가? 가나안 원주민이다. 구약은 신약의 그림자이기 때문에 신약시대의 가나안 원주민은 영적으로 비기독교인들의 마음을 사로잡고 있는 사탄을 뜻한다. 그 사탄의 세력을 성령님의 능력을 힘입어 예수 그리스도의 복음으로 물리쳐

이스라엘과 이방 나라의 차이

번호	믿음 있는 유대인의 5가지 특징	믿음 있는 기독교인의 5가지 특징
1	하나님이 가나안을 주실 것을 믿었다.	하나님이 가나안(천국)을 주실 것을 믿는다.
2	1. 아브라함의 때부터 가나안에 도착하기 이전은 나그네 인생이라 믿고, 2. 가나안이 최종 목표지이며 소망이었다.	1. 이 땅에서는 나그네 인생으로 살며, 2. 가나안(천국)이 영원한 최종 본향이며 소망이다.
3	여호수아와 갈렙처럼 하나님의 말씀만 믿고 가나안을 끊임없이 사모해야 했다.	이 땅에 사는 동안 하나님의 말씀만 믿고 가나안을 끊임없이 사모해야 한다.
4	가나안을 침노했다.	가나안, 즉 천국을 침노해야 한다. (눅 11:28)
5	하나님이 주신 가나안 전체를 정복하기 위해 말씀을 강하고 담대하게 실천한다.	하나님이 주신 천국을 확장시키기 위해 말씀을 강하고 담대하게 실천한다.

야 한다. 즉 천국의 영토 확장은 영적인 전쟁으로 성취된다. 천국의 영토 확장은 현재까지 계속 하나님의 백성에 의하여 이어지고 있다. 기독교인이 이웃전도와 세계선교를 해야 하는 이유가 여기에 있다.

예수님께서 말씀하신
"천국은 침노를 당하나니 침노하는 자는 빼앗느니라"(마 11:12)는
말씀은 유대인이 가나안을 침노한 것과 어떤 관계가 있는가?

너희가 만일 그 땅의 원주민을
너희 앞에서 몰아내지 아니하면
너희가 남겨둔 자들이 너희의 눈에
가시와 너희의 옆구리에 찌르는 것이 되어
너희가 거주하는 땅에서
너희를 괴롭게 할 것이요.
(민 33:55)

제3장

이스라엘 건국 과정과 건국 후 가나안에 관한 난해한 질문들과 답변

〈저자는 앞에서 이스라엘 국가와 이방 나라와의 차이를 설명하면서 현실적으로 몇 가지 이해하기 힘든 부분이 있다고 했다. 그 부분에 관해 몇 가지 질문을 하면서 궁금한 문제들을 풀어보자. 그리고 이를 기독교인에게 적용해 보자.〉

I. 하나님이 가나안 땅을 빼앗아 유대인에게 주신 것은 윤리적으로 옳은가?

II. 가나안 정복 이후 이스라엘 상황을 기독교인에게 적용: 성도의 몸을 가나안으로 비유

I. 하나님이 가나안 땅을 빼앗아 유대인에게 주신 것은 윤리적으로 옳은가?

1. 질문 1: 하나님은 왜 사랑의 하나님이신데 가나안 일곱 족속이 살고 있는 가나안 땅을 빼앗아 유대인에게 주셨는가?

답변 1: 이 질문에 답하기 위해서는 먼저 성경에서 '가나안'이란 용어가 가지고 있는 상징적 의미를 알아야 한다.

가나안은 저주(창 9:25)와 죄악(창 15:16)을 상징한다. 가나안 일곱 족속은 일곱 귀신을 상징한다. 일곱은 완전수인데 성경에는 일곱 귀신에 대해 여러 번 나온다(마 12:45; 막 16:9; 눅 8:2, 11:26). 예수님께서는 막달라 마리아에 붙어 있던 일곱 귀신을 모두 내어 쫓아주셨다(막 16:9; 눅 8:2). 가나안 일곱 족속은 일곱 귀신, 즉 모든 귀신들의 총체인 사탄을 상징한다.

따라서 하나님께서 가나안 땅의 죄악을 없애고, 그 공간에 천국의 모형인 거룩한 신본주의 국가, 즉 유대인을 통해 이스라엘을 건국하신 것은 이 땅을 지배하고 있던 사탄을 멸하시고 그 곳에 하나님의 나라(교회)를 건국하시겠다는 원대한 계획을 성취하신 것이다. 이것은 마침내 인류 구원을 위한 전진 기지를 구축하신 역사적인 쾌거다. 이스라엘을 통하여 신본주의 국가의 모델을 만드시고 인류의 구원자 예수님께서 나게 하시고, 그 분을 통하여 신약 시대에 영적 이스라엘 왕국이 전 세계로 확장되게 하셨다.

따라서 우리는 이것을 윤리적인 입장이 아니라 인류 구원을 위한 하나님의 원대하신 구속사적인 입장에서 이해해야 한다. 이 계획은 창조주 하나님이 인간과 상의 없이 하신 것이다. 가나안을 정복하는 시기와 장소도 역사를 주관하시는 하나님께서 정하신 것이다(창 15장 참조). 따라서 인간은 이에 대해 이의를 달 수 없다. 이것은 하나님의 절대 주권에 속한 것이기 때문이다.

2. 질문 2: 하나님이 유대인에게 가나안 땅을 주셨을 때, 왜 그 땅에 거주했던 원주민을 협상 없이 모두 잔인하게 죽이라고 명령하셨는가? 가나안 원주민도 비록 죄인이긴 하지만 하나님이 창조하신 사람들인데, 그들에게도 요나서의 니느웨 사람들에게처럼 회개할 수 있는 기회를 줄 수도 있지 않았겠는가?

답변 2: 하나님이 가나안 원주민을 협상 없이 모두 잔인하게 죽이신(신 7:1-2, 20:16-17) 이유는 죄악에 대한 심판이라는 관점에서 설명해야 한다. 거룩하신 하나님은 죄와는 상극이다. 따라서 죄와는 협상이라는 것이 있을 수 없다. 따라서 가나안 원주민은 협상의 대상이 아니고 진멸의 대상이었다.

거룩하신 신본주의 국가 건설을 위해서는 이유 여하를 막론하고 모든 죄를 반드시 멸절시켜야 했다. 하나님은 순결을 원하시고, 혼합주의를 매우 싫어하신다. (죄악에 대한 심판은 앞의 '이스라엘과 이방 나라와의 차이' 중 여섯째, '가나안 침략의 목적'과 일곱째, '하나님의 죄악에 대한 심판 방법' 참조 바람)

3. 질문 3: 하나님은 가나안 원주민을 죽일 때, 왜 죽일 사람으로 하필 하나님의 선민인 유대인을 선택하셨는가? 다른 이방 민족들을 이용해 죽일 수도 있지 않았겠는가? 더구나 죽일 때는 왜 불쌍히 여기지 말고, 모두 죽이라고 하셨나?

답변을 위한 상황 설명: 이 질문에 답하기 위해서는 우선 당시 유대인이 어떤 사람인지를 알아야 한다. 그들은 여호수아와 갈렙만 빼고, 모두 시내 광야에서 출생한 사람들이었다. 이방문화와 차단(수평문화가 전혀 없는)된 환경에서 낮에는 구름기둥과 밤에는 불기둥을 따라다니면서 하나님의 율법 공부만 하며 구별된 백성으로 사는 훈련을 40년 동안 받은 사람들이다.

물론 하나님의 징계는 여러 번 받았지만 거의 사람 죽이는 험악한 일을 경험하지 못했던 사람들이었다. 하루 세끼 식사로 곡식이나 채소 혹은 고기를 먹지 못하고 오직 만나만 먹고 살았던, 건강상태도 좋지 못한 기도원 생활만 열심히 한 순박한 사람들이었다.

그런데 하나님은 그들에게 자신들보다 힘도 세고 장대한 그리고 죄악에 물이 들은 매우 거친 가나안 원주민들을 무참하게 도륙하라는 명령을 하셨다. 이것은 "살인하지 말라"는 제6계명에 반하기도 한다. 하나님께서 그렇게 하신 의도는 무엇일까?

답변 3: 대략 다음 4가지 이유로 설명할 수 있을 것이다.

첫째, 스스로 개척하라

유대인에게 가나안인과의 전쟁은 이방을 만나는 첫 번째 경험이었다. 즉 학교만 다니다가 취직하여 사회생활을 하는 첫 출근길과 같은 상황이었다. 하나님은 그들을 40년 동안 광야에서 독수리(신 32:11)와 같이 강하고 담대하게 키우셨다[저자의 저서 '하나님의 독수리 자녀교육'(2013), 제1부 제2장 II. 2. 4) '요약 및 결론: 노예 민족에서 독수리 민족으로' 참조]. 그리고 그들이 이 훈련을 마쳤을 때 그들을 최전방에 보내어 실전, 즉 하나님이 미워하시는 원수를 죽이는, 더구나 창과 칼로 피를 뿌리며 죽이는 전쟁을 치르게 하셨다.

이것은 하나님이 택하신 민족이 얼마나 강한지, 그리고 그들이 건국한 나라가 얼마나 강한지를 이방 나라에 보여주시기 위함이었다. 그리고 하나님은 이런 전쟁에서 승리한 유대인이 하나님을 잘 믿는 신본주의 국가관을 가진 진정한 신앙인의 모형임을 보여 주셨다. 바울이 말한 "그리스도 예수의 좋은 군사"(딤후 2:3)란 바로 이들을 뜻한다.

뿐만 아니라 여호수아는 그들에게 그들이 정복한 땅의 황무지는 스스로 개척할 것을 명령했다(수 17:15-18). 누가 도와 줄 것을 기대하지 말라는 것이다. "개척하라"는 단어는 히브리어로 '베레타'인데, 그 뜻은 "나무를 자르다"이다. 따라서 여기서는 "삼림

(森林)을 개간하여 초지(草地)로 만들라." 또는 "황무지를 개간하여 옥토를 만들라"는 의미를 가지고 있다.

이것은 무엇을 뜻하나? 하나님은 이스라엘 백성들에게 이방 나라에 대적할 국방도 스스로 강대하게 만들고, 먹을 것도 농토를 개간하여 스스로 마련하라는 것이다. 물론 하나님이 그들과 함께 하시지만 하늘만 쳐다보지 말고, 먼저 너희 스스로 그리스도 예수의 좋은 군사가 되어 강하고 담대하게 국방 문제도 해결하고, 의식주 생활도 해결하라는 것이다. 그래야 이스라엘이 장구할 수 있다는 것을 교훈하고 있다.

생각해 보라. 만약 그들이 이렇게 하지 않았다면, 가나안 땅을 얻은 후에 스스로 그 국가를 지킬만한 능력이 있었겠는가? 아마도 그 땅을 곧 이방 나라에게 빼앗겼을 것이다.

이것은 무엇을 뜻하나? 하나님은 이스라엘 백성들의 믿음만 최고를 원하시는 것이 아니라, 믿음이 최고인 것만큼 이스라엘 나라 전체가 군사 대국이 되기를 원하셨던 것이다. 그리고 의식주 생활도 이방인보다 풍부하게 누릴 것을 원하셨다. 따라서 구약시대나 신약시대나 하나님의 백성은 열심히 기도만 하면 안 된다. 기도를 하면서 하나님께서 무엇을 주신다고 약속하시면, 스스로 노력하여 그것을 얻을 만한 힘과 그릇을 항상 준비해야 한다. 더구나 게으르면 안 된다. "누구든지 일하기 싫어하거든 먹지도 말게 하라"(살후 3:10)는 유대인의 교훈은 이런 맥락에서 나왔다.

이것이 다른 이방 민족을 통해 가나안인을 죽이게 하지 않으

하나님은 이스라엘 백성을 40년 동안 강한 독수리 민족으로 키우셨다. 사진은 전투 경험이 없었던 이스라엘 백성이 담대하게 여리고성을 공격하는 모습
출처: https://mirror.enha.kr/wiki/

시고, 유대인이 직접 가나안인을 죽이도록 시키신 이유다. 만약 다른 이방인을 통하여 그 땅을 정복하게 하셨다면 후에 그들은 나라를 지킬만한 능력도 부족하거니와 소유권 분쟁도 더 커졌을 것이다. 유대민족의 이런 국가관은 아랍권에 둘러싸인 오늘날에도 유효하다.

둘째, 하나님이 유대인에게 자신들의 영토가 아닌데도 원주민을 죽이고 그 땅을 차지하라고 하신 명령은 세상의 논리나 상식에 맞지 않다. 그런데도 하나님이 유대인에게 그렇게 시키신 이유는 앞으로 세상의 논리에 맞지 않는다고 해도 무조건 여호와 하나님의 말씀에 순종하라는 것이다. 하나님이 하시는 일은 인간의 지혜로 이해되지 않는 부분이 얼마든지 있을 수 있다.

셋째, 당시 유대인은 스스로 자신들을 하잘 것 없는 메뚜기와 같은 군대라고 생각했지만, 전쟁터에 나가면 원주민과 싸워 자신들이 승리했다. 하나님은 이런 경험들을 통하여 그들로 하여금 전쟁은 여호와 하나님의 손에 달렸다는 것을 실제로 믿게 하셨다.

거기에서 유대인은 이 세상에서 자신들을 구해줄 분은 오직 하나님 한 분이심을 믿고 그 분을 더욱 의지하게 되었다. 그 후에 그들은 골리앗 같은 강자를 보아도 겁을 먹는 것이 아니라 다윗처럼 하나님을 의지하며 강하고 담대하게 맞서 싸우게 되었다 (삼상 17장 참조).

> 다윗이 블레셋 사람[골리앗]에게 이르되 너는 칼과 창과 단창으로 내게 나아오거니와 나는 만군의 여호와의 이름 곧 네가 모욕하는 이스라엘 군대의 하나님의 이름으로 네게 나아가노라 오늘 여호와께서 너를 내 손에 넘기시리니 내가 너를 쳐서 네 목을 베고 블레셋 군대의 시체를 오늘 공중의 새와 땅의 들짐승에게 주어 온 땅으로 이스라엘에 하나님이 계신 줄 알게 하겠고 또 여호와의 구원하심이 칼과 창에 있지 아니함을 이 무리에게 알게 하리라 전쟁은 여호와께 속한 것인즉 그가 너희를 우리 손에 넘기시리라. (삼상 17:45-47)

믿음이 자라는 시기는 평화와 번영의 시기가 아니라, 전쟁 같은 급박한 위기의 시기라는 것을 알아야 한다. 그리고 여기에서 조심해야 할 것은 하나님의 능력으로 승리했을 때 교만하면 안 된다. 그 공을 하나님에게 돌려야 한다. 그래서 성경은 늘 겸손을 강조했다.

> 교만은 패망의 선봉이요 거만한 마음은 넘어짐의 앞잡이니라. (잠 16:18)

넷째, 마지막으로 하나님이 유대인으로 하여금 가나안 원주민을 직접 죽이게 함으로써, 하나님이 죄를 얼마나 미워하시는지, 하나님의 백성에게 죄가 얼마나 무서운지, 그리고 죄의 삯이 곧 사망(롬 6:23)이라는 것을 보여주시기 위함이었다. 이것은 유대인들도 가나안을 정복한 이후에 죄를 멀리해야 한다는 강한 경고이기도 했다.

때문에 하나님은 이스라엘 백성이 가나안을 정복한 이후에도 그곳에서 죄를 범하면, 이것은 여호와께서 그들에게 기업으로 주신 거룩한 땅을 죄로 더럽혔다고 말씀하시며 여호와 앞에 가증한 것이라고 말씀하셨다. 하나님은 이스라엘 백성에게 이런 것은 결코 용납하지 말라고 하셨다(신 24:4).

> 그 여자는 이미 몸을 더럽혔은즉 그를 내보낸 전남편이 그를 다시 아내로 맞이하지 말지니 이 일은 여호와 앞에 가증한 것이라 너는 네 하나님 여호와께서 네게 기업으로 주시는 땅을 범죄하게 하지 말지니라. (신 24:4)

바울이 말한 '그리스도 예수의 좋은 군사'(딤후 2:3)란 어떤 것을 말하는가?

토막 상식

"이슬람 뭉치나"
美-이 긴장…말聯 57개국 정상회의 개막

박래정 기자(동아일보, 2003년 10월 16일)

지구촌 57개 이슬람국과 13억 이슬람 신도를 대변하는 이슬람회의기구(OIC) 회원국 정상들이 16일 말레이시아 행정수도인 푸트라자야에 집결해 이라크와 중동문제를 놓고 이틀간의 논의를 시작했다. 9·11테러 이후 최대 규모의 이슬람권 회의다.

코피 아난 유엔 사무총장과 블라디미르 푸틴 러시아 대통령도 참석했으나 아난 총장은 유엔 이라크 결의안 표결 때문에 다시 유엔 본부로 향했다.

AFP통신에 따르면 OIC 회원국들은 이스라엘의 팔레스타인 주민 학살행위를 규탄하고 팔레스타인의 저항운동과 주권을 되찾기 위한 무장봉기를 지지하는 결의안을 준비하고 있다.

결의안은 또 야세르 아라파트 팔레스타인 자치정부 수반의 정통성을 인정해 온건한 팔레스타인 자치정부 지도자를 물색해 온 미국과 이스라엘에 정치적 부담을 안겨줄 것으로 보인다.

이날 회의 개막식에서 마하티르 모하마드 말레이시아 총리는 "600만명(2003년)에 불과한 유대인이 세계를 지배하고 있지만 결국 13억 이슬람인이 두뇌와 힘으로 그들을 패퇴시킬 것"

이라며 이슬람권의 단결과 단합을 촉구했다.

아난 총장은 라크다르 브라이미 유엔 아프가니스탄 특사가 대독한 성명에서 "이슬람과 서방세계간에 커지고 있는 적대감은 추하고 위험한 것"이라고 비판하고 상대방에 대한 관용을 호소했다.

이번 회의에서 대다수 회원국은 이라크 전후 재건과정과 관련해 미군 등의 철수를 요구하는 결의안을 채택하는 데 찬성하는 입장인 반면 이라크 과도통치위원회와 쿠웨이트는 이에 반대하고 있어 진통이 예상된다.

정상회의에는 △ 아야드 알라위 이라크 과도통치위원회 의장 △ 하미드 카르자이 아프가니스탄 대통령 △ 바샤르 알아사드 시리아 대통령 △ 페르베즈 무샤라프 파키스탄 대통령 △ 압둘라 빈 압둘 아지즈 사우디아라비아 왕세제 △ OIC 의장인 메가와티 수카르노푸트리 인도네시아 대통령 등이 참석했다.

4. 기독교인에게 적용

A. 기독교인은 강하고 담대해야 한다

앞에서 언급한 이 4가지 교훈들은 신약시대 성도들에게도 그대로 적용된다. 따라서 기독교인이라고 하여 군복무를 하지 않거나 집총을 거부하는 것은 성경적이지 못하다. 기독교인에게 자신이 속한 국가를 위한 국방의 의무는 대단히 중요하다. 그리고 기독교인은 독수리처럼 강하고 담대해야 한다. 나약하면 안 된다. 기독교인이 모세나 여호수아 그리고 다윗을 신앙의 모델로 삼는 이유가 여기에 있다.

실례를 들어보자. 미국이 1776년 독립하여 건국되었는데, 그 전후로 청교도 신앙을 가진 1세대는 인디언들과의 전투나 남북전쟁을 통하여 많은 전투 경험을 쌓았다. 그런데 2-3세들은 성경에 기초한 청교도 신앙교육만 철저하게 받았다.

그 후 약 200년이 지난 1940년 경 세계 제2차 대전이 일어나 연합군의 일원으로 유럽에 파병되었다. 그 때 많은 이들이 걱정하였다. 순결하게 자란 미국의 어린 병사들이 강한 독일 나치군을 상대로 사람을 죽이는 잔인한 전쟁을 잘 해낼 수 있을까?

그러나 그것은 기우였다. 매우 용감하여 큰 승리를 안겨주었다. 1950년 한국전에 참전한 미국 병사들도 대부분 기독교인들이었지만 마찬가지였다. 이것은 무엇을 뜻하는가? 기독교인은 바울처럼 복음과 하나님에 대한 자긍심이 높고 매사에 강하고 담대해야 한다(롬 1:16; 딤후 1:12).

기독교인은 독수리처럼 강하고 담대해야 한다.
기독교인이 모세나 여호수아 그리고
다윗을 신앙의 모델로 삼는 이유가 여기에 있다.

B. 미국과 이스라엘의 유사점

1) 미국과 이스라엘의 건국 목적과 과정의 유사점

 1620년 9월 16일 존 카버, 윌리엄 브래드퍼드를 비롯한 영국의 청교도 102명이 잉글랜드 남서부 플리머스에서 ≪메이플라워호≫를 타고 종교의 자유를 찾아서 신대륙(북아메리카)의 플리머스로 떠났다. 그들은 영국 국교의 핍박을 받았던 개신교 보수파 교인들이었다. 그들은 오직 종교의 자유를 찾아 생명에 대한 위험을 무릅쓰고 신대륙 미국으로 떠났다. 선상의 질병으로 시달리면서 66일간의 어려운 항해를 거쳐, 11월 21일 케이프코드 프로빈스 타운 항구에 닻을 내렸다(위키 백과사전). 이것이 미국 건국의 시작이었다.

 그 후 미국은 대서양 해안을 따라 늘어선 13개 식민지에서 청교도들을 중심으로 건국되었다. 13개 주 국가는 1775년 5월에 식민본국인 영국과 전쟁을 벌였고(미국 독립 전쟁), 1776년 7월 4일에는 독립선언서를 발표하면서 민족 자결의 권리를 바탕으로 한 연맹체 국가의 성립을 선포하였다.

 현재 미국(United States of America)은 주 50개와 특별구 1개로 이루어진 연방제 공화국이다. 세계 만방 중에 미합중국은 총면적 기준으로 세 번째이고, 국토 면적으로만 네 번째로 넓은 국가이고, 인구는 세 번째로 많은 국가다. 미국의 경제는 2010년 기준 국내총생산이 14조 6천억 달러로, 세계 최대 경제 규모다(브리테니카 백과사전).

여기에서 중요한 것은 비록 상대적이긴 하지만 미국의 건국은 이스라엘의 건국과 매우 유사하다는 것이다. 예수님이 오신 후 2000년 동안 이런 국가는 미국이 최초일 것이다. 미국이 신생국가였기 때문에 가능했을 것이다.

몇 가지 유사점을 찾아보자. 이스라엘과 미국의 건국 조상들은 모두 하나님의 백성들이다. 전자는 구약시대 아브라함의 육적 후손인 유대인들이었고, 후자는 신약시대 아브라함의 영적 후손인 기독교인들이었다(갈 3:6-9).

미국은 이스라엘처럼 영토를 중심으로 건국된 나라가 아니라, 하나님의 백성 청교도들이 중심이 되어 건국한 나라다. 이스라엘 백성 유대인이 가나안 이외에 전 세계 어디에도 갈 곳이 없었던 나그네이었던 것처럼, 당시 청교도들도 미국 이외에 전 세계 어디에도 갈 곳이 없었던 나그네이었다. 따라서 이스라엘 백성이 가나안의 원주민을 내쫓고 이스라엘을 건국한 것처럼, 청교도들도 북미주 원주민인 인디언들을 내쫓고 미국을 건국했다는 점에서 매우 유사하다.

두 나라의 건국 목적도 하나님의 나라를 자신들이 점령한 땅에서 건설해 보겠다는 것이었다. 그리고 자신들이 거주하는 땅을 근거지로 삼아 모든 족속들에게 하나님의 복음을 전파하겠다는 것이다. 때문에 두 나라 모두 하나님이 주권을 가지시고 그

분이 통치하시기를 바랐던 신본주의 국가이었고, 두 나라의 건국 이념도 상대적이긴 하지만 하나님을 믿는 성경의 가치를 기본으로 했다.

하나님은 아브라함의 후손 유대인을 중심으로 건국하신 이스라엘(가나안) 땅에서 2000년 후에 메시아이신 예수님을 탄생하게 하시어 모든 족속에게 복음을 전파하게 하신 것처럼, 유럽의 청교도들을 중심으로 건국하신 미국을 통하여 모든 민족에게 복음을 전파하는 역사적으로 전무후무한 세계선교를 이루게 하셨다.

미국은 1776년 독립을 한 이후 1940년대에 세계 제2차 세계대전을 치루면서 세계의 최강자로 부상했다. 그리고 미국은 명실공이 군사, 경제, 교육, 문화 및 자유민주주의적인 면에서 세계의 중심이 되었다.

그 결과 미국이 세계로 뻗어나가는 것만큼, 예수님의 복음도 그만큼 많이 전파되었다. 미국의 막강한 세계선교 파워가 5대양 6대주에 골고루 퍼지는 계기가 되었다. 현재 세계에 선교사를 미국 다음으로 많이 파송한 한국도 그 수혜자 중의 하나다. 따라서 신생국가 미국을 청교도들이 건국한 것은 역사를 주관하시는 하나님이 세계선교를 위해 주도하신 것이라고 믿지 않을 수 없다.

그러나 안타깝게도 20세기 중반부터 미국인들은 조상들이 가졌던 성경 중심의 보수 신앙을 점차 잃어가더니, 21세기에는 이와 함께 국력도 점차 쇠퇴하고 있다. 이에 대한 해결 방안은 어려웠던 고비마다 유대인을 살아남게 했던 쉐마교육의 비밀을 본받아 자신의 가정에서 실천해야 한다.

2) 1달러 지폐에 나타난 미국의 성경적인 국가관: 독리의 양 발톱, 올리브와 화살

앞에서 이스라엘과 미국의 건국 목적과 과정의 유사점에 관하여 설명했다. 이에 대한 증거로 미국 지폐에 나타난 성경적인 국가관을 설명해보자.

미국의 화폐들 중 1달러는 기본 화폐다. 1776년 건국 당시에는 매우 비싼 가치가 있었다. 1달러의 앞면은 미국의 국부(國父)인 초대 대통령 죠지 워싱턴의 초상화가 그려져 있다. 그리고 뒷면에서 성경을 근거로 미국의 건국 이념이 세워졌다는 증거들을 볼 수 있다. 뒷면 중앙에는 미국의 국가관을 한 마디로 이렇게 요약했다. "우리는 하나님을 믿는다(IN GOD WE TRUST)."

오른쪽에는 대머리 독수리(a bald eagle)가 있고, 왼쪽에는 피라미드가 있다. 먼저 오른쪽 독수리부터 설명해보자.

독수리는 미국의 상징인 국새(The Great Seal of the United States)다. 이것은 미국이 이스라엘처럼 독수리(신 32:11)와 같이 강하고 담대한 나라라는 것을 상징한다. 독수리 위에는 별이 13개 있다. 독수리 가슴에 단 방패 문장(紋章: The Coat of Arms)의 줄도 13줄이며 오른쪽과 왼쪽 발톱에 쥐고 있는 화살의 수와 올리브 잎도 각각 13개씩이다. 13이라는 숫자는 미국 독립을 위해 싸운 동부 13주를 뜻한다.

독수리의 양 발톱에 올리브 잎과 화살이 있다는 것은 무엇을 뜻하나? 양 발톱은 가장 강력하고 중요한 국가관을 표현한다. 올리브 잎은 평화를 뜻하며 화살은 전쟁의 무력을 뜻한다. 그러면 미국은 전쟁을 원하는 나라인가? 이것은 미국이 독립전쟁과 남북전쟁에서 보여 주었듯이 "평화를 강력하게 추구하지만(A strong

미국의 국가관은 1달러 화폐에 새겨져 있다. 독수리의 양 발톱은 가장 강력하고 중요한 국가관을 표현한다. 올리브 잎은 평화를 뜻하며 화살은 전쟁의 무력을 뜻한다.

desire for peace: 올리브 잎), 언제라도 싸울 준비가 되어 있다(but will always ready for war: 화살)"는 것을 뜻한다. 우리는 평화는 공짜가 아니라는 사실을 알아야 한다. 반드시 강건한 화살이 있어야 평화를 얻을 수도 그리고 지킬 수도 있다는 사실을 알아야 한다.

그리고 마음을 뜻하는 방패에는 "미국은 외부의 힘에 의존해서는 안 된다(Americans should rely on their own virtue)"라는 글이 쓰여 있다. 독수리가 물고 있는 띠에 'E PLURIBUS UNUM'은 라틴어로 "여럿이 힘을 합쳐 하나가 되었다(Out of many, one)"는 말이다.

왼쪽에는 완성되지 않은 피라미드와 그 위의 눈 그림이 있다. 이것은 하나님이 함께 하시는 강건한 기초와 미래의 추구를 상징한다. 피라미드 맨 밑줄에 새겨진 'MDCCLXXVI'은 독립 기념의 해인 1776년의 로마자다. 이 연도를 기초로 한 피라미드는 13줄의 벽돌 계단이 있는데, 이 역시 동부 최초의 13주를 상징한다. 피라미드 위에 있는 눈은 '모든 것을 꿰뚫어 보시는 하나님 섭리의 눈(the Eye of Providence)'이다. 그리고 이 그림의 주제는 피라미드 위에 'ANNUIT COEPTIS'라는 단어가 말해준다. "하나님은 우리가 하는 일을 지지하신다(He [God] has favoured our undertakings)"라는 뜻이다.

왜 피라미드를 그렸을까? 삼각형으로 된 피라미드는 기하학적으로 무너지지 않는 안정됨을 상징한다. 따라서 피라미드는 미국이 무너지지 않는 힘과 영원한 존속을 나타낸다. 피라미드가 미완성인 것은 앞으로 계속 성장할 것을 예고한다(실제로 미국은 13개 주로 시작하여 50개 주로 성장했다). 맨 아래에 이 그림을 받쳐주는 'NOVUS ORDO SECLORUM'은 미국의 새로운 시작(the beginning of the New American Era)을 뜻한다. 미국 돈의 뒷면은 초록색이라 greenback이라고 한다. (자료: 미국 국무부 공보처)

이스라엘과 미국의 건국과 국가관은 이처럼 매우 유사하다. 두 나라 모두 구약성경에 기초했기 때문이다. 다만 이스라엘의 국부(國父)는 다윗이지만, 미국은 죠지 워싱턴이라는 점이 다를 뿐이다.

이스라엘과 미국 건국의 유사점

번호	항목	이스라엘	미국
1	건국의 목적	- 하나님의 나라를 이 땅에 건설 - 모든 족속들에게 복음 전파	- 하나님의 나라를 이 땅에 건설 - 모든 족속들에게 복음 전파
2	건국의 주체	- 하나님의 힘으로 세운 나라 - 하나님이 주체	- 하나님의 힘으로 세운 나라 - 하나님이 주체
3	건국의 과정	- 구약의 하나님의 백성, 유대인을 중심으로 건국 - 아브라함의 육적 후손	- 신약의 하나님의 백성, 청교도를 중심으로 건국 - 아브라함의 영적 후손(갈 3:6-9)
4	국민의 소속	- 하나님 나라의 시민권 소유: 세상에서는 나그네 인생 - 가나안 이외 갈 곳이 없는 백성	- 하나님 나라의 시민권 소유: 세상에서는 나그네 인생 - 미국 이외 갈 곳이 없는 백성
5	영토 확보 방법	- 가나안 원주민이 소유했던 영토 - 원주민을 죽이거나 소개시킴	- 북미주 원주민(인디언)이 소유했던 영토 - 원주민을 죽이거나 소개시킴
6	통치의 주체	- 하나님이 주권을 가지시고 그 분이 통치하심 - 신본주의 국가	- 하나님이 주권을 가지시고 그 분이 통치하심 - 신본주의 국가
7	국가의 법	하나님이 주신 율법으로 국가 통치	상대적이나마 하나님이 주신 율법으로 국가 통치

독수리의 양 발톱에 올리브 잎과 화살이 있다는 것은
무엇을 뜻하나?

C. 가나안을 나 개인에 비유

앞의 설명은 실제 생활에 대한 적용이었다. 이제 유대인의 가나안 정복 사건을 나 개인의 신앙생활에 적용해 보자. 구약은 신약의 그림자(고전 10:1-4; 히 8:5, 9:24, 10:1)라는 측면에서, '나'를 '가나안'이라고 비유해 보자. 가나안의 특성은 '처음에는 죄악이 관영했으나 후에는 하나님의 은혜로 거룩한 이스라엘이 되었다'는 데 있다. 기독교인도 마찬가지다.

내가 예수님을 믿기 이전에는 가나안 원주민 같은 원죄와 자범죄로 말미암아 죄악이 관영한 존재였다. 마땅히 지옥 불에 던져져야 했다. 그러나 하나님은 나(영토)를 장악하고 있는 사탄의 세력을 몰아내고 거기에 하나님의 통치 영역, 즉 성전을 만드셨다.

내가 구원을 받기 위해서는 죄가 전혀 없는, 100% 깨끗한 의인을 만들어야 했다. 그 방법이 무엇인가? 예수님이 십자가에서 흘리신 보혈로 나의 모든 죄를 도말하는 것이다(히 9:14, 13:12). 그래야 내가 예수님을 믿고 구원을 받아 영적으로 아브라함의 후손(영적 유대인)이 되어 천국(가나안)에 들어갈 수 있다.

이것은 마치 죄악으로 물든 모든 가나안의 원주민을 죽여야 그 땅을 정복할 수 있었던 것처럼, 내(가나안) 안의 모든 죄악을 하나님의 은혜로 도말해야 나의 몸이 하나님을 모시는 천국(가나안)이 될 수 있다는 것과 같다.

이제 정리하는 입장에서 구약시대의 유대인과 신약시대의 기독교인이 가나안 원주민을 대하는 태도가 어떻게 달라야 하는지 그 차이를 알아보자. 구약에서는 실제로 가나안의 원주민을 죄악의 상징으로 간주하여 죽였지만, 신약에서는 구약의 그림자이기 때문에 죄는 미워하되 사람을 미워해서는 안 된다는 것이다.

그렇다면 신약시대에 죄를 어떻게 도말할 수 있는가? 예수님의 보혈로 가능하다. 예수님은 인류의 죄를 도말하시기 위하여 십자가의 어린양으로 죽임을 당하셨기 때문이다(마 26:28; 요 1:29; 벧전 1:19).

> 오직 흠 없고 점 없는 어린 양 같은 그리스도의 보배로운 피로 한 것이니라. (벧전 1:19)

여기에서 한 가지 더 언급하고 지나갈 것이 있다. 현재 이스라엘 영토에는 가나안 원주민이 아직도 유대인과 함께 살고 있다는 점이다. 아직도 그들은 서로 원수처럼 살고 있다. 그렇다면 기독교인은 어떻게 처신해야 하는가? 우리는 성경적으로 이스라엘 편을 들어야 하지만, 가나안 원주민을 미워해서도 안 된다. 왜냐하면 그들도 우리의 전도의 대상이기 때문이다. 그들뿐만 아니라 애굽인과 아랍인 모두를 전도의 대상으로 보아야 한다.

(저자 주: 왜 기독교인이 이스라엘 편을 들어야 하는지는 저자의 저서 '부모여 자녀를 제자 삼아라' 제1권과 '잃어버린 구약의 지상명령 쉐마' 제2권 제3부와 로마서 11장과 갈 4:22-31 참조)

마치 죄악으로 물든 모든 가나안의 원주민을 죽여야
그 땅을 정복할 수 있었던 것처럼, 내(가나안) 안의 모든 죄악을
하나님의 은혜로 도말해야 나의 몸이 하나님을 모시는
천국(가나안)이 될 수 있다.

II. 가나안 정복 이후 이스라엘 상황을 기독교인에게 적용: 성도의 몸을 가나안으로 비유

1. 질문 1과 기독교인에게 적용

A. 질문 1: 가나안 원주민의 힘이 커지면 틈틈이 이스라엘 백성들을 괴롭혀 평화를 잃을 때가 많았다. 이스라엘은 언제 평화를 누렸고 언제 평화를 잃었는가? 그리고 왜 그랬는가?

(참고: 역사적으로 유대민족은 가나안 땅에서 이스라엘 국가를 건국한 이후에 내침과 외침에 의해 많이 시달렸다. 가나안 내에서는 블레셋, 아말렉, 암몬, 헷 족속으로부터 많은 공격을 당하였다. 이들 대부분은 유대인이 가나안을 정복할 때 하나님의 명령을 어기고 살려둔 족속들이었다.)

답변을 위한 상황 설명: 이 질문에 답하기 위하여 앞의 주제와 연관하여 당시 상황을 더 자세히 살펴보자. 성경은 분명히 하나님의 명령에 따라 여호수아 장군을 따르는 이스라엘 백성이 가나안의 호흡이 있는 자는 하나도 남기지 아니하고 다 진멸했다 (수 10:40-43)고 했다.

> 이와 같이 여호수아가 그 온 땅 곧 산지와 네겝과 평지와 경사지와 그 모든 왕을 쳐서 하나도 남기지 아니하고 호흡이 있는 모든 자는 다 진멸하여 바쳤으니 이스라엘의 하나님 여호와께서 명령하신 것과 같았더라. (수 10:40)

그리고 하나님은 이스라엘 백성들에게 만약 가나안 원주민을 남겨두면 그들이 나중에 너희의 올무가 되리라는 것을 끊임없이 경고하셨다(민 33:55; 신 7:16, 12:30).

> 너희가 만일 그 땅의 원주민을 너희 앞에서 몰아내지 아니하면 너희가 남겨둔 자들이 너희의 눈에 가시와 너희의 옆구리에 찌르는 것이 되어 너희가 거주하는 땅에서 너희를 괴롭게 할 것이요. (민 33:55)

그럼에도 불구하고 여호수아와 사사기 시절에 이스라엘이 쫓아내지 못한 가나안 족속들이 많았다. 기브온에 살던 히위 족속(수 9장, 수 15:63, 삿 1:21)과 블레셋과 그술 족속(수 13:1-6)이었다. 도시별로는 그들이 가나안 전역에 퍼져 있었다(삿 1:19-33). 구체적인 예를 들어보자. 여호수아기 9:1-17에는 여호수아가 원주민 기브온 사람들과 화친의 언약을 맺고, 15장에는 이스라엘 백성들이 하나님의 명령대로 여부스 족속을 모두 죽이지는 못했다고 했다.

> 예루살렘 주민 여부스 족속을 유다 자손이 쫓아내지 못하였으므로 여부스 족속이 오늘까지 유다 자손과 함께 예루살렘에 거주하니라. (수 15:63)

이스라엘의 대부분 많은 고통들은 멸절 당하지 않고 남겨진 원주민으로부터 왔다(삿 2:1-3). 그들은 두 가지 면에서 이스라엘을 괴롭혔다. 그 두 가지를 질문으로 만들어 답을 찾아보자. 1) 그들의 힘이 커지면 틈틈이 이스라엘 백성들을 괴롭혀 평화를 잃을 때가 많았다. 이스라엘은 언제 평화를 누렸고 언제 평화를 잃었는가? 그리고 왜 그랬는가? 2) 그들이 이스라엘 백성을 꾀어서 여호와 하나님을 배신하고 자신들의 신을 섬기게 했다. 왜 그랬는가? 그리고 그 결과는 어떻게 되었는가?

답변 1: 먼저 1)항부터 대답해 보자. 이스라엘 국가가 가나안에서 평화를 누렸을 때는 이스라엘의 백성들, 즉 유대인들이 하나님과의 관계가 좋을 때였다. 그들이 하나님과의 관계가 좋은지, 나쁜지는 그들이 하나님에게 어떤 마음을 먹고 어떻게 행동했느냐에 달렸다. 마음으로 하나님을 사랑하고(신 6:4-5), 하나님이 주신 율법을 잘 지켜 행할 때는 하나님과의 관계가 좋아 평화를 누리고 만사가 형통하였다(신 28:1-14).

왜 그런가? 그들이 율법을 잘 실천했다는 말은 하나님의 형상을 많이 닮아 "거룩해졌다"는 말이다. 하나님은 유대인에게 항상 하나님처럼 거룩하라고 명령하셨다.

> 여호와께서 모세에게 말씀하여 이르시되 너는 이스라엘 자손의 온 회중에게 말하여 이르라 너희는 거룩하라 이는 나 여호와 너희 하나님이 거룩함이니라. (레 19:1-2)

하나님과의 관계가 좋다는 말은 기독교식으로 표현하면 영적으로 성령이 충만하다는 뜻이다. 그 때는 이스라엘이 강하여 블레셋이나 다른 일곱 족속들이 힘을 잃고 이스라엘에 잘 복종하였다. 그러나 유대인들과 하나님의 관계가 좋지 않을 때, 즉 하나님이 주신 율법을 잘 지키지 못했을 때는 죄가 틈을 타 남겨진

1979년 이스라엘 총리 베긴과 아랍의 대표 이집트의 사다트 대통령이 미국의 지미 카터 대통령의 중재로 미국의 데이빗 캠프에서 평화협정을 맺은 후 환하게 웃는 장면.
출처: Peace, SBS publishing, Inc. 1979. 그러나 전쟁은 아직도 계속되고 있다.

족속들이 고개를 들고 일어나 이스라엘 백성들을 괴롭히곤 했다.

그 이유가 무엇인가? 유대인들이 하나님과 관계가 좋을 때는 하나님이 이스라엘을 보호해 주셔서 강한 나라가 되었고, 유대인들이 하나님과 관계가 좋지 않을 때는, 하나님이 이스라엘을 보호해 주시지 않아 약한 나라가 되었기 때문이다.

이스라엘의 대부분 많은 고통들은 멸절 당하지 않은
남겨진 원주민으로부터 왔다(삿 2:1-3). 그 이유는?

B. 기독교인에게 적용

이 원리를 기독교인에게 적용해보자. 바울은 기독교인의 몸을 하나님의 성전이며 성령님이 내주하는 곳(고전 3:16-17)이라고 했다. 이를 앞의 적용 2)항에서처럼 기독교인의 몸을 영적 가나안이라고 비유해 그 의미를 살펴보자.

어떤 사람이 예수님을 믿으면 십자가의 보혈로 죄씻음을 받아 자신의 원죄(原罪)와 자범죄(自犯罪)는 모두 없어졌지만, 그 속에 옛 육의 속성, 즉 악의 속성은 그대로 남겨져 있다는 것이 문제다. 바울은 자신에게 남겨진 악의 속성은 선을 행하기 원하는 자신과 대립하여 싸운다고 표현했다.

> 내가 한 법을 깨달았노니 곧 선을 행하기 원하는 나에게 악(evil)이 함께 있는 것이로다. (롬 7:21)

여기에서 원죄와 자범죄를 나누어 설명할 필요가 있다. 자범죄는 예수님을 믿기 이전이나 이후에 하나님의 율법을 어겼을 때마다 짓는 죄를 말하지만, 원죄는 첫째 아담이 죄를 범함으로 말미암아 그의 후손들은 죄인이 되어 사망에 이르게 하는 것을 말한다.

바울은 이것을 이렇게 표현했다.

> 한 사람[첫째 아담]으로 말미암아 죄가 세상에 들어오고 죄로 말미암아 사망이 왔나니 이와 같이 모든 사람이 죄를 지었으므로 사망이 모든 사람에게 이르렀느니라. (롬 5:12)

그래서 바울은 모든 인류를 살리기 위해 둘째 아담 그리스도가 필요하다고 말했다. "[첫째]아담 안에서 모든 사람이 죽은 것 같이 그리스도[둘째 아담] 안에서 모든 사람이 삶을 얻으리라"(고전 15:22). 따라서 비기독교인이 기독교인이 되었다는 말은 엄밀히 말하면, 예수님의 보혈로 원죄가 온전히 사해졌다는 것을 뜻한다.

이것은 무엇으로 알 수 있나? 원죄는 예수님을 믿을 때 단회적으로 사해지지만, 자범죄는 예수님을 믿은 이후에도 성화의 과정에서 계속 지어질 수 있고, 그 때마다 계속 예수님에게 죄를 고하고 회개하여 죄사함을 받아야 한다는 것으로 알 수 있다. 따라서 옛 육의 속성, 즉 악의 속성은 원죄와는 상관이 없이 예수님을 믿은 이후에도 또 다른 자범죄를 범하게 하는 요소들이다.

[저자 주: 더 자세한 설명은 저자의 저서 '하나님의 독수리 자녀교육'(2013), 제1부 제1장 II. '구원론적 입장에서 본 출애굽 사건'과 제2장 I. 1. A. '이스라엘 백성의 믿음이 약한 증거 1: 10정탐꾼의 보고에 놀랐다' 참조]

이 육의 속성은 가나안이 정복된 이후에도 완전히 멸하지 않았던 남겨진 원주민과 같은 존재로 볼 수 있다. 성도가 하나님과의 관계가 좋아져서 성령님의 파워가 강할 때에는 죄(육)의 속성이 죽은 듯이 고개를 숙이고 있다가, 하나님과의 관계가 나빠지면 죄(육)의 속성이 고개를 들고 나타나 자신이 원하지 않는 옛일을 하게 되어 죄를 지으므로 그의 성전을 더럽힌다. 바울은 "육의 속성"을 자신 속에 있는 '죄의 법'으로 표현했다. 그리고 이 "죄의 법"은 "자신의 마음(속사람)"의 법과 싸워 자신을 사로잡는다고 했다.

성도의 몸(성전)을 가나안으로 비유

이스라엘 침공 이전의 가나안 〈예수님 믿기 이전의 몸〉	이스라엘 침공 이후의 가나안 〈예수님 믿은 이후의 몸〉	
가나안 원주민 지배 〈사탄이 지배〉	이스라엘이 지배 그러나 남은 가나안 원주민과 동거함 〈성령님이 지배, 그러나 육의 속성(구습)=남은 악=죄의 법(롬 7:21, 23)이 동거함〉	
	성령 충만할 때	성령 충만 못할 때
	남은 가나안 원주민이 잠잠한 것처럼 〈육의 속성도 잠잠함〉	남은 가나안 원주민이 이스라엘에 대항한 것처럼 〈육의 속성도 일어나 죄를 짓게 함〉
저주 아래 있음 (창 9:25-27) 〈원죄에 해당됨〉	〈자범죄 거의 없음, 가끔 회개〉	〈자범죄 많음, 자주 회개〉
가나안 원주민은 이스라엘의 침공 시 거의 전멸함 〈원죄는 예수님을 믿을 때 단회적으로 사해짐〉	남은 가나안 원주민이 잠잠했다가 이스라엘에 다시 대항함 〈육의 속성=예수님을 믿을 때 없어졌다가 다시 성령에 대항함〉	

내 속사람으로는 하나님의 법을 즐거워하되 내 지체 속에서 한 다른 법이 내 마음의 법과 싸워 내 지체 속에 있는 죄의 법으로 나를 사로잡는 것을 보는도다. (롬 7:22-23)

이것이 인간의 한계다. 그래서 바울 같은 대사도(大使徒)도 이렇게 고백했다.

> 오호라 나는 곤고한 사람이로다. 이 사망의 몸에서 누가 나를 건져내랴. (롬 7:24)

특히 현대에는 육을 자극하는 수평문화가 매우 발달되어 더욱 "대적 마귀가 우는 사자같이 두루 다니며 삼킬 자를 찾고 있다" (벧전 5:8). 이러한 때에 죄를 짓지 않는 방법이 무엇인가? 악의 속성을 누르기 위해 성령이 충만해야 한다. 성령이 충만할 수 있는 방법은 늘 하나님의 말씀을 묵상하고, 기도에 힘써야 한다.

그리고 자녀들에게는 어릴 때 인성교육을 잘 시켜서 강한 수직문화와 좋은 습관을 가지도록 해야 한다. 그렇지 않고 어려서부터 험악한 죄에 많이 노출 시키면 성장하여 예수님을 믿은 후에도 예수님의 형상을 닮아가기가 매우 힘들 수도 있다.

[자세한 인성교육에 관한 내용은 '현용수의 인성교육 노하우'(전4권, 동아일보, 2008) 참조]

내가 한 법을 깨달았노니 곧 선을 행하기 원하는 나에게
악이 함께 있는 것이로다. (롬 7:21)

2. 질문 2와 기독교인에게 적용

A. 질문 2: 가나안 원주민이 이스라엘 백성을 꾀어서 여호와 하나님을 배신하고 자신들의 신을 섬기게 했다. 왜 그랬는가? 그리고 그 결과는 어떻게 되었는가?

답변 2: 남겨진 가나안 원주민의 위협은 더 있었다. 여호수아는 이스라엘 백성들에게 남겨진 원주민에게 가까이 하지 말 것을 경고하였다. "너희가 만일 돌아서서 너희 중에 남아 있는 이 민족들을 가까이 하여 더불어 혼인하며 서로 왕래하면"(수 23:12), "너희의 하나님 여호와께서 이 민족들을 너희 목전에서 다시는 쫓아내지 아니하시겠고," 그들이 마침내 너희의 올무가 될 것이라고 경고했다(수 23:13).

그럼에도 불구하고 이스라엘 백성들은 남겨진 가나안 원주민과 혼인하고 왕래하여 큰 고통을 겪어야 했다. (물론 가나안 밖 이방 여인들의 탓도 있었다) 그들은 이스라엘 백성을 꾀여 자신들의 우상을 섬기게 하거나 여호와 하나님에 대한 신앙을 약화시켜 포기하게 만들었다. 즉 여호와의 명령을 버리게 하고 다른 우상을 섬기게 하여 어려움을 겪게 했다(왕상 18:18).

예를 들면, 북이스라엘왕 아합이 시돈 왕의 딸 이세벨을 아내로 삼은고로(왕상 16:31) 이세벨이 섬기던 바알을 이스라엘 백성들에게 섬기게 함으로 이스라엘의 바알 신 숭배는 극에 달했다(왕상 16:31-33). 그로 인해 아합이 하나님의 사람 엘리야를 극도로 핍박했다(왕상 18:17-40). 이로 인해 이사야, 예레미야, 에스겔, 요엘 선지자는 이스라엘을 우상숭배로 물들게 한 시돈의 멸망을 예언하였다(사 23:12; 렘 27:3, 6; 겔 28:21-22; 욜 3:4-6).

더 심할 경우 남겨진 원주민이 이스라엘 국가를 거의 멸망하게도 했다. 대표적인 예가 이스라엘의 사사 삼손을 블레셋의 드릴라가 꾀어 어려움을 준 사건이다(사사기 13-16장 참조).

남은 원주민들이 왜 그런 일을 하는가? 그 이유는 그들은 사탄의 앞잡이 역할을 하기 때문이다. 그들은 할 수만 있으면, 악한 계략으로 하나님이 통치하시는 천국을 망하게 하려고 하기 때문이다. 사탄의 계략에 속으면 안 된다. 그들이 자신들의 우상으로 유대인을 꾀는 것은 일종의 종교혼합주의다. 그것은 여호와 유일신 신앙에 대한 순결을 잃게 만들어 급기야 하나님을 배반하게 만든다.

그 결과 이스라엘이 겪은 참혹한 고난은 역사적으로 너무나 많았다. 사사기나 사무엘 상하, 열왕기상하, 역대기 상하 및 선지서에 너무나 많이 소개되고 있다. 그래서 유대인은 현재도 이방인과의 혼인을 철저하게 금하고 있다.

B. 기독교인에게 적용

기독교도 우상 섬기는 자들과의 타협은 금물이다. 사탄은 끊임없이 "종교간에 화합해야 한다"거나 "모든 종교는 끝에 가면 하나로 만난다"거나 "끝이 선하다"는 달콤한 말로 기독교인을 유인한다. 여기에 속으면 안 된다.

따라서 기독교와 타종교의 일치운동(종교다원주의)이나, 같은 기독교라 하더라도 보수와 진보의 통합 운동 등은 바람직하지 않다. 그렇다고 타종교를 원수 대하듯 할 필요는 없다. 그들도 전도의 대상이기 때문이다. 그리고 그들과 사회적인 혹은 국가적인 어떤 이슈에 대하여 힘을 합쳐야 할 때에는 얼마든지 대화를 할 수 있어야 한다.

예를 들면, 일제 식민지 시절 1919년 3.1독립운동은 기독교가 주체가 되어 했지만, 당시 불교권의 힘을 포용한 것은 잘한 일이다. 그렇지만, 종교적인 통합은 매우 위험한 발상이다.

기독교 내에서도 마찬가지다. 사회적인 혹은 국가적인 어떤 이슈에 대하여 기독교가 힘을 합쳐야 할 때에는 얼마든지 대화를 할 수 있어야 한다. 그러나 통합은 바람직하지 않다. 통합하게 될 경우 대부분이 보수가 진보를 따라갈 수밖에 없다.

기독교인은 이것을 거울삼아 자신의 마음속에 예수님 이외에 다른 우상들이 있는지 살펴보아야 한다. 예를 들면, 사탄의 달콤한 말에 속아 우상 숭배자에게 가서 점을 본다든가, 굿을 한다든가, 아니면 다른 이단에 심취하는 것 등이다.

그리고 육의 속성이 좋아하는 쾌락적인 수평문화에 너무 심취하는 것도 매우 위험한 것이다. 세속적인 연속극에 너무 심취하여 예수님에 대한 사랑을 잃을 때가 많지 않은지 다시 생각해 보아야 한다. 우상 숭배는 하나님 이외의 다른 신을 섬기는 것이지만, 하나님보다 다른 것을 더 사랑하는 것도 포함된다. 그래서 성경은 두 마음을 품지 말라고 했다.

> 하나님을 가까이 하라 그리하면 너희를 가까이 하시리라 죄인들아 손을 깨끗이 하라 두 마음을 품은 자들아 마음을 성결케 하라. (약 4:8)

또한 이 원리를 이렇게 적용할 수도 있다. 가나안에 남겨진 일곱 족속이 하나님의 거룩한 유대인을 꾀어 결혼하려고 하는 것처럼, 내 속의 육이 나를 꾀어 죄와 결혼하게 하려고 한다는 것이다. 그런데 우리가 꼭 명심해야 할 것은 가나안에 남겨진 원주민의 힘이 다양한 것처럼, 사람마다 자신에게 남겨진 육의 속성이 다양하며 강도도 다양하다는 것이다.

예를 들면, 어떤 이는 술에, 어떤 이는 돈에, 어떤 이는 이성(異性)에 약하다. 그리고 그 약한 정도도 사람에 따라 다르기 때문에 얼마나 더 쉽게 그리고 더 깊게 죄에 빠지느냐 하는 것은 예수님을 믿기 이전의 습관적인 행실에 달려 있다. 그래서 예수님을 믿기 이전에 인성교육이 중요한 것이다.

이것은 무엇을 뜻하나? 내가 성령이 충만하지 못할 때 내 안에 내재된 가나안의 원주민, 즉 육의 속성이 나타나 죄를 짓게 하는데, 그 죄는 세 가지로 나타날 수 있다는 것이다.

1) 내 안에 육의 속성이 나타남으로 말미암아 남을 미워하거나 그에게 분노를 발산하여 그에게 해를 끼치는 행동으로 나타날 수 있다.

> 분을 내어도 죄를 짓지 말며 해가 지도록 분을 품지 말고 마귀에게 틈을 주지 말라. (엡 4:26-27)

2) 육의 속성이 나타남으로 말미암아 성령님이 원하는 것을 좇지 않고, 예수님 믿기 이전에 육이 좋아했던 성경(율법)이 금하는 불건전한 것들을 좇아 죄를 지을 수 있다.

> 너희는 유혹의 욕심을 따라 썩어져 가는 구습을 따르는 옛 사
> 람을 벗어 버리고 오직 너희의 심령이 새롭게 되어 하나님을
> 따라 의와 진리의 거룩함으로 지으심을 받은 새 사람을 입으
> 라. (엡 4:22-24)

3) 사탄의 속삭임(벧후 2:18)에 속아 육신의 정욕(먹음직도 하고)과 안목의 정욕(보암직도 하고)과 이생의 자랑(지혜롭게 할만큼)을 좇거나 (창 3:6; 요일2:16), 그리스도의 진리를 버리고 배교하는 일 등이다.

> 오직 각 사람이 시험을 받는 것은 자기 욕심에 끌려 미혹됨이
> 니 욕심이 잉태한즉 죄를 낳고 죄가 장성한즉 사망을 낳느니
> 라. (약 1:14-15)

요약하면, 앞의 질문 1과 질문 2, 모두 남겨진 원주민들이 유대인에게 위협을 준 주제였다. 질문 1이 남겨진 원주민이 적대적인 입장에서 무력 도발로 이스라엘에 위협을 주었다면, 질문 2는 그들이 유대인과 친하게 지내는 척하면서 달콤한 말로 유대인의 신앙심을 파괴한, 즉 심리적인 위협이었다. 전자는 눈에 보이기 때문에 쉽게 발견할 수 있지만, 후자는 달콤한 속삭임이기 때문에 더 위험할 수도 있을 것이다(예: 돈의 유혹이나 여성의 유혹 등). 이것이 사탄의 두 얼굴일 것이다.

이것을 기독교인에게 해보자. 전자가 자신의 내면에 잠재해 있었던 육의 속성이 나타나 그로 하여금 죄를 짓게 하는 것이라면, 후자는 그것이 그의 마음을 움직여 그의 신앙 자체를 바꾸게 하거나 없애는 것이다. 그런 면에서 이 두 가지 주제가 이스라엘을 괴롭힌 동일한 '채찍과 올무'(수 23:12-13)이며 그 채찍과 올무의

내용과 방법은 다르다. 따라서 기독교인은 사탄의 두 가지 계략에 조심 또 조심해야 한다.

남겨진 원주민의 두 가지 위협은 1) 눈에 보이는 무력 도발과 2) 달콤한 말로 꼬이는 위협이다. 전자는 쉽게 발견할 수 있지만, 후자는 발견하기 힘들어 더 위험하다. 이것이 사탄의 두 얼굴이다.

결론적으로 기독교인이 조심 또 조심해야 하는 두 가지 방법을 소개해 보자. 첫째, 앞에서 설명한대로, 남겨진 육의 속성을 누르기 위해서는 먼저 내 안에 성령님이 충만해야 한다고 했다. 둘째, 그런데 문제는 사람에 따라 정도의 차이는 있겠지만 성령님이 충만할 때도 육의 속성이 그대로 나타날 수도 있다는 것이다. 성격이 급하거나 절제력이 부족할 때 혹은 참을성이 있더라도 상황에 따라 사탄(상대방)의 공격 자체가 더 이상 참지 못하게 할 때 등이다. 이것은 앞의 질문 1과 질문 2의 주제 모두에 해당된다.

그럴 때 어떻게 해야 하는가? 바울의 방법을 소개해보자. 가나안의 남겨진 원주민이 고개를 들려고 할 때 유대인이 그들을 쳐 복종하게 했던 것처럼, 바울은 자신 안에 남겨진 육의 속성이 나타나려고 할 때, 자신의 몸을 쳐 성령님의 법에 복종하게 했다.

내가 내 몸을 쳐 복종하게 함은 내가 남에게 전파한 후에 자기가 도리어 버림이 될까 두려워함이로라. (고전 9:27)

바울에게도 자신의 육의 속성(남겨진 가나안의 원주민)이 얼마나 강하게 나타났던지, 그것을 누르기 위하여 자신은 "날마다 죽노라"고 고백했다. 바울의 성격 자체가 워낙 곧고 강하기 때문에 더 그렇게 했을 것이다.

> 형제들아 내가 그리스도 예수 우리 주 안에서 가진 바 너희에게 대한 나의 자랑을 두고 단언하노니 나는 날마다 죽노라.
> (고전 15:31)

아마 이것이 예수님을 잘 믿기 위해 치르는 가장 큰 대가, 즉 아픔일지도 모를 것이다. 살다 보면, 도저히 참지 못할 상황이라 해도 예수님이 지신 골고다 언덕의 십자가를 생각하면서 참아야 할 때가 한 두 번이 아닐 것이다. 가정과 교회에서 그리고 사회생활에서도 마찬가지다.

바울이 실천한 "자신의 몸을 쳐 복종하게 함"(고전 9:27a)과 "날마다 죽는 연습"(고전 15:31b), 이 두 가지가 바로 경건한 자손(말 2:15)이 갖추어야 할 경건의 훈련이다. 이 것 자체가 오래 참는 사랑의 요소이며(고전 13:4) 어려서부터 훈련받은 인성교육의 열매로 나타나는 것이다.

그러므로 바울이 이렇게 날마다 죽는 연습을 한 이유를 새겨 들어야 할 것이다. "내가 남에게 전파한 후에 자기가 도리어 버림이 될까 두려워함이로라"(고전 9:27b).

바울이 한 "자신의 몸을 쳐 복종하게 함"과 "날마다 죽는 연습"은 남겨진 가나안의 원주민과 어떤 관계가 있는가?

랍비 강의

두 시간의 길이

어떤 왕이 가지고 있는 포도원에 많은 일꾼들이 일하고 있었다. 그중에서 한 일꾼은 비상한 능력을 가지고 있어 다른 일꾼들보다 유난히 뛰어났다.

어느 날 왕이 포도원을 찾아와 뛰어난 능력을 가진 일꾼과 함께 포도원 안을 산책했다. 유대인의 관례대로 일한 대가는 동전으로 매일 지불되었다. 그 날도 하루의 일이 끝나자, 일꾼들은 돈을 받아 가려고 차례로 줄을 섰다. 일꾼들은 모두 같은 임금을 받고 있었는데, 능력이 뛰어난 그 일꾼도 같은 금액의 돈을 받자, 다른 일꾼들은 왕에게 항의했다.

"이 사람은 두 시간밖에 일하지 않았으며, 나머지 시간은 임금님과 함께 지냈습니다. 그런데도 우리와 똑같은 임금을 받는다는 것은 불공평합니다."

그러자 왕은 이렇게 말했다.

"이 사람은 두 시간 동안 너희들이 하루 종일 걸려서 한 일보다 더 많은 일을 해냈다."

오늘 28세의 나이에 죽은 랍비도, 다른 사람들이 백 년에 걸쳐 한 일보다 더 중요한 일을 많이 해냈다. 사람은 얼마 동안을 살았느냐가 중요한 것이 아니라, 얼마나 많은 업적을 남겼느냐가 중요한 것이다.

출처: Tokayer, 탈무드 1: 탈무드의 지혜, 2007, 동아일보, pp. 128-129.

이스라엘의 건국 과정과
가나안에 하나님이 주권적으로
개입하셨다는 사실을 모른다면,
오늘날 이스라엘과 아랍권의
적대적인 대치 상황을
이해 할 수 없다.

요약 및 결론

본 논문은 크게 두 가지 주제를 다루었다. 1) 이스라엘의 건국 과정과 2) 이스라엘의 영토인 가나안의 의미를 신본주의 및 기독교적 관점에서 조명했다. 그리고 3) 두 주제를 다루며 제기했던 난해한 질문들에 대해 답변했다.

첫째, 이스라엘과 유대인 그리고 이방인 국가와 이방인은 무엇이 다른지를 대조하며 두 진영의 영적 의미를 설명했다. 이스라엘과 이방 나라는 건국 과정이 다르다. 따라서 국가관도 다르다. 보통 이방 나라들은 이미 어떤 민족이 역사적으로 거주하고 있는 땅(land)을 영토로 삼고 나라가 건국되었지만, 이스라엘의 건국은 하나님이 선택하신 사람들(persons)을 중심으로, 거주할 나라가 없는 상태에서 시작되었다.

하나님은 아브라함을 선택하시고 그의 아들 이삭과 손자 야곱의 후손들을 애굽에 보내시어 바로 밑에서 400년 동안 노예생활을 하게 하셨다. 그리고 그들을 인도할 지도자 모세를 세우시고 모세로 하여금 그들을 해방시킨 후 홍해를 건너 시내 광야로 인도하셨다. 하나님은 시내산에서 모세에게 율법을 주신 후 40년 동안 광야에서 신앙훈련을 시키시며 그들의 믿음이 자라게 하셨다. 그 후 그들을 요단강을 건너가게 하시고 가나안에 거주했던 일곱족속들을 진멸하게 하신 후 그 땅을 그들에게 주심으로 하나님의 거룩한 신본주의 국가 이스라엘을 탄생시키셨다. 유대인은 가나안에 들어가기 이전 약 650년 동안 나라도 없이 나그네 생활을 했다.

이스라엘과 이방 나라는 국가관이 여러 가지 측면에서 매우 대조적이다. 건국의 목적, 건국의 주체, 건국의 과정, 국민들의 소속, 영토 확보 방법, 가나안 침략의 목적, 하나님의 죄악에 대한 심판 방법, 영토의 크기와 지정학적 위치, 영토 유지 방법, 영토의 변경, 통치의 주체, 국가에 대한 반역 기준, 국가의 법이 각각 다르다.

두 진영의 확연한 차이에서 이스라엘이 세상 나라와 구별된 하나님에게 속한 거룩한 나라라는 것을 알고 신본주의 국가의 정체성이 무엇인지를 확인할 수 있다.

하나님이 이스라엘을 건국하신 목적은 무엇인가? 구원론적인 입장에서 타락한 인류를 구원하시기 위함이다. 이를 위해 이스라엘을 건국하시고, 그 나라를 통치하신 역사를 통하여 신본주의 국가의 모델을 만드셨다. 그 국가를 통하여 인류의 구원자 예수님을 오게 하시고, 그 분을 통하여 신약시대에 영적 이스라엘 왕국이 전 세계로 확장되게 하셨다.

따라서 이스라엘의 건국 과정과 이스라엘의 역사 연구는 기독교인들로 하여금 영적 유대인(갈 3:4-9)으로서 자신들의 뿌리를 구약성경에서 정확하게 찾아 정체성을 정립할 수 있도록 해준다. 그리고 하나님이 원하시는 바른 국가관과 삶이 무엇인지를 알게 해준다.

둘째, 이스라엘의 건국과 건국에 필요했던 영토가 있다. 가나안이다. 가나안에 대한 역사적인 사건들은 역사적인 사실로만 남을 것이 아니라, 신약시대 기독교인에게 영적인 표상으로 재해석 되어야 한다. 그리고 이를 기독교인의 삶에 적용해야 한다. 왜냐하면, 구약은 신약의 그림자(고전 10:1-4; 갈 4:22-30; 히 8:5, 9:24-28, 10:1)이기 때문이다. 따라서 본 논문은 '가나안'을 영적으로 '천국'에 비유하기도 하고, 때로는 '가나안'을 '성도의 몸'이라고 비유해 성경의 난제들을 재해석했다.

예를 들어, 구약의 유대인들이 가나안을 믿음으로 정복했던 것처럼, 신약시대에도 영원한 가나안, 즉 천국은 믿음으로 갈 수 있다. 죄악의 상징이었던 가나안의 원주민이 모두 진멸된 후 거룩한 하나님의 나라 이스라엘이 완성된 것처럼, 죄인이었던 인간이 예수님의 보혈로 모든 죄가 씻긴 이후 거룩한 하나님의 백성이 되었다.

그리고 유대인이 가나안을 정복한 후 이스라엘의 상황도 '가나안'을 '성도의 몸'에 비유해 설명했다. 예를 들면, 가나안에 남겨진 소수의 원주민들이 이스라엘을 괴롭게 했던 것처럼, 기독교인이 예수님을 믿은 이후에도 남겨진 육의 속성이 나타나 그를 괴롭힐 때가 많다. 바울은 자신 속에 있는 '육의 속성'을 '악(evil)'이라고 표현했다(롬 7:21).

당시 가나안에는 살아남은 소수의 원주민들이 있었는데, 그들이 유대인에게 두 가지 면에서 위협을 주었다. 첫째, 이스라엘의 힘이 약할 때에는 무력 도발로 위협을 주었고, 둘째, 평상시에는 유대인과 친하게 지내는 척하면서 달콤한 말로 유대인의 신앙심을 파괴한, 즉 심리적인 위협을 주었다. 주로 이방 여자들이 유대인 남자들을 유혹했다. 전자는 눈에 보이기 때문에 쉽게 발견할 수 있지만, 후자는 달콤한 속삭임이기 때문에 더 위험할 수도 있다. 남겨진 가나안 원주민은 사탄(악)의 표상이다.

이것을 기독교인에게 적용해보자. 전자가 자신의 내면에 잠재해 있었던 육의 속성이 나타나 그로 하여금 죄를 짓게 하는 것이라면, 후자는 그것이 그의 마음을 움직여 그의 신앙 자체를 바꾸게 하거나 없애는 것이다. 따라서 기독교인은 사탄의 두 가지 계략에 조심해서 대처해야 한다.

이에는 두 가지 대처 방법이 있다. 1) 남겨진 육의 속성을 누르기 위해서 먼저 내 안에 성령님이 충만해야 한다. 2) 성령님이 충만하지 않을 때나, 혹은 충만할 때라도 육의 속성이 그대로 나타나 죄를 지을 수 있다. 그럴 때는 어떻게 해야 하나? 바울의 방법을 따라야 한다. 가나안의 남겨진 원주민이 고개를 들려고 할 때 유대인이 그들을 쳐 복종하게 했던 것처럼, 바울은 자신 안에 남겨진 육의 속성이 나타나려고 할 때, 자신의 몸을 쳐 성령님의 법에 복종하게 했다(고전 9:27a). 그래서 바울은 "날마다 죽는 연습"(고전 15:31b)을 했다.

이외에도 이스라엘 건국 과정과 건국 후 가나안에 관해서는 세상 기준의 상식에서 이해하기 힘든 부분들이 많다. 본 연구는 III항에서 이를 질문들로 만들어 그 질문에 답변했다. 그리고는 그 답변들을 기독교인에게 적용했다.

예를 들면 하나님이 가나안 땅을 빼앗아 유대인에게 주신 것은 윤리적으로 옳은가? 하나님이 유대인에게 가나안 땅을 주셨을 때 왜 그 땅에 거주했던 원주민을 협상 없이 모두 잔인하게 죽이라고 명령하셨는가? 하나님은 가나안 원주민을 죽일 때, 왜 죽일 사람으로 하필 그토록 사랑하시는 유대인을 선택하셨는가? (답변과 적용은 본문 내용 참조 바람)

결론적으로 이스라엘의 건국 과정은 이 땅에서 하나님의 사람을 먼저 선택되고, 그들을 통하여 세상과 분리된 하나님의 나라가 만들어짐을 보여준다. 그리고 건국하신 이후에는 하나님이 점령하여 얻은 가나안에서 이스라엘을 직접 통치하셨다. 이처럼 하나님은 기독교인을 직접 선택하시고 그들의 역사를 통치하신다.

이것은 무엇을 뜻하나? 구약시대 이스라엘의 역사적인 표면적 사건들은 신약시대 이면적으로 이방인의 영적 구원을 예표하고, 구원받은 이후의 내면적 삶의 방향을 보여준다. 그래서 구약은 신약의 뿌리이며 그림자라고 할 수 있다. 구약을 더 깊이 연구해야 할 이유가 여기에 있다.

또한 독자들이 이러한 이스라엘의 건국 과정과 가나안에 하나님이 주권적으로 개입하셨다는 사실을 모르고, 우주를 창조하시고 역사를 주관하시는 창조주 하나님이 하고자 하시는 뜻을 모른다면, 오늘날 직면하고 있는 이스라엘과 아랍권의 적대적인 대치 상황을 이해 할 수 없다. 그렇게 되면 인본주의적인 판단을 해 중동문제를 바르게 이해할 수 없다. 따라서 기독교인은 하나님의 편에서 어느 것이 옳은지를 분별하기 위해서라도 이스라엘의 국가관, 즉 이스라엘의 건국 과정과 역사를 알아야 한다.

**이스라엘의 건국 과정과 가나안에
하나님이 주권적으로 개입하셨다는 사실을 모른다면,
오늘날 이스라엘과 아랍권의 적대적인 대치 상황을 이해 할 수 없다.**

토막 상식

[저자 주: 연세대 문정인 교수가 중알일보에 '승자 없는 전쟁, 가자의 비극'이란 제목으로 글을 썼다(2014년 8월 11일). 2014년 8월에 일어난 이스라엘과 가자의 치열한 싸움에 관해서다. 제1장 '이스라엘은 이방인 국가와 무엇이 다른가'를 읽고 본 시평을 읽으면 이 글에서 제기한 문제의 원인과 그 해결 방안을 얻을 수 있을 것이다.]

승자 없는 전쟁, 가자의 비극

문정인(연세대 교수 · 정치외교학)
(중앙일보, 2014년 8월 11일)

한 달 가까이 이어지던 3차 가자 사태. 이스라엘이 가자지구로부터 지상군을 철수하고 하마스 역시 로켓 발사를 자제하는 등 그 끝이 보이는가 했다. 그러나 이집트 정부 중재로 마련된 72시간 잠정휴전이 끝나면서 다시 불안이 고조되고 있는 동시에 국제사회 우려 또한 커지고 있다.

이스라엘은 침공의 목적을 달성했다. 하마스 전력 상당 부분을 와해시켰고 가자와 이스라엘을 연결하는 하마스의 비밀 땅굴 32개를 색출해 파괴했다. 게다가 아이언돔이라는 비장의 무기로 하마스의 로켓 공격을 사실상 무력화하는 데도 성공했다. 이스라엘 국민의 86%가 이번 침공을 적극적으로 지지하는 등 내부 응집력을 한껏 과시한 것도 빼놓을 수 없다.

그러나 이는 반쪽짜리 이야기다. 이스라엘의 무차별 공격으로 가자 지역에서만 팔레스타인 사망자 1848명, 부상자

9000여 명이 발생했다. 그 가운데 80% 이상이 민간인인 것으로 집계되고 있다. 8월 4일 유니세프에 따르면 어린이 사망자는 408명으로 전체 민간인 사망자의 31%에 해당한다. 모스크, 병원, 시장, 이슬람 대학, 어린이 놀이터, 심지어 유엔이 운영하는 학교시설에 대해서도 무차별 타격을 가했으니 당연한 결과다.

이 참혹한 현상에 국제사회의 공분은 증폭되고 있다. 평소 말을 아끼는 반기문 유엔 사무총장까지 이스라엘의 행위를 "도덕적 폭거이자 범죄"라고 비판하고 나섰다. 이슬람권은 물론 전 세계적으로 반(反)유대 정서가 고조되고 독일에서는 아예 '이스라엘-나치 살인자'라는 금기의 슬로건마저 나돈다. 곳곳에서 이스라엘 제품을 보이콧하겠다는 움직임도 보인다. 전쟁에서의 승리 이면에 국제적 고립이 심화되고 있다는 방증이다.

이스라엘 정부는 하마스가 민간인들을 인간방패로 쓰고 있으므로 어쩔 수 없었다는 입장을 고수하고 있지만 세계의 이목은 냉정하다. 미국 여론조사기관 퓨 연구소의 6월 여론조사를 보면 이스라엘은 이란, 북한 다음으로 부정적인 국가로 인식되고 있다. 중동 지역 유일의 민주국가, '자유·정의·평화'라는 메시아적 가치를 건국이념으로 삼은 나라라는 이미지는 일거에 사라져버렸다. 그런 모범국가가 가자지구를 '창살 없는 감옥'으로 불리는 내부 식민지로 만들어 통제하고, 어린이를 포함한 무고한 양민을 대량살상했다는 사실은 쉽게 믿어지지 않는다. 세계인의 눈으로 보면 이스라엘 역시 승자가 아닌 패자일 뿐이다.

하마스도 승리를 주장한다. '하마스 타도와 섬멸'이라는 이스라엘의 목적이 달성되지 못했다는 게 첫 번째 이유다. 이란, 시리아, 이집트, 기타 아랍 국가들로부터 지원이 끊기면서 국제적 고립을 면치 못했던 하마스에 이번 침공이 반전의 계기가 됐다는 점도 의미심장하다. 생존의 모멘텀을 다시 찾은 셈이다. 그러나 그 비용이 너무 크다. 하마스는 비록 무장 테러조직으로 시작했지만 지금은 100만이 넘는 가자 주민들의 생명과 재산, 안전을 책임지는 공식적인 정치·행정 조직이다. 이스라엘과 이집트의 봉쇄를 외교적으로 풀고 가자 주민들의 삶을 향상시켜야 하는 책무가 있는 것이다. 그러나 자신의 생존을 위해 주민을 볼모로 잡은 것 아니냐는 의구심 앞에서 하마스 역시 패자일 수밖에 없다.

미국도 곤란한 상황에 처했다. 양측의 평화협상을 주도할 수 있었던 미국의 가장 큰 자산은 '공정'이라는 위상이었다. 이 위상이 사라질 때 미국에 대한 신뢰와 존경도 함께 사라진다. 그러나 오바마 행정부는 이스라엘의 민간인 살상을 공개적으로 규탄하면서도 같은 날 이스라엘에 아이언돔 구매 예산 2억2500만 달러를 지원하기로 결정했다. 미 의회 역시 하마스를 테러조직으로 규정, 규탄하고 이스라엘을 일방적으로 두둔하는 결의안을 통과시켰다. 아랍, 이슬람권이 미국을 불신하는 것은 바로 이러한 이중성 때문이다. 하마스의 와해를 내심 환영하며 가자 사태에 방관적 자세를 취했던 아랍 국가들 또한 패자의 대열에서 벗어나기 어렵다. 도무지 '영(零)'이 서지 않았던 유엔도 마찬가지다.

승자 없는 이 지긋지긋한 전쟁, 어떻게 끝내야 하나. 우선 이스라엘은 가자 봉쇄를 해제하고 하마스를 정치적 현실로 인정해야 한다. 동시에 오슬로협약의 '두 개의 국가'라는 해결책에 전향적으로 임해야 옳다. 하마스도 경직된 원리주의의 덫에서 벗어나 이스라엘의 생존권을 인정하고, 가자 주민들의 안전과 민생을 챙겨야 한다. 그러려면 무장투쟁 노선을 버리고 서안의 팔레스타인 자치정부와 하나가 되는 방법을 모색해야 한다. 이 '두 개의 국가' 방안이 성사되기 어렵다면 코소보처럼 가자 지역을 유엔 관할하에 잠정적으로 두는 것도 고려해 볼 수 있을 것이다. 참화에 희생된 숱한 어린 영혼들을 위해서라도 더 이상 평화를 미루어서는 안 된다.

유대인의 역사는 전 세계에서 고난을 가장 많이 겪은 피의 역사다. 그러나 그들을 박해했던 많은 민족들의 영화는 역사의 뒤안길로 사라졌다. 그들을 박해했던 이집트, 바벨론, 그리스 그리고 로마는 역사의 뒤안길로 사라졌다. 그러나 오뚝이 민족 유대인은 멸종되지 않고 아직도 살아남아 전 세계 각 분야에서 두각을 나타내며 지도자 역할을 하고 있다.

제3부

유대인의 고난의 역사신학

제1장 유대인의 신구약 시대 고난의 역사와 고난의 이유
제2장 유대인의 고난의 역사신학 (신명기 32:7절을 중심으로)
제3-1장 용서와 기억의 신학 1 (개인과 개인 사이)
제3-2장 용서와 기억의 신학 2 (국가와 국가 사이)

제4장부터는 제3권에 이어집니다.
제4-1장 고난의 역사교육, 왜 필요한가: 인성교육학적 입장
제4-2장 고난의 역사교육, 왜 필요한가: 신학적 입장
　　　　〈유대인이 고난의 역사를 기억하는 이유〉

〈저자 주: 신구약 시대의 고난의 역사는 제4부 유대인의 고난의 역사 교육 방법에서 더 구체적으로 기술할 기회가 있기 때문에 여기에서는 간략한 개론만 소개한다. 대신 신약시대 유대인이 고난(미움)을 당한 이유에 대해 자세히 기술한다. 그리고 '유대인의 인사법과 한국인의 인사법 차이'를 통해 유대인의 가장 큰 소망이 왜 '평화'인지를 알아본다.〉

1933년에서 1945년까지
독일의 아돌프 히틀러에 의해
유대인 6백만 명이 학살되었다.
동유럽 전체 유대인
인구 900만 명 중 2/3가 죽었다

REASONS OF JEWISH TRAGEDIES
제1장

유대인의 신구약 시대
고난의 역사와 고난의 이유

Ⅰ. 구약시대의 고난의 역사
Ⅱ. 신약시대의 고난의 역사
Ⅲ. 신약시대 유대인이 고난(미움)을 당한 이유
Ⅳ. 유대인의 인사법과 한국인의 인사법 차이

I. 구약시대의 고난의 역사

성경은 인류의 기원에 관해서도 기록했지만(창 1장-11장), 대부분 하나님의 선민인 유대인의 기원과 역사에 관한 내용을 포함하고 있다. 성경에 나타난 유대인의 기원과 그들의 고난의 역사에 대하여 알아보자.

구약성경 창세기 1장부터 11장까지는 인류의 역사이다. 창세기 12장 1절부터 선민의 역사가 시작된다. 하나님이 아브라함이라는 자연인 한 사람을 갈대아 우르에서 불러내어 가나안으로 보내면서 선민의 역사가 시작되었다.

"너는 본토 친척 아비집을 떠나 내가 지시할 땅으로 가라"(창 12:1). 즉 아브라함이 선민인 유대인들의 조상이 되었고, 아브라함의 아들 이삭과 이삭의 아들 야곱, 야곱의 열 두 아들이 열두 지파로 세워지면서 이스라엘 민족의 토대가 형성되었다. 이스라엘이라는 이름은 야곱이 얍복강을 건널 때에 기도 중 천사에게 승리함으로 얻은 이름이다(창 32:28).

그러나 이는 선민의 맥이고 같은 아브라함의 아들이나 이삭의 아들이라 해도 이스라엘 민족에서 제외된 이방 족속이 있다. 아브라함이 사라에게서 이삭만 낳은 것이 아니고 먼저 사라의 몸종인 하갈의 몸을 통해 서자 이스마엘을 낳았다(창세기 16장). 아브라함은 또 전처 사라를 잃고 나서 그두라라는 여자를 취하여 여섯 아들을 낳았다(창 25:1-4). 아브라함의 아들 이삭도 자기의 아내 리브가를 통하여 쌍둥이를 낳았다. 장자는 에서이고 차자는 야곱이다(창 25:19-26).

아브라함의 씨임에도 불구하고 하갈에게서 난 이스마엘과 그두라에게서 난 여섯 아들들, 그리고 리브가에게서 난 쌍둥이 중 장자 에서는 선민이라는 유대인 속에 포함되지 못하고 중동에 거주하고 있는 아랍 사람들의 조상이 되었다. 중동에서 이스라엘 민족과 아랍 사람들의 끊임없는 역사적 분쟁이 일어나는 이유가 여기에 있다.

하나님께서는 아브라함에게 이스라엘 백성이 애굽의 4백 년 종살이에서 해방되어 가나안으로 돌아간다는, 즉 가나안에 대한 열풍을 불어넣어 주셨다(창 15장). 모든 유대인들은 그 때부터 지금까지 "영원한 가나안에 가서 살아야 한다"는 소원의 열병이 그치지 않고 있다. 이것이 바로 '시오니즘(Zionism)'이다.

1984년 '모세 작전'과 1991년 '솔로몬 작전'으로 탄압을 받았던 아프리카의 에티오피아계 유대인 2만2000여 명이 이스라엘로 들어왔고[동아일보, 에티오피아 출신 유대인 솔로몬, 이스라엘 국회의원 되기까지〈下〉, 2014년 9월 26일], 1991년 소련의 미하일 고르바초프(Mikhail Sergeyevich Gorbachyev)의 페레스트로이카(개혁)에 의하여 공산주의가 붕괴된 후(두산백과 사전) 소련에 거주했던 많은 유대인들이 작은 땅덩어리 가나안으로 돌아간 이유가 여기에 있다.

이스라엘 백성들은 하나님의 예언에 따라 가나안에 가기 전 4백년 동안 애굽에서 혹독한 종살이를 했다. 여기서부터 더 힘난한 이스라엘 백성의 고난의 역사가 시작되었다. 모세가 지도자가 되어 출애굽한 후에도 유대 민족은 40년 동안 광야에서 방랑 생활을 했다. 그 후 마침내 여호수아가 가나안을 정복함으로써 3백40여 년의 사사시대가 시작되었다(B.C. 1389-1050).

사사 시대가 끝나고 왕조 시대가 시작되었다(B.C. 1050-930). 첫 번째 사울 왕, 두 번째 다윗 왕, 그리고 세 번째로 솔로몬 왕이 뒤를 이었다. 이스라엘은 다윗 왕 때에 통일 왕국을 이루고 국력을 키웠다. 솔로몬 왕 때에는 이스라엘 역사 중에서 가장 화려한 전성기로 전 세계에 힘을 과시한 기간이었다. 그러나 그 기간도 길지 않았다.

솔로몬이 말년에 우상 섬기는 죄를 범하게 되면서 급기야 르호보암 시대에 북왕국과 남왕국으로 갈라져 분열왕국 시대(B.C. 930-605)가 시작되었다. 두 왕국의 왕들이 하나님을 공경하지 않고 이방신을 섬기면서 하나님의 진노의 심판을 받게 되었다. 북왕국은 패망하여 앗수르로 끌려갔고, 남왕국은 바벨론에 패망해서 포로로 끌려갔다. 그러면서 엄청난 시련의 포로 시대가 약 70년 간 지속되었다(B.C. 605-538).

남왕국의 마지막 왕인 시드기야 왕은 바벨론 왕국에 포로로 끌려갈 때 두 눈이 빼이고 손과 발을 사슬에 묶인 채 비참하게 끌려갔다 (왕하 25:7; 렘 52:11). 요즘의 지도에 나타난 예루살렘에서 이라크의 바그다드 근처까지는 약 5백 마일(한국의 2천 리)의 거리이다. 온 민족이 줄을 지어 태양이 작열하는 사막을 맨발로 끌려가는 비참한 모습을 상상해 볼 수 있다. 그리고 70년 동안 머나먼 타국 바벨론에서 겪은 처참한 노예 생활!

70년 후 유대인은 다시 가나안에 돌아와 성전을 재건축했지만 평안한 세월은 길지 못했다. 그리스의 영향권에서 많은 전쟁에 시달려야 했다. 전체 이스라엘 역사를 볼 때, 그래도 가장 평안히 행복하게 살았던 시기는 사사기와 통일왕국 시대로 약 400년(B.C. 1100-B.C. 700) 동안이란 비교적 짧은 기간이었다.

II. 신약시대의 고난의 역사

1. 신약시대의 고난의 역사

신약 시대의 유대인의 고난의 역사를 보자. 예수님이 고난 당하신 이후 A.D. 70년 로마에 의해 예루살렘이 멸망했다. 그 때 무려 11만 6천 명이나 되는 유대인들이 십자가 형틀에서 죽었다. 그들이 고난을 당한 이유는 하나님을 배반하고, 이방신들을 섬겼기 때문이다. 예수님은 유대인의 패역함에 대해 이렇게 한탄하셨다.

> 예루살렘아 예루살렘아, 선지자들을 죽이고 네게 파송된 자들을 돌로 치는 자여, 암탉이 그 새끼를 날개 아래 모음같이 내가 내 자녀를 모으려 한 일이 몇 번이냐. 그러나 너희가 원치 아니하였도다. (마 23:37)

예루살렘 성전이 파괴된 후 나라를 잃은 이스라엘 백성들이 전 세계로 흩어지는 디아스포라 시대가 열리게 되었다. 유대인이 살 땅은 전 세계 어디에도 없었다. 인류의 메시아인 예수님을 죽인 민족 유대인! 반유대주의가 온 유럽에 팽배했다. 유대민족은 전 세계로 방랑 생활을 해야 하는 역사적인 유랑 민족이 되었다.

유대인이 가는 곳마다 유대인 거주 지역을 제한했다. 그 곳을 게토[유대인가(街), 촌)]라고 한다. 게토라는 유대인 부락은 스페인으로부터 러시아, 터키, 중국에까지 온 세계에 탄생하게 되었다 (Tokayer, 탈무드 5: '탈무드의 잠언집', 2009, 동아일보, pp. 39-44). 어느 나라에서도 돈을 아무리 많이 주어도 땅을 살 수 있는 권한이 유대인에게는 주어지지 않았다. 유대인은 땅에 대한 소유권이 금지되었기 때문이다. 따라서 유럽에는 유대인의 농민은 하나도 없었다. 제조업자의 조합인 길드에 가입하는 것도 금지되어 있었기 때문에 제조업에도 종사할 수도 없었다. 그래서 유대인은 오직 상인이 되는 것외에 다른 길이 없었다(p. 62). 이것이 유대인이 장사를 잘 하는 이유이기도 하다.

랍비 토카이어는 당시 이방인과 유대인 사이에 쌓인 벽을 이렇게 묘사했다.

> 유대인가(街)를 둘러싼 벽은 돌과 흙이었으나 이 벽보다 더욱 견고한 벽은 유대인만이 지닌 정신적인 벽이라고 말할 수 있다. 사실 적의(敵意)에 가득 찬 주위의 기독교인이 시가(市街)의 벽을 부수려고 한다면 언제고 부술 수 있었다. 실제로 그러한 일은 너무나 빈번히 일어났었다. 유대인이 오늘날까지 유대인으로서 독자성을 잃지 않았던 것은 돌과 흙으로 쌓은 벽이 견고해서가 아니라 유대인 마음속에 세워진 정신적인 벽이 그만큼 견고했기 때문이다. (p. 49).

유대인이 거주하는 지역에서는 재난이 발생하면 유대인을 잡아 죽였다. A.D. 135년에 로마 황제 하드리안(Hadrian)은 유대인의 반란을 진압하면서 50만 명을 학살했다(Oesterly, *A History Of Israel*, II. 459-463). 십자군 원정 당시에는 그라나다에서 4천 명이

나치가 지배하던 시대에 유대인들은 노란 다윗의 별을 달고 다녀야 했다. 사진은 유대인 강제 수용소 유품들. 오른쪽에 "사람들이 기억할 때에 희망은 살아 있다."란 표어와 왼쪽에 다윗의 별도 보인다. (Simon Wiesenthal 제공)

죽었다. 프랑코에서 10만 명이 죽었다. 1348년 유럽 흑사병이 유행할 때에 유대인이 병균을 우물에 퍼트렸다는 모함을 받고 1백만 명이 학살을 당했다. 1648년에는 휘메르니크 반란으로 많은 유대인들이 학살당했다. 휘메르니크는 카자흐족의 지도자로서 폴란드 영주에 반발하여 반란을 일으켰는데, 이때 폴란드에 거주하던 유대인 인구의 절반쯤이 학살되었다(Solomon, '옷을 팔아 책을 사라', 쉐마, 2005, p. 325).

20세기에 들어서자 유대인은 독일에서 가슴에 유대인을 표시하는 기장(記章)을 달고 다녀야 했다. 로마 교황(敎皇)은 1215년에 제4회 라테랑회의에서 유럽에 사는 전유대인에게 황색(黃色) 모자를 쓰고 다닐 것과 배지를 달고 다닐 것을 명(命)했기 때문이다 (Tokayer, 탈무드 5: '탈무드의 잠언집', 2009, 동아일보, p. 61).

1933년에서 1945년까지 독일의 아돌프 히틀러와 그의 동맹국에 의해 유대인 6백만 명이 학살되었다. 그 중 1백50만 명은 어린이들이었다. 유럽 전체 유대인 인구 900만 명 중 2/3가 죽은 것이다[Trudy Gold(Director), *The Time chart history of Jewish civilization*, 2004, p. XIV]. 유럽 전 지역에 거주하는 유대인을 샅샅이 찾아내어 잔인하게 죽였다. 가스실에 들어가서 죽는 것은 오히려 행복한 죽음이었다. 가스나 총알을 아끼려고 유대인들을 한 줄로 묶어 기차 철로 위에 눕히고 그 위로 기차를 지나가게 하여 사람들을 죽였다. 유대인의 살가죽으로 만든 북도 있다. 이 외에도 유대인의 잔인한 죽음에 관한 소문들은 너무나 많다.

**1933년에서 1945년까지
독일의 아돌프 히틀러에 의해
유대인 6백만 명이 학살되었다.
동유럽 전체 유대인
인구 900만 명 중 2/3가 죽었다**

2. 시오니즘(Zionism)과 이스라엘의 회복

유대인은 신약의 역사 속에서 항상 버려져 있겠는가? 그럴 수는 없다(롬 11:1-2). 유대인의 역사는 하나님의 주권적 역사의 예정대로 진행되고 있다. 현재도 마찬가지다. 다른 이방 민족과 다르다. 이방인의 충만한 수가 들어오기까지 이스라엘 중 얼마는 완악하게 된다. **그리고 "예루살렘은 이방 사람들의 때가 차기까지, 이방 사람들에게 짓밟힐 것이다"(눅 21:24b).**

> 그들은 칼날에 쓰러지고, 뭇 이방 나라에 포로로 잡혀 갈 것이요, 예루살렘은 이방 사람들의 때가 차기까지, 이방 사람들에게 짓밟힐 것이다. (눅 21:24)

그 후 이방인의 충만한 수가 들어오게 되면 하나님은 다시 유대인에게로 돌이키시고 주님이 강림하실 때 '온 이스라엘'을 구원하실 것이다(롬 11:25-26). 20세기 들어 하나님의 때는 점점 더 가까워지고 있었다. 먼저 잃었던 이스라엘을 회복하려는 기운이 싹트기 시작했다.

A.D. 70년 로마에 나라를 잃고 전 세계로 흩어진 유대인의 가장 큰 소망 중 하나는 이스라엘로 돌아가는 것이었다. 이를 시온주의 혹은 시오니즘(Zionism)이라고 한다. 이를 대표하는 단어가 '알리야'(עלייה)인데, 이는 이스라엘로 이주하는 것을 의미한다. 히브리어로 상승을 뜻한다. 디아스포라 후 유대인들은 주로 유월절과 욤 키푸르(대속죄일) 절기에 "다음 해에는 예루살렘에서"

라는 말로 기도를 마쳤다. 할라카와 613가지 율법은 알리야를 명예로운 행위로 여겼다(위키백과, http://ko.wikipedia.org/wiki/).

근대에 와서 시오니즘이 열매를 맺게 된 것은 전 유럽에 팽배한 반유대주의가 극에 달했기 때문이다. 1894년 프랑스에서 일어난 드레퓌스 사건(억울하게 누명을 쓴 유대인의 사건)은 유대인들에게 큰 충격을 주었다. 이 사건을 지켜본 사람들 중 하나인 유대계 오스트리아인 기자 테오도르 헤르츨(Theodor Herzl, 1860-1904)은 시오니즘의 선봉에 서게 되었다. 헤르츨은 1897년 8월 29-31일 스위스 바젤에서 제1차 시온주의자 대회를 소집했다. 이 대회는 "시온주의는 이스라엘 땅에 국제법으로 보장되는 유대인을 위한 조국(a homeland)을 건설하고자 한다"고 선언했다[Trudy Gold(Director), The Time chart history of Jewish civilization, 2004, p. 28]. 나라 없이 떠돌던 유대인들은 급기야 이 선언에 대거 동조하기 시작했다. 하나님께서 때가 차매 그런 환경을 조성하신 것이다.

그 뿐인가. 이에 더하여 1917년 11월 2일 영국의 외무상 발포아(Authur J. Balfour)가 세계 제1차 대전 중 영국이 지배하고 있었던 팔레스타인에 유대인이 돌아갈 수 있도록 허락하는 '발포아 선언'(Balfour Declaration)을 했다. 팔레스타인지역에 유대인의 국가건설을 지원하겠다는 선언이다. 상상 밖의 선언이다. 그 후 미국이 이 선언을 지지하면서 힘을 얻기 시작했다. 그러나 당시 팔레스타인 지역의 유대인 인구가 10만 명 정도였기 때문에, 이스라엘 국가가 건설하기 위한 최소한의 인구가 모여들 때까지 시간이 필요했다. 드디어 세계 각국에서 60만 명의 시오니즘주의자들이

온 유럽에 불어 닥친 반유대주의는 이스라엘의 회복을 가속화시켰다. 사진은 독일 나치가 죽인 유대인 시체들

유대인들은 생존을 위해 단결한다. 사진은 1909년 봄 세계에 흩어져 살던 유대인들이 잃었던 이스라엘의 영토 텔아비브에 돌아와 유대 국가 건설을 선포하는 모습. 그들이 돌아오자 사막에 백합이 피기 시작했다.

제1장 유대인의 신구약 시대 고난의 역사와 고난의 이유

모여들었다(http://blog.daum.net/cocoisland314/48).

하나님은 그들에 대해 이렇게 예언하셨었다(사 11:11-12, 43:5; 렘 23:7-8; 겔 39:28).

> 두려워하지 말라 내가 너와 함께 하여 네 자손을 동방에서부터 오게 하며 서방에서부터 너를 모을 것이며 내가 북방에게 이르기를 내놓으라 남방에게 이르기를 가두어 두지 말라 내 아들들을 먼 곳에서 이끌며 내 딸들을 땅 끝에서 오게 하며 내 이름으로 불려지는 모든 자 곧 내가 내 영광을 위하여 창조한 자를 오게 하라 그를 내가 지었고 그를 내가 만들었느니라. (사 43:5-7)

그리고 유대민족 내부에서는 시오니즘 운동으로, 외부의 세계 정치적 입장에서는 영국의 발포아 선언으로 이스라엘 건국을 치밀하게 준비하셨다. 때가 차매 전 세계 사방에서 거의 2000년 동안 흩어져 살았던 유대인을 모아 가나안에 이스라엘 국가를 다시 건설하기 위함이었다.

유대인의 독립은 1947년 9월 유엔 총회가 영국의 위임 통치를 중지할 것과 팔레스타인을 아랍 국가와 유대인 국가로 분할한다는 분리안을 결의한데서부터 시작되었다(Dimont, 1979, pp. 435-438). 그 결과 1948년 5월 14일 금요일, 마침내 성경에 예언된 대로 이스라엘은 가나안에서 독립국가로 탄생했다.

유대인의 지도자 데이비드 벤구리온이 유엔의 승인을 받아 가나안 땅을 이스라엘 영토로 회복하여 독립 국가임을 선언했다.

세계 제2차 대전이 끝나고 영국의 식민지였던 가나안 땅(팔레스타인)이 유엔(UN)의 도움으로 이스라엘 국가로 탄생되는 역사적인 순간이었다(Ben-Sasson, 1976, p. 1058).

그러나 이스라엘은 단독 국가로 독립한 후에도 유명한 6일 전쟁(1967년 6월 5일) 및 10월 전쟁(1973년 10월) 등 아랍 측과 갈등이 끊이지 않고 있다. 그들은 아직도 세계인이 지켜보는 가운데 고난의 역사 속에서 살고 있다. 아, 그들의 영원한 평화는 언제나 오려는가?

하나님은 유대민족 내부에서는 시오니즘 운동으로,
외부 세계 정치적 입장에서는 영국의 발포아 선언으로
이스라엘 건국을 치밀하게 준비하셨다.

근대에 와서 시오니즘이 열매를 맺게 된 것은
전 유럽에 팽배한 반유대주의가 극에 달했기 때문이다.
하나님께서 때가 차매 그런 환경을 조성하신 것이다.

3. 4000년 동안 살아남은 유대인의 생각

앞에서 살펴본 대로 유대인은 신구약시대 전반에 걸쳐 수많은 고난의 역경을 겪어왔다. 그럼에도 불구하고 아직도 살아남았다는 것은 불가사의한 기적이다. 여기에서 유대인은 이에 대해 어떤 생각을 가지고 있는지 알아보자.

출애굽기 3장 1-3절에는 모세가 시내산 조그마한 가시떨기나무 앞에서 하나님을 만나는 장면이 나온다. 왜 첫 대면 장소가 사계절이 있고 숲이 우거진 깊은 산 속이나 큰 도시의 일류 호텔이나 경치 좋은 해변의 비싼 레스토랑이 아니고, 볼품없는 사막의 돌산에서, 거기다 좋은 재목으로 쓸 수 있는 우람하고 멋있는 큰 나무 밑이 아닌, 세상에서 가장 쓸모없는 조그마한 가시떨기나무였을까?

이에 대해 여러 가지 의미들을 소개할 수 있지만, 여기에서는 주로 가시떨기나무의 특성을 유대인의 생존과 연관하여 설명해 보자.

일단 가시떨기나무는 인간 중에서도 쓸모없는 듯한 인간을 뜻한다. 그래서 하나님은 세상에서 버림받았던 가장 하찮은 노예 출신 유대인을 구원해 주셨다. 이것은 하나님은 아무리 하찮은 인간이라도 귀하게 여기신다는 것을 뜻한다. 그리고 가시떨기나무의 특성은 고슴도치처럼 날카로운 가시가 많다는 점이다. 따라서 그 가시나무덤불을 시험해 보려고 손을 집어넣으면 고슴도치 가시를 만지는 것처럼 가시 때문에 손에 상처를 입게 된다. 이 말은 이방민족이 유대 민족을 파괴하려고 손을 쑤셔 넣으면 그 손은 피투성이가 된다는 뜻이다(Tokayer, 탈무드 2: '탈무드와 모세오경', p. 185). 그래서 유대인을 건드려서 득을 본 나라는 없다. 끝내는 비극으로 끝났다.

실제 예를 들어보자. 저자가 유대인 가정에 유월절 절기를 함께 지내려고 방문했을 때였다. 그 때 아버지가 유월절 절기 식탁에서 자녀들에게 이런 이야기를 들려주는 것을 목격했다.

> 유대인의 역사는 전 세계에서 고난을 가장 많이 겪은 피의 역사다. 그러나 유대인을 박해했던 많은 민족들의 영화는 역사의 뒤안길로 사라졌다. 유대인을 박해했던 이집트, 바벨론, 그리스 그리고 로마는 역사의 뒤안길로 사라졌다. 그러나 오뚝이 민족 유대인은 멸종되지 않고 아직도 살아남아 전 세계 각 분야에서 두각을 나타내며 지도자 역할을 하고 있다.

유대인 아버지의 이 말은 역사적으로 증명된 사실이다. 이것은 하나님께서 아브라함을 선택하셨을 때 그에게 약속하셨던 말씀을 상기시킨다.

> 너를 축복하는 자에게는 내가 복을 내리고 너를 저주하는 자에게는 내가 저주하겠다(창 12:3a).

실제로 하나님은 아브라함의 후손 유대인을 축복하는 자에게는 복을 내리셨고 저주하는 자에게는 저주를 내리셨다. 유대인 아버지는 유월절 잔치에서 자녀들에게 자신들은 아브라함의 자손이기 때문에 하나님이 그렇게 보호하고 계신다는 것을 강조한다. 유대인 자녀들은 이런 아버지의 가르침에서 하나님에 대한 믿음과 민족의 정체성을 강하게 다지게 된다.

또 가시덤불과 불이라는 것은 함께 있어서는 안 되는 것이다. 왜냐하면 불이 붙으면 가시덤불은 쉽게 불타 버리기 때문이다. 그러나 가시덤불의 불은 꺼질 줄 모르고 타올랐다. 이것은 유대인이 언제까지나 생존을 계속하며 파괴되지 않음을 암시해 주고 있다(Tokayer, 탈무드 2: '탈무드와 모세오경', p. 186).

이것은 무엇을 뜻하는가? '가시덤불'과 '불'이라는 두 개의 대립은 서로 상극일 수밖에 없다. 함께 갈 수 없다. 그러나 성령의 불, 즉 하나님이 가시덤불 속에 임하시면 서로 평화를 누릴 수 있다는 것을 뜻한다. 유대인이 아직도 예수님을 영접하지 못했지만 현재까지 건재한 것은 앞에서 언급한대로 하나님이 그들을 계속 주관하고 계신다는 것을 뜻한다.

신약시대 기독교인도 이처럼 하나님의 자녀이기 때문에, 가시떨기 나무 같은 하찮은 존재일지라도, 하나님의 불, 즉 성령님이 함께 하시면 어떤 고난의 환경이 닥친다고 하더라도 생존할 수 있다는 것을 뜻한다. 이에 대한 증거는 기독교 2000년 동안 수많은 박해가 있었을지라도 아직도 살아남아 건재한 데서 찾을 수 있다.

가시나무덤불에 손을 넣으면 손에 상처를 입게 되는 것처럼
이방민족이 유대 민족을 파괴하려고 손을 쑤셔 넣으면
그 손은 피투성이가 된다.

III. 신약시대 유대인이 고난(미움)을 당한 이유

1. 반유대주의는 기독교인의 편견 때문이다

신약시대 기독교는 유대인을 엄청나게 핍박했다. 실제로 유대인이 기독교인에게 당한 피의 역사는 우리가 감히 상상할 수 없을 정도다. 기독교인의 반유대주의(Anti-Semitism) 때문이었다.

유럽에서 뿐만 아니라, 그들이 꿈에도 그리던 미국에 와서도 반유대주의라는 인종차별 때문에 고통을 당해야 했다. 유대인은 1654년 8월 첫발을 디딘 후 본격적인 이민은 1800년대에 가서 이루어졌다. 그들은 미국에 도착하자마자 차별과 핍박에 시달려야 했다. 당시 뉴욕 시장부터 유대인을 못마땅하게 생각했다. 그러한 차별은 근대에 이르기 전까지 이어졌었다.

뉴욕의 한 증언자는 이렇게 말했다.

"1942년 뉴햄프셔에서 해군으로 근무하고 있는 아들을 찾아간 유대인 어머니가 호텔에 들어가려고 했는데 호텔 앞에 'No Jews, or dogs allowed'라는 간판이 있었습니다."

유대인은 직장을 구하거나 일상생활에서 그리고 학교에서도 차별을 받았다. 아무리 우수해도 의대에 입학하기가 힘들었던 때도 있었다. 그래서 그들이 의대를 따로 만들었다. 그 의대 이름이 뉴욕의 명문 '아인슈타인 메디칼 스쿨'이다.

왜 유대인은 기독교인에게 미움을 받았는가? 몇 가지로 그 이유를 설명해 보자.

A. 구약성경에 나타난 유대인은 목이 곧은 민족이라는 편견

저자가 유대인 랍비를 만나면 가끔 이런 질문을 받는다.

"왜 기독교인은 유대인을 그렇게 미워합니까?"

매우 난처한 질문이다. 그러나 답변을 피할 수는 없다. 저자는 구약성경에 나타난 유대인을 예를 들며 이렇게 답변한다.

"구약성경을 보시오. 유대인이 얼마나 하나님을 많이 배반했으며, 하나님의 속을 썩인 민족입니까? 하나님은 당신들을 '목이 곧은 백성'(a stiff-necked people!, 출 32:9)이라고 하시지 않았는가! 그렇기 때문에 단순히 성경만 본 기독교인은 유대인을 나쁘게 생각할 수밖에 없습니다. 그러나 나같이 당신들을 잘 아는 사람은 당신들을 좋아합니다."

B. 유대인의 견해

예루살렘의 '야드 바셈 대학살 박물관'에서 발행한 '대학살(The Holocaust)'이란 유대인의 책에 의하면 전 세계에 만연한 반유대주의의 이유를 크게 두 가지로 나누어 설명했다.

1) 기독교인들의 주장을 인용하면서 "하나님의 공의, 즉 메시아이신 예수님을 죽였기 때문"이라고 하며,

2) "그들의 성공적인 삶에 대한 이방 민족의 인종적 편견, 즉 질투 때문"이라고 적고 있다(pp. 13-14).

C. 유대계 기독교인의 견해

메시아닉 유대인(유대계 기독교인) 학자 베리 호너는 반유대주의의 근원을 교회사에 나타난 잘못된 신학에서 찾았다. 그는 이렇게 주장했다. "주후 70년과 135년, 예루살렘이 로마에 의해 파괴된 이후 유대인과 이방인 사이의 분리가 점진적으로 일어났다는 것은 명백한 사실이다. 예루살렘에 있던 '모(母) 교회'와 안디옥에 있던 '입양된 딸 교회(이방인교회)' 간의 우호관계는 사라지고 말았다(15:1-2)"며, "이방인과 뚜렷하게 구별된 유대인들은, 그리스도를 살인한 자들이란 이유로 끊임없이 비하됐다"(Barry Horner, Israel, *the Jewish people and the church fathers*, pp. 27-28)고 했다.

그러면서 그는 피터 리차드슨의 '사도적 교회 내 이스라엘'(Israel in the Apostoloc Church)이란 연구 논문에 근거하여(p. 17), 초대교회의 순교자 저스틴(Justin Martyr, 165년에 순교), 제롬(Jerome, 331-420), 어거스틴(354-430)으로부터 시작된 대체신학, 즉 구 이스라엘이 사라지는 동안 이방인 기독교인이 이에 대체되었다는 신학으로 말미암아 반유대주의는 더 확고해졌다고 주장했다.

그 후 콘스탄틴 황제가 325년에 개최된 니케아 공의회(Council of Nicaea) 연설에서 반유대적인 선포를 하고, 모든 교회에 다음과 같은 개인적인 권고의 글을 유포했다는 것이다.

> 우리는 유대인들과는 그 어떤 공통점을 가져서는 안 된다. 친애하는 형제들이여, 우리는 혐오스러운 유대인의 무리에게서 우리 자신을 분리하기를 소망한다. 그런 악한 [유대]민족과 소통함으로 당신의 영혼을 오염시키지 않는 것이 당신들의 의무다. (p. 29)

왜 이런 현상이 나타났는가? 초기 초대교회의 시대에는 베드로나 야고보 그리고 바울 같은 유대계 기독교인들이 교회의 주도권을 잡았었는데, 이방인 기독교인들이 급속도로 늘어나면서 후기 초대교회에는 점차 그 주도권이 이방인 기독교인들에게 넘겨졌다. 그 이후 이방인 기독교인들로부터 반유대주의가 급격하게 팽창하기 시작했다는 것이다. 이것은 일종의 유대계 기독교인들과 이방인 기독교인들 사이에 종교 권력 다툼이 있었다는 것을 시사한다.

이런 면에서 유대계 기독교인들이 이방인 기독교인들에게 매우 섭섭하고 억울한 심정을 가지는 것은 당연할 것이다.

D. 기독교가 유대인 교육을 배척한 이유

특히 복음주의적인 교회가 유대인 교육을 기독교에 적용하는 데 크게 반발한 데는 대략 다음 네 가지 이유가 있다.

첫째, 유대인은 구약 사람들인데 신약시대에 사는 기독교인이 왜 그들의 자녀 교육을 배워야 하나?

둘째, 유대인에게는 복음이 없는데, 어떻게 그들의 교육을 기독교교육에 적용시킬 수 있는가?

셋째, 유대인의 선민교육은 율법 교육인데 율법에서 해방된 기독교인에게 왜 율법교육이 필요한가?

넷째, 유대인은 메시아이신 예수님을 죽인 민족인데, 왜 실패한 그들의 교육을 배워야 하나? [출처: 현용수, '부모여 자녀를 제자 삼아라'(부제: 왜 기독교교육에 유대인 자녀교육이 필요한가), (쉐마, 2005), 제1권 p. 73; '잃어버린 구약의 지상명령 쉐마'(쉐마, 2009), 제2권 p. 68].

따라서 유대인 교육은 기독교교육에 접목할 수 없다.

E. 비기독교인의 견해

물론 유대인을 싫어하는 이방인들 중에는 성경을 모르는 비기독교인들도 많다. 저자가 경험한 바로는 학자들이나 의사들, 혹은 변호사들은 대부분 유대인을 좋아하지만, 사업을 하는 이들은 대부분 싫어하는 경우가 많다.

싫어하는 이들 대부분은 유대인이 너무 이방인과 어울리기를 싫어하고, 자기들끼리 똘똘 뭉쳐있고, 매사에 까다로운 민족이기 때문이라고 한다. 그리고 어떤 이들은 유대인의 사랑이 없는 율법주의적인 행동 때문에 손해를 본 경험이 많다고 했다. 법에 어두운 이방인들이 법에 밝은 유대인에게 약점을 잡히어 손해를 보는 경우가 많다는 것이다.

2. 종교개혁자 마틴 루터의 편견

역사적으로 유대인에 대한 적대 감정은 구교인 천주교인뿐만이 아니다. 종교 개혁자인 마틴 루터(Martin Luther, 1483-1546)도 유대인을 핍박한 장본인이다.

마틴 루터는 신교의 교회 역사에서 가장 존경받는 인물 중의 한 사람이다. 그가 그의 생애 초기 1523년에 집필한 '예수 그리스도는 유대인으로 태어나심'이란 글에서는 유대인에 대하여 우호적으로 표현했다. 그러나 20년 후 마틴 루터는 유대인들이 집단적으로 개종하지 않고, 기독교에 대하여 쓴 모욕적인 글을 보고는 심경의 변화를 일으켰다(Brown, 1994, p. 38). 그가 쓴 유대인에 대한 지침서인 '유대인에 대하여 그리고 그들의 거짓들'에서 유대인을 '악독한' '지독한 벌레' '혐오스런 짐승' 등으로 강한 적대감을 표현했다(Rausch, 1990, p. 29).

그뿐 아니라 마틴 루터는 '버림받고 저주받은 유대인에 대하여 기독교인은 무엇을 할 것인가'에 대하여 기독교인에게 다음과 같은 내용을 권하였다.

첫째, 유대인의 회당이나 학교에 불을 지르자. 이것은 우리 주님과 기독교의 명예를 걸고 해내야 한다.

둘째, 나는 그들의 집이 파괴되고 멸망될 것을 조언한다.

셋째, 나는 그들의 모든 기도책, 탈무드 저술은 우상과 기만, 저주 및 불경(不敬)을 가르치는 것으로서 그들에게서 압수할 것을 조언한다.

넷째, 나는 유대인 랍비에게 생명을 잃거나 수족을 잘리는 아픔을 주어, 그가 가르치는 것을 금할 것을 조언한다.

다섯째, 나는 유대인이 대로에서 안전하게 운전할 수 있는 법을 폐지할 것을 조언한다. 그렇게 해야 그들이 시골에서 사업을 하지 못한다. 그들을 집에 거하도록 하자.

여섯째, 나는 유대인의 고리대금업을 금하고 모든 금은보화를 압수하여 그들로부터 격리시키고 안전하게 보관할 것을 조언한다.

일곱째, 나는 젊고 건강한 유대인 남녀에게 도리깨, 괭이, 가래, 실 짜는 기구 물레를 주어 그들의 이마에 땀을 흘리어 빵을 얻게 할 것을 권고한다[Martin Luther, 1543, trans. Martin H. Bertram(1962), in *Martin Luther's Works*, 47:268-272].

이와 같은 사실은 현대 기독교인에게 대부분 숨겨져 왔다. 20세기 후반부터 기독교로 개종하는 유대인들이 늘고 있다. 그들 중에는 유대교를 믿었던 이들도 있지만, 대부분 신앙이 약했거나, 혹은 무종교였던 이들이다. 예수님을 믿는 유대인을 메시아닉 유대인(Messianic Jews)이라고 부른다. 그들 대부분은 타민족보다도 전 세계에 흩어져 있는 유대민족 선교와 이스라엘 선교에 앞장서고 있다. 그들도 과거 유대인을 핍박한 기독교인의 잘못된 소행을 결코 잊지 않는다.

독일 나치가 무지비하게 죽인
유대인의 즐비한 시체들

마이클 브라운 목사는 유대교에서 기독교로 개종한 유대인이 세운 '메시아 신학교'의 학장을 역임한 학자다. 그는 유대계 기독교인으로서 참회록 격인 '우리의 손이 피로 물들었나이다'를 썼다(1994). 이 책은 신약 시대 기독교 역사에서 유대인에 대한 기독교인의 편견으로 인해 수많은 유대인들을 무고하게 피 흘리게 했음을 고발한다. 눈물 없이는 읽을 수 없는 책이다. 이 책을 읽으면 마치 유대교에서 기독교로 개종한 바울이 동족인 유대인을 사랑하는 마음으로 쓴 글처럼 느껴진다. 그만큼 동족인 유대인을 사랑한다.

예수님을 믿는 기독교인들이 어쩌면 그렇게 혹독하게 유대인을 핍박했는지 이해가 되지 않는다. 저자가 정통파 유대인 학교에서 수학하고자 했을 때 그들이 거절한 이유를 알 만하다. 물론 다른 이유들도 있지만, 기독교인에 대한 유대인의 피해 의식 때문이었을 것이다

역사적으로 유대인에 대한 적대 감정은
구교인 천주교인뿐만이 아니다.
종교 개혁자인
마틴 루터도 유대인을 핍박한 장본인이다

생각하며 갑시다

'유대인을 가스실로' 유럽에 다시 부는 반유대주의

프랑스·독일서 이스라엘 규탄 시위, 유대인 소유 식료품점·약국 방화

홍주희 기자 (중앙일보, 2014년 8월 1일)

"홀로코스트로 600만 명이 넘는 유대인이 목숨을 잃고도 유럽의 반(反)유대주의는 죽지 않았다." 대니얼 슈바멘탈 미국유대인협의회 이사는 지난달 29일 미 인터넷 매체 인터내셔널비즈니스타임스 기고문에서 최근 이스라엘의 팔레스타인 공격으로 유럽에서 반유대주의가 확산되는 현상을 이같이 진단했다.

중동 분쟁의 기원은 유럽에 있다는 게 정설이다. 유럽의 뿌리 깊은 반유대주의에 대한 대응으로 유대 국가 건설의 필요성이 제기됐고, 팔레스타인에 이스라엘을 건국하면서 이슬람 세계와 갈등을 빚게 됐기 때문이다. 얽히고 설킨 이스라엘·팔레스타인·유럽의 역사는 유럽을 이스라엘-팔레스타인 분쟁의 소용돌이로 몰아넣고 있다.

최근 프랑스·독일 등에선 1300명 넘는 팔레스타인 희생자를 낳은 이스라엘에 대한 규탄 시위가 잇따른다. 한 달새 영국에서만 100건 이상이 열렸다. 문제는 시위가 '반유대주의'로 변질·확산됐다는 점이다. 시위대는 이스라엘의 팔레스타인 공격이 아닌, 유대인 전체를 증오하고 비난의 대상으로 삼고 있다. "유대인을 가스실로" "유대인에게 죽음을" 같은 구호까지 등장했다.

유대인에 대한 공격은 무력 행사로 발전하고 있다. 지난달 26일 프랑스 툴루즈의 유대인센터는 팔레스타인 지지 시위 후 소이탄 공격을 받았다. 20일엔 1만 5000명의 유대인이 거주해 '리틀 예루살렘'으로 불리는 파리 북부 사르셀에서 유대인 소유의 식료품점과 약국이 불탔다.

앞서 파리 중심부의 유대교 회당도 공격받았다. 독일에서는 지난달 29일 부퍼탈의 유대교 회당에 화염병이 투척됐고, 베를린에서도 18세 유대인 청년이 폭행당했다. 이탈리아에서는 로마의 유대인 거주 지역에서 나치 상징 문양(〈5350〉)과 함께 나치의 유대인 박해를 고발한 『안네 프랑크의 일기』는 지어낸 이야기라는 뜻으로 '안네 프랑크 스토리텔러'라는 낙서가 등장했다. 결국 독일·프랑스·이탈리아 외무장관은 "반유대주의와 유대인에 대한 공격은 유럽에 설 자리가 없다"는 성명을 발표했다.

'어두운 과거'를 연상시키는 폭력 사태에 놀란 유럽 국가들은 대책 마련에 나섰다. 무슬림 500만 명이 사는 프랑스에서는 팔레스타인 지지 시위가 금지됐다. 시위가 유대인 폭력으로 이어진다는 우려 때문이다. 독일은 '이스라엘 국기를 불태우지 말 것' '이스라엘에 죽음을 구호 금지' 등 지침을 내렸다.

전문가들은 이스라엘의 공습이 유럽에 잠재된 반유대주의를 표출시키는 계기가 됐다고 본다. 시위대는 "유대인이 아닌 이스라엘의 무자비한 공격을 비난한다"고 주장하지만 실제는 반유대주의를 표출하는 자리가 됐기 때문이다

3. 유대인을 미워하여 잃은 것들

기독교가 유대인을 미워한 결과 구약성경의 보고를 보존하고 있었던 유대인의 정체성(롬 9:4; '양자됨과 영광과 언약들과 율법을 세우신 것과 예배와 약속들')마저 멸시를 당하기 시작했다. 유대인의 정체성은 참감람나무로서 뿌리의 진액을 가진 자들인데(롬 11:17-24), 그들을 멸시함으로 이방 기독교인인 돌감람나무가 뿌리의 진액(정체성)을 공급받는데 한계가 있었다. 따라서 기독교인은 구원에 필요한 복음만 알았지 하나님의 형상을 닮아가는 선민교육의 원리와 방법을 몰라 신약시대 2000년 동안 기독교인의 자녀교육에 어려움을 겪고 있었다.

이는 마치 아기를 목욕시키고 난 후 목욕물만 버려야 하는데, 아기까지 버린 꼴이 되었다. 그 결과 이방의 구원을 위한 세계선교(신약의 지상명령)에는 성공했지만, 하나님의 형상을 닮아가고 자손 대대로 말씀을 전수하는 구약의 지상명령에는 실패했다. 오늘날 기독교 신학교에서 유대인에 관한 연구 자료가 지극히 빈곤한 이유도 여기에 있다.

저자는 이러한 과거 잘못된 편견과 신학을 바로 잡고 "왜 기독교교육에 유대인 자녀교육이 필요한가?"라는 질문에 답하기 위하여 '부모여 자녀를 제자 삼아라'(전2권, 2005)란 저서를 출간했고, 이어서 '잃어버린 구약의 지상명령 쉐마'(전3권, 2009) 제2권 제3부에서 로마서 11장을 근거로 '왜 기독교교육에 유대인 자녀교육이 필요한가'[부제: 바울의 참감람나무(유대인)와 가지(이방 기독교인)의 이론]를 정리한 바 있다.

두 저서는 구원론적인 입장에서 쓴 것이 아니라 교육신학적 입장에서 왜 유대인과 기독교인은 원수가 아니라, 주님의 재림을 준비하는데 필요한 동반자인지를 설명하고 있다. 한 마디로 정리한다면, 기독교인에게는 자녀교육을 위해 유대인의 선민교육, 즉 쉐마교육이 필요하고, 유대인은 구원을 위해 예수님, 즉 복음이 필요하다. 따라서 기독교인과 유대인은 예수님의 재림을 준비하는데, 동반자여야 한다. 그런 면에서 대체신학은 구원론적인 입장에서는 맞는 신학이론이지만, 교육신학적인 입장에서는 틀린 신학이론이다.

[구원론적 입장에서 유대인과 기독교인과의 차이점에 대해서는 '부모여 자녀를 제자 삼아라'(현용수, 쉐마, 2005), 제1권 제1장 IV. 질문 1 '유대교와 기독교의 구원과 성화는 어떻게 다른가'와 '잃어버린 구약의 지상명령 쉐마'(현용수, 쉐마, 2009) 제2권 제3부 제1장 '유대인과 이방 기독교인과의 관계: 유대인에게 접붙임 받은 이방 기독교인' 참조 바람]

이제라도 기독교인은 과거의 잘못을 회개하고 유대인과 그들의 정체성을 껴안아야 한다. 그리고 그리스도의 사랑으로 그들을 구원하기 위하여 복음을 전해야 한다. 예수님도 유대인이셨고, 바울도 유대인이었다. 그리고 초대 교회의 사도들도 유대인이었다. 유대인이 없었다면 현재 하나님 말씀의 보존이 없었을 것이고(롬 3:2), 신약성경 또한 있을 수 없었을 것이다.

신약의 성도들은 유대인에게 빚진 자임을 명심해야 한다. 땅 끝은 바로 예루살렘이다. 예루살렘은 복음의 근원지이며, 동시에 마지막 땅 끝이기도 하다. 우리 다 같이 유대인을 사랑하자. 그리고 그들에게 그리스도의 복음을 전하자. 이것이 마지막 때에 그리스도의 재림을 준비하는 길이다.

**대체신학은 구원론적인 입장에서는 맞지만,
교육신학적인 입장에서는 틀린 신학이다.**

4. 유대인이 거할 땅은 가나안뿐이다

저자는 제2부 '이스라엘과 이방 국가의 차이'에서 이 주제를 성경신학적인 입장에서 왜 유대인이 거할 땅은 가나안뿐인가를 설명했다. 하나님이 그렇게 정하셨다고 했다. 구약시대가 지나고 거의 2000년이 지난 현재도 그것은 유효한가? 물론이다. 역사적인 예를 들어보자.

1991년 가을 이스라엘 땅은 유난히 시끄러웠다. 아랍인의 테러와 이스라엘의 보복이 반복되었다. 미국 ABC TV는 이에 대한 근본적인 문제를 전 세계에 알리기 위하여 특집 프로를 마련했다. 나이트 라인(Night Line)의 유명한 앵커맨 테드 코펠(Ted Koppel)이 유대인과 아랍인이 사는 팔레스타인을 취재했다.

테드 코펠은 유대인 지도자들과 아랍 지도자들을 초청해 공개 토론회를 벌였다. 양쪽 지도자들뿐만 아니라 수많은 아랍인과 이스라엘인 및 많은 외국인들도 방청객으로 참석하였다. 그리고 발언권을 양측 지도자뿐만 아니라 참석한 모든 방청객들에게도 주었다. 문제의 핵심을 공정하게 파헤치기 위하여 심중에 있는 하고 싶은 얘기는 다 하라는 취지였다.

아랍측이 역사적으로 그리고 현실적으로 설득력 있는 주장을 했다. 그들은 우선 팔레스타인은 자신들의 소유였고, 자신들은 아브라함의 후손이라고 못박았다. 그러므로 유대인은 팔레스타인 땅을 당연히 내놓아야 한다고 주장했다. 객관적인 입장에서 그들의 주장에 일리가 있다.

유대인이 주후 73년 팔레스타인 땅을 떠나 살다가 거의 2천 년이 지난 1948년에 다시 돌아와서는 수천 년 동안 살아온 사람들을 몰아내고 자신들의 소유권을 주장하니 맞는 얘기다. 그렇다고 유대인이 법적으로 하자가 있다는 말은 아니다. 이스라엘은 팔레스타인 땅을 유엔의 허가를 받아 영국으로부터 물려받은 것이기 때문이다.

이에 대해 유대인 대표(랍비였음)는 두 가지로 답변했다.

첫째, "과거지사를 물어 따지지 말자. 그 얘기는 수천 년 동안 수없이 되풀이된 얘기다. 중요한 것은 현재 우리가 서로 싸우고 있다는 점이다. 서로 싸우겠느냐, 그렇지 않으면 평화를 원하느냐?" 이 질문에 장내에는 폭소가 쏟아졌다.

둘째, "세계는 이제 더 이상 유대인이 전 세계를 유랑하는 피난민, 즉 국제적인 미아가 되기를 원치 않는다. 세계 어느 나라도 우리를 맞아 주지 않는다. 그러니 우리는 어쩔 수 없이 이 땅에서 살아야 된다. 더 이상의 선택의 길이 없다."

장내가 갑자기 숙연해졌다. 인류의 메시아인 예수님을 죽인 민족! 하나님의 약속으로 받았던 축복의 땅을 자신들의 불신앙으로 잃어버렸던 민족! 참으로 눈물 없이 들을 수 없는 감동적인 호소였다.

세계에서 유대인들은 나그네 인생을 살고 있다. 그들이 거할 곳은 하나님이 주신 약속의 기업인 가나안뿐이다. 그들의 소원은 가나안에서 안식하는 것이다(신 12:9-10; 히 3:11-18). 그러나 그들이 안식의 땅 가나안에 들어가는 조건은 무엇인가? '오직 믿음'이다. 유대인은 출애굽한 후 가나안을 믿음으로 정복하였다.

그들에게 믿음이 있었다는 말은 바로 그들과 하나님의 관계가 좋았다는 것을 뜻한다. 그들과 하나님의 관계가 좋아 믿음이 있었을 때에는 가나안에서 살았으나, 하나님과의 관계가 나빠서 믿음이 없었을 때에는 가나안을 빼앗겼다.

유대인의 고난의 역사를 보면서 신약의 성도들은 영적으로 무엇을 배울 것인가? 신약의 성도도 이 땅에서의 삶은 나그네 인생이다. 신약 성도의 소원도 영원한 본향, 안식의 땅 가나안에 거주하는 것이다. 영적인 영원한 안식의 땅 가나안은 천국을 상징한다. 유대인이 가나안을 믿음으로 소유한 것처럼 신약의 성도도 천국을 믿음으로 소유할 수 있다(히 3:11, 18, 4:1). 영적 유대인인 신약 시대의 성도들이 영원한 가나안으로 가기 위해서는 신앙을 지켜야 한다. 이는 오직 말씀, 오직 은혜, 오직 믿음으로만이 가능하다.

저자는 제2부 '이스라엘과 이방 국가의 차이'에서
성경신학적인 입장에서 왜 유대인이 거할 땅은
가나안뿐인가를 설명했다.

생각하며 갑시다

이스라엘은 왜 가혹하게 대응하는가

趙甲濟(2014년 7월 28일)
(http://bbs1.agora.media.daum.net/gaia/do/debate/read?
bbsId=D003&articleId=5656805)

(저자 주: 이글은 "이스라엘은 왜 팔레스타인에게 가혹하게 대응하는가"에 대해 쓴 글을 줄인 것이다. 대한민국 정부도 이스라엘 정부처럼 북한에게 가혹하게 대해야 한다는 논지였다.)

이스라엘은 핵폭탄을 수백 개나 가진 核강국이다. 날아오는 미사일이나 로켓을 90%의 확률로 요격, 파괴할 수 있는 '철의 돔'이란 방어망도 있다. 그럼에도 가자 지구의 하마스 세력이 도발한다고 쳐들어가고 폭격을 한다. 너무 약한 상대에게 너무 가혹한 대응을 하는 게 아닌가 생각될 정도이다.

이스라엘軍은 독창적인 조직과 交戰(교전)수칙 및 전쟁敎理(교리)를 발전시켰다. "이스라엘은 단 한 번의 전쟁도 질 수 없다"는 게 기본이다. 이스라엘군이 장병들에게 가르치는 交戰수칙(Code of Conduct)은 다음과 같다.

1. 군사 목표에 대하여서만 군사적 행동을 한다.
2. 군사력의 사용은 비례적으로 한다.
3. 이스라엘 軍이 허용한 무기만 사용해야 한다.
4. 항복한 敵(적)에겐 공격하지 않는다.
5. 훈련을 받은 사람만 포로를 신문할 수 있다.
6. 병사들은 팔레스타인 사람들과 체포된 사람들의 인간적 존엄성

을 존중해야 한다.
7. 敵軍(적군)에게도 치료를 해주어야 한다.
8. 약탈은 완전히 불법이므로 절대로 금지한다.
9. 종교적, 문화적 유적지와 문화재를 존중해야 한다.
10. 국제구호활동가들의 재산과 차량은 보호해야 한다.
11. 이 수칙을 위반한 행위에 대하여는 보고해야 한다.

이스라엘 국방군의 전쟁 敎理(Doctrine)는 이렇다.

1. 이스라엘은 단 한 번의 전쟁도 질 수 없다.
2. 전략적 단계에선 방어적으로 임한다. 우리는 영토적 야심이 없다.
3. 정치적 수단과 신뢰할 수 있는 억제 태세를 유지, 전쟁을 회피한다.
4. 擴戰(확전)을 예방한다.
5. 전쟁의 결과를 신속하게, 결정적으로 확정짓는다.
6. 테러와 싸운다.
7. 戰死傷者(전사상자)를 최소한으로 유지한다.

한국도 단 한 번의 전쟁도 질 수 없는 나라다. 북한정권의 무자비성, 공산주의의 非(비)인간성, 그들이 가진 核 및 생화학 무기의 파괴력을 고려하면 한국은 단 하나의 실점도 허용할 수 없는 나라이지만, 중국이 싫어하니 미국과 협력하는 미사일방어망을 만들어선 안 된다고 주장하는 야당이 있는 나라이다.

實戰(실전)배치 단계에 있는 北의 核미사일을 앞에 두고도 "우리가 살아야 합니까, 죽어야 합니까"를 중국에 묻고 있는 격이다. 이런 집단이 국가 지도부를 이루고 있는 한국은 생존 자체가 기적이고 요행이다.

Ⅳ. 유대인의 인사법과 한국인의 인사법 차이

1. 유대인의 인사법

유대인은 남달리 자기 민족의 전통 문화를 지키며 이를 자랑한다. 그리고 단결력이 강하다. 그들이 그토록 어려운 고난의 역사 속에서도 자기 민족의 전통 문화를 자랑함은 그것이 정의임을 확신하기 때문이다(Solomon, 2005, p. 69).

유대인의 문화는 하나님의 말씀에 의하여 형성되었다. 즉 유대인의 문화는 이방인과 다른 하나님의 선민 문화이다. 그들이 그토록 그들의 것이 정의임을 확신하는 이유도 바로 여기에 있다.

한 민족의 언어에는 그 민족의 문화가 깃들어 있다. 유대인의 인사말에는 그들의 소원이 담겨 있다. 유대인은 인사할 때 '샬롬'(Shalom)이라고 한다. "유대인은 다윗 시대 이래 3천 년에 걸쳐 샬롬을 인사말로 사용해 왔다"(Yuro, 1988, p. 234). 그러나 샬롬이란 단어가 최초로 발견된 곳은 창세기 43장 23절의 '너에게 평화를'(Birnbaum, 1991, p. 602)이다. '샬롬'이란 단어는 '평강' 혹은 '평화'란 뜻이다. 동사로 사용하면 '평안하십니까'가 된다. 구약성경에 약 3백50회 사용됐다.

왜 유대인의 인사말은 '평화'인가? 그 이유는 유대인의 소원이 '평화'이기 때문이다. 그들은 평화를 가장 존귀히 여긴다. 평화를 소원하는 것은 그들의 생활 방식이다. 그들은 마음, 우정, 번영 및 건강의 평강을 원한다(Birnbaum, 1991, p. 601).

왜 유대인은 평화를 그토록 소원하는가? 평화의 반대말은 전쟁이다. 유대인은 수많은 전쟁을 겪은 민족이기 때문이다. 애굽에서의 종살이는 차치하고라도 그들이 가나안에 들어간 후에도 블레셋, 아말렉, 모압, 암몬, 헷, 앗수르 및 바벨론에 수없이 공격을 당하였다. 유대 계통의 독일인 시인 하이네는 이렇게 말했다.

> 역사를 통틀어 유대인은 짐승이 사냥꾼에게 쫓기듯이 몰이를 당했다. 그러나 유대인은 동물에게마저도 몰이를 하지 않았다. (Solomon, 1992, p. 32).

그들은 이방 민족의 공격에 마음 놓고 잘 수가 없었다. 아침에 일어나면 가장 궁금한 것이 "옆집이 평안한가?", 아니면 "적의 공격으로 피해를 입었는가?"였다. 따라서 그들은 아침에 일어나면 "평안합니까?"라고 안부를 묻거나 혹은 "당신에게 평화를(살롬 아레이헴)!" 하며 평화를 기원한다. 탈무드에 의하면 "어떤 사람이 살롬이란 인사를 받기만 하고 주지 않을 경우, 그는 도둑으로 불린다"(Birnbaum, 1991, p. 602).

얼마나 평화를 그리워하는 민족인가? 이 '살롬'이란 단어에는 마음은 물론 땅도 매임(레 25:23)을 싫어하는, 자유를 소원하는 것이 포함된다. 성경은 악인에게는 평화가 없고 의인에게는 평화가 있다고 가르친다(사 32:17, 48:22). 랍비 힐렐도 "평화를 사랑하고 평화를 위하여 힘쓰라"(Birnbaum, 1991, p. 601)고 말했다.

이것은 기독교인에게 어떤 교훈을 주는가? 예수님을 믿는 기독교인은 아브라함의 후손인 영적 유대인이다(갈 3:6-9). 우리도 유대인처럼 영원한 가나안, 즉 천국을 향하여 나그네 길을 가는 중에 이 땅에서 수많은 사탄으로부터 공경을 받는다. 즉 영적 전쟁을 치른다. 그 때마다 살렘 왕으로 오신 예수님을 마음속에 모실 때 참된 평화와 소망을 가질 수 있다는 뜻이다. 뿐만 아니라 마음에 예수님을 모시어 성령이 충만하면 초대교회 교인들처럼 환난과 핍박 가운데서도 두려워하지 않고 담대해 질 수 있다(행 20:23-24; 롬 5:3, 8:35).

예수님이 메시아로 베들레헴에 태어나셨을 때에 천군 천사가 하나님을 찬송하여 가로되 "지극히 높은 곳에서는 하나님께 영광이요 땅에서는 기뻐하심을 입은 사람들 중에 평화로다"(눅 2:13-14)라고 찬양한 이유가 바로 여기에 있다. 예수님이 무덤에서 살아나셔서 제자들에게 말씀하신 첫 마디도 "평안하냐(샬롬)"(요 20:19)였다. 평화를 갈구하는 유대인의 인사였다.

왜 유대인은 평화(샬롬)를 그토록 소원하는가?
평화의 반대말은 전쟁이다.
유대인은 수많은 전쟁을 겪은 민족이기 때문이다.

생각하며 갑시다

행복 십계명

오태진 (조선일보, 2014년 8월 4일)
(http://blog.naver.com/k15566/220101115011)

'행복'을 글감으로 받아들 때마다 유대인 피아니스트 알리스 헤르츠-좀머를 떠올린다. 그는 1943년 마흔에 남편·아들과 함께 나치 수용소로 끌려갔다. 남편은 이내 숨졌다. 그녀는 잠자리에서 여섯 살 아들을 껴안고 체온을 나눠줄 수 있다는 데 감사했다. 늘 웃는 얼굴로 아들에게 동화를 지어 들려줬다. 영화 '인생은 아름다워'의 로베르토 베니니처럼. 그는 수용소에서 피아노를 연주하며 가스실을 면했다. 굶주렸어도 음악을 먹고 살았다.

그녀가 백 살을 앞두고 말했다. "따뜻한 방, 읽을 책, 하루 두어 시간 걸을 수 있는 운동화, 첼리스트 아들과 함께 하는 음악. 더 바랄 게 없다. 침대에 누워 창밖 나무만 봐도, 아침 새소리만 들어도 행복하다." 그가 지난 2월 백열 살에 떠났다. "전쟁을 겪고 사랑하는 사람들을 잃었어도 삶은 배울 것, 즐길 것이 가득한 아름다운 선물"이라는 말을 남기고….

2. 한국인의 인사법

1980년대 이전 한국인의 대표적인 인사말은 무엇인가? "진지 잡수셨습니까?"이다. 한국인의 가장 큰 소원이 밥을 배부르게 먹는 것이었기 때문이다. 불과 몇 십 년 전(1970년 이전)만 하여도 한국인은 너무나 배고프게 살았다. 보릿고개를 넘기기 힘들어 들에서 풀뿌리를 캐고 산에 가서 나무 껍질을 벗겨 연명하며 살아남았다. 그래서 초근목피(草根木皮)로 연명했다는 말이 나왔다.

그리고 "똥구멍이 찢어지게 가난하다"라는 말도 있다. 이 말의 유래는 이렇다. 너무 가난한 사람들은 집안에 먹을 것이 없으면 산에 올라가 소나무의 얇은 껍질을 벗겨와 오래 끓여서 죽으로 만들어 먹어야 했다. 그런데 그 죽에는 소화시킬 수 없는 껍질들이 많았는데, 그것들이 장을 거치면서 수분을 빼앗기며 거친 돌덩이처럼 딱딱하게 굳어지게 된다. 그것이 항문에 막히면, 잘 나오지 않아 항문이 찢어질 정도로 힘을 주어야 했고, 그때 항문이 찢어지면서 변과 함께 피도 나왔다. 그래서 지독한 가난을 표현할 때 "똥구멍이 찢어지게 가난하다"는 말을 한다. 선조들의 가난이 얼마나 비참했으면 이런 말이 생겼겠는가! 이런 글은 젊은이들이 할아버지 할머니 세대를 이해하게 하기 위하여 남기는 것이다(http://blog.daum.net/son13601/8086237 참조, 2006년 5월 9일).

1893년 일본 공무원 혼마 규스케(本間九介)가 조선에 파견되어 전국을 돌면서 이곳저곳을 정탐하며 쓴 '일본 간첩의 조선 정탐록'에는 조선인의 가난을 이렇게 표현했다(http://mail2.daum.net/hanmailex/Top.daum#ReadMail).

"기근이나 흉년에 대처하는 것을 배우려고 하면 조선으로 와야 한다. 이들의 식탁에는 야외(野外)의 풀잎 대부분이 반찬으로 올라온다."

그리고 '우물 안의 개구리'라는 제목에서는 조선인을 이렇게 묘사하고 있다.

경성에 있는 영국 영사관의 고용인 최모 씨는 나에게 이렇게 말했다. "영국인들은 하루 50냥씩의 담배를 피우더라. 50냥이면 일가(一家) 식구들이 먹을 수 있는 밑천인데, 그 교만과 사치를 생각하면 영국이라는 나라는 곧 망하게 될 것 같아." 그 말을 듣고 나는 할 말을 잃었다. 아-, 가난(家難)한 나라에 태어나서 거친 식사도 배불리 먹을 수 없는 형편의 조선인이 지금 누구를 걱정하고 있는 것인가! 계수나무를 장작으로 때고 옥(玉)으로 밥을 짓고 있는 부자 영국이 있다는 것을 모른다. 하루 50냥의 담배 값을 가지고 교만과 사치의 극치라니 우물 안의 어리석은 개구리는 참으로 막막하다.

그 당시 한국인은 아침에 일어나면 가장 궁금한 것은 옆집이 지난 밤에 저녁밥을 먹고 잤는지, 아니면 굶고 잤는지였다. 따라서 한국인은 아침에 이웃을 만나면 "진지 잡수셨습니까?"라고 인사한다. 그러면 인사를 받는 쪽에서는, "못 먹었다"고 하여도 상대방이 밥을 줄 것 같지 않으니까, 으레 "네, 많이 먹었습니다."라고 대답했다.

유대인의 인사말인 "평안합니까?"와 한국인의 인사말인 "진지 잡수셨습니까?"의 차이는 '평화'와 '빵'이다. 물론 유대인도 가난하기는 마찬가지였다. 그러나 유대인은 아무리 가난하더라도 이 땅의 평화가 가장 큰 소원이었고, 한국인은 빵이 가장 큰 소원이었다. 평화와 빵의 차이는 철학적으로는 형이상학과 형이하학의 차이, 혹은 하늘에 속한 수직문화와 땅에 속한 수평문화의 차이이다. 얼마나 큰 차이인가?

물론 유대인의 인사법인 '샬롬'(평안합니까?)에 해당하는 "안녕하셨습니까?"란 인사법도 있다. '안녕'(安=편안할 안, 寧=편안할 녕)이란 뜻은 안전하고 평안한 것을 뜻한다. "안녕하셨습니까?"란 인사법의 유래는 한국도 유대인처럼 5000년 역사에 약 1000여 번의 외침을 받았는데, 그 때마다 생명이 위태로울 때가 많았다. 따라서 아침에 일어나면 (밤새) "안녕하십니까?"라고 인사를 했다. 이것은 "밤새 무사하십니까?" 즉 유대인의 '샬롬'과 동일한 인사법이다.

특히 1980년대 이후에는 경제 사정이 풍요로워지면서 "진지 잡수셨습니까?"란 인사말은 사라졌다. 그리고 "안녕하십니까?"라는 인사말만 남았다. 하나님의 선민 유대민족의 인사법과 동일해진 것이다. 그래서 어떤 이는 한국인을 제2의 유대인이라고도 한다.

유대인의 인사말인 "평안합니까?"와
한국인의 인사말인 "진지 잡수셨습니까?"의 차이는
'평화'와 '빵'의 차이이다.

생각하며 갑시다

너희가 가난과 전쟁을 아느냐

김진 (중앙일보, 2014년 9월 10일)

누가 10년을 매달렸다면, 그 소설은 목숨과도 같을 것이다. 작가 최명희는 10여 년간 『혼불』을 썼다. 난소암과 싸우며 10권까지 쓰다가 죽었다. 겨우 51세…작품이 인생이었던 셈이다. 소설은 간난(艱難)의 시대를 살아간 여자·서민들의 이야기다.

74세 소설가 고정일이 최근 『불굴혼 박정희』를 출간했다. 박정희의 인생과 시대가 엮어진 10권짜리 실록 대하소설이다. 원고지 1만8000장을 그는 연필로 썼다. 일기처럼 10년을 썼다. 그는 무엇을 말하고 싶은 걸까.

고정일에겐 추억의 대못 3개가 있다. 가난과 전쟁, 그리고 자살이다. 어린 시절 가족은 처절하게 못살았다. 서울 돌산에 있는 방공호 토굴에서 다섯 식구가 원시인처럼 살았다. 아버지가 벌이가 없어 어머니가 새벽마다 동냥을 다녔다. 어머니가 안쓰러워 어린 정일이 대신 나섰다. 추운 겨울날 부잣집 대문을 두드리면 식모가 화를 냈다. 그러면서도 달달 떠는 아이에게 밥과 김치를 주었다. 하얀 쌀밥에서 김이 피어 오르면 고정일은 지금도 목이 메인다고 한다.

정일이 11살이던 1951년 1월 북한 인민군을 피해 가족은 피란길에 올랐다. 아버지는 군대에 나가고 어머니와 3형제였다. 경기도 신갈 근처에서 인민군에게 막혔다. 빈 초가집에서 묵는데 어느 날 밤 미군 '쌕쌕이'가 폭격했다. 지붕이 무너지면서 정일이 가족을 덮쳤다. 여덟 살 동생은 마당으로 튕겨 나갔고 어머니는 대들보에 깔렸으며 두 살짜리는 어머니 팔 속에서 움직이질 않았다. 정일은 외할머니 집으로 피했다가 아버지와 함께 초가집에 다시 갔다. 아버지는 세 가족의 뼈를 마대에 주워 담았다.

어린 정일을 버티게 해준 건 작은 동화책이었다. 폭격을 맞은 집에서 주운 방정환의 『사랑의 선물』이다. 책에는 '엄마 찾아 3만 리' 같은 꿈과 희망의 얘기가 가득했다. 미군부대 꿀꿀이죽을 얻어먹으면서도 정일은 꿈을 잃지 않았다. 사람에게 용기를 주는 그런 책을 쓰고 만드는 사람이 되고 싶었다.

정일은 꿈을 향해 달렸다. 12살엔 책방에서 일했고 15살엔 청계천 다리 위에 좌판을 놓았다. 16살엔 천막 책방으로 키웠고 그해 겨울 드디어 출판사를 차렸다. 처음 수년은 거침이 없었다. 만드는 책마다 잘 팔렸다. 그러나 시련이 지뢰처럼 숨어 있었다.

20살 청년 사장은 30권짜리 『소년소녀세계명작전집』을 출판했다. 책보다 밥이 급한 시절에 이는 대단한 모험이었다. 그는 쫄딱 망했고 빚더미에 깔렸다. 빚을 갚으라는 독촉에 시달리다 그는 자살을 결심했다. 약국을 돌면서 수면제를 모아 동대문야구장 옆 77여관으로 들어갔다.

알약들을 주먹에 움켜쥐고 입에 털어 넣으려는데 누가 방문을 부셔져라 두드렸다고 한다. 깜짝 놀라 문을 여니 여관주인이었다. 주인은 정일에게서 수상한 기미를 눈치채고는 지켜보고 있었던 것이다. 아주머니는 한국전쟁 때 함경도에서 자식들을 데리고 넘어왔다고 한다. 아주머니는 호통을 쳤다.

"왜 여관 이름이 77인지 알간? 식모살이, 떡장수, 식당 허드렛일 안 해본 게 없다. 77번 도전해서 세운 게 바로 이 여관이란 말이다. 그런데 젊은 놈이 좀 힘들다고 약을 먹어? 이런 못난 놈."

가난·전쟁·자살을 넘어 고정일은 출판계 거목으로 우뚝 섰다. 동서문화사가 출판한 5000여 종은 한국인에게 지식과 교양, 그리고 용기를 주었다. 그런데도 고정일의 여정은 끝나지 않았다. 마치 유언처럼 내놓은 게 박정희 대하소설이다.

"가난·전쟁·자살을 겪으면서 나는 밑바닥을 살았습니다. 그 세상은 헐벗고 처절하고 비참했습니다. 그런데 언제부터인가 달라졌습니다. 가난에서 벗어나더니 건장한 국가로 성장했지요. 덩달아 내 출판인생도 커져 갔습니다. 50줄에 들어 나는 성장의 비밀을 찾아 나섰습니다. 결론은 박정희였습니다."

박정희를 발견한 건 그에게 대단한 반전(反轉)이다. "1970년대 나는 지독한 박정희 반대자였습니다. '독재'만을 본 거지요. 세월이 지나니 다른 게 보이더군요. 박정희에게 독재는 그저 수단이었어요. 무서운 통치력으로 나라를 잘살게 하려는 애국 독재였지요. 민주화를 외치던 후임 대통령과 비교하면서 나는 더욱 확신을 가졌습니다." 권(券)마다 고정일은 앨빈 토플러 같은 세계적인 학자의 박정희 평가를 붙여놓았다. 자신의 생각이 세계의 생각이라는 걸 보이려 한 것이다.

박정희에 대한 평가는 사람마다 다를 수 있다. 하지만 분명한 건 고정일처럼 박정희와 부닥치지 않고는 대한민국을 제대로 알 수 없다는 것이다. 그런 의미에서 아들·딸에게 박정희 책은 좋은 선물이 될 것이다. 조갑제가 쓴 박정희 전기(13권), 안병훈이 엮은 박정희 사진집도 있다. 올 가을 젊은이들에게 혁명가를 만나도록 해주면 어떨까.

생각하며 갑시다 1

외국인 6000여 명에게
'한국'하면 떠오르는 것 물었더니…

최윤아 (조선일보, 2014년 7월 25일)

외국인들이 '한국'이라는 국명을 듣고 가장 먼저 연상하는 이미지는 뭘까. 외교부가 전 세계 17개국 만18세 이상 성인남녀 6000명을 상대로 한국에 대한 이미지를 설문조사한 결과, 외국인들은 '한국'하면 '기술'을 가장 먼저 연상하는 것으로 나타났다. 이 조사는 외교부의 의뢰를 받고 지난해 10월부터 한 달간 삼정KPMG가 실시한 것이다.

조사결과, 한국을 생각하면 떠오르는 단어 중 가장 많이 언급된 것은 기술·삼성·전쟁·싸이(강남스타일)이었다. 김치, 전자장비, 음식, 서울, 현대 등의 단어를 떠올리는 응답자도 다수였다. 한국사회 부문별 평가에서는 경제(3.9점)가 가장 좋은 평가를 받았고, 대중문화(3.2점), 정치(3.0점)가 뒤를 이었다.

한국 사람에 대한 긍정적인 이미지로는 '최첨단(state of the art)', '창조적인(creative)', '미래지향적(future oriented)'이라는 단어가, 부정적 이미지로는 '보수적', '경직됐다'는 단어가 꼽혔다. 그러나 응답자 3명 중 1명(30.2%)은 "한국과 북한을 구분하지 못한다"고 답하기도 했다.〈40년 전까지만 해도 전쟁, 기아였다〉

생각하며 갑시다 2

한국이 세계에서 가장 뛰어난 점
CNN, 2014년 7월 10일

미국의 보도전문채널 CNN은 "세계에서 109번째로 큰 한국에는 북한문제나 한류(韓流)뿐만 아니라 주목할 것들이 많다"며 한국을 대표하는 10가지를 선정해 소개했다. 그 중 몇 가지를 소개한다.

1. 가장 먼저 소개된 한국의 특징은 세계 어느 국가와 비교해도 압도적인 수준의 Internet·Smartphone 사용 문화(Wired culture)였다. CNN은 "미래를 보고 싶다면 먼저 한국을 들여다봐야한다"며 "한국의 인터넷 사용률은 82.7%로 세계에서 가장 높고 80% 가까운 국민이 스마트폰을 사용한다"고 전했다.

2. CNN은 "2011년 한국은행의 통계에 따르면 한국은 세계에서 신용카드 사용자가 가장 많은 국가였다"면서 "미국인의 1인당 평균 신용카드 거래건수는 77.9건, 캐나다인은 89.6건이었지만 한국인은 무려 129.7건에 달했다"고 밝혔다.

3. 한국인 특유의 일중독(Workaholics)도 다른 어떤 나라 국민들과 구별되는 특징으로 꼽혔다.

4. "한국은 전체 인구의 98%가 중등교육을, 63%가 대학교육을 경험하는 등 경제협력개발기구(OECD) 회원국 가운데 최

고 교육열을 자랑한다"며 "한국에서는 밤 늦은 시간까지 불이 켜져 있는 사무실이 즐비하다"고 묘사했다.

5. 실제로 2012년 기획재정부의 조사에 따르면 한국인의 평균 노동시간은 1주일에 44.6시간으로. OECD 평균인 32.8시간을 훨씬 웃돌았다.

6. 세계랭킹 1위 박인비 선수를 필두로 한 여자 골퍼(Female golfers) 등을 한국만이 가진 독특한 특징이라고 전했다.

7. 이 밖에도 스타크래프트 등 세계 게임무대를 압도하고 있는 프로게이머들의 실력,

8. 최고의 서비스를 자랑하는 항공기 승무원, 의료여행(Medical tour)으로까지 확산된 성형수술 등이 한국을 대표하는 10가지에 이름을 올려 눈길을 끌었다.

본 내용은 저자의 저서 《잃어버린 구약의 지상명령 쉐마》 (쉐마, 2009) 제1권 제2부 제3장 '아브라함이 지상명령을 실천한 방법' (3대 가정교육신학의 효시) 중 II. '자녀나 손자들은 윗세대에게 질문하라'(신 32:7 강해)와 III. '과거를 가르치는 부모와 배우는 자녀의 유형'을 수정증보하고 더 많은 항목을 첨가하여 쉐마교육학회 제10회 하계논문발표회에서 '역사 전수를 위한 부모와 자녀의 유형 연구'(신명기 32:7절을 중심으로)라는 제목으로 발표한 것에 몇 가지 항목을 더한 것이다.〉

옛날을 기억하라 역대의 연대를 생각하라
네 아비에게 물으라 그가 네게 설명할 것이요
네 어른들에게 물으라 그들이 네게 이르리로다.
(신 32:7)

SPIRITUAL MEANING OF CANAAN
제 2 장

유대인의 고난의 역사신학
(신명기 32:7절을 중심으로)

I. 서론
II. 기억의 신학
III. 유대인의 역사와 이방인의 역사의 차이
IV. 질문과 설명을 통한 기억의 방법

（VI.항과 V항은 제4부 제1장에 필요한 내용이나 본 연구에 필요하여 여기에 연이어 싣는다）

V. 과거를 가르치는 부모와 배우는 자녀의 유형
VI. 요약 및 결론

I. 서론

1. 연구의 목적

현재 한국과 미국의 자녀교육에 대한 화두는 단연 인성교육이다. 학교교육은 점점 발전했는데, 왜 인성은 더 타락하고 있는가? 때문에 부모와 자녀 사이에 너무나 큰 갈등으로 서로 힘들어 하고 있다. 갈등의 대부분 문제는 세대 사이에 소통이 안 되기 때문이고, 소통이 안 되는 이유는 세대차이가 나기 때문이다.

이 세대차이는 부모 세대와 자녀 세대 사이에 역사의 단절을 낳게 했을 뿐만 아니라, 하나님의 말씀을 다음 세대에 전수하는 사역도 힘들게 하고 있다. 저자는 이 문제의 원인을 진단하고 해결하기 위하여 자녀의 인성교육을 연구하여 책을 펴낸 적이 있다['현용수의 인성교육 노하우'(전4권, 동아일보, 2005)].

저자의 연구 결과 인성교육의 본질은 수직문화이고, 수직문화를 형성하는 데는 전통 역사, 종교, 철학, 사상, 고전, 효도, 고난 등이 필요하지만, 그 중에 가장 중요한 주제는 효도교육이고, 다음은 고난의 역사교육이란 것을 발견했다. 부모와 자녀 사이에 세대차이가 나는 가장 큰 원인도 부모 세대와 자녀가 가지고 있는 수직문화에 세대차이가 나기 때문이다('현용수의 인성교육 노하우', 제1권 제2부 '수직문화와 수평문화' 참조). 따라서 세대차이를 없애는 데 가장 중요한 인성교육의 주제는 효도교육이고, 다음은 고난의 역사교육이라고 말할 수 있다. 이 두 교육의 주제는 자녀의 명품 인성을 형성하게 할 뿐만 아니라, 세대차이도 없애게 해 주는 가장 중요한 역할을 한다.

유대인은 이 두 가지 교육의 주제를 철저하게 잘 실천하여 아브라함부터 현재까지 4000년 동안 하나님의 말씀을 자손대대로 세대차이 없이 전수하는데 성공했다. 뿐만 아니라 세대차이 없는 역사의 연속성을 유지하는 것은 물론 자녀의 명품 인성을 만드는데도 성공했다. 따라서 효도교육과 고난의 역사교육은 대단히 중요한 교육의 주제들이다.

저자는 이 두 가지 교육의 주제 중 효도교육은 이미 2010년에 '*자녀의 효도교육 이렇게 시켜라*'(부제: '현용수의 효신학 노하우', 전3권)란 제목으로 출간한 적이 있다. 이제 본 논문에서는 고난의 역사교육을 심도 있게 연구할 차례다.

고난의 역사교육 신학을 연구하는 데 필요한 핵심 성경 구절은 신명기 32장 7절이다. 이 말씀은 부모 세대와 자녀 세대 사이를 가로막는 세대차이를 없애게 해주는 방법을 제시해 준다. 따라서 신명기 32장 7절을 연구하는 본 논문은 세대 사이에 1) 역사와 전통의 단절을 막고, 2) 현재 직면하고 있는 자녀의 인성교육 문제를 해결해 주고, 3) 부모와 자녀와의 소통 문제를 해결해 주고, 4) 탈무딕 디베이트 방법으로 IQ교육에도 성공할 수 있고, 5) 거시적으로는 유대인처럼 부모 신앙과 자녀 신앙의 세대차이를 막아 하나님의 말씀을 주님 오실 때까지 자손 대대로 전수하는 데 그 목적이 있다.

2. 본문의 역사적 및 교육적 배경

고난의 역사교육은 고난교육과 고난의 역사교육으로 형성되어 있다. 고난교육은 고난교육신학 시리즈 제1권 '하나님의 독수리 자녀교육'(2014)에서 충분히 설명했다. 하나님께서는 시내광야에서 이스라엘 백성의 명품 인성을 형성하게 하시기 위해서 그들에게 고난을 주셨다. 그 결과 하나님은 당시 세계에서 가장 천하고 무기력했었던 노예 민족을 택하여 광야에서 40년 만에 영적으로는 하나님의 소유인 거룩한 백성이 되어 제사장 나라(출 19:6)로 우뚝 서게 하셨으며, 동시에 세상에서는 세계 열방 위에 뛰어난 독수리 민족(신 32:11)으로 우뚝 서게 하셨다['*하나님의 독수리 자녀교육*'(현용수, 2013), 제2부 제2장 III. '육적 교육: 1) 주리게 하셨다 2) 광야를 걷게 하셨다' 참조].

본서는 고난교육신학 시리즈 제2권으로 주제가 "고난의 역사를 기억시켜라"(2015)이다. 하나님은 이스라엘 백성이 광야에 있을 때 "너희가 [가나안에] 건너가서 차지할 땅에서 행할 것"(신 6:1-2)들을 일일이 가르쳐 주셨는데, 그 중의 하나가 "고난의 역사를 기억하라"(신 32:7)는 것이다.

> 이는 곧 너희의 하나님 여호와께서 너희에게 가르치라고 명하신 명령과 규례와 법도라 너희가 건너가서 차지할 땅에서 행할 것이니 곧 너와 네 아들과 네 손자들이 평생에 네 하나님 여호와를 경외하며 내가 너희에게 명한 그 모든 규례와 명령을 지키게 하기 위한 것이며 또 네 날을 장구하게 하기 위한 것이라. (신 6:1-2)

고난의 역사는 어떤 것들을 말하는가? 먼저 애굽에서 종이 되었던 것을 기억하라는 것이다(신 16:12, 24:18). 그리고 광야에서 겪은 고난을 기억하라는 것이다(신 32:7). 이것은 무엇을 뜻하나? 제1권 '하나님의 독수리 자녀교육'이 하나님이 이스라엘 백성을 광야에 모아놓고 40년 동안 고난 속에서 훈련시키신 교육의 이론과 방법에 대한 고난교육신학서이라면, 제2권(제3권도 포함)은 유대인이 요단강을 건너 가나안을 정복한 이후(신 6:1-2)에 하나님께서 그들에게 왜 고난의 역사를 기억하라고 교육시키셨나하는 것을 다룬 고난교육신학서이다.

이후 모세 오경을 비롯한 구약성경 전체에는 고난의 역사교육에 관한 내용들이 너무 많다. 왜냐하면 "고난의 역사를 기억시켜라"는 교육은 가나안을 점령한 이후 현재까지 그리고 주님 다시 오실 그 날까지 계속 꼭 필요한 교육이기 때문이다. 그 중에서도 고난의 역사교육의 핵심 구절은 신명기 32장 7절 말씀이다.

> 옛날을 기억하라 역대의 연대를 생각하라 네 아비에게 물으라 그가 네게 설명할 것이요 네 어른들에게 물으라 그들이 네게 이르리로다. (신 32:7)

본문은 고난의 역사교육신학적인 입장에서 역사를 후대에게 어떻게 전수하느냐를 연구하는 데 매우 중요한 방법을 가르쳐주고 있다. 본문의 뜻을 충분히 이해하기 위해서는 1) 본 절이 나오게 된 역사적인 배경(historical context)과 2) 본 절이 적용되는 교육적 정황(educational context)을 알아야 하고, 3) 본문의 구조를 분석하여, 4) 각 단어의 뜻을 정확하게 설명해야 한다.

첫째, 역사적 정황을 살펴보자.

역사적으로 본문은 아브라함과 이삭과 야곱의 하나님이 이스라엘 백성을 애굽에서 탈출 시키신 후 광야에서 그들을 40년 동안 훈련시키셨는데, 훈련이 거의 끝나갈 무렵에 하신 말씀이다. 하나님은 이스라엘 백성에게 과거 40년 동안 고난에 처했을 때마다 끊임없는 사랑과 은혜를 베풀었음에도 불구하고 이스라엘 백성(유대인)이 계속해서 하나님을 배반한 데에 대한 하나님의 준엄한 질책의 말씀이다.

> 그들이 여호와를 향하여 악을 행하니 하나님의 자녀가 아니요 흠이 있고 삐뚤어진 세대로다 어리석고 지혜 없는 백성아 여호와께 이같이 보답하느냐 그는 네 아버지시요 너를 지으신 이가 아니시냐 그가 너를 만드시고 너를 세우셨도다. (신 32:5-6)

하나님은 이 말씀을 하시고 이어서 신명기 32장 7절 말씀을 하셨다.

둘째, 교육적인 정황을 살펴보자.

이스라엘 백성, 즉 유대인의 독특한 교육적인 정황(context)을 모르면 이 말씀의 뜻을 이해 할 수 없다. 당시 신명기 32장 7절 말씀이 실천되어야 할 교육의 장소는 바로 유대인의 가정이다. 공동체 교회나 국가가 아니라는 점이다. 왜 하나님은 교육의 장소로 가정을 그렇게 강조하셨는가? 왜, 어떻게 유대인은 독특한 가정 사역을 형성하게 되었는가?

하나님이 인류 최초로 만드신 성전(교회)은 아담과 하와가 거했던 가정이다. 그러나 아담이 죄를 지은 이후 하나님이 만드신 두 번째 성전은 선민의 조상 아브라함과 사라의 가정이다. 그 후 650년 동안 계속 공동체 성전 없이 가정 성전에서만 교육이 이루어졌었다. 최초의 공동체 성전(교회)은 아브라함 이후 약 650년이 지난, 즉 출애굽을 한 후 광야에서 만든 성막이다['신앙명가 이렇게 세워라'(쉐마, 2011), 제1권, 제2장 IV. '교회론적으로 본 가정 성전과 공동체 교회의 차이' 참조].

따라서 아브라함과 이삭과 야곱의 후손 유대인은 전통적으로 가정이란 성전에서 하나님에게 예배를 드리고 자녀를 교육시키는 것, 즉 홈스쿨링을 당연하게 여겨왔다. 부모가 자녀에게 가르치는 교육의 내용은 주로 하나님의 말씀이다(현용수, '잃어버린 구약의 지상명령 쉐마', pp. 118-160 참조).

특별히 가정 성전에서는 누가 자녀들에게 말씀을 가르쳤는가? 가정의 제사장인 아버지다. 아버지는 조상 대대로 내려오는 하나님의 '말씀을 맡은 자'(롬 3:2)이다['유대인 아버지의 4차원 영재교육'(현용수, 2006), 제1부 제1장 III. '왜 아버지는 가정의 교사인가' 참조]. 따라서 아버지는 조상들로부터 물려받은 말씀을 자신만 알 것이 아니라, 다음 세대인 자녀들에게 가르쳐 전수할 의무가 있다. 이것이 곧 구약의 지상명령(창 18:19; 신 6:4-9)을 실천하는 것이다(현용수, '잃어버린 구약의 지상명령 쉐마', 2007, pp. 118-160).

가정에서 부모가 자녀에게 가르친다는 '말씀' 속에는 말씀이 형성된 조상들의 역사와 전통도 포함되어 있다. 따라서 부모가 자녀에게 말씀을 전수했다는 의미 속에는 '말씀과 전통과 역사'

가 모두 포함된다. (이하 '말씀과 전통과 역사'를 '말씀'으로 표기함) 그리고 어머니는 아버지가 자녀들에게 말씀을 가르치도록 도와주는 '돕는 배필'이다['성경이 말하는 어머니의 EQ교육'(현용수, 2013), 제2권, 제4부 '유대인 어머니의 교육학적 임무' 참조].

그렇다면 이스라엘의 지도자들은 무슨 역할을 했는가? 물론 모세 시대부터 이스라엘에는 지도자들로 제사장과 종교지도자가 있었다. 왕정시대에는 왕도 있었고, 나라가 위기에 처했을 때는 선지자도 있었다. 그리고 바벨론 포로 이후에는 랍비도 있었다. 그들은 모두 유대인의 지도자로서 사명을 잘 감당해야 했지만, 먼저 한 가정의 지도자로서 구약의 지상명령을 실천하기 위해 가정에도 충실했다. 그 다음에 모든 이스라엘의 가정이 제사장 나라와 독수리 민족의 구성원이 될 수 있도록 돕는 역할을 했다. 이런 논리는 바울이 제시한 신약교회 지도자 선출 기준에도 잘 나타나 있다(디모데 전후서 및 디도서 참조).

이제 이런 두 가지 정황을 염두에 두고 신명기 32장 7절 본문의 구조를 분석하고, 각 단어의 뜻을 설명하면서 "왜 자녀는 질문을, 그리고 부모는 설명해야 하나?" 그리고 과거를 가르치는 부모와 배우는 자녀의 유형에 대해 알아보자. 그리고 고난교육신학에서 가정교육이 얼마나 중요한지, 고난의 역사를 후대에 전수하는 데 부모와 자녀 그리고 유대인 공동체의 역할이 각각 어떻게 다른지를 알아보자. 그리고 이런 방법들을 어떻게 기독교 가정에 접목시킬 수 있는지, 그 대안들을 제시해 보자.

II. 기억의 신학

1. 인간의 본성과 유대인의 특성

A. 인간의 본성

자연인, 인간은 행복을 추구하는 본능이 있다. 따라서 좁은 길보다는 넓은 길을, 어려운 길보다는 쉬운 길을, 가난한 길보다는 풍요로운 길을 선호한다. 본능적으로 고난을 싫어한다.

그리고 인간에게는 다음과 같은 자신을 보호하려는 보호 본능이 있다. 이것 역시 인간의 본성이다.

첫째, 인간은 누구나 자신의 약점을 감추고 싶어 하는 본능이 있다.

인간은 남의 추한 약점을 들추어내기는 쉬워도 자신의 추한 약점에게는 관대하다. 그래서 동일한 불륜이라고 해도 "남이 하면 불륜, 내가 하면 로맨스"라는 말이 있다. 예수님께서는 이런 인간의 악한 마음을 이렇게 표현하셨다.

> 어찌하여 형제의 눈 속에 있는 티는 보고 네 눈 속에 있는 들보는 깨닫지 못하느냐 보라 네 눈 속에 들보가 있는데 어찌하여 형제에게 말하기를 나로 네 눈 속에 있는 티를 빼게 하라 하겠느냐 외식하는 자여 먼저 네 눈 속에서 들보를 빼어라 그 후에야 밝히 보고 형제의 눈 속에서 티를 빼리라. (마 7:3-5)

예수님은 동일한 죄나 약점이라도 자신에게 적용할 때와 남에게 적용할 때에 차이가 나는 것을 '티'와 '들보'로 비유하셨다. 인간은 그만큼 자기의 큰 허물은 안 보거나 덮으려고 하면서 남의 작은 것은 들추어내어 보려고 한다는 것이다. 따라서 예수님은 남에게 "비판을 받지 아니하려거든 비판하지 말라"(마 7:1)고 하셨다.

이것은 무엇을 뜻하나? 한 개인이나 어느 민족, 혹은 국가가 과거의 역사를 말할 때도 수치스러운 과거와 범죄와 처절한 고난은 감추거나, 혹은 거짓으로 그 역사를 미화하려는 경향이 있다는 것을 뜻한다.

예를 들어, 한국의 성씨마다 자신들의 족보에 후대에게 자랑이 될 만한 것들은 작은 것이라도 들추어내어 기록하고 있다. 수치스런 첩의 얘기라든가 사생아에 관한 얘기는 모두 빠져 있다.

국가의 예를 든다면 일본의 아베 정권(2013-2014)을 들 수 있다. 자기 민족의 수치스러운 과거사인 위안부 문제를 극구 부정하고 있다. 그리고 1급 전범들도 정죄하기 보다는 미화하려고 한다. 이것이 인간의 본성이다.

둘째, 인간은 아픈 추억이나 추한 과거를 잊으려고 노력한다.
인간은 망각의 동물이다. 자신의 좋은 것만 추억으로 간직하고 싶어 한다. 실패나 아픈 과거일수록 잊으려고 노력하는 것이 보편적이다. 그리고 괴로울 때에는 이전의 즐거웠던 일을 회상하지만, 즐거울 때에는 괴로웠던 추억을 잊기 쉽다. 또한 부모는 자녀들 앞에서나 남에게 자신의 실패나 아픈 과거를 들추어내고 싶어 하지 않는다. 오히려 들추어질까 봐 걱정하기도 한다.

프로이드가 말한 것처럼 인간에게는 싫은 일은 기억해 내지 않도록 자위하는 본능이 있기 때문이다. 때문에 대부분의 민족이 지키는 축제일이라고 하면, 그 민족이 과거에 영광을 쟁취한 날, 승리를 거둔 날, 성공한 날들을 축하하는 날로 되어있다.(Tokayer, 탈무드 4: '탈무드의 생명력', 2009, 동아일보, pp. 160).

그러나 유대인은 이 두 가지 면에서 이방인과는 다르다. 하나님의 교육 방법을 따르기 때문이다.

**인간은 아픈 추억이나 추한 과거를 잊으려하지만
유대인은 다르다.**

B. 유대인의 특성

1) 유대인은 수치의 역사를 기록하여 가르친다

유대인은 이방인과 무엇이 다른가? 유대인은 이전에 패배한 날이나 굴욕적인 날을 기념하는 보기 드문 민족이다. 유대인은 종종 패배의 천재라고 불리고 있다. 왜 그런가 하면 유대인은 패배를 기억하는 것으로부터 힘이 생겨난다고 믿고 있기 때문이다. 다른 민족은 승리의 날만을 기념하고 실패한 날을 기억조차 하지 않으려고 노력한다. 그러나 실패를 잊어서는 안 된다고 말하는 것은, 실패는 너무나도 귀중한 교훈이기 때문이다(Tokayer, 탈무드 3: '탈무드의 처세술', 2009, 동아일보, pp. 119-120).

유대인은 결코 희망을 버리는 일이 없으며 세계는 반드시 발전해 나간다는 것을 믿고 있다. 발전 과정에는 실패가 발생할 수 있는데 그 실패까지도 귀중하게 여긴다. 유대인은 실패만큼 좋은 교사는 없으며 성공은 별로 좋은 교사가 될 수 없다고 가르친다(탈무드 4: '탈무드의 생명력', pp. 160-161). 실패는 곧 성공의 토양을 만드는데 유익하기 때문이다(Tokayer, 탈무드 5: '탈무드의 잠언집', p. 121).

실패는 고통을 수반한다. 유대인은 그 '고통'을 최고의 선생으로 삼는다. 그리고 배우는 일은 고통을 수반하는 것이다. 따라서 고통을 회상해 보는 것도 좋은 공부가 된다. 때문에 유대인 비즈니스맨 중에는 과거에 실패해서 고통을 당했던 때의 계약서를 사무실 벽에 걸어 놓는 사람도 있다(Tokayer, 탈무드 3: '탈무드의 처세술', pp. 123-124).

따라서 이방인은 승리의 날을 기념하지만 유대인은 유독 승리의 날보다는 패배의 날을 더 기념한다. 뿐만 아니라 유대인은 조상들이 겪었던 참혹한 고난의 역사를 일일이 밝혀서 자녀들에게 반드시 자손 대대로 기억하도록 교육시킨다. 어느 누구에게도 자신들의 뼈저린 역사를 감추려 하지 않고 차분히 설명해 준다.

성경을 보자. 성경 자체가 하나님의 선민인 유대인의 역사다. 성경에는 창세기부터 유대인의 추한 모습이 적나라하게 기록되어 있다. 그 한 예로 창세기에 나타난 야곱의 집안 사정을 보자. 그는 부인이 네 명이었다. 하나님의 선민인 유대인의 열두 지파는 야곱의 네 부인에게서 난 열두 아들로부터 비롯되었다.

성경에는 그 당시 야곱의 네 부인들이 남편 야곱과 하룻밤이라도 더 자려고 합환채(mandrakes, 현대판 비아그라)를 거래하며 치열한 안방 전쟁을 벌이는 모습이 적나라하게 그려져 있다(창 30:14-17). 그리고 야곱의 첫째 아들 르우벤이 계모 빌하를 범한 사건도 기록되어 있다(창 49:4). 르우벤 지파로서는 치욕적인 사건이다.

유대인의 큰 명절 중 하나인 유월절 제사책 '하가다(Hagadah)'에도 "우리는 애굽 바로의 종이었다"로 시작된다(Derovan & Berliner, 1978). 자신들의 조상이 종이었다는 사실은 결코 자랑거리일 수 없다. 오히려 엄청나게 수치스런 역사다. 그러나 그들은 구구절절 애굽의 종 되었을 때의 고난을 자녀에게 기억시킨다.

어디 그뿐이랴! 선지서에는 성령님의 조명을 받은 선지자들이 하나님을 배반하고 우상을 섬긴 패역한 유대인의 죄악의 역사와 그 죄의 값으로 받았던 하나님의 무서운 심판들을 가감 없이 그대로 기록했다. 성경이 성경다운 것은 인간의 죄성과 죄의 역사

제2장 유대인의 고난의 역사신학 213

를 하나의 거짓도 없이 그대로 기록했다는 점에 있다.

유대인은 A.D. 70년에 로마에 의해 예루살렘 성전이 파괴된 것과 독일의 히틀러에게 1933~1945년까지 600만명이 학살당한 처절한 역사 같은 사건들에 대해서도 온갖 방법을 동원하여 자녀들이 그 치욕의 역사들을 기억하도록 교육시킨다. 이 점에서 유대인은 이방인과 크게 다르다.

성경에는 야곱의 첫째 아들 르우벤이
계모 빌하를 범한 사건도 기록되어 있다(창 49:4).
르우벤 지파로서는 치욕적인 사건이다.

2) 하나님이 유대인에게 명하신 여섯 가지 기억할 사건들

유대인이 매일 조상들의 역사를 기억하는 것은 하나의 일상이 되어 있다. 그들이 매일 기도해야 하는 기도문에는 다음과 같은 '여섯 가지 기억할 사건들'(Scherman, 1992, pp. 176-177)이 있다. 이것은 토라가 항상 그것을 기억하도록 명했기 때문이다.

첫째, 출애굽을 기억할 것(신 16:3): 유대인이 애굽에 종 되었을 때 하나님이 구속해 주셨던 사건이다. (본 주제는 제3권 제4부 제2장 '절기교육'에서 더 자세히 설명함)

> 유교병을 그것과 아울러 먹지 말고 칠일 동안은 무교병 곧 고난의 떡을 그것과 아울러 먹으라. 이는 네가 애굽 땅에서 급속히 나왔음이니, 이같이 행하여 너의 평생에 항상 네가 애굽 땅에서 나온 날을 기억할 것이니라. (신 16:3)

둘째, 시내산에서 말씀(토라) 받은 것을 기억할 것(신 4:9-10): 하나님은 유대인에게 말씀을 주시고 '말씀 맡은 자'(롬 3:2)로 삼으셨다. 유대인에게 말씀(토라)이 없으면 이방인과 다름이 아무것도 없다.

> 오직 너는 스스로 삼가며, 네 마음을 힘써 지키라. 두렵건대 네가 그 목도한 일을 잊어버릴까 하노라. 두렵건대 네 생존하는 날 동안에 그 일들이 네 마음 속에서 떠날까 하노라. 너는 그 일들을 네 아들들과 네 손자들에게 알게 하라. 네가 호렙산에서 네 하나님 여호와 앞에 섰던 날에 여호와께서 내게 이르시기를 나를 위하여 백성을 모으라. 내가 그들에게 내 말을 들려서 그들로 세상에 사는 날 동안 나 경외함을 배우게 하며, 그 자녀에게 가르치게 하리라 하시매 (신 4:9-10)

셋째, 아말렉의 공격을 기억할 것(신 25:17-19): 아말렉이 유대인을 공격함으로써 이스라엘은 토라 공부를 하는 데 실패했다. 따라서 그 일을 기억함으로 토라가 얼마나 중요한지를 깨닫게 하고, 아말렉의 운명, 즉 마귀는 미래가 없다는 사실을 명심해야 한다.

> 너희가 애굽에서 나오는 길에 아말렉이 네게 행한 일을 기억하라. 곧 그들이 하나님을 두려워하지 아니하고, 너를 길에서 만나 너의 피곤함을 타서 네 뒤에 떨어진 약한 자들을 쳤느니라. 그러므로 네 하나님 여호와께서 네게 주어 기업으로 얻게 하시는 땅에서 네 하나님 여호와께서 너로 사면에 있는 모든 대적을 벗어나게 하시고, 네게 안식을 주실 때에 너는 아말렉의 이름을 천하에서 도말할지니라. 너는 잊지 말지니라. (신 25:17-19)

넷째, 금송아지 우상을 기억할 것(신 9:7): 모세가 시내산에서 말씀을 받을 때 패역한 유대인이 금송아지 우상을 만들어 하나님을 진노케 한 사건이다. 유대인의 역사 속에서 가장 치욕적인 사건 중 하나인 이 사건을 기억하여 하나님의 말씀에 더 충실해야 한다.

> 너는 광야에서 네 하나님 여호와를 격노케 하던 일을 잊지 말고 기억하라. 네가 애굽 땅에서 나오던 날부터 이 곳에 이르기까지 늘 여호와를 거역하였다. (신 9:7)

다섯째, 미리암을 기억하라(신 24:9): 미리암은 동생 모세의 부인 문제를 비판했다가 하나님의 심판으로 문둥병에 걸렸으나 모세의 기도로 다시 나았다. 이것은 결코 남을 중상 모략하지 말

것을 교훈한다.

> 너희가 애굽에서 나오는 길에서 네 하나님 여호와께서 미리 암에게 행하신 일을 기억할지니라. (신 24:9)

여섯째, 안식일을 기억하라(출 20:8): 주중에라도 계속 안식일을 잊지 말라. 하나님이 천지를 창조하시고 안식한 날을 기억하며 영광스럽게 안식일을 준비하라.

> 안식일을 기억하여 거룩히 지키라. (출 20:8)

유대인들은 자신들의 역사 속에서 일어났던 이 여섯 가지 사건을 늘 그들의 마음과 의식 속에서 기억할 것을 가르치고 있다. 실제로 정통파 유대인의 초·중·고등학교에서는 아침 기도회 시간마다 매일같이 이 기도문을 외도록 한다. 따라서 이 여섯 가지 사건들이 그들의 삶 속에, 그리고 마음 속에 죽을 때까지 각인된다.

3) 한국인에게 적용: 무엇을 기억해야 하나

한국인도 평생 기억할 일을 몇 가지 정하여 자녀들에게 가르쳐야 한다. 특히 기독교와 관련된 날을 기억하도록 가르쳐야 한다. 그래야 유대인처럼 자녀들이 조상들의 신앙에서 좋은 것은 본받고, 나쁜 것은 그 사실을 회개하고 버릴 수 있다.

예를 들어 근현대사에 나타난 사건들 중 꼭 기억해야 할 것들 몇 가지를 선택한다면 이런 것들이 있을 것이다. 한국에 최초의 두 선교사 언더우드와 아펜젤러가 복음을 전한 날(1885년 4월 5일의 부활절 아침)을 기억하라. 일본 제국은 한국의 기독교인에게 일본의 신사

한국 최초의 두 선교사는 언더우드와 아펜젤러였다. 우리는 그들이 복음을 전한 날(1885년 4월 5일의 부활절 아침)을 기억해야 한다. 사진은 언더우드 선교사가 개척한 김포제일교회에 보관된 그의 사진

참배를 강요했다. 그러나 신사참배는 우상을 섬기는 일이기 때문에 이를 거부하여 순교한 위대한 신앙의 영웅들이 많았다. 그 예로 당시 주기철 목사가 신사참배를 거부하여 순교한 날(1944년 4월 21일)을 기억하라. 기독교인이 독립운동을 주도한 3·1운동의 날(1919년 3월 1일)을 기억하라. 손양원 목사의 옥살이(1940년 9월 25일-1943년 5월 17일)를 기억하라. 예수님의 십자가 고난을 기억하라(매년 고난 주간). 주일(主日)을 기억하라 등이다.

그러나 한국 기독교인들이 모두 모범이 된 것은 아니다. 일본제

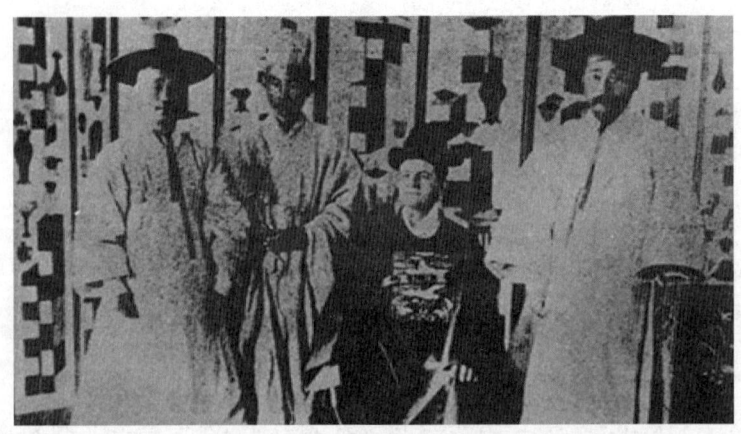

한국 최초의 미국 선교사 아펜젤러 목사가 궁궐에 들어가기 위해 조선의 예복을 갖춰 입은 모습

한국 기독교인은 유대인처럼 승리의 날보다 치욕의 날을 더 기억해야 한다. 사진은 조선일보에 실렸던 조선예수교장로회 임원들의 신사참배 광경

한국 교회는 순교자들의 피 위에 세워졌다. 우리는 그들의 피의 고난의 역사를 잊으면 안 된다. 사진은 위대한 순교자 주기철 목사

국의 신사참배 강요에 굴복한 치욕적인 것들도 많다. 유대인처럼 치욕적인 역사도 기억해야 한다. 그 대표적인 것을 예로 든다면, 한국 장로교 총회가 신사참배를 합법적으로 의결한 치욕의 날(1938년 9월 10일)을 기억해야 한다.

이외에도 6.25전쟁에 관한 사건들도 몇 가지 설정하여 기억하면 좋을 것이다. 이런 기억의 날들은 한국 교회사를 연구한 학자들의 검증을 거쳐 각 교단 총회에서 결정하는 것이 좋을 것이다.

무엇을 위해 달려가는가?

사나이가 한눈 한 번 팔지 않고 길을 서두르고 있었다. 랍비가 그 사나이를 불러 세우고 물었다.

"왜, 그렇게 서두르고 있습니까?"

사나이는 대답했다.

"삶을 따라가려고 그럽니다."

"어떻게 그런 걸 다 아셨소?"

랍비는 말을 계속했다.

"삶을 따라가려고, 그래서 쫓아가고 있는 것이군요. 그러나 실제로 삶은 당신의 뒤 쪽에 있어 당신을 쫓아오고 있는 것이 아닐까요? 당신은 당신을 뒤쫓아 오고 있는 것을 얌전히 기다리고 있으면 되는 것인데, 당신은 점점 더 도망쳐 가고 있는 것이 아닐까요?"

직업에 열중한 나머지 본래의 인간다운 생활로부터 동떨어져 버린 사람들이 많다. 바쁘다고 하는 것은 얼핏 보아 근면함을 나타내는 것으로 장려해야 할 것처럼 보이지만 그렇지 않다.

인간은 더러는 일손을 멈추고 "도대체 자신은 왜 태어났나?", "어떤 사명이 내게 주어졌나?", "인생의 목표는 무엇일까?"하는 문제들을 생각해 볼 필요가 있다. 그러한 기본적인 문제를 생각한다는 것은, 가령 대답이 나오지 않는다 할지라도 인간에게 내면적 깊이를 심화시켜준다.

현대는 'know how'의 시대라고 말한다. 여러 가지의 문제가 있는 인생사를 어떻게 하면 해결할 수 있을까? 하는 것이 'know how'다. 그러나 오늘날의 인간은 'know how'에 열중한 나머지, 'know what'을 잊어버리고 있다.

'know what'이란 사물의 본질을 알려고 하는 문제를 말한다. 그래서 'know what'에 대해 생각해 보지 않으면 인생의 목표를 알지 못한다. 평범한 삶에 대해서만 정신을 빼앗기고 있어서는 주위의 사람들에게 호소하는 무언가를 잃어버리게 된다. 'know what'을 생각하는 사람은 자연히 인간미를 풍기게 된다.

출처: Tokayer, 탈무드 3: 탈무드의 처세술, 2009, 동아일보, pp. 234-235.

4) 하나님이 출애굽 사건을 기억하라고 하신 목적

하나님은 신명기 6장 20-25절에서 유대인에게 기억에 대한 유익과 기억시키는 방법까지 자세하게 명시하셨다.

> 후일에 네 아들이 네게 묻기를 우리 하나님 여호와의 명하신 증거와 말씀과 규례와 법도가 무슨 뜻이뇨 하거든 너는 네 아들에게 이르기를 우리가 옛적에 애굽에서 바로의 종이 되었더니 여호와께서 권능의 손으로 우리를 애굽에서 인도하여 내셨나니 곧 여호와께서 우리의 목전에서 크고 두려운 이적과 기사를 애굽과 바로와 그 온 집에 베푸시고 우리 여호와께서 우리에게 이 모든 규례를 지키라 명하셨으니 이는 우리로 우리 하나님 여호와를 경외하여 항상 복을 누리게 하기 위하심이며 또 여호와께서 우리로 오늘날과 같이 생활하게 하려 하심이라 우리가 그 명하신 대로 이 모든 명령을 우리 하나님 여호와 앞에서 삼가 지키면 그것이 곧 우리의 의로움이니라 할지니라. (신 6:20-25)

이 말씀은 나이가 어릴 때 출애굽 사건과 광야의 기적들을 경험했거나, 경험하지는 못했지만 그 사건에 대하여 들은 바가 있는 세대들, 즉 요단강을 건너기 전 광야에 남아있는 이스라엘 백성들이 요단강을 건너 가나안에 들어간 후 어떻게 그 다음 세대에게 이를 세대차이 없이 자손대대로 전할 수 있느냐 하는 것과 역사의 기억과 전수의 목적 그리고 그 유익에 대해 설명한다.

간단히 말하면, 출애굽 사건과 광야에서 경험했던 것들을 바탕으로 유대인은 하나님에 대한 사랑, 경외 그리고 신뢰를 일반 생활에 반영하여 생활화해야 한다는 것이다. 그 방법은 새로 태어난 이스라엘의 새로운 전통(tradition)과 풍습(customs)과 조상들의 경험들을 모아야 하고, 그것들을 조부모가 부모에게, 부모가 손자에게 계속하여 조상들의 신앙과 생활 스타일을 세대차이 없이 가르쳐 기억시키어 연결하라는 것이다(Scherman & Zlotowitz, 1994. p. 976). 그 결과 유대인은 그 후 약 3500년이 지난 21세기 현재도 동일한 전통(tradition)과 풍습(customs)과 조상들의 경험들을 지니고 있다.

본문은 부모가 자녀에게 과거의 역사를 기억시키는 전통적인 방법을 소개하고 있는데, 그것은 자녀가 부모에게 질문하고 부모가 대답하는 형식이다. 유대인은 이런 형식을 매일 어디서나 실천해야 하지만, 특히 그들의 절기 때마다 하도록 하셨다.

"여호와께서 우리의 목전에서 크고 두려운 이적과 기사를 애굽과 바로와 그 온 집에 베푸시고"(신 6:22)의 말씀에서 "우리의 목전에서 크고 두려운 이적과 기사"를 설명할 때는 "우리의 목전에서(Before our eyes)"를 강조해야 한다. 그 당시 실제로 전체 이스라엘에게 행하셨던 초자연적인 하나님의 놀라운 기적들을 본 그대로 큰 그림처럼 보여주어야 한다는 것이다(상기서 p. 977). 교육효과를 높이기 위함이다.

여호와께서 부모가 출애굽 사건을 자녀들에게 전하게 하고 이 모든 규례를 지키라 명하셨던 목적은 세 가지다.

1) 그들이 하나님 여호와를 경외하여 항상 복을 누리게 하기 위함이며(신 6:24b), 또한

2) 여호와께서 그들로 오늘날과 같이 생활하게 하려 하심이었다(신 6:24c). 그리고

3) 그들이 그 명하신 대로 이 모든 명령을 그들 하나님 여호와 앞에서 삼가 지키면 그것이 곧 그들의 의로움이라 할 것이다(신 6:25).

1)항의 "우리로 복을 누리게"를 직역하면, "우리의 유익을 위하여(for our good)"란 뜻이다. 이는 하나님께서 모든 규례와 법도와 계명과 증거를 이스라엘에게 선포하신 목적은 당신의 영광과 위엄을 고려했을 뿐 아니라, 동시에 백성들의 유익을 깊이 고려하셨음을 뜻한다(페트라성서주석). 이것은 '하나님이 시키는 대로 해보아라, 그러면 하나님만 좋은 것이 아니라 너희에게도 유익하여 결과적으로 네가 항상 복을 받게 될 것이다(always prosper)'라는 뜻이다.

2)항에서 하나님께서 이렇게 하라고 하신 목적은 하나님이 주신 약속의 가나안 땅에서 그들이 망하지 않고 살아남게 하기 위함이라(be kept alive)는 뜻이다.

그리고 3)항은 그렇게 행한 결과 그들의 삶 자체가 의롭게(righteousness) 된다는 뜻이다. 3)항은 바울이 가르친 이신득의(以信得義, 합 2:4; 롬 1:17)와 구별 된다. 이신득의, 즉 '믿음으로 의롭게 되는 원리'는 율법을 온전히 지켜 의에 이를 자가 아무도 없기 때문에(롬 3:10; 7:15-25), 구약이나 신약이나 아브라함처럼 하나님을 믿는 믿음으로 의롭게 된다(롬 4:3-5; 갈 3:6-9)는 구원론에 관한 것이고, 본문에서 말하는 '의'는 하나님을 믿어 의롭게 되어 구원

받은 유대인이 구원을 받은 이후에 하나님의 형상을 닮아가기 위해 율법을 지키는 점진적인 성화, 즉 선민교육의 과정과 결과를 말한다. 따라서 이것은 행위적이며 상대적이다. 시내산 언약이 행위언약이라는 이유가 여기에 있다.

[구원론적 입장에서 유대인과 기독교인과의 차이점에 대해서는 '부모여 자녀를 제자 삼아라'(현용수, 2005), 제1권 제1장 IV. 질문 1 '유대교와 기독교의 구원과 성화는 어떻게 다른가' 참조]

〈저자 주: 본 항목에 이어 포괄적인 '유대인이 고난의 역사를 기억하는 이유'에 대해서는 제3부 제4-2장 II. '유대인이 고난의 역사를 기억하는 이유' 참조 바람〉

**여호와께서 부모가 출애굽 사건을 자녀들에게 전하게 하고
이 모든 규례를 지키라 명하셨던 목적은 세 가지다.**

5) 유대교는 기억함의 신학이다

"전투를 치르고 팔다리를 잃고 돌아오는 병사와 뇌를 다쳐 기억을 상실한 병사 중 누가 더 불행한가?" 유대인은 과거의 기억을 상실한 병사를 더 불행하게 본다. 왜냐하면 그들은 과거를 잊어버린 자는 모든 것을 잃은 자로 보기 때문이다(Solomon, 2005, p. 94). 과거 고난의 역사는 개인에게나 민족에게 그만큼 중요하다.

유대인의 역사는 어느 민족의 역사보다도 수치와 치욕의 역사다. 그러나 하나님은 유대인에게 "옛날을 기억하라 역대의 연대를 기억하라 네 아비에게 물으라 그가 네게 설명할 것이요 네 어른들에게 물으라 그들이 네게 이르리로다"(신 32:7)고 명령하셨다. 유대인에게 하나님의 구원의 역사와 함께 과거의 처절한 고난의 역사를 철저하게 후대에게 가르치라는 말씀이다. 따라서 유대인은 지금도 자녀들에게 대를 이어 자신들의 고난의 역사를 가르친다.

구약성경에는 '잊지 않고 기억함'에 관계되는 '기억하다(zakar)'라는 히브리어 단어가 2백13번, '잊다(shakach)'란 단어가 85번, 도합 2백98번이나 사용되었다(Young, 1982). 유대인은 '망각'과 '기억함'의 차이를 민족의 '패망'과 '생존'으로 표현한다. 따라서 유대인의 '기억함'은 유대교 신앙의 한 부분이다. 좀 더 신학적으로 표현한다면 유대교는 '기억함의 신학(Theology of Remembrance)'이라고 말할 수 있다.

유대인은 '기억함'을 얼마나 중요한 가치로 여기는가? 엘리 위셀(Elie Wiesel)은 이렇게 썼다.

> 유대인다워지는 것은 기억하는 것이다(To be Jewish is to remember.). 이것은 우리의 기억(memory)의 권리는 물론 그것을 계속 지속하게 할 의무를 요구하기 위함이다. 유대인에게 망각한다는 것은 유대민족임과 그것이 상징하는 모든 것들 그리고 자기 자신을 부정하는 것이다.
>
> (Elie Wiesel, http://100gatestojewishlearning.tumblr.com/post/47628108617/in-remembrance-is-the-secret-of-redemption)

유대인은 1948년 나라를 회복한 이후 독일의 나치에게 유대인 6백만이 학살당한 것을 기억하기 위하여 예루살렘이 내려다보이는 언덕에 '야드 바셈 대학살 기념관'을 지었다. 그리고 모든 사람들이 볼 수 있도록 큰 글씨로 "망각은 쫓겨남을 자초하나 기억함은 구원의 비밀이다"(Forgetfulness leads to exile, while remembrance is the secret of redemption)라고 써 놓았다(윤종호, 1995년 8월 12일). 이것은 유대인이 그들이 당한 고난을 기억하는 한 하나님에게 구원을 받아 살아남지만 그 고난을 잊어버린다면 다시 가나안 복지에서 쫓겨날 수밖에 없다는 것을 뜻한다.

이 유명한 명구는 하시딕 유대주의 창시자(the founder of Chasidic Judaism) 바알 셈 토브(Baal Shem Tov)가 "기억함에 구원의 비밀이 있다"(In remembrance lies the secret to redemption.)고 말한 데서 나온 것이다. 세상의 구원은 과거를 얼마나 기억하느냐에 달려있다는 뜻이다. 진정한 평화와 정의를 추구하고 세상을 구원하기를 소망한다면 우리의 과거에 어떤 일이 있었는지를 반드시 기억하고 그 속에서 교훈을 얻어 미래를 설계해야 한다(shape the future)는 것이다(http://100gatestojewishlearning.tumblr.com/post/47628108617/in-remembrance-is-the-secret-of-redemption).

1985년 유대인을 잘 아는 독일의 대통령 리하르트 폰 바이츠제커(Richard Von Weizsaecker) 대통령은 다음과 같이 연설하였다.

> 유대 나라는 지금도 기억하고 있고, 앞으로도 기억할 것이다. 우리는 화해를 추구한다. 바로 이 이유 때문에 우리는 기억함 없이는 화해가 있을 수 없다는 사실을 이해해야 한다. 수백만 명이 몰살당한 경험은 전 세계에 있는 유대인들의 존재, 그 자체의 한 부분이 되어 있다. 이것은 그들이 그 같은 잔혹한 일들을 잊을 수 없기 때문이기도 하지만 '기억함'이 유대교 신앙의 한 부분이기 때문이기도 하다. (New York Times, May 9, 1985, quoted from Brown, 1993, p. 11)

독일 대통령은 "유대 나라는 지금도 기억하고 있고, 앞으로도 기억할 것이다", "'기억함'은 유대교 신앙의 한 부분이다"라고 말하며 "우리는 화해를 추구한다. 바로 이 이유 때문에 우리는 기억함 없이는 화해가 있을 수 없다는 사실을 이해해야 한다"고 말했다. 그는 유대인이 고난의 역사를 끝까지 집요하게 파헤치며 기억할 것을 알고, 독일이 살 길은 과거 잘못에 대해 철저한 사죄 이외에는 다른 길이 없다는 것을 깨닫고 이런 연설을 했을 가능성도 있다.

한국인도 유대인처럼 과거 역사를 기억하는 것이 신앙의 한 부분인 것처럼 고난의 역사를 강조하여 일본의 아베 총리가 고민 끝에 독일 총리와 같은 연설을 하도록 만들어야 하지 않겠는가!

**과거를 잊어버린 자는 모든 것을 잃은 자다.
유대인은 '망각'과 '기억함'의 차이를 민족의
'패망'과 '생존'으로 표현한다.
왜 한국은 고난의 역사를 잘 가르치지 않는가?**

생각하며 갑시다

일본에 선의로 접근한 노무현, 독도로 뒤통수 친 일본

함영준 (중앙일보, 2014년 8월 10일)

노무현 대통령은 2003년 2월 취임 후 5월 미국, 6월 일본을 방문했다. 평소 우리 외교를 '사대(事大)'라 비판했고, "남북관계만 잘되면 다 깽판 쳐도 된다"는 주장을 편 그의 '자주(自主) 외교' 노선에 관심이 집중됐다.

그가 일본을 방문한 6월 6일에 대해 논란이 불거졌다. 하필 순국선열을 기리는 현충일에 가는가라는 비판론이 나왔다.

더구나 그날은 일본으로서는 매우 의미심장한 날이었다. 유사시 자위대의 무력 사용을 합법화하는 '유사법제(有事法制)', 즉 '전쟁대비법'이 의회에서 통과된 것이다. 알다시피 일본은 1945년 패전 이후 군대를 가질 수 없다. 그러나 이날 법안 통과로 다시 군대를 보유할 발판을 마련했다.

이 '역사적인' 날에 도착한 노 대통령은 거침없는 행보를 했다. 자신을 "전후(戰後)세대의 첫 대한민국 대통령"이라고 밝힌 그는 한일 단골 이슈인 '과거사' 문제에 대해선 전혀 언급하지 않고 양국의 '미래'와 '동반자 관계'만을 강조했다.

일본인들은 환호했다. 일본 언론은 유사법제가 통과된 날, 노 대통령이 일왕(日王)과 세 차례나 만나 다정하게 술잔을 부딪치면서 "과거는 없고 미래만 있다"고 연설하는 광경을 대대적으로 보도했다. 마치 한국 대통령이 일본을 지지하는 듯한 모습으로 비춰졌다.

노 대통령은 왜 그날 방문했는가. 알아보니 우리 측이 '6월 국빈 방문(state visit)'을 고집했고, 일본 측이 "천황 일정상 6일 밖에는 안 된다"고 하자, 그냥 수락했다는 것이다.

3박4일 내내 노 대통령의 파격은 이어졌다. 공식석상에서 대통령으로서 받아야 할 의전(儀典)이나 격식도 과감히 생략하거나 무시했다. 경협(經協) 명목의 경제적 실리도 챙기지 않았다.

2003년 6월 6일 일본을 방문한 노무현 대통령이 일왕과 건배를 하며 우의를 다지고 있다. TV에 나와 일본 국민들과 대화하면서 가장 우호관계를 돈독히 해야 할 나라로 일본을 제일 먼저 꼽았고, 이어서 중국, 마지막으로 미국을 꼽았다.

그의 거침없는 모습이 내게는 위태위태하게 느껴졌다. 당시 일본과 미국은 밀월 관계인 반면 한국과 미국은 소원해져 가는 상황. 이런 동북아 형세를 일본 지도층, 특히 우익(右翼)이 어떻게 이용할 지 불안했다. 그들은 한때 아시아 전역을 삼키고 세계 제패까지 부르짖던 이들 아닌가. 순진한 한국 대통령과 교활한 일본 정치인들의 모습이 오버랩됐다.

6) 한국인에게 적용: 역사 모르는 한국인(?)

예수님도 유대인이셨다. 주님도 마지막 유월절 잔치 때에 제자들에게 떡과 포도주를 떼어 주시며 주의 몸과 피를 기억(기념)하라(눅 22:14-23)고 말씀하셨다. 이것이 오늘날 교회가 지키는 성찬식이다.

따라서 기독교는 예수님의 고난의 십자가를 기억하지 않고는 생존할 수 없다. 우리도 기독교 2천 년 역사 속에서 신앙과 교회를 지키기 위해 성도들이 흘린 온갖 피의 역사를 기억해야 한다. 그리고 이와 더불어 한국 기독교 1백 년의 역사 속에서 흘린 피의 고난의 역사도 기억해야 한다. 물론 각 가정의 고난의 역사도 자녀에게 가르쳐야 한다.

그러나 대부분의 한국인 부모들은 자녀들에게 자신들의 고난을 숨기고자 하는 경우가 많다. 그리고 자녀들에게 "고생은 이제 아버지 대에서 끝이다. 너희는 아버지의 고난에 대하여 더 이상 묻지도 말고 알려고도 하지 말라"고 가르치는 이들도 있다.

또한 한국인은 유독 몇 안 되는 한국 민족사의 자랑거리나 전성기만을 부각시키려고 노력하는 경우가 많다. 한국인은 고난의 역사 교육보다는 승리한 역사 교육을 더 강조한다는 말이다. 이 점이 유대인의 패배한 고난의 역사 교육과 크게 다르다.

그나마 이것도 1980년도 이전의 이야기이다. 1997년도 이후에는 아예 중·고등학교에서 '국사'란 독립 과목을 빼버리고 '공통사회'란 과목에 편입시켰다. 이제 2000년부터 아예 국사 과목이 없어질 운명에 처해 있다. 그 뿐만이 아니다. 사법 고시 필수 과목이었던 '한국사' 시험을 폐지했다(중앙일보, 권영빈 칼럼, 역사 文盲이

늘고 있다. 1998년 4월 24일).

뚜렷한 국가관이나 역사의식이 없는 국민을 만들고 국가관이나 역사의식 없는 공직자를 양산한다는 것은 민족적인 죄악이다. 한국의 판사, 외교관, 행정관들이 뚜렷한 국가관이나 민족의 역사의식이 없는데 어떻게 민족과 국가를 위하여 봉사할 수 있단 말인가? 아아, 이를 어찌할꼬!

"국가관이나 역사의식이 없는 국민과 공직자를
양산한다는 것은 민족적인 죄악이다."

"망각은 쫓겨남을 자초하나
기억함은 구원의 비밀이다."

2. "과거를 기억하라"의 의미

A. 과거를 기억해야 할 사람

"과거를 기억하라, 현재를 살라, 미래를 확신하라"(Remember the past, live today, and be certain of the future). 이스라엘의 박물관 벽에 새겨진 문장이다. 누가 과거를 기억해야 하나? 그리고 누가 그들에게 기억하도록 해야 하는가? 먼저 두 번째 질문부터 설명해 보자.

아브라함은 하나님이 주신 구약의 지상명령(창 18:19; 신 6:4-9)에 따라 자신의 후손들(his children and his household after him)에게 하나님의 말씀을 가르치고 전수하여 지켜 행하라고 말씀하셨다. 하나님의 말씀을 후손들에게 가르치고 전수해야 할 첫 번째 책임은 당연히 조부모나 부모에게 있다(출 13:1-10, 출 13:11-16, 민 15:37-41, 신 4:9, 6:2, 4-9; 11:13-21 등). 따라서 유대인 부모는 선조와 후손 사이의 역사와 하나님의 말씀(율법)을 잇는 연결 고리 역할을 담

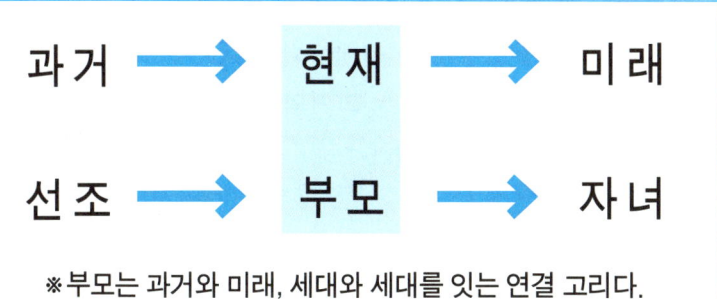

※ 부모는 과거와 미래, 세대와 세대를 잇는 연결 고리다.

당한다. 만약 이러한 연결 고리가 유대인의 역사에서 끊어졌다면 유대인은 더 이상 존재하지 않았을 것이다. 그리고 하나님의 말씀도 이 세상에서 없어졌을 것이다. [저자 주: 부모가 왜 과거와 미래를 잇는 연결 고리인지에 대해서는 저자의 저서 '자녀의 효도교육 이렇게 시켜라'(부제: 현용수의 효신학)(쉐마, 2010), 제1권 제2부 제2장 IV. '부모와 제5계명은 연결 고리다' 참조].

그러나 하나님은 말씀을 전수하고 역사의 단절을 막기 위하여 자녀들도 노력하라고 가르치셨다. 즉 자녀들은 부모와 어른들에게 계속 질문하라는 것이다. 그리고 조부모나 부모는 자녀들이 물으면 그 질문을 막거나 모른 체하지 말고 그 질문에 대하여 설명하라고 하셨다.

> 이 후에 너희의 자녀가 묻기를 이 예식이 무슨 뜻이냐 하거든 너희는 이르기를 이는 여호와의 유월절 제사라 여호와께서 애굽 사람에게 재앙을 내리실 때에 애굽에 있는 이스라엘 자손의 집을 넘으사 우리의 집을 구원하셨느니라 하라 하매 백성이 머리 숙여 경배하니라. (출 12:26-27)

특별히 신명기 32장 7절 말씀은 출애굽을 한 부모세대에게 명령하신 것이 아니라, 그들의 자녀들인 2세대, 즉 어린 자녀들에게 명령하신 말씀이다. 자녀는 과거의 역사를 알기 위해 아비와 어른들에게 질문하라는 것이다.

> 옛날을 기억하라 역대의 연대를 생각하라 네 아비에게 물으

> 라 그가 네게 설명할 것이요 네 어른들에게 물으라 그들이 네
> 게 이르리로다. (신 32:7)

이것은 무엇을 뜻하나? 그만큼 자녀들에게 과거의 역사를 기억하게 하는 것이 중요하다는 것이다. 이를 위해 아브라함과 이삭 그리고 야곱의 하나님은 3대 교육, 즉 '너(1대 할아버지)와 네 아들(2대 아버지)과 네 손자(3대 손자)'가 연합하는 교육을 강조하셨다 (신 4:9, 6:2).

> 곧 너와 네 아들과 네 손자들이 평생에 네 하나님 여호와를 경
> 외하며 내가 너희에게 명한 그 모든 규례와 명령을 지키게 하
> 기 위한 것이며 또 네 날을 장구하게 하기 위한 것이라 (신 6:2)

요약하면, 하나님은 유대인들에게 말씀을 전수하고 역사의 단절을 막기 위해 자녀는 부모와 어른들에게 질문하고 어른들은 그 질문에 대해 설명해야 한다고 가르치셨다. 뿐만 아니라 하나님은 이런 방법으로 말씀을 전수하고 역사의 단절을 막는 일은 조부모나 부모뿐만 아니라, 자녀들까지 3세대가 모두 힘을 합쳐 노력할 것을 명령하셨다.

**자녀는 과거의 역사를 알기 위해
아비와 어른들에게 질문하라.**

B. '옛날'과 '역대의 연대'와의 차이

큰 틀에서 자녀들에게 "옛날을 기억하라. 역대의 연대를 생각하라"(신 32:7a)고 하신 말씀을 간단하게 설명하면, 조상들이 옛날에 누가 언제 어디에서 무엇을 왜 어떻게 했는지를 기억하고 조상들의 연대(the years of generation after generation)를 공부하고 생각하라는 말씀이다. 한 마디로 '자기 조상들이 겪은 과거의 사건들'을 기억하고 생각하라는 것이다.

좀 더 자세히 설명해 보자. 왜 모세는 유대인 자녀들에게 "옛날을 기억하라"(신 32:7aa)고만 하지 않고, 이어서 "역대의 연대를 생각하라"(신 32:7ab)고 했는가? 두 문장을 비교하면 두 가지 차이점을 발견할 수 있다.

1) '옛날'과 '역대의 연대'와의 차이이고,
2) '기억하라'(신 32:7aa)와 '생각하라'(신 32:7ab)의 차이다.

먼저 1)항에 대하여 살펴보자. 역사에는 두 가지가 있다. '옛날'(the days of old)과 '역대의 연대'(the years of generation after generation)다. 따라서 역사를 공부하려면 두 가지를 모두 알아야 한다. 그렇다면, '옛날'과 '역대의 연대'에는 어떤 차이가 있는가?

'옛날'은 과거의 일, 즉 역사를 말한다. '역대의 연대'는 과거 각 세대마다 있었던 역사의 구체적인 사건들을 말한다. 전자가 개론이라면, 후자는 각론이다. 전자가 나무의 전체 숲을 보는 맥크로이즘(Macroism)이라면, 후자는 숲의 가지와 나뭇잎까지 샅샅이 살피는 마이크로이즘(Microism)이다. 따라서 자녀는 전체 과거

옛날과 역대의 연대의 차이

구분	옛날	역대의 연대
설명	역사(the days of old)	각 세대마다 있었던 자세한 역사의 사건들
비유 1	개론	각론
비유 2	맥크로이즘(Macroism)	마이크로이즘(Microism)
결론	따라서 자녀는 전체 과거의 역사뿐만 아니라 매세대마다 있었던 자세한 역사의 사건들을 소상하게 연구하고 알아야 한다.	

의 역사뿐만 아니라 매세대마다 있었던 자세한 역사를 소상하게 연구하고 알아야 한다.

따라서 유대인 자녀는 전체 과거의 역사뿐만 아니라, 매세대마다 있었던 자세한 역사의 사건들을 소상하게 연구하여 기억하고 생각해야 한다. 이것은 하면 더 좋고 안 해도 무방한 것이 아니라 반드시 해야 할 하나님의 지상명령이다. 이런 면에서 유대인의 역사관은 다른 이방인의 역사관에 비하여 매우 독특하다.

왜 유대인의 역사관은 다른 이방인의 역사관에 비하여 매우 독특한가?

C. '기억하라'의 의미

1) 사전적인 의미

아버지는 말씀 맡은자가 되기 위해서 전 세대가 가르쳐왔던 말씀을 기억하고 있어야 한다. '기억' 혹은 '기억하다'란 단어에는 사전적 의미와 가정신학적인 의미가 있다. 먼저 사전적 의미부터 살펴보자. 한국어 사전에는 '기억(記憶)하다'란 단어의 뜻이 "과거의 사물에 대한 것이나 지식 따위를 머릿속에 새겨 두어 보존하거나 되살려 생각해 냄, 머릿속에 새겨 두어 보존되거나 되살려 생각해내어지다"이다. 영어사전에는 "기억된 지식을 다시 회상하다"(remember: recall knowledge from memory)이다(다음 사전 참조).

히브리어 사전은 더 구체적으로 설명한다. "기억하다(זָכַר, 자카르)"라는 단어는 구약성경에서 229회 쓰여졌는데, 그 중 칼(qal) 형태로 제일 많이 쓰여졌다(169회). 이 뜻은 사람이 자신이 한 번 경험했던 과거 사건들과 상황들과 사람들을 기억하고, 마음을 불러내고, 회상(recall)하는 것을 말한다(신 7:18; 욥 11:16, 에 2:1)[B.D.B(Brown, Driver, Briggs), A Hebrew and English Lexicon of the Old Testament(Oxford, 1907)].

여기에서 강조해야 할 것은 과거를 회상하는 것에서 현재와 미래에 대한 몰입(preoccupation)으로 의미가 변해야 한다는 것이다. 즉 신명기 8장 18절에 나타난 "기억하다"는 "마음에 두다"(사 47:7; 렘 51:50)란 뜻이 된다(Childs, p. 2005, p. 4).

'홀로코스트' 생존자 비젠탈 사망

연합뉴스 (2005년 9월 21일)

2차 대전 당시 '홀로코스트'에서 살아남아 전후 나치 전범 사냥에 헌신했던 사이먼 위젠탈이 2005년 9월 20일 숨졌다. 향년 96세.

비젠탈은 오스트리아 빈에서 잠을 자던 중 숨졌다고 미국 로스앤젤레스의 유대인 인권단체인 시몬 비젠탈 센터 설립자 겸 소장인 마빈 하이어 유대교 랍비가 밝혔다.

하이어는 "위젠탈은 홀로코스트의 양심으로 기억될 것이다. 그는 홀로코스트 희생자의 영원한 대표자가 돼서 중범죄인들을 정의의 심판대에 올렸다"고 말했다.

이스라엘 외교부 대변인은 성명을 내고 "고인은 스스로를 방어할 수 없었던 600만명을 위해 일했다"며 "이스라엘과 유대인, 인종차별에 반대하는 모든 사람들은 그의 공적을 높이 평가한다"고 말했다.

1908년 당시 오스트로헝가리 제국이었던 우크라이나의 엘비브시 인근의 소도시 부크자크스의 유대인 집안에서 태어난 위젠탈은 프라하와 바르샤바에서 건축공학을 전공한 후 2차 대전 이전까지 러시아와 엘비브에서 건축업에 종사했다.

홀로코스트에서 89명의 친척을 잃은 그는 2차 대전이 끝난 후 600만 명의 유대인을 살해한 나치 전범 추적자의 길로 들어섰다.

특히 그는 1960년 유대인 학살 책임자인 아돌프 아이히만을 아르헨티나에서 검거하는데 중요한 역할을 한 것으로 널리 알려졌다. 그는 50년간 전범 추적에 나서서 모두 1천100명을 법정에 세웠다고 밝힌 바 있다.

[저자 주: 본문에 나오는 '시몬 비젠탈 센터'는 미국 LA에 소재한 매우 영향력 있는 인권단체다. 저자의 책 'IQ는 아버지 EQ는 어머니 몫이다'에 서문을 쓴 분이 이 단체의 소장 마빈 하이어(유대교 랍비)다. 그리고 이 단체의 부소장인 랍비 쿠퍼와 유대학 학자인 랍비 에들러스테인이 저자의 사역을 도와주고 있다.]

미국 LA 유대인 대학살 박물관 뒤뜰에 나치에 상처받은 메노라 조각상이 있다. 그 앞에서 랍비 하이어와 함께 한 저자

2) 가정신학적인 의미

이제 '기억하다'란 단어를 가정신학적 입장에서 살펴보자. '기억'이란 히브리어 단어는 가정에서 부모의 역할과 어떤 관계가 있는가?

'기억하다'란 단어는 가정의 핵심 구성원인 '남자'라는 단어와 동일한 어근을 가졌기 때문에 매우 밀접한 관계가 있다. 먼저 창세기 1장 27절에 처음으로 나타난 '남자'라는 단어는 '기억하다'란 단어와 어떤 관계가 있는지 알아보자.

> 하나님이 자기 형상 곧 하나님의 형상대로 사람을 창조하시되 남자와 여자를 창조하셨다(So God created man in His own image; in the image of God He created him; male and female He created them.) (창 1:27)

본문에서 하나님이 최초로 창조하신 '남자'라는 단어는 히브리어로 '자카르'(זָכָר)이다. '자카르'(זָכָר)의 어근은 '자카르'(זכר)로 모음 변화에 따라 뜻이 달라지는데, '자카르'(זָכַר)가 되면 '기억하다, 상기하다(remember)'가 되고, '제케르'(זֵכֶר)가 되면 '기억, 상기, 회상'이 된다(Gesenius, 1979, pp. 244-245). 이것은 무엇을 뜻하는가? 하나님은 남자를 창조하실 때 하나님의 말씀을 기억하며 살아가야 할 존재로 만드셨다는 것이다[강은국, 남자(자카르 זכר)에게 명하신 쉐마교육, p. 4]. 이것은 쉐마교육학적으로 아버지의 정체성을 설명하는데 매우 중요한 단서가 된다.

가정에서 아버지(남자, 자카르)의 영적인 정체성은 하나님의 말씀을 맡은 자(롬 3:2)로서 하나님의 말씀을 기억하며, 그 말씀을 자손들에게 가르쳐 전수해야 할 존재로 창조되었다는 것이다.

가정에서 아버지(남자, 자카르)의 가장 큰 역할은 하나님의 말씀을 맡은 자(롬 3:2)로서 하나님의 말씀을 기억하며, 그 말씀을 자손들에게 가르쳐 전수해야 하는 것이다. 이것이 곧 하나님이 선민의 조상 아브라함(남자)에게 주신 구약의 지상명령(창 18:19)이다.

그렇다면 본문에 나타난 '여자'의 히브리어 단어는 어떠한가? '여자'는 '네케바'(נְקֵבָה)인데 이 단어는 '찌르다, 구멍을 내다, 뚫다'란 '나카브'(נָקַב)에서 유래하였다(Larry A, Mitchel, p. 64). 이것은 하나님께서 남자인 아담을 깊이 잠들게 한 후, 그의 옆구리를 찔러(나카브.נקב) 갈빗대로 여자(네케바, נְקֵבָה는 나카브의 여성형)를 만들고 남자에게 '돕는 배필'(配匹)로 주셨다(창 2:18, 20)는 것을 뜻한다 [강은국, 남자(자카르 זכר)에게 명하신 쉐마교육, p. 4].

여자는 남자를 돕는 배필로서 남편에게 무엇을 도와주어야 하는가? 남자의 부족함을 도와주어야 할 것이다. 남자의 부족함은 여러 가지 측면에서 말할 수 있다. 그 중에서도 하나님과의 관계적인 측면에서 생각해 보자.

유대인 랍비들에 의하면, 남성들은 여성들에 비하여 절제력이 약하여 하나님의 말씀을 잊어버리고 세상을 향해 나가기 쉽다고 한다. 이럴 때 아내는 옆에서 그가 하나님과의 관계를 이탈하지 못하도록 하나님의 말씀을 기억시키는 것이 그를 찌르는(나카브) 역할이다.

[자세한 것은 저자의 저서 '성경이 말하는 어머니의 EQ교육'(부제: 현용수의 어머니 신학 노하우), 제1권 제3부 제3장 III. 1. B. '여성이 남성의 불을 긍정적인 불로 만드는 두 가지 방법' 참조].

예를 들면, 가정에서 아버지가 하나님의 말씀을 열심히 공부하지도 않고, 자녀에게 말씀을 가르치는 일도 게을리 할 경우,

옆에서 남편을 반복하여 찔러(나카브) 기억하도록 하는 것이 돕는 배필로서의 아내의 역할이다.

앞의 내용을 구약의 지상명령적인 입장에서 요약해 보자. 하나님께서 남자와 여자를 창조하신 목적은 남자와 여자가 결혼하여 생육하고 번성하여 땅에 충만하게 하시기 위함이다(창 1:28b). 그렇게 번성한 자녀들에게 남자는 조상대대로 내려오는 하나님의 말씀을 기억하여 가르치는 것을 사명으로 주셨고, 여자는 남자가 구약의 지상명령을 지켜 행하는 사명을 곁에서 돕는 배필의 사명을 주셨다고 정리할 수 있다.

하나님은 남자와 여자의 이런 사명을 잘 완수하라는 입장에서 그들에게 복을 주셨다(창 1:28a).

> 하나님이 그들에게 복을 주시며 그들에게 이르시되 생육하고 번성하여 땅에 충만하라, 땅을 정복하라, 바다의 고기와 공중의 새와 땅에 움직이는 모든 생물을 다스리라 하시니라. (창 1:28)

하나님께서는 인간의 죄가 너무 창궐하여 노아와 그의 아들들 이외 모든 인간을 물로 심판하신 이후, 살아남은 노아와 그의 아들들에게도 동일한 복을 주셨다(창 9:1, 7).

**하나님은 남자를 창조하실 때
하나님의 말씀을 기억하며
살아가야 할 존재로 만드셨다.**

D. '기억하라'와 '생각하라'의 차이: IQ자녀와 EQ자녀의 차이

모세는 '옛날을 기억하라'(신 32:7aa)고 했다. 왜 모세가 '옛날을 기억하라'고 했겠는가? 앞에서 언급한대로 본문의 역사적인 배경을 살펴보면, 이스라엘 백성이 하나님에게 패역한 모습을 보였기 때문이다. 이것은 첫째, 인간이 옛날을 기억하지 않으면 교만하고 하나님을 배반할 수 있다는 것을 뜻하고, 둘째는 현재의 인간은 옛날을 기억한다는 것 자체를 싫어함을 뜻한다.

모세는 이어서 왜 옛날은 '기억하라'고 하고, 역대의 연대는 '생각하라'(신 32:7a)고 했는가? 기억함과 생각함의 차이는 무엇인가? 우선 '기억하다'(זָכַר, 자카르)(신 32:7aab)와 '생각하라'(בִּין, 빈)(신 32:7abb)의 차이부터 알아보자.

어떤 사건의 내용이나 학습한 내용을 기억하는 것은 두뇌에서 하고, 그 내용을 생각하는 것은 마음이 하는 것이다(물론 과학적으로는 생각도 두뇌에서 하지만, 여기서는 IQ와 EQ를 구분하기 위하여 이렇게 표현한다.).

전자를 IQ(두뇌, 머리, 지식)의 학습 방법이라 한다면, 후자는 EQ(마음, 사랑, 정서)의 학습 방법이다. 순서로 보아 먼저 기억하고 후에 생각한다. 즉 생각은 경험하고 학습하여 기억된 내용을 바탕으로 하게 된다.

[저자 주: IQ-EQ에 대해서는 저자의 저서 《현용수의 인성교육 노하우》(동아일보, 2008), 제3권 제4부 제1장 I. 'IQ와 EQ의 차이' 참조]

따라서 인간의 마음을 움직이기 위해서는 먼저 두뇌에 어떤 역사에 관한 내용, 즉 지식을 기억해 두어야 한다. 두뇌에 기억하지 않고는 그 다음 단계인 생각을 할 수 없다. 그런데 페더슨(Pederson)은 여기에서 한 단계 더 나아가 유대인의 기억에 대한 심리적인 특성을 이렇게 말했다.

> 히브리인들은 이미지가 마음속으로 들어가서 즉각적으로 의지에 반영되는 과정을 사유(思惟, thought)로 이해했다. 그리고 행동으로 연결되지 않는 사유는 의미 없는 순간일 뿐이라고 말했다. (Childs, pp. 16-17)

이것은 무엇을 뜻하는가? 유대인은 역사를 머리로 기억하고 마음으로 생각하며 이 역사인식을 하나의 사유로 정착시킨다. 이 역사에 대한 사유는 그의 내면적 정신세계에 역사의식을 갖게 한다. 그리고 이 역사의식은 강한 의지력을 갖게 하며, 이 의지력은 다이나믹한 에너지로 생산되어 기존의 다양한 행동들에 크고 작은 변화를 준다. 현재도 유대인들이 가지고 있는 강력한 응집력의 에너지는 강한 역사의식에서 나오는 강한 의지력에 기인한다.

이것을 인성교육학적인 입장에서 설명하면, 역사를 기억하고 깊이 생각하는 사람은 내면적 정신 세계가 강한 수직문화의 사람이라고 할 수 있다. 따라서 진정한 수직문화의 사람은 역사의식을 갖고 현재의 잘못된 모습들을 보면 이를 바르게 고쳐 나가려고 하는 의지를 보일 뿐만 아니라, 그 의지력이라는 에너지가 정의를 위한 행동으로 나타나야 한다.

이 논리를 6단계로 나누면 다음과 같다.

제1단계: 역사를 기억한다.
제2단계: 역사를 생각한다.
제3단계: 역사 인식을 하나의 사유(thought)로 정착한다.

제4단계: 역사의식이 생긴다.

제5단계: 의지력이 강해진다.

제6단계: 변화된 행동으로 나타난다.

| 기 억 | → | 생 각 | → | 사 유 | → | 역사의식 | → | 의지력 | → | 행 동 |

이 6단계를 '기억 발달의 6단계'(6 Stages of Remembering Development)라고 정의할 수 있다.

유대인은 자녀들에게 어떻게 역대의 연대를 생각하게 교육시키는지 실례를 들어보자.

이스라엘 공립초등학교에서는 공식적으로 체벌이 금지되어 있다. 그러나 예외가 있다. 성경공부 시간에는 체벌을 가할 수 있다. 그렇다면 성경공부 중 어느 때에 체벌이 가능한가? 토라(성경) 수업에서 어린 학생들에게 성경을 읽게 한다. 그들은 매일 읽어야 할 성경의 할당량이 있다. 선생이 학생들에게

기억의 발달의 6단계

제6단계	변화된 행동으로 나타난다
제5단계	의지력이 강해진다
제4단계	역사의식이 생긴다
제3단계	역사 인식을 사유(thought)로 정착한다
제2단계	역사를 생각한다(EQ)
제1단계	역사를 기억한다(IQ)

비고: 단계가 높을수록 좋다.

성경을 읽게 하고는 각 학생에게 다가가 "너는 이 내용에 대해 어떻게 생각하느냐?"고 묻는다.

　이때 학생이 예를 들어 출애굽기 12장을 읽고 "저는 우리 조상이 이집트에서 그 혹독한 노예 생활에서 해방된 유월절이 너무나 감사했습니다. 저도 크면 모세처럼 하나님과 우리 민족을 위해 살겠습니다."라고 대답하면, "좋아!" 하고는 다음 학생에게 다가간다.

　이때 만약 다음 학생이 아무런 대답을 못하면 이렇게 다그치며 매를 든다.

　"너는 왜 생각이 없느냐? 생각 좀 해라!"

　생각하는 것도 낮은 단계와 높은 단계가 있다. 그냥 곰곰이 생각만 해서는 안 된다. 높은 단계에서 생각하는 방법은 의문을 제기하고 그에 대한 답을 찾는 것으로 이루어진다. 그래서 탈무드는 의문이 많은 사람을 지혜자라고 한다(Tokayer, 탈무드 3: '탈무드의 처세술', 2009, pp. 68-70).

　[질문하는 방법은 저자의 저서 '유대인 아버지의 4차원 영재교육'(동아일보, 2007), 제3부 제4장 '제2차원 영재교육: 질문식과 탈무드 논쟁식 IQ계발교육' 참조].

과거의 역사를 생각하는 것도 낮고 높은 단계가 있다.
그냥 곰곰이 생각만 해서는 안 된다.
고도의 생각하는 방법은 의문을 제기하고
그에 대한 답을 찾는 것으로 이루어진다.

III. 유대인의 역사와 이방인의 역사의 차이

1. 유대인의 역사 자체가 하나님의 말씀이다

다른 이방 국가들의 백성들도 자기 민족과 국가의 정체성을 세우기 위하여, 역사의 단절을 막기 위해, 그리고 다음 세대와 소통하기 위해 과거의 역사를 기억하고 생각하는 일은 매우 중요하다. 이것은 그들에게 인성교육학적, 역사학적 및 심리학적인 측면에서 매우 중요한 교육이다.

그러나 하나님의 백성인 유대인의 과거의 역사, 즉 '자기 조상들이 겪은 과거의 사건들'을 기억하고 생각하는 것은 그런 목적도 있지만, 그 이상으로 절대적으로 필요한 이유가 있다. 그것은 유대인 자녀들에게는 '자기 조상들이 겪은 과거의 일' 자체가 거룩한 하나님의 말씀으로 반드시 기록되어야 했기 때문이다.

예를 들어, 창세기에 나타난 유대인 자녀의 '조상들이 겪은 과거의 사건들'은 하나님이 아브라함과 이삭 및 야곱에게 주신 언약의 말씀들 그리고 하나님이 그들과 나눈 대화들과 그들이 하나님과 관계하면서 살아온 역사들이다. 출애굽기, 레위기, 민수기 및 신명기에 나타난 자신들의 부모세대들이 애굽을 탈출한 후 홍해를 건널 때에 겪은 사건들과 광야 40년 동안에 일어난 사건들은 모두 하나님이 친히 주관하셨던 역사다. 그리고 여호수아기 이후 가나안에 들어가는 과정과 가나안에서 지낸 사건들과 포로기에 겪었던 사건들 그리고 그 이후 말라기까지 살았던 사건들을 기록한 역사들도 마찬가지다. 이 모든 유대인에 관한 역사들을 기록한 책들이 바로 구약성경, 즉 정확무오한 하나님의 말씀들이다.

따라서 유대인의 '조상들이 겪은 과거의 사건들'을 기억하고 생각한다는 것은, 곧 하나님의 교훈과 그 분의 의도를 기억하고 생각한다는 것과 동일하다. 따라서 유대인이 겪었던 1) 자신이 겪은 사건들, 2) 가족이 겪은 사건들, 3) 부족이 겪은 사건들, 4) 국가가 겪은 사건들 등은 일일이 기억하여 기록할 가치가 이방인의 그것들보다 절대적이다. 이런 점에서 신명기 32장 7절의 말씀은 그 의미가 대단히 중대하다.

만약 하나님이 유대인들에게 이런 교육을 시키지 않으셨다면, 오늘날의 구약성경은 존재하지 않았을 것이고, 하나님의 구속의 역사는 중단되었을 것이다. 따라서 창세기 1장부터 11장의 말까지, 즉 인류의 역사에 관한 말씀도 중요하지만, 창세기 12장 1절 이하(창 11장 일부 포함)부터 말라기까지의 말씀들은, 즉 구약성경은 아브라함의 후손인 선민(유대인)의 역사라는 점에서 매우 중요하다.

이는 후일 신약시대 전 세계에 흩어진 온 인류에게 전해져야 할 생명의 말씀들이다. 이런 점에서 유대인의 역사가 필요한 대상은 무제한적이다. 즉 유대인의 역사(구약성경)는 그들만의 역사일 뿐만 아니라, 온 인류가 반드시 알아야 할 온 인류를 위한 역사책이다.

반면 이방 민족의 역사가 필요한 대상은 제한적인 사람들, 즉 개인이나 그 나라, 혹은 그 나라에 관심 있는 몇 나라들에게만 국한된다. 이것이 바로 유대인의 역사가 다른 이방 나라의 역사들과 다른 점이다. 뿐만 아니라 전자는 하나님의 사람이 하나님의 감동으로 쓴 역사이기 때문에 하나님의 영성이 있지만(딤후 3:16; 히 4:12), 후자(이방인의 역사)는 하나님의 사람들이 쓴 것이 아니기 때문에, 즉 하나님의 감동으로 쓴 것이 아니기 때문에 영성이 없다.

따라서 전자는 거룩한 하나님의 말씀이지만, 후자는 세상의 역사로서 세상 지식에 불과하다. 그리고 전자는 무제한적인 사람들에게 유익하지만, 후자는 제한된 사람들에게만 유익하다.

이것을 설명하는 구체적인 예를 들어보자. 여호수아가 죽은 이후 사사기 시대 베냐민 지파에 속한 기브아의 불량배들이 낯선 레위인의 첩을 밤새 성폭행하여 죽인 사건이 나온다. 이 사건으로 인하여 베냐민 지파는 다른 열 한 지파의 공격을 받아 남자 600명만 살아남게 된다(삿 19-21장). 한 개인의 비극적인 사건이 공동체의 사건으로 커진 것이다.

오늘날에도 이런 사건은 밤 아홉시 뉴스에 나올만한 것이다. 그런데 주전 3000년경에 이런 사건이 농경 사회에서 일어났다는 것은 대단한 일이다. 더구나 거룩한 땅 이스라엘에서 하나님의 백성들이 저지른 죄질이 지극히 나쁜 사건이다.

그런데 오늘날에도 유대인뿐만 아니라 이방인 기독교인들도 이 사건의 기록을 읽으면 영혼의 양식이 된다. 그리고 성경공부 시험에도 나온다. 왜냐하면 이 사건이 유대인 공동체에서 일어났던 사건이었기 때문이다. 그리고 이 기록들은 전 세계인들이 반드시 읽어야 할 필독서다. 이처럼 유대인의 과거 사건들은 성

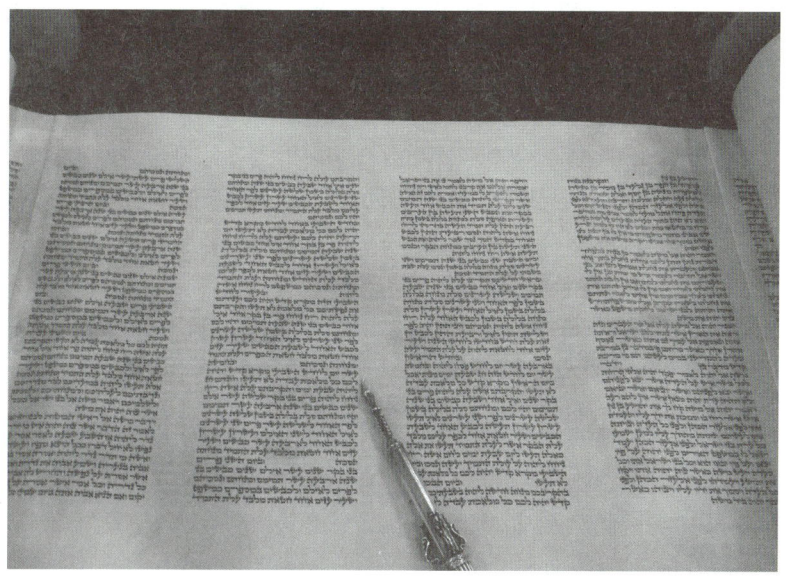

사진 설명: 자손대대로 내려온 유대인의 과거 사건들은 성경에 기록되어 온 인류의 생명의 양식이 되었다. 이것이 이방인의 역사와 다른 점이다

경이란 거룩한 책에 기록되었기 때문에 거룩한 하나님의 말씀이 되는 것이다. (물론 여기에서 얻는 교훈들도 있겠지만 여기에서는 생략한다.)

만약 이 사건이 다른 민족에게서 일어났었다면 당시의 뉴스로 그쳤을 것이다. 물론 이 사건으로 인하여 부족간의 큰 분쟁이 있었기 때문에 그들도 기록으로 남겼을 수 있다. 설사 그럴지라도 후대 사람들이 그 기록을 읽는다고 하여 그들의 영혼에 어떤 영향을 주지는 못할 것이다. 이것이 바로 유대인의 역사와 이방인의 역사가 다른 점이다. 결론적으로 신명기 32장 7절에 근거한 유대인의 역사교육의 유익과 결과를 몇 가지로 정리해 보자.

첫째, 인류를 구원하고 양육하는데 필요한 구약성경을 기록하게 했다.

이방인의 과거와 유대인의 과거의 차이

구분	이방인의 과거		유대인의 과거	
내용	자기 조상들이 겪은 과거의 사건들=이방인의 역사: 1) 자신이 겪은 사건들 2) 가족이 겪은 사건들 3) 부족이 겪은 사건들 4) 국가가 겪은 사건들		자기 조상들이 겪은 과거의 사건들 = 선민의 역사: 1) 자신이 겪은 사건들 2) 가족이 겪은 사건들 3) 부족이 겪은 사건들 4) 국가가 겪은 사건들	
가치의 차이	– 하나님의 사람이 쓰지 않았다. – 세상의 역사, 세상의 지식 – 하나님의 영성이 없음		– 하나님의 사람이 썼다. – 하나님의 구속의 역사 – 거룩한 하나님의 말씀 – 하나님의 영성이 있음	
	필요대상	제한된 개인과 필요한 나라에만 유익	필요대상	– 무제한적, 온 인류에게 유익한 절대적인 역사 – 온 인류가 반드시 알아야 할 그들을 위한 역사

둘째, 이런 유익 이외에 유대 민족과 그들 국가(이스라엘)의 정체성을 세워주었고, 역사의 단절을 막았고, 그리고 다음 세대와 일관되게 소통하게 해주었다.

셋째, 뿐만 아니라 자신들의 삶에서 매사에 자녀들이 질문하고 부모들이 답변하는 문화는 '탈무딕 디베이트'(토론) 교육 방법이라는 IQ개발 방법을 창안하게 했다.

넷째, 또한 그들이 디베이트한 것을 기록하는 습관은 사실에 근거한 증거를 수집하고 그 증거를 근거로 논리 정연한 기록으로 남기는 기록문화를 만들게 해 주었다. 이런 독특한 그들의 기록 문화는 어떤 주제를 연구하는 학문의 세계에서도 필수적이다. 유대인이 세상 학문의 세계에서도 다른 민족들보다 상대적으로 뛰어난 업적을 이루게 된 이유도 여기에 있다.

다섯째, 그리고 그들 민족 모두는 성경을 읽을 뿐만 아니라, 자신들의 생활을 기록하는 기록 문화를 만들게 하여, 전 국민의 문맹률을 다른 이방 민족들보다 낮추는데도 큰 역할을 했다.

이것은 무엇을 뜻하나? 하나님이 명령하신 신명기 32장 7절 말씀을 그대로 실천했더니, 그 결과 인류에게 반드시 필요한 구약성경만 기록한 것이 아니라, 그 부산물로 세상에서도 우뚝 선 민족으로 성장했다는 것이다. 그런 점에서 하나님의 교육 방법은 세상의 어떤 교육 방법보다도 우수한 교육 방법임을 알 수 있다.

중요한 것은 유대인 자녀들에게는
'자기 조상들이 겪은 과거의 사건' 자체가
거룩한 하나님의 말씀으로
반드시 기록되어야 했기 때문이다.

2. 유대인이 토라를 따끈따끈한 조간신문처럼 읽는 이유
(왜 유대인은 과거를 현재로 적는가)

앞에서 유대인의 과거 역사는 바로 거룩한 성경 말씀이라고 설명했다. 이것이 이방인의 역사와 다른 점이다. 때문에 그들의 역사는 진리적인 측면에서 절대적인 기록일 수밖에 없다. 그렇다면 현재의 유대인은 그들이 가지고 있는 과거의 역사책(구약성경)을 어떠한 느낌으로 대하는가?

이를 설명하기 위해서는 유대인의 역사관에 대해 알아야 한다. 유대인이 고전으로 읽는 *미드라쉬*에는 유대인의 역사관을 이해하는데 대단히 중요한 단서를 제공하는 구절이 있다.

> 지금으로부터 3400년 전에 모세가 시내산에서 토라를 받았을 때 시대를 초월한 모든 유대인의 영혼이 그곳에 모여 하나님에게 서약을 했다. 즉 지금 내가 20세기에 살고 있지만 내 영혼은 이미 300년 전에 모세와 함께 하나님으로부터 토라를 받았으며, 하나님에게 토라의 세계를 성취하기 위해 노력하기로 약속했다. (Solomon, '옷을 팔아 책을 사라', 쉐마, 2005, pp. 73-74)

이것은 유대인에게는 수평적인 유대감과 함께 과거와 미래를 수직으로 묶는 입체적인 일체감이 있다는 것을 뜻한다. 유대인은 언제 어디에서 살든지 시간과 공간을 초월해 서로 묶여 있는 하나의 거대한 공동체라는 것을 뜻한다. 유대인은 구약시대에 하나님 백성이기 때문에 이 공동체는 하나님의 백성으로 이루어진 하나님 나라, 즉 이스라엘이라는 뜻이다. 따라서 '이스라엘'이라는 말 속에는 지역적(수평적 공간)으로 전 세계에 살고 있는 유대인들과 시간적(수직적인 시간)으로 과거와 현재 그리고 미래에 살고 있는 유대인들을 함께 묶는 입체적인 공동체 개념이 있다.

따라서 유대인은 이스라엘의 인구를 계산 할 때도 현재 살고 있는 인구만 계산하는 것이 아니라 죽은 유대인도 함께 포함시킨다. 예를 들어 이스라엘과 아랍 연합국들이 맞붙은 1967년 6일 전쟁이 시작되었을 때에도 이스라엘의 인구는 고작 250만 명뿐이지만 1억 5천만 명이나 되는 아랍권을 이긴다는 확신을 가졌다. 왜냐하면 나치에게 학살당한 600만 명의 유대인이 그 당시 250만 명과 함께 싸울 것이라는 믿음이 있었기 때문이다(Solomon, '옷을 팔아 책을 사라', 쉐마, 2005, p. 26).

이것은 무엇을 뜻하는가? 유대인은 죽은 유대인들도 산 유대인들을 도와 유대인 공동체의 승리와 발전을 위해 함께 노력한다고 믿는다는 것이다. 유대인이 오늘날 적은 인구인데도 그렇게 큰 파워를 갖고 자부심을 갖는 이유가 여기에 있다.

이것은 마치 신약시대에 기독교인이 지역적(수평적 공간)으로 전 세계에 퍼져 살고 있지만, 영적으로는 유일신 하나님을 믿는 하나님의 백성들이 하나님의 나라를 이루고 산다는 것과, 시간적(수직적인 시간)으로는 과거에 먼저 천국으로 가신 아브라함이나 모세 그리고 바울이나 베드로 같은 신앙의 열조들과 그리고 미래의 기독교인들과 함께 묶여 영원한 하나님의 나라에서 동거할 것이라는 개념과 동일하다. 구약은 신약의 그림자이기 때문이다 (히 8:5, 9:24, 10:1).

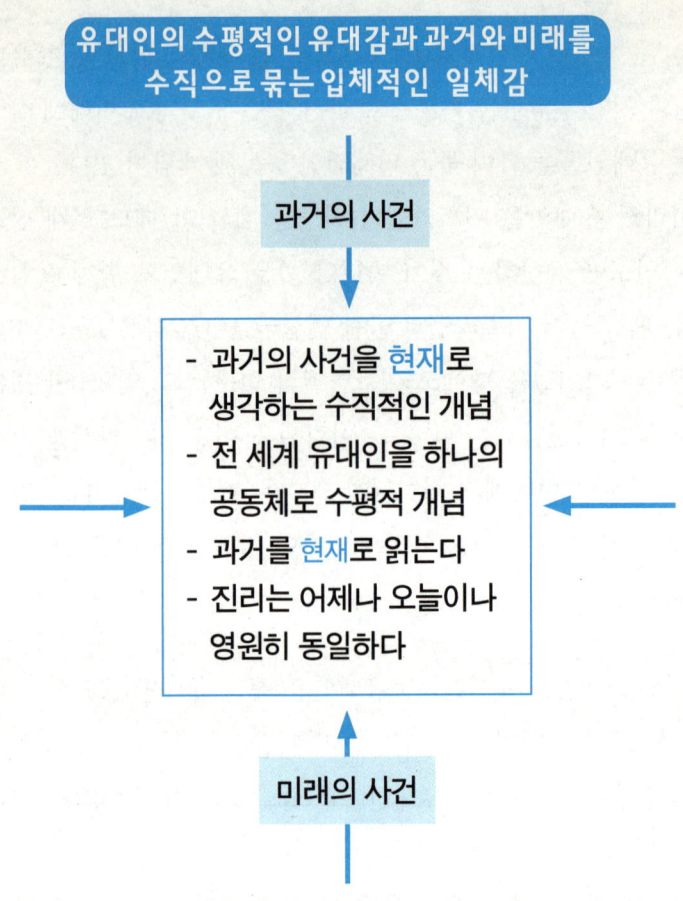

　이런 개념은 탈무드의 시간 개념에서도 볼 수 있다. 탈무드는 과거를 과거형으로 적지 않고 반드시 현재형으로 적는다. 유럽의 게토 안에서도 랍비들은 옛날의 랍비의 말을 전할 때 과거형으로 말하지 않았다. 반드시 "랍비 아무개는 말한다"라는 식으로 현재형으로 말했다. 아키바라는 아주 오래된 랍비의 이야기를 전할 때도 "랍비 아키바는 말한다"라고 설명했다. 이렇게 어떤 시대에도 살아 있는 분, 어떤 시대에도 살아 있는 말, 어떤 시

대에도 살아갈 수 있는 진실이 유대인을 살아남게 했다(Solomon, '옷을 팔아 책을 사라', 쉐마, 2005, pp. 75-76).

여기에서 진실이란 무엇을 뜻하는가? 하나님의 말씀을 뜻하고, 그 말씀이 육신이 되어 오신(요 1:1-3, 14), 어제나 오늘이나 영원토록 동일하신 예수 그리스도이시다(히 13:8). 그분은 생명수 샘물로 목마른 자에게 값없이 주시는 처음이요 마지막이며 알파와 오메가이시다(계 1:8, 21:6, 22:13, 구약성경은 사 41:4 44:6절 참조). 따라서 유대인의 역사관은 성경적인 역사관이다.

이런 역사관을 가지고 있는 유대인은 성경을 어떤 마음으로 읽는가? 성경을 읽을 때에 방금 잉크가 채 마르기도 전에 배달된 인쇄 직후의 따끈따끈한 조간신문과 같은 신선함을 느낀다. 그리고 평생토록 매일 읽는 내용이지만 조간신문에 난 오늘의 이슈처럼 현실감을 가지고 읽는다. 성경시대에 살고 있었던 사람들이나, 서기 2천 년에 살았던 사람들도 인간으로서는 다를 바가 없기 때문이다. 때문에 유대인은 전통을 확고히 지켜온 만큼 과거 인간의 모습도 세대차이 없이 생생한 모습으로 파악할 수 있다(Tokayer, 탈무드 4: '탈무드의 생명력', 2009, 동아일보, pp. 213-215).

이것은 대부분 기독교인이 신구약성경을 과거의 기록물로 보고 연구하는 경향과 매우 대조된다. 따라서 유대인은 안식일 절기나 구약의 절기들을 지키는 모습 등을 아직도 성경시대의 삶과 세대차이 없이 그대로 재현하며 보여주고 있다.

따라서 신약시대 기독교인도 유대인의 역사관을 본받아 성경을 먼 옛날 이야기로 생각하지 말고, 현재 하나님께서 나에게 주시는 말씀처럼 감동을 느끼며 가슴으로 받아야 할 것이다. 그럴 때에 나 자신이 살아계신 하나님을 인격적으로 만날 수 있을 것이다. 그리고 이러한 역사관을 다음세대에도 전해야 세대차이 없는 신앙전수를 이룰 수 있을 것이다.

**유대인은 구약성경이나 탈무드를
방금 배달되어 온, 인쇄 직후의 따끈따끈한
조간신문과 같은 신선함을 느끼며 읽는다.**

Ⅳ. 질문과 설명을 통한 기억의 방법

(저자 주: Ⅵ.항과 Ⅴ항은 제4부 제1장에 필요한 내용이나 본 연구에도 필요하여 여기에 연이어 싣는다)

1. 자녀는 질문을, 부모는 설명하라

> 옛날을 기억하라 역대의 연대를 생각하라
> 네 아비에게 물으라 그가 네게 설명할 것이요
> 네 어른들에게 물으라 그들이 네게 이르리로다. (신 32:7)

앞에서 신명기 32장 7절 전반의 "옛날을 기억하라 역대의 연대를 생각하라"의 뜻을 설명했다. 이제 후반의 "아비에게 물으라. 그가 네게 설명할 것이요. 네 어른들에게 물으라. 그들이 네게 이르리로다."란 말씀의 뜻을 알아보자. 이 말씀을 두 문장으로 나누면 다음과 같다.

1) "아비에게 물으라. 그가 네게 설명할 것이요."이고,
2) "네 어른들에게 물으라. 그들이 네게 이르리로다."이다.

두 문장을 비교하면 하나의 공통점과 두 가지의 차이점을 발견할 수 있다. 하나의 공통점은 네 아비와 네 어른들에게 '물으라'는 것이다. '물으라'의 히브리어는 '솨엘(שָׁאַל)'인데, '요청하다(ask)', 혹은 '간청하다(beg)'라는 뜻이 있다. 이것은 자녀들이 부모나 어른들에게 물어볼 때 일상적인 평범한 질문으로 끝내지 말

고, 찾고자 하는 답이 나올 때까지 집요하게 의문을 갖고 질문하라는 뜻이 있다. 따라서 자녀들은 부모나 어른들에게 옛날의 역사나 각 세대의 구체적인 역사적 사건들을 알기 위하여 사명감을 갖고 능동적으로 끈질기게 질문해야 한다.

그리고 두 가지의 차이점은 다음과 같다.

첫째는 '네 아비'와 '네 어른'의 차이이고,
둘째는 '설명하다'와 '이르리로다'의 차이다.

두 가지 차이점을 더 자세히 알아보며 하나님의 뜻을 찾아보자.

A. '네 아비'와 '네 어른'의 차이

왜 모세는 자녀들이 물어볼 대상을 '네 아비'와 '네 어른', 두 부류로 나누어 지정했는가? 어떤 중요한 의미가 있는지 알아보자.

'아비(אָב, 아바)'는 한 가정의 혈통적인 '아버지'를 뜻하고, '어른'(זָקֵן, 자켄)은 자신이 속한 공동체의 '지혜자(Sages)', 즉 지도자를 뜻한다(Rashi, The Metsudah Chumash, 2003, p. 335). 〈저자 주: 유대인은 한국처럼 가부장적인 제도였다. 그러나 여기서는 편의상 '아버지'를 '부모'로 표기한다.〉

이것은 각 가정의 부모들과 그들이 속한 공동체의 어른들이 유기적으로 함께 사명의식을 갖고 과거의 역사를 후손들에게 전수해야 한다는 것을 뜻한다. 첫 번째 책임은 가정의 부모에게 있고, 두 번째 책임은 공동체의 어른들, 즉 성경을 가르치는 지도자들에게 있다는 것을 뜻한다.

그래서 유대인은 고난의 역사를 전수하는 방법을 개발할 때 대부분 가정에서 해야 할 것과 유대인 공동체가 해야 할 것을 나누어 개발해 놓은 것들이 많다. 유대인 공동체라 함은 그 공동체에 속한 유

대인 회당과 유대인 학교도 포함된다. (실제 방법은 사진과 사진 설명 참조)
　유대인은 자녀교육의 프로그램을 만들 때 대부분 가정과 회당 그리고 공동체에서 해야 할 프로그램을 따로 만든다. 예를 들어 부림절은 하만이 모든 유대인을 죽일 계략에서 극적으로 살아난 날을 기념하는 절기다(에스더서 참조). 유대인은 이 절기를 가정과 회당 그리고 유대인 공동체에서 지킬 프로그램을 따로 만든다.

　자녀는 먼저 부모에게 질문해야 한다. 이 때 먼저 자신의 직계 가문에 관한 개인적인 사건들[사적(私的)인 일]에 관해 질문해야 한다. 개인적인 가문의 뿌리 이야기를 모은 것이 바로 각 가정의 족보다. 창세기 족장들의 족보나 마태복음과 누가복음에 나타난 예수님의 족보(마 1장; 눅 3:23-38)가 그 예다.
　그 다음에 자녀는 부모에게 자신이 속한 공동체에 일어났던 사건[공적(公的)인 일]에 대해 질문해야 한다. 그리고 각 시대마다 자신의 가문이 공동체에서 일어났던 사건들과 어떻게 관련되어 있었는지에 대해 질문해야 한다.

　또한 그 자녀는 부모에게 질문하는 것에만 그치지 말고, 공동체의 어른들, 즉 지도자들에게도 질문해야 한다. 그들은 공동체의 역사적인 사건들을 공적인 입장에서 설명해 줄 수 있다.
　그들은 당대에 자신들이 겪은 사건에 대해서는 너무나 잘 알고 있을 것이다. 그리고 더 오래 된 사건들에 대해서는 여러 경로를 통하여 많은 증거들을 수집하여 갖고 있을 수 있다. 따라서 그들은 부모가 설명할 수 없는 부분들에 관해서도 많은 증거들을 제시해 가면서 각 세대마다 일어났던 공동체의 사건들에 대하여 자세히 설명할 수 있다.

이 때 중요한 것은 자녀들은 자신의 가문이 공동체의 역사적 사건에 어떠한 관계가 있었는지에 대해서도 질문해야 한다는 것이다. 그리고 부모의 증언과 비교해 보고, 만약 부모의 증언과 다르다면, 왜 다른지, 그 이유를 객관적으로 알아보아야 한다. 확실한 진실을 찾기 위함이다.

이런 공동체의 역사 공부는 한 공동체의 정체성을 세우는데도 대단히 중요하다. 여기에서 말하는 공동체란 한 부족일수도 있고, 민족, 혹은 국가일수도 있다. 구약성경은 이런 과정을 통하여 쓰여졌다. 창세기를 뺀 모세오경(출애굽기, 레위기, 민수기, 신명기),

회당에서: 3대가 회당에 함께 모여 랍비가 에스더서를 읽을 때 자신들의 모든 조상들을 죽이려고 한 하만 장군의 이름이 나올 적마다 모두 소리가 나는 도구를 흔들며 "하만!" "하만!"을 외치며 기뻐하는 모습. 고난의 역사를 3대가 함께 기억하는 교육이다.

소리 내는 도구들(noisy makers)

가정에서: 유대인은 부림절에 가정마다 절기 식탁을 함께 하고, 가정끼리 선물을 교환하는 풍습이 있다. 사진은 유대인 가정에서 기쁜 축제의 날에 이웃에게 선물을 나누어 주는 모습

온 가족이 가장을 하고 이웃에게 선물을 전하러 다니는 모습 (하)

제2장 유대인의 고난의 역사신학

자녀들이 부모와 지도자에게 질문할 내용

구분	부모에게 질문할 내용	공동체 지도자에게 질문할 내용
사적인 일	자신의 가문에 관한 개인적인 사건들 (예: 할아버지가 피난 갔던 일, 족보 등)	없음
공적인 일	각 세대마다 공동체가 겪었던 역사적 사건들 (부모가 조상대대로 전수된 것 설명)	각 세대마다 공동체가 겪었던 역사적 사건들(공동체 지도자가 종합하여 설명)
가문과 공동체의 관계	각 세대마다 공동체가 겪었던 역사적 사건들과 본인의 가문과의 관계(부모가 조상대대로 전수된 것 설명)	각 세대마다 공동체가 겪었던 역사적 사건들과 본인 가문과의 관계(공동체 지도자가 객관적 자료로 설명, 다른 가문의 것들도 설명)

열왕기상하, 역대상하 그리고 선지서 등이 좋은 예다.

따라서 모세가 자녀는 부모와 공동체의 지도자들에게 나누어 질문하도록 하게 한 것은 매우 중요한 목적이 있었음을 발견할 수 있다. 이것은 마치 교회 목사가 교인들의 개인적인 족보를 알 수 없듯이, 유대인 공동체의 지도자들도 각 유대인들의 개인적인 족보를 알 길이 없었을 것이다. 이런 개인의 가문에 관한 역사들은 오직 부모만이 전할 수 있었을 것이다.

그런데도 대부분 한국인 부모들이 가정에서 자신이 자녀를 가르칠 생각은 하지 않고, 교회나 학교에만 의존하는 것은 매우 잘못된 것이다.

구약성경을 보면 창세기까지는 대부분 개인적인 족보로 형성되어 있고, 유대인의 공동체의 역사는 출애굽기 이후부터 시작되었다. 따라서 자녀들은 반드시 두 가지, 자신의 개인적인 족보와 자신이 속한 공동체의 역사를 기억하고 생각해야 한다.

유대인은 고난의 역사를 전수하는 방법을 개발할 때
가정에서, 회당에서 그리고 공동체에서
해야 할 것을 나누어 개발한다.

B. '설명하다'와 '이르리로다'의 차이

앞에서 자녀들은 아비나 공동체에 왜 질문을 해야 하는지, 그리고 무엇에 관해 질문해야 하는지에 대해 설명했다. 여기에서는 자녀들의 질문을 받은 아비나 공동체 지도자들은 무엇을 어떻게 답변해야 할지에 대해 설명해 보자.

왜 모세가 1) "아비에게 물을 때는 그가 네게 설명할 것이요"라고 하고, 2) "어른들에게 물을 때는 그들이 네게 이르리로다"(신 32:7b)라고 했는가? '설명하다'(נָגַד, 나가드)와 '이르리로다'(אָמַר, 아마르)의 차이는 무엇이 다른가?

먼저 1항에 대하여 설명해보자. 유대인 주석가 라쉬는 "아비에게 물으라. 그가 네게 설명할 것이요"(신 32:7ba)를 "아버지는 아들에게 그 사건이 너와 어떤 관계가 있는지를 설명할 것이요(he will relate it to you)"로 번역했다(Rashi, The Metsudah Chumash, 2003, p. 335). 이것은 아버지가 아들에게 자신의 가문과 직접 관련이 있는 두 가지 역사를 전해주라는 말이다.

첫째, 아버지는 자신에게 일어났던 옛 사건들을 자녀에게 전해주라는 것이다. 예를 들면, 자신의 할아버지가 한국 전쟁이 일어났을 때 피난 다닌 이야기나 자신의 결혼 이야기 혹은 개인적인 족보 이야기 등을 전해주라는 것이다.

둘째, 자신의 가문이 그 당시 자신이 속한 공동체의 역사와 어떠한 관계가 있었는지를 설명해 주라는 것이다. 그리고 공동체의 역사적 사건에 긍정적인 영향을 주었는지, 아니면 부정적인 영향을 주었는지에 대해서도 설명해 주어야 한다. 그리고 왜 그렇게 했어야 했는지, 그 원인을 설명해 주고, 앞으로 하나님의 말씀에 따라 어떻게 해야 할 것인지를 설명해야 한다. 이것은 남보다는 아버지만이 솔직하게 얘기 할 수 있는 내용들이다. 이것이 곧 가문의 생존 방법이며, 가문의 역사를 더 번창시키고 풍요롭게 하는 방법이다.

이제 2항에 대하여 알아보자. "어른들에게 물으라. 그들이 네게 이르리로다."(신 32:7bb)는 "지혜자들(Sages)은 너에게 말할 것(tell)이다"라고 번역했다(Rashi, The Metsudah Chumash, 2003, p. 335). 이것은 공동체 지도자들은 앞에서 설명한대로 공동체의 공적인 사건들을 후대에게 전해 준다는 것을 뜻한다.

이 때 공동체 지도자들은 질문한 자녀들의 가문이 공동체의 역사적 사건에 어떠한 관련이 있었는지에 대해서도 설명해 주어야 한다. 뿐만 아니라 공동체 사건들과 다른 가문들의 관계도 설명해 주어야 한다. 그리고 가문과 가문끼리의 것들도 비교하며 설명해 주어야 한다.

따라서 자녀는 개인적인 역사의 사건들과 공동체의 역사의 사건을 모두 알아야 할 책임이 있다.

모세는 왜 자녀에게 부모와 공동체의 지도자에게
나누어 질문하도록 했는가?

유대인의 교육 방법은 인성교육적 측면에서 한국인에게도 그대로 적용할 수 있다.

〈역사 토론하기〉

예: 부모는 자녀와 함께 한국에서 일어났던 3.1운동(1919년)이나 한국전쟁(1950-1953년)에 대하여 생각해 보라. 자신들은 '기억 발달의 6단계' 중에서 어느 단계에 있는지 평가하고 6단계로 발전하기 위해 무엇을 어떻게 해야 할지를 본문에서 찾아 실천해 보라.

2. 역사의 사건을 생각하는 자녀의 7가지 유형

"**옛**날을 기억하라 역대의 연대를 생각하라"(신 32:7a)란 말씀을 참고하여 저자는 앞에서 자녀의 '기억 발달의 6단계'를 설명했다. 이 이론을 자녀교육에 적용해 보자. 발달 단계에 따라 가장 낮은 단계에서 가장 높은 단계까지 대략 7가지 유형으로 나타난다. 이 유형은 하나님이 원하시는 자녀와 그렇지 못한 자녀를 구별하는데 도움을 준다.

제1차원의 자녀는 역사를 기억하려 하지 않는, 역사를 잊고 사는 자녀이다. 현재의 재미, 혹은 하는 일에 매몰되어 과거에 대해 생각하는 것을 싫어한다. 이런 자녀들은 할아버지의 세대와 아버지 세대는 우리 세대와 다르기 때문에 우리는 우리식으로 살려고 하니, 우리 일에 참견하지 말라고 하는 경우가 많다. 이런 경우 사고나 행동이 전 세대와 세대차이가 많이 난다.

제2차원의 자녀는 역사를 기억은 하지만 깊이 생각하지는 않는 자녀다. 이런 경우 기억을 하고 싶어서 하는 것이 아니고 숙제나 시험을 준비하기 위해 기억하는 경우가 많다. 이런 경우는 수직문화를 형성하고 생활을 변화하는 데에 별 도움을 주지 못한다. 그래도 역사를 기억하는 사람은 기억조차 하지 않는 사람보다는 낫다. 왜냐하면 기억하는 사람은 자신에게 어떤 상황이 발생하게 되면, 생각을 할 수 있는 기회를 가질 수 있기 때문이다.

제3차원의 자녀는 기억하고 그 역사를 곰곰이 생각까지 하는 자녀다. 전자를 IQ의 자녀라고 한다면, 후자는 EQ의 자녀다. 모세는 기억만 하지 말고 생각까지 하라고 명령했다(신 32:7a).

제4차원의 자녀는 역사를 기억하고 생각까지 할 뿐만 아니라, 이것을 토대로 역사에 대한 하나의 사유(thought)를 정착시키는 자녀다. 이것은 수직문화를 형성하는데 가장 중요한 요소 중 하나다.

제5차원의 자녀는 역사를 기억하고 생각하여 그 역사 인식을 하나의 사유로 정착 시킬 뿐만 아니라, 그의 내면적 정신에 다이나믹한 역사의식을 형성한 자녀다.

제6차원의 자녀는 역사를 기억하고 생각하여 사유로 정착시키어 역사의식을 가질 뿐만 아니라, 강한 의지력을 갖게 한다. 이런 자녀는 역사의 사건에 대해 의문을 제기하고 그에 대한 답을 찾아보려는 자녀다.

제7차원의 자녀는 역사를 기억하고 생각하여 사유로 정착시키어 역사의식을 갖고 강한 의지력을 가질 뿐만 아니라, 그른 것을 바로 세우려는 행동을 보이는 자녀다. 이런 자녀는 역사의 사건에 대해 의문을 제기하고 그에 대한 답을 찾은 후 행동의 변화를 보이는 자녀다. 가장 높은 단계의 자녀다.

이것을 간단히 요약하면, 다음과 같다.

제1차원 자녀: 역사를 기억조차 하지 않는 자녀.
제2차원 자녀: 역사를 기억하지만 생각은 하지 않는 자녀.

제3차원 자녀: 역사를 기억하고 곰곰이 생각하는 자녀.

제4차원 자녀: 역사인식을 하나의 사유로 정착하는 자녀.

제5차원 자녀: 역사적 사유를 토대로 역사의식을 형성한 자녀.

제6차원 자녀: 역사의식은 강한 의지력을 갖게 한다. 이런 자녀는 역사의 사건에 대해 의문을 제기하고 그에 대한 답을 찾아보려는 자녀다.

제7차원 자녀: 강한 의지력을 행동으로 보여주는 자녀.

따라서 자녀는 먼저 옛 역사를 공부하여 그대로 기억해야 한다. 그러나 각 세대에 일어났던 과거의 사건들을 기억하는데만 그치면 안 된다. 각 사건마다 그 사건을 분석하여 그 사건이 주는 의미를 새기고, 교훈을 얻기 위해 깊게 생각해야 한다. 그리고 이런 과정에서 얻는 정보들은 새로운 사유로 정착시키고, 그 사유에서 나오는 역사의식은 의지력을 강하게 해준다. 이것은 역사의 사건에 대해 의문을 제기하고 그에 대한 답을 찾아보게 하는 동기 유발(motivation)을 갖게 해준다.

이런 동기유발로 인한 에너지는 역사의 의문에 대한 답을 찾은 후 바른 행동의 변화로 나타나게 해준다. 그래야 잘못된 세상을 바꾸고 더 좋은 미래의 세상을 만들 수 있다.

오늘날 많은 이들이 역사 공부는 하지만 역사의식이 없는 이유는 무엇인가? 역사 공부를 입시 시험에 합격하기 위하여 암기만 하기 때문이다. 역사의 의미를 생각하려 하지 않기 때문이다.

현대인은 깊게 생각하기를 싫어하는 경향이 있다. 역사의 지식만 갖고 있는 사람은 IQ의 사람이지만, 역사를 깊이 생각하는 사람

역사의 사건을 기억하고 생각하는 자녀의 7가지 유형

7차원 단계 자녀	답을 찾은 후 행동으로 옮기는 자녀
6차원 단계 자녀	의문을 제기하고 답을 찾음.의지력 강화
5차원 단계 자녀	역사의식을 형성한 자녀
4차원 단계 자녀	역사 인식을 하나의 사유로 정착하는 자녀
3차원 단계 자녀	역사를 기억하고 곰곰이 생각하는 자녀
2차원 단계 자녀	역사를 기억하지만 생각하지 않는 자녀
1차원 단계 자녀	역사를 기억조차 하지 않는 자녀

비고: 단계가 높을수록 좋다

〈적용 예: 부모와 자녀들이 한국의 3.1운동 사건을 여기에 적용해 보라〉

은 눈물이 있는 EQ의 사람이며, 또한 수직문화의 사람이다. 그래서 현대는 지식은 많으나 지혜는 부족한 세대가 되어가고 있다.

유대인은 자녀들에게 성경을 읽고 자신에 대해, 부모에 대해, 가정에 대해, 민족에 대해, 하나님에 대해 넓고 깊게 질문하고 답을 찾도록 가르친다. 이런 습관을 통하여 자신들의 정체성을 계속 찾아가고, 정체성이 높아지는 것만큼 끊임없이 진리를 찾아 토론한다. 그리고 강한 정신력을 소유하고 애족 애국자가 된다.

따라서 유대인은 가장 낮은 1차원 단계의 자녀가 이런 교육을 통하여 7차원 단계의 자녀로 성장할 수 있도록 노력한다. 자녀를 매사에 생각하는 사람으로 키워야 똑똑하고 주체의식이 강한 큰 인물이 될 수 있다.

왜 모세가 그토록 강하게 "옛날을 기억하라 역대의 연대를 생각하라"고 했을까? 대부분 사람들의 본질적인 실수가 자신들은 과거와 상관없는 것처럼 여기는 데서 오기 때문이다. 많은 사람들이 인생과 역사를 길게 내다보지 못한다(a lack of perspective)는 것이다. 모세는 미래에 이런 바보 같은 실수 때문에 고통당하지 말라는 것이다(Scherman & Zlotowitz, The Chumash, 2005, p. 1101).

유대인 주석가 라쉬는 과거를 기억해야 하는 목적을 '하나님께서 유대인에게 어떻게 하셨는지 그리고 무엇 때문에 하나님이 유대인들에게 분노하셨는지를 알게 하기 위함이다(Rashi, The Metsudah Chumash, 2003, p. 335)'라고 설명했다. 따라서 유대인은 과거의 역사를 기억하고 생각함으로 하나님의 징계를 받은 이유를 알고 회개한다. 그리고 그런 고난의 역사가 반복되지 않도록 노력한다.

이것은 무엇을 뜻하는가? 옛날을 기억하지 않으면 오늘의 자신을 모르고, 오늘의 자신을 모르면, 내일을 잘 준비할 수 없다. 따라서 자녀들은 옛 역사를 기억할 뿐만 아니라, 각 세대에 있었던 역사적인 사건들의 의미를 깊이 생각해야 한다.

**대부분 사람들의 본질적인 실수는
자신들이 과거와 상관없는 것처럼 여기는 데서 온다.
많은 사람들이 인생과 역사를 길게 내다보지 못한다.**

V. 과거를 가르치는 부모와 배우는 자녀의 유형

1. 과거를 가르치는 부모의 네 가지 유형

하나님은 어떤 유형의 부모를 원하시나? 신명기 32장 7절의 말씀에 따라 과거의 역사를 가르치는 부모의 유형을 네 가지로 분류하고 하나님이 원하시는 부모와 그렇지 못한 부모의 유형을 찾아보자. 점점 더 높은 유형의 부모가 더 바람직한 하나님이 원하시는 부모다.

첫째 부모의 유형: 첫째 부모의 유형은 자녀에게 과거를 숨기는 부모다.

첫째 부모의 유형은 자녀가 질문을 하려고 해도 질문하지 못하게 한다. 그들은 자신과 민족의 고난의 역사를 수치스럽게 생각하여 남이나 자녀들에게 숨기려 한다. 그들은 자녀들이 이것을 알게 되면 자녀들이 수치스럽게 여겨 자긍심을 해치고 열등의식을 가질 수 있다고 생각한다. 즉 고난의 역사가 자녀에게 도움이 안 된다고 생각한다.

이런 부모는 역사의식이 전혀 없는 부모다. 당대 현실적인 출세에만 집착하는 이기적인 부모다. 그 결과 자녀가 자신의 뿌리를 전혀 모르고 성장하여 자신과 민족의 과거 역사와 단절된다. 이전 세대와 현저한 세대차이가 난다. 수직문화가 거의 없으며 자긍심이 매우 약하기 쉽다. 이런 가정은 당대에는 흥할지 모르나 다음 세대의 긍정적인 미래를 기대하기 힘들다.

둘째 부모의 유형: 둘째 부모 유형은 자녀에게 과거를 가르치지 않는 부모다.

둘째 부모 유형은 자신의 과거와 민족의 역사에 별 관심이 없거나 바쁘기 때문에 가르치지 못할 수도 있다. 물론 이런 부모도 역사의식이 거의 없는 부모다. 그들은 자녀가 부모의 과거에 대해 질문을 한다 해도 귀찮아한다. 자신의 당대만 생각한다. 그 결과 자녀가 자신의 뿌리를 모르고 성장하여 과거의 역사와 연속성이 거의 없다. 따라서 세대차이가 많다. 이런 가정은 당대에는 흥할지 모르나 다음 세대의 긍정적인 미래를 기대하기 힘들다.

수직문화를 싫어하고 수평문화에 동화된 부모들이 거의 두 번째 유형의 부모에 속한다. 그러나 현실에 충실하고 선량한 부모라 해도 그들이 자신들의 부모로부터 역사교육을 받지 못하여 역사의식을 갖고 있지 못하는 경우도 있을 수 있다. 따라서 다음 세대는 수직문화가 약하고 자긍심이 약하기 쉽다. 그들은 과거의 역사를 자녀들에게 가르치는 것이 얼마나 중요한지를 모른다.

셋째 부모의 유형: 셋째 부모의 유형은 자녀에게 과거를 가르치는 부모다.

셋째 부모의 유형은 역사의식이 있는 부모다. 자신의 과거와 민족의 역사에 관심을 갖고 공부한 부모다. 따라서 부모세대나 부모 이전 세대의 역사에 대해 알고 있는 부모다. 이런 부모

과거를 가르치는 부모의 4가지 유형

(오른쪽으로 갈수록 더 바람직한 부모의 유형이다)

구분	첫째 부모의 유형	둘째 부모의 유형	셋째 부모의 유형	넷째 부모의 유형
부모의 태도	자녀에게 과거를 **숨기는** 부모	무관심으로 자녀에게 과거를 **안 가르치는** 부모	자녀에게 과거를 **가르치는** 부모	자녀에게 과거를 **적극적으로 가르치는** 부모
자녀의 질문에 반응	자녀에게 **질문하지 못하게** 한다.	자녀의 **질문을 귀찮아** 한다.	자녀의 **질문에 잘 답변한다.**	자녀에게 **질문을 하라고 권한다.**
역사의 이해도	고난의 역사가 자녀교육에 **도움이 되지 않는다고 판단**한다.	부모와 부모 이전 세대의 역사에 **관심이 없다.**	부모와 부모 이전 세대의 역사에 대해 **알고 있다.**	부모와 부모 이전 세대의 역사에 대해 **소상히 알고 있다.**
역사 의식	역사의식이 **전혀 없다.** 현실의 출세에만 집착한다.	역사의식이 **거의 없다.** 자신의 당대만 생각한다.	역사의식이 **있다.** 가정과 공동체의 미래를 준비한다.	역사의식이 **강하다.** 가정과 공동체의 미래를 적극적으로 준비한다.
결 과	자녀가 자신의 뿌리를 전혀 모르고 성장. **과거의 역사와 단절.** 현저한 세대차이. 수직문화가 거의 없고 자긍심도 약하기 쉽다. 다음 세대가 부정적이다.	자녀가 자신의 뿌리를 모르고 성장. **과거의 역사와 연속성이 거의 없다.** 세대차이가 많다. 수직문화가 약하며 자긍심도 약하기 쉽다. 다음 세대가 부정적이다.	자녀가 자신의 뿌리를 알고 성장. **과거의 역사와 연속성이 있다.** 세대차이가 적다. 수직문화가 강하며 자긍심도 강하기 쉽다. 다음 세대가 긍정적이다.	자녀가 자신의 뿌리를 완전히 알고 성장. **과거의 역사와 연속성이 강하다.** 세대차이가 없다. 수직문화가 매우 강하며 자긍심도 매우 강하기 쉽다. 다음 세대가 매우 긍정적이다.
비 고	현실에 충실한 선량한 부모라 해도 그들이 자신들의 부모로부터 역사교육을 받지 못하여 역사의식을 갖고 있지 못하는 경우도 있을 수 있다. 바른 교육이 그만큼 중요하다.			

는 자녀의 질문에 잘 답변한다. 가정과 민족의 공동체에 관심이 있고, 가정과 공동체의 미래를 준비하는 부모다. 그 결과 자녀가 자신의 뿌리를 알고 성장하여 과거의 역사와 연속성이 있다. 따라서 수직문화가 강하고 자긍심이 높을 수 있다. 그리고 세대차이가 적다. 이런 가정은 당대는 물론 다음 세대에도 긍정적인 미래가 준비되어 있는 편이다.

넷째 부모의 유형: 넷째 유형의 부모는 자녀에게 과거를 적극적으로 가르치는 부모다.

역사의식이 강한 부모다. 자신의 과거와 민족의 역사에 관심을 갖고 공부한 부모다. 따라서 부모세대나 부모 이전 세대의 역사에 대해 소상히 알고 있는 부모다. 이런 부모는 자녀가 질문을 하지 않으려고 해도 질문을 하라고 권한다. 가정과 민족의 공동체에 관심이 있고, 가정과 공동체의 미래를 적극적으로 준비하는 부모다.

그 결과 자녀가 자신의 뿌리를 완전히 알고 성장하여 과거의 역사와 연속성이 강하다. 따라서 세대차이가 없다. 그리고 수직문화가 매우 강하며 자긍심도 매우 강하기 쉽다. 이런 가정은 당대는 물론 다음 세대에도 긍정적인 미래를 잘 준비할 수 있다. 유대인이 '부모는 선조와 후손 사이의 역사와 하나님의 말씀(율법)을 잇는 연결 고리가 되어야 한다'라고 가르치는 이유가 여기에 있다.

이상으로 과거를 가르치는 부모의 네 가지 유형을 알아보았다. 하나님이 가장 원하시는 부모의 유형은 네 번째 유형이다.

이런 부모는 구약의 지상명령을 잘 성취할 수 있다. 그 다음 하나님이 원하시는 유형의 부모는 세 번째 유형이다. 하나님은 첫 번째 유형과 두 번째 유형의 부모를 가장 싫어하신다.

하나님이 가장 원하시는 부모의 유형은
자녀에게 과거를 적극적으로 가르치는 부모이고,
가장 싫어하시는 부모의 유형은
자녀에게 과거를 숨기는 부모다.

2. 부모의 과거에 대해 질문하는 자녀의 네 가지 유형

하나님은 어떤 자녀의 유형을 원하시나? 신명기 32장 7절의 말씀에 따라 부모의 과거에 대해 질문하는 자녀의 네 가지 유형을 제시하고 하나님이 원하시는 자녀상과 그렇지 못한 자녀상을 찾아보자.

첫째 자녀의 유형: 부모의 과거에 전혀 관심이 없고, 부모가 가르쳐 주어도 배우지 않으려는 자녀다.

부모의 과거에 대해 전혀 질문하지 않는다. 이런 자녀는 자신의 뿌리를 전혀 모르고 성장한다. 따라서 부모의 과거뿐 아니라 부모세대 및 부모 이전 세대의 역사에 대해 전혀 모른다. 오직 현재 세상의 수평문화에만 관심이 있고 수직문화에는 전혀 관심이 없는 자녀다.

그 결과 이런 자녀는 역사의식이 전혀 없을 수 있다. 그리고 과거의 역사와 단절되어 이전 세대와 세대차이가 현저히 난다. 수직문화가 약하여 자긍심도 대단히 약할 수 있다. 따라서 다음 세대에 긍정적인 미래를 기대하기 힘들다.

둘째 자녀의 유형: 부모의 과거에 관심이 없지만, 부모가 가르쳐 주면 싫더라도 수동적으로 배우는 자녀다.

부모의 과거에 대해 거의 질문하지 않는다. 이런 자녀는 부모에게 배운 만큼만 자신의 뿌리를 약간 알고 성장한다. 따라서 부모의 과거뿐 아니라 부모세대 및 부모 이전 세대의 역사에 대해 조금은 아는 자녀다. 주로 세상의 수평문화에 관심이 많고 수직문화에는 관심이 약간 있을 수 있다.

그 결과 이런 자녀는 역사의식이 거의 없다. 그리고 과거의 역사와 연속성이 강하지 않기 때문에 세대차이가 많다. 수직문화가 약하고 자긍심도 약할 수 있다. 그나마 다음 세대에 긍정적인 미래가 약간 보이는 이유는 부모가 자녀에게 과거의 역사를 억지로라도 가르쳤기 때문이다.

셋째 자녀의 유형: 부모의 과거에 관심이 있어서 부모가 가르쳐주는 것을 능동적으로 배우는 자녀다.

부모의 과거에 대해 가끔 질문한다. 이런 자녀는 자신의 뿌리를 알고 성장한다. 따라서 부모의 과거뿐 아니라 부모세대 및 부모 이전 세대의 역사에 대해 어느 정도 안다. 역사의식이 어느 정도 있는 자녀다. 세상의 수평문화뿐만 아니라 수직문화에도 관심이 있는 자녀다.

그 결과 과거의 역사와 연속성이 있어서 세대차이가 적다. 수직문화가 강하고 자긍심도 강할 수 있다. 그리고 다음 세대에 긍정적인 미래가 준비되어 있는 편이다.

넷째 자녀의 유형: 부모의 과거에 관심이 많아 부모가 가르쳐주는 것을 능동적으로 배우려는 자녀다.

이런 자녀는 설사 부모가 무관심하거나 바빠서 가르치지 않는다고 해도, 그리고 가르치지만 빠진 과거사에 대해서 더 알고자 적극적으로 질문한다. 이런 자녀는 자신의 뿌리를 완전히 알고 성장한다.

따라서 부모의 과거뿐 아니라 부모세대 및 부모 이전 세대의

부모의 과거에 질문하는 자녀의 4가지 유형

(오른쪽으로 갈수록 더 바람직한 자녀의 유형이다)

구분	첫째 자녀의 유형	둘째 자녀의 유형	셋째 자녀의 유형	넷째 자녀의 유형
자녀의 태도	부모의 과거에 **관심없고**, 부모가 가르쳐도 **안 배우는** 자녀.	부모의 과거에 **관심이 없지만**, 부모의 가르침에 **수동적**으로 배우는 자녀.	부모의 과거에 **관심이 있어서** 부모의 가르침에 **능동적**으로 배우는 자녀.	부모의 과거에 **관심이 많아** 부모의 가르침에 **능동적**으로 배우는 자녀.
부모에게 질문량	부모의 과거에 대해 **전혀 질문이 없다.**	부모의 과거에 대해 **질문이 거의 없다.**	부모의 과거에 대해 **가끔 질문한다.**	부모의 과거에 대해 **적극적으로 질문한다.**
부모 세대에 대한 이해도	부모의 과거와 부모 이전 세대의 역사를 **전혀 모른다.**	부모의 과거와 부모 이전 세대의 역사를 **조금 안다.**	부모의 과거와 부모 이전 세대의 역사를 **안다.**	부모의 과거와 부모 이전 세대의 역사를 **소상히 안다.**
역사 의식	역사의식이 **전혀 없다.**	역사의식이 **거의 없다.**	역사의식이 **거의 없다.**	역사의식이 **강하다.**
결 과	자신의 뿌리를 **전혀 모르고 성장**. 과거의 역사와 단절. **현저한 세대차이**. 다음 세대가 매우 부정적이다.	자신의 뿌리를 **약간 알고 성장**. 과거의 역사와 연속성이 약간 있다. **세대차이가 많다**. 다음 세대가 약간 부정적이다.	자신의 뿌리를 **알고 성장**. 과거의 역사와 연속성이 있다. **세대차이가 적다**. 다음 세대가 긍정적이다.	자신의 뿌리를 **완전히 알고 성장**. 과거의 역사와 연속성이 강하다. **세대차이가 없다**. 다음 세대가 매우 긍정적이다.
비 고	물론 현실에 충실하고 선량한 자녀라 해도 부모의 역사교육을 받지 못하여 역사의식을 가질 수 없는 경우가 있을 수 있다.			

역사에 대해 소상히 잘 안다. 역사의식이 강한 자녀다. 세상의 수평문화에는 관심이 없고 수직문화에만 관심이 많은 자녀다.

그 결과 과거의 역사와 연속성이 강하여 세대차이가 없다. 수직문화가 대단히 강하고 자긍심도 대단히 강할 수 있다. 그리고 다음 세대에 긍정적인 미래가 잘 준비되어 있다.

이상으로 부모의 과거에 질문하는 자녀의 네 가지 유형을 알아보았다. 여기에서 짚고 넘어가야 할 것이 있다. 역사의식이 없는 자녀들은 모두 불량하다는 것인가 하는 문제다. 그렇지 않다, 선량한 자녀들도 있을 수 있다. 그들 중에는 부모의 역사교육을 받지 못하여 역사의식을 갖지 못한 경우도 있을 것이다. 역사의식을 갖는 것은 대부분 선천적이라기보다는 후천적 교육에 의해 형성되기 때문이다. 유대민족이 역사의식이 강한 이유도 그들의 고난의 역사교육이 있었기 때문이다. 따라서 부모가 자녀에게 역사의식 교육을 시키는 것이 그만큼 중요하다.

하나님은 네 번째 자녀의 유형을 가장 원하신다. 이런 자녀를 갖고 있는 부모는 구약의 지상명령을 잘 성취할 수 있다. 그 다음 하나님이 원하시는 자녀의 순서는 세 번째 유형이고, 그 다음은 두 번째 유형이다. 하나님이 가장 싫어하는 자녀는 첫 번째 자녀의 유형이다.

3. 요약 및 결론

앞에서 과거를 가르치는 부모와 배우는 자녀의 유형을 설명했다. 그렇다면 하나님이 가장 원하시는 이상적인 가정은 어떤 부모와 어떤 자녀의 유형을 가진 가정일까? 그리고 가장 싫어하시는 부정적인 가정은 어떤 부모와 어떤 자녀의 유형을 가진 가정일까? 하나님이 가장 원하시는 이상적인 가정에서 가장 싫어하시는 부정적인 가정을 순서로 정하면 다음과 같다.

첫째, 네 번째 유형의 부모(자녀에게 과거를 적극적으로 가르치는 부모)와 네 번째 자녀의 유형(부모의 과거에 대해 적극적으로 질문하는 자녀)을 가진 가정이다. 이런 가정은 구약의 지상명령을 잘 성취할 수 있다.

둘째, 세 번째 유형의 부모(자녀에게 과거를 가르치는 부모)와 세 번째 자녀의 유형(부모의 과거에 대해 가끔 질문하는 자녀)을 가진 가정이다. 이런 가정은 구약의 지상명령을 비교적 잘 성취할 수 있다.

셋째, 두 번째 유형의 부모(무관심으로 자녀에게 과거를 안 가르치는 부모)와 두 번째 자녀의 유형(부모의 과거에 대해 질문이 거의 없는 자녀)을 가진 가정이다. 이런 가정은 구약의 지상명령을 성취하기 힘들다.

넷째, 첫 번째 유형의 부모(자녀에게 과거를 숨기는 부모)와 첫 번째 자녀의 유형(부모의 과거에 대해 전혀 질문이 없는 자녀)을 가진 가정이다. 이런 가정은 구약의 지상명령을 성취하기 매우 힘들다.

하나님이 원하시는 부모와 자녀의 4가지 유형

(밑으로 갈수록 더 부정적인 유형이다)

구분	부모와 자녀의 유형	구약의 지상명령 성취
1. 가장 좋은 가정	네 번째 유형의 부모 **(자녀에게 과거를 적극적으로 가르치는 부모)** + 네 번째 자녀의 유형 **(부모의 과거에 적극적으로 질문하는 자녀)**	구약의 지상명령 잘 성취 가능
2. 비교적 좋은 가정	세 번째 유형의 부모 (자녀에게 과거를 가르치는 부모) + 세 번째 자녀의 유형 (부모의 과거에 가끔 질문하는 자녀)	구약의 지상명령 성취 가능
3. 나쁜 가정	두 번째 유형의 부모 (무관심으로 자녀에게 과거를 안 가르치는 부모) + 두 번째 자녀의 유형 (부모의 과거에 질문이 거의 없는 자녀)	구약의 지상명령 성취 거의 불가능
4. 가장 나쁜 가정	첫 번째 유형의 부모 **(자녀에게 과거를 숨기는 부모)** + 첫 번째 자녀의 유형 **(부모의 과거에 질문이 전혀 없는 자녀)**	구약의 지상명령 성취 불가능
비고	가장 나쁜 가정은 가장 좋은 가정이 되도록 부모와 자녀가 노력하여 구약의 지상명령을 성취해야 한다.	

결론적으로 현대인의 가정교육에는 교육자와 피교육자 모두에게 문제가 있다고 보아야 한다. 부모들은 자녀들에게 과거의 역사를 잘 가르치지도 않거니와, 자녀들도 부모에게 묻지 않는

유대인은 각 명절마다 자녀는 아비에게 질문하고 아비는 답변하며 과거의 역사를 전승한다. 사진은 아버지와 자녀들이 초막절을 지키며 이 절기의 유래에 관하여 질문하고 답변하는 모습

편이다. 혹 자녀들이 부모에게 물어도 부모는 그것을 귀찮게 생각하거나 대답해 주기를 주저하는 이들도 있다. 그렇다고 이웃 어른세대가 적극적으로 나서서 가르쳐 주지도 않고, 자녀세대가 적극적으로 나서서 어른세대로부터 배우려고 노력하지도 않는다. 어른세대는 어른세대끼리만 모이고, 자녀세대는 자녀세대끼리만 모인다. 이것이 세대 간의 차이를 나게 하는 근본 원인이 된다. 이대로 간다면 몇 세대 후에는 하나님의 말씀과 전통과 역사의 연속성은 없어지게 될 것이다.

부모가 가르치는데 소극적이라도 자녀들은 적극적으로 질문하여
조상 대대로 내려오는 말씀과 전통과 역사를 전수받으라.
그만큼 절박하게 하나님의 말씀은 대를 이어 전수되어야 한다.

V. 요약 및 결론

현재 부모와 자녀 사이에 가장 큰 갈등은 세대차이로 인한 소통의 어려움이다. 세대차이를 없애는 데 가장 중요한 인성교육의 주제 중 하나는 고난의 역사교육이다. 유대인은 이 주제를 철저하게 잘 실천하여 아브라함부터 현재까지 4000년 동안 하나님의 말씀과 역사와 전통을 자손대대로 세대차이 없이 전수하는데 성공했다.

고난의 역사교육신학을 연구하는 데 필요한 핵심 성경 구절은 신명기 32장 7절이다. 따라서 본 논문은 신명기 32장 7절의 말씀을 기억신학적 및 다음 세대에 말씀을 전수하라는 구약의 지상명령적(창 18:19; 신 6:4-9)인 입장에서 연구했다. 과거의 일, 즉 역사를 어떻게 기억하여 자손 대대로 전수할 수 있느냐는 것이다.

신명기 32장 7절의 말씀은 부모에게 주신 것이 아니라 자녀에게 주신 명령이다. 따라서 과거를 기억해야 할 주체는 자녀라는 데 주목해야 한다. 하나님은 자녀에게 과거의 역사를 기억하기 위하여 부모와 어른들에게 질문하라고 하셨다. 그리고 부모와 어른들은 자녀들의 질문에 답변하라고 하셨다.

이것은 무엇을 뜻하나? 혹시 부모나 조부모의 가르침이 소극적이거나 부실할 경우가 있다고 하더라도 자녀들은 적극적으로 나서서 그들에게 질문하여 조상 대대로 내려오는 말씀과 전통과 역사를 전수받으라는 강한 도전을 준다(신 32:8b). 그만큼 절박하게 하나님의 말씀은 자손 대대로 이어져야 했기 때문이다.

모세는 자녀들이 부모에게 질문하고 부모가 답변하는 교육을 예를 들어 설명했다. 출애굽기 13장 14절 말씀을 보자. 장래에 네 아들이 네게 묻기를 "이것이 어찜이뇨?" 하거든 너는 그에게 이르기를 "여호와께서 그 손의 권능으로 우리를 애굽에서 곧 종이 되었던 집에서 인도하여 내실새…."(출 13:14)라고 출애굽 사건을 설명하라는 것이다.

유대인의 자녀들이 과거의 역사를 기억해야 할 가장 중요한 이유는 '자기 조상들이 겪은 과거의 사건' 자체가 거룩한 하나님의 말씀으로 반드시 기록되어야 했기 때문이다. 이것이 이방인의 역사와 다른 점이다. 유대인의 역사 속에는 유대민족의 성공한 역사뿐만 아니라 실패한 고난의 역사도 포함된다. 오히려 그들의 죄악과 실패의 역사가 더 많다.

유대인은 하나님이 명령하신 신명기 32장 7절 말씀을 그대로 실천했더니, 그 결과 인류에게 반드시 필요한 구약성경만 기록한 것이 아니라, 그 부산물로 똑똑한 민족이 되어 세상에서도 우뚝 선 민족으로 성장했다. 그런 점에서 하나님의 교육 방법은 세상의 어떤 교육 방법보다도 우수하다는 것을 알 수 있다.

가정신학적인 입장에서 남자와 여자의 역할은 대단히 중요하다. 특히 '남자'라는 단어는 '기억'이라는 단어와 동일한 어근을 가졌기 때문에 대단히 긴밀한 관계가 있다. 창세기 1장 27절에 처음으로 나타난 하나님이 창조하신 '남자'라는 단어는 '자카르'(זָכָר)인데, 어근은 '자카르'(זכר)이다. 이 어근이 모음 변화를 하여 '자카르'(זָכַר)가 되면 '기억하다'가 된다. 이것은 하나님은 남자를 창조하실 때 하나님의 말씀을 기억하며 살아가야 할 존재로 만드셨다는 것을 뜻한다[강은국, 남자(자카르 זכר)에게 명하신 쉐마교육, p. 4].

이것은 가정에서 아버지(남자, 자카르)의 영적인 정체성은 하나님의 말씀을 맡은 자(롬 3:2)인데, 가장 큰 사명은 하나님의 말씀을 기억하며, 기억한 그 말씀을 자손들에게 가르쳐 전수하는 것이다. 이것이 곧 하나님이 선민의 조상 아브라함(남자)에게 주신 구약의 지상명령(창 18:19)이다. 그리고 아내는 남편이 구약의 지상명령을 실천할 수 있도록 도와주는 배필이다.

본 논문은 부모가 자녀에게 역사를 전수하기 위해 '기억하다'(זָכַר, 자카르)(신 32:7aab)와 '생각하라'(בִּין, 빈)(신 32:7abb)의 차이를 설명하며 '기억 발달의 6단계'를 정리했다. 그리고 '네 아비'와 '네 어른'의 차이와 '설명하다'와 '이르리로다'의 차이 등을 설명했다. 그리고 역사의 사건을 생각하는 자녀의 7가지 유형, 과거를 가르치는 부모의 네 가지 유형과 부모의 과거에 대해 질문하는 자녀의 네 가지 유형 등을 정리했다.

하나님이 가장 원하시는 이상적인 가정은 네 번째 유형의 부모(자녀에게 과거를 적극적으로 가르치는 부모)와 네 번째 자녀의 유형(부모의 과거에 대해 적극적으로 질문하는 자녀)을 가진 가정이다. 이런 가정은 구약의 지상명령을 잘 성취할 수 있다. 그리고 하나님이 가장 싫어하시는 부정적인 가정은 첫 번째 유형의 부모(자녀에게 과거를 숨기는 부모)와 첫 번째 자녀의 유형(부모의 과거에 대해 전혀 질문이 없는 자녀)을 가진 가정이다. 이런 가정은 구약의 지상명령을 성취하기 매우 힘들다.

신명기 32장 7절에 의하면, 교육자는 부모뿐만 아니라 유대인 공동체의 전체 어른 세대를 말하고, 피교육자는 한 가정의 자녀뿐만 아니라 유대인 공동체의 전체 자녀 세대를 말한다. 그렇게 해야 그 가정은 가정대로, 그 가정이 속한 공동체는 공동체대로 말씀과 전통과 역사의 단절이 없어진다. 세대 간에 차이가 나지 않는다.

하나님의 말씀인 구약성경 39권은 단 시간에 완성된 것이 아니다. 약 2000년이 넘는 유대인의 긴 역사를 통하여 점점 더 깊고 넓고 많은 양의 성경 내용이 축적되었다. 그 과정에서 하나님의 말씀에 근거해 형성된 유대인의 전통이나 역사도 중요한 교육 자료다. 따라서 구약성경이 쓰여진 배경에는 신명기 32장 7절과 같은 하나님의 교육 방법이 있었다는 사실을 기억해야 한다. 이것은 또한 우리가 본받아야 할 교육방법이기도 하다.

결론적으로 신명기 32장 7절을 연구한 본 논문은 부모 세대와 자녀 세대 사이를 가로 막는 세대차이를 없애게 해주는 방법을 제시해 준다. 이것을 실천할 경우 세대 사이에 1) 역사와 전통의 단절을 막고, 2) 현재 직면하고 있는 자녀의 인성교육 문제를 해결할 뿐만 아니라, 3) 부모와 자녀와의 소통 문제를 해결해 주고, 4) IQ교육에도 성공할 수 있다. 그리고 5) 거시적으로는 유대인처럼 부모와 자녀 세대에 신앙의 세대차이를 막아 하나님의 말씀을 주님 오실 때까지 자손 대대로 전수할 수 있을 것이다.

쉬었다 갑시다

유대인이 기부금을 나누는 방법

유대의 조크에는 랍비와 가톨릭의 신부와 프로테스탄트의 목사 이렇게 세 사람이 등장하는 이야기가 많다. 또 한 가지 이야기를 들어 보자.

랍비와 신부 그리고 목사 세 사람이 교회와 회당(유대교의 예배소)에서 모금한 기부금을 어떻게 배분할 것인가에 대해서 의논을 하고 있었다. 기부금의 일부는 자선사업에 쓰이고, 일부는 신부와 목사 그리고 랍비의 생활에 충당되는 것이다.

신부가 말하였다.

"나는 땅위에 둥근 원을 그려 놓고 모아진 돈을 전부 공중을 향해 던집니다. 그리고 둥근 원밖에 떨어진 돈은 자선사업에 돌리고, 원 안에 떨어진 돈은 자신의 생활비로 비축해 둡니다."

프로테스탄트의 목사가 놀라면서 말했다.

"네. 그렇습니까! 저도 역시 그렇게 하고 있습니다."

그리고 말을 이었다.

"다만 나는 땅 위에 선을 그어 놓고 돈을 공중에 던져 왼쪽에 떨어진 돈은 자선사업에 사용하고, 오른쪽에 떨어진 돈은 나 자신을 위해서 쓰고 있습니다. 이것이 모두 하나님의 뜻이니까요."

그렇게 목사가 말하자 가톨릭의 신부는 머리를 크게 끄덕였다.

"그런데 당신은 어떻게 하고 계십니까?"

두 사람은 랍비에게 물었다.

"나도 역시 여러분과 마찬가지로 모인 돈은 전부 하늘을 향해 던집니다. 그렇게 하면 하나님께서 필요하신 돈은 스스로 취하시고, 나에게 주시는 돈은 전부 땅 위에 떨어지는 셈이지요."

출처: Tokayer, 탈무드 4: 탈무드의 생명력, 2009, 동아일보, pp. 50-53.

과연 하나님은 성도들이 지은
모든 죄를 잊으시고 기억하시지 않는가?
이 질문에 대한 답에 따라
용서와 기억에 대한
신학이 완전히 달라질 수 있다.

하나님도 나의 죄를 용서하신 후
잊어버리셨는데, 왜 내가
그 죄를 들추어내어 기억해야 하는가?

만약 하나님이나 이스라엘 백성
모두 과거 이스라엘의 죄의 역사를 잊었다면
어떻게 이스라엘 백성의 역사책인
성경이 쓰여질 수 있었겠는가?

THEOLOGY OF FORGIVENESS AND REMEMBRANCE 1

용서와 기억의 신학 1
〈개인과 개인 사이〉

I. 문제 제기
II. 용서의 유익
III. 기억의 유익
IV. 예수님이 가르쳐 주신 '용서와 기억'의 신학
V. 용서의 심리학
VI. 요약 및 결론

I. 문제 제기

본 논문에서는 '용서'와 '기억'이라는 두 주제를 다루며 두 주제의 상관관계도 다룬다. 우리는 보통 용서나 기억을 말할 때 민족과 민족 사이나 국가와 국가 사이에 있었던 고난의 역사를 말한다. 그러나 본 연구에서는 주로 개인과 개인 사이, 혹은 가문이나 가문 사이에 그리고 개인과 국가 사이에 일어난 아픔에 대한 용서나 기억에 대해서 살펴본다.

먼저 용서라는 주제에 대한 문제점을 살펴보자. '용서'는 상대방의 잘못을 용서하는 사람과 용서를 받는 사람, 두 당사자의 관계에서 이루어진다. '용서'란 "꾸짖거나 벌을 주지 않고 너그럽게 살펴 이해하다."라는 뜻이다. 영어로는 'forgive'로서 "용서하다, 양해하다, 탕감하다."이다(다음 사전, 2014). 따라서 용서는 가해자가 피해자에게 어떤 잘못을 했다는 것을 전제로 한다. '어떤 잘못'이란 용서하는 사람(피해자)에게 용서를 받는 사람(가해자)이 정신적, 물질적, 혹은 신체적인 해를 끼친 것을 말한다. 이것은 법적 용어로 '죄'에 해당한다. 편의상 용서하는 사람을 '갑'(甲)이라 하고, 용서 받는 사람을 '을'(乙)이라고 하자. 전자는 피해자이고, 후자는 가해자다.

사실 자신에게 해를 끼친 사람을 아무 대가 없이 용서하는 것은 쉽지 않다. 물론 사소한 일이나 가까운 사이일 경우에는 용서하기 쉬울지 몰라도, 커다란 명예 훼손이나, 과도한 재산의 손실을 입었거나, 혹은 신체적인 폭행을 당했을 경우 가해자를 용서한다는 것은 쉽지 않다.

억울하게 육적 및 정신적으로 당한 상처로 인하여 심리적으로 심한 모욕감이나 수치심, 그리고 미움과 분노가 솟구치기 때문이다. 그런데도 용서가 필요한 이유는, 만약 이 사회에서 용서가 없다면 미움과 증오로 말미암아 이 세상은 복수의 피로 물들 수도 있기 때문일 것이다. 따라서 공동체 생활을 하는 동안에 용서는 반드시 필요한 것이다.

그렇다면, "구체적으로 용서의 유익은 무엇인가?"에 대해 답변할 필요가 있다. 그리고 일반적으로 용서를 거론할 때는 무조건 용서해야 한다는 말을 많이 한다. 그러나 모든 이들이 을의 죄악을 무조건 모두 용서를 해 준다면 어떻게 사회에 정의가 세워지겠는가에 대해서도 생각해 보아야 한다. 따라서 용서를 하는 데에도 어떤 조건이 필요할 것이다. 그리고 만약 용서가 되지 않는다면 어떻게 해야 할 것인가? 이에 대해 대처하는 방법은 무엇인가? 본 논문은 이런 문제들에 대한 구체적인 답을 제시할 것이다.

또한 두 번째 주제로 용서와 관련된 기억이 있다. 이미 용서한 것을 기억하고 살아야 하는가? 아니면 잊어버리고 살아야하는가? 기억을 한다면 갑이 해야 하는가? 아니면 을이 해야 하는가? 아니면 갑과 을, 둘 다 해야 하는가? 기억의 유익은 무엇인가?

대부분 사람들은 갑과 을, 모두 상대방의 죄를 용서하고, 용서 받은 입장에서 다시 그 죄를 기억해야 할 필요가 없다고 주장한다. 그들은 한 번 용서하고 용서받은 죄는 피차 잊어야 진정한 용서가 되고 화합이 된다고 주장한다. 그래서 그들은 망각을 미덕이라고 칭찬하기도 한다. 성경적인 근거는 하나님도 우리의 죄를 용서하신 이후에는 다시는 기억하시지 않겠다고 말씀하셨기 때문이라고 한다(사 43:25; 렘 31:34; 히 8:12, 10:17). 이것은 매우 논리적이라고 생각할 수 있다. 그러나 과연 이 주장은 맞는가?

저자는 이 주장이 잘못되었다는 가설 하에 다음 다섯 가지 질문을 제기하며 신구약성경을 근거로 가설이 옳다는 것을 검증할 것이다. 왜냐하면 기존의 주장이 잘못된 것이라면, 기존의 용서와 기억에 대한 신학이 완전히 달라져야 하기 때문이다.

첫째, 과연 하나님은 갑의 입장에서 성도들이 지은 모든 죄를 잊으시고 기억하시지 않는가? 아니면 기억하시는가? 만약 기억하신다면 그 증거는 무엇인가?

둘째, 하나님은 이스라엘 백성의 죄를 기억하시는가? 기억하신다는 증거는 무엇인가?

셋째, 을의 입장에서 하나님도 나의 죄를 용서하신 후 잊어버리셨는데, 왜 내가 그 죄를 들추어내어 기억해야 하는가?

넷째, 그렇다면 용서한 죄는 기억하지 않겠다는 하나님의 말씀은 틀렸는가? 틀리지 않았다면 바른 해석은 무엇인가?

다섯째, 용서 받은 을은 어떻게 용서해준 갑에게 보답할 수 있는가?

본 논문에서는 기억에 대하여 구약성경은 물론 신약성경의 예수님과 바울의 견해도 아울러 연구하여 여러 질문들에 대한 명확한 답을 제시하고자 한다. 그래서 당사자 사이에 하나님이 원하시는 진정한 평화를 누리게 하고, 따뜻하고 건강한 사회를 만드는 데에 도움을 주고자 한다.

과연 하나님은 성도들이 지은 모든 죄를
잊으시고 기억하시지 않는가?
이 질문에 대한 답에 따라 용서와 기억에 대한
신학이 완전히 달라질 수 있다.

II. 용서의 유익

1. 가해자의 죄를 용서해야 하는 이유

첫째, 내가 남을 용서를 해야 하는 이유는 나 자신의 마음을 치유하기 위함이다.

용서 없이 남을 미워한다는 것은 억울함으로 인하여 분노를 품고 사는 것이다. 이것은 자신의 마음에서 독소를 뿜어내는 것과 같다. 이 독소는 때로는 자신의 생명까지도 앗아간다. 그만큼 용서 없는 미움과 분노는 남은 물론 자신의 건강에게까지 해를 끼친다. 따라서 자신에게 해를 끼친 사람을 용서하는 것은 우선 자신의 내적 치유를 위해서도 꼭 필요한 것이다.

이는 의학계와 정신 및 심리학계에서 실시한 많은 연구 결과에서도 증명된 사실이다. 복수심과 풀리지 않는 원한·미움 등을 갖고 있는 사람이 그 대상을 용서했을 때 놀랄 만한 긍정적인 결과들이 나타났다. 그 반면 분노와 미움을 잘 느끼는 사람들이 그렇지 않은 사람들보다 수명이 짧고 불행하다는 결과가 나왔다.(중앙일보 미주판, 먼저 용서하니 기쁨이 충만, 1998년 2월 13일).

둘째, 내가 남을 용서해야 하는 이유는 자신의 마음에 평화를 얻기 위함이다.

많은 사람들이 대인관계에서 얻은 상처로 인하여 마음의 평화를 잃는 경우가 있다. 마음의 평화를 얻으려면 자신에게 상처를 준 사람과 막힘이 없어야 한다. 막힘을 풀려면 상대와 화해를 해야 하는데, 화해를 하기 위해서는 용서가 필요하다.

용서 없는 평화는 있을 수 없다. 그렇다면, 나에게 죄를 지은 가해자를 어떻게 용서할 수 있는가? 그것은 사랑을 실천할 때 가능하다. 누가 사랑을 실천할 수 있는가? 사랑이 풍부한 사람, 특히 예수님의 사랑을 듬뿍 받아 사랑이 많은 사람이 더 실천하기 쉬울 것이다. 그런 사람은 포용력이 넓은 사람이다.

인간은 흔히 힘이 약할 때 힘이 강한 사람으로부터 억울하게 피해를 입는 경우가 많다. 이 힘은 육체적인 힘일 수도 있지만, 경제적 혹은 권력의 힘일 수도 있다. 이럴 때는 억지로 참을 수밖에 없다고 하더라도, 세월이 지나 그보다 강한 자로 역전되었을 때 전에 피해를 주었던 사람에게 보복 대신에 용서를 해주는 것은 더 힘들 수도 있을 것이다. 그럼에도 불구하고, 그를 용서해주는 것이야 말로 진정 차원 높은 사랑의 표현이라고 볼 수 있다. 따라서 인간의 삶 속에서 '사랑이란 곧 용서하는 것'이다. 즉 용서 없는 사랑이란 있을 수 없다. "사랑은 허다한 죄를 덮는다" (잠 17:9; 벧전 4:8).

가장 큰 용서와 사랑의 모본은 예수님의 십자가에서 발견할 수 있다. 예수님은 성자 하나님이심에도 불구하고 지극히 연약한 죄인들의 죄를 용서하시기 위하여 몸소 치욕과 고난의 십자가를 지심으로 하나님의 사랑을 확증하셨다.

> 의인을 위하여 죽는 자가 쉽지 않고 선인을 위하여 용감히 죽
> 는 자가 혹 있거니와 우리가 아직 죄인 되었을 때에 그리스도
> 께서 우리를 위하여 죽으심으로 하나님께서 우리에 대한 자
> 기의 사랑을 확증하셨느니라. (롬 5:7-8)

셋째, 용서는 예수님의 명령이기 때문이다.

예수님께서는 우리가 "기도할 때에 아무에게나 혐의가 있거든 용서하라. 그리하여야 하늘에 계신 너희 아버지도 너희 허물을 사하여 주시리라"(막 11:25)고 말씀하셨다.

이 말씀은 만약 자신이 남을 용서하지 않는다면 자신도 하나님으로부터 용서받을 수 없다는 것을 말한다. 따라서 자신이 하나님으로부터 용서를 받는 조건은 남의 허물을 용서하는 것이다. 때문에 예수님은 우리에게 기도하는 법을 가르쳐 주실 때 "우리가 우리에게 죄 지은 모든 사람을 용서하오니 우리 죄도 사하여 주옵시고"(눅 11:4a)라는 기도를 하라고 말씀하셨다. 왜냐하면, "무엇이든지 [우리]가 땅에서 매면 하늘에서도 매일 것이요, 무엇이든지 땅에서 풀면 하늘에서도 풀리기 때문이다"(마 18:18).

넷째, 용서 없는 복수는 공동체를 파괴하기 때문이다.

용서의 반대말은 복수(보복, 앙갚음)다. 복수에 대한 사전적 정의는 "해를 입은 피해자가 가해자에게 해를 돌려주는 행위"이다(다음 사전). 영어로는 'avenge', 'revenge'가 대표적으로 쓰이는데 'avenge'는 보통 정의를 실행할 목적으로 하는 처벌이나 보복 등에 사용되고, 'revenge'는 개인적인 원한에 대해 보복할 때 사용된다.

만약 누구든지 자신이 당한 만큼 상대방에게 똑같이 되갚아

준다고 하면, 이 세상은 파괴와 피만 남을 것이다. 복수가 더 무서운 것은 분노로 인하여 이성을 잃을 가능성이 많기 때문이다. 무저항주의를 외쳤던 인도의 마하트마 간디는 복수의 위험에 대해 "눈에는 눈을 고수한다면 세상에는 장님밖에 남지 않을 것이다."라고 말했다.

따라서 용서 없는 복수는 공동체를 파괴하기 쉽다. 이것이 용서가 필요한 이유다. 그래도 꼭 복수하고 싶다는 분들에게 탈무드가 권하는 최고의 복수 방법을 알려주고 싶다. "잘 살아라. 그것이 최고의 복수다."

"우리가 우리에게 죄 지은 모든 사람을 용서하오니
우리 죄도 사하여 주옵소서"(눅 11:4a).

2. 가해자의 잘못을 무조건 용서해야 하는가

01 떤 이들은 피해자는 가해자의 죄를 무조건 용서해야 한다고 주장한다. 그 증거로 베드로가 예수님에게 "형제가 내게 죄를 범하면 몇 번이나 용서하여 주리이까? 일곱 번까지 하오리이까?"라고 묻자, 예수님께서 "일곱 번뿐 아니라 일흔 번씩 일곱 번이라도 용서하라"(마 18:22)고 하신 말씀을 제시한다. 이것은 용서의 회수는 무제한이라는 것을 뜻한다.

그러나 용서의 회수는 무제한이지만, 용서를 할 때에는 전제 조건이 있어야 한다. 그 조건은 무엇인가? 누가복음 17장 3절에는 예수님이 용서의 전제 조건으로 "만일 네 형제가 죄를 범하거든 경고하고 회개하거든 용서하라"(눅 17:3)고 말씀하셨다.

> 너희는 스스로 조심하라 만일 네 형제가 죄를 범하거든 경고하고 회개하거든 용서하라 만일 하루에 일곱 번이라도 네게 죄를 짓고 일곱 번 네게 돌아와 내가 회개하노라 하거든 너는 용서하라 하시더라. (눅 17:3-4)

따라서 가해자가 죄를 인정하지 않고 회개를 하지 않을 경우에는 용서를 할 수 없다는 것이다. 이것은 마치 우리가 예수님에게 우리의 죄를 인정하고 회개할 때 주님께서 우리의 죄를 용서해 주시는 것(행 2:38)과 같은 원리다. 이것은 하나님이 아무리 죄인을 사랑하시지만, 죄인이 자신의 죄를 인정하지 않고 회개를 하지 않을 경우에는 하나님으로부터 죄사함을 받을 수 없다는 것을 뜻한다.

예수님 때문에 모든 사람들이 구원을 받을 수는 있지만, 모든 사람들이 구원받은 것은 아니라는 이유가 여기에 있다. 누구든지 주님을 믿는 그 사람이 멸망치 않는 영생을 얻을 수 있다(요 3:16).

> 하나님이 세상을 이처럼 사랑하사 독생자를 주셨으니 이는 그를 믿는 자마다 멸망하지 않고 영생을 얻게 하려 하심이라. (요 3:16)

이것은 무엇을 뜻하는가? 피해자가 아무리 가해자를 용서하고 싶어도 그가 사과는커녕 죄를 인정하지 않고 용서를 구하지 않을 때에는 용서할 수 없다는 것을 뜻한다. 세상에는 이렇게 뻔뻔한 사람도 있다. 화해는 가해자가 사과하고 피해자가 용서해야 이뤄진다.

일본의 아베 총리가 한국의 위안부 할머니들에게 과거 죄를 인정하지도 않고, 사과도 하지 않는 것과 중국의 난징 대학살에 대한 죄를 인정하지 않고 사과하지도 않는 것이 대표적인 사례다(2014년 11월 5일 현재). 가해자가 과거 죄를 인정하지도 않고, 사과도 하지 않는데, 어떻게 용서를 하고 화해를 할 수 있겠는가?

[저자 주: 역사학자들은 제2차 세계대전 당시, 한국 여성 20만 명이 일본군 위안소에서 성노예로 희생된 것으로 추정하고 있다. 한국정신대문제대책협의회는 생존해 있는 위안부 피해자 87명 모두 사망하기 전에 일본 정부의 공식 사과가 이뤄지길 손꼽아 기다리고 있다고 전한다(연합뉴스, 남은 위안부 생존자는 이제 87명, 하루빨리 이 문제가 해결돼야 할 텐데…, 2010년 1월 17일). 이 사건들은 개인과 국가, 혹은 국가와 국가 사이에 일어난 사건일 수도 있다.]

이럴 때는 피해를 입은 사람이 더욱 분노를 느낄 수도 있다. 특히 약한 자가 강한 자를 용서하기 힘든 경우가 많은데, 그 이유는 강한 자는 약한 자를 무시하는 권위주의 때문에 약한 자에게 자신의 잘못을 시인하지 않고 회개를 하지 않는 경우가 종종 있기 때문이다.

용서의 전제 조건은 무엇인가?

3. 가해자가 회개하지 않을 경우 할 수 있는 네 가지 방법

가해자가 피해자에게 사과를 하지 않을 경우 피해자는 어떻게 해야 하는가? 성도는 가해자에게 원수 갚는 보복은 하지 않는 것을 원칙으로 한다. 원수 갚는 것은 하나님에게 있기 때문이다(신 32:35; 롬 12:19; 히 10:30). 그렇다면 보복을 하지 않을 경우 할 수 있는 몇 가지 방법들을 알아보자.

첫째, 가해자의 마음이 어떻든 그의 죄를 이미 용서했다고 생각하면서 편하게 살 수 있는 방법이다. 이럴 경우 가해자는 하나님으로부터 용서함을 받을 수 없지만 본인의 마음은 평화를 얻을 수 있을 것이다. 가장 성숙한 믿음의 사람들이 할 수 있는 방법이다.

성경적인 예는 예수님의 삶을 들 수 있다. 예수님은 돌아가실 때 당신을 십자가에 달리게 한 이들을 불쌍히 여기시고, 저들의 죄를 용서해 달라고 하나님에게 이렇게 기도드렸다.

> 예수께서 가라사대 아버지여 저희를 사하여 주옵소서 자기의 하는 것을 알지 못함이니이다 하시더라. (눅 23:34)

이런 기도는 오직 예수님만 드릴 수 있었을 것이다. 이때 예수님은 저들의 죄를 용서하심으로 마음의 평안을 누리실 수 있었겠지만, 저들의 죄가 하나님으로부터 사해진 것은 아니었다. 왜냐하면 그들은 자신의 죄를 인정하지도 않았고 회개도 하지 않았기 때문이다.

둘째, 하나님에게 간절히 기도하는 방법이다. 두 번째로 성숙한 믿음의 사람들이 할 수 있는 방법이다.

이 방법은 오히려 이런 시련 주심을 하나님에게 감사하며 가해자에게 원수를 갚아 주실 것을 간구하는 것이 아니라, 그를 축복하는 것이다. 주님께 모든 것을 맡기고 가해자가 자신의 죄를 인정하고 회개하여 하나님과 자신에게 돌아오게 해달라고 기도해야 할 것이다. 그리고 힘들겠지만 그에게 잘 대해 주어야 할 것이다. 이것이 선으로 악을 이기는 방법이다.

> 아무에게도 악으로 악을 갚지 말고 모든 사람 앞에서 선한 일을 도모하라 할 수 있거든 너희로서는 모든 사람으로 더불어 평화하라 내 사랑하는 자들아 너희가 친히 원수를 갚지 말고 진노하심에 맡기라 기록되었으되 원수 갚는 것이 내게 있으니 내가 갚으리라고 주께서 말씀하시니라 네 원수가 주리거든 먹이고 목마르거든 마시우라 그리함으로 네가 숯불을 그 머리에 쌓아 놓으리라 악에게 지지 말고 선으로 악을 이기라 (롬 12:17-21)

예레미야 선지자는 너무나 많은 대적에게 에워싸여 고통을 당할 때 억울한 나머지 "여호와여 나의 억울함을 감찰하셨사오니 나를 위하여 신원하옵소서"(애 3:59)라고 기도했다. 하나님은 "나의 피할 바위시요, 나의 방패시요, 나의 구원의 뿔이시요, 나의 높은 망대시요, 나의 피난처시요, 나의 구원자"이시기 때문이다. 그리고 그분은 "나를 흉악에서 구원하시는 분"(삼하 22:3)이시기 때문이다.

성도가 억울한 일을 당했을 경우 하나님에게 기도할 수 있다는 것은 큰 특권이요, 감사할 조건이다. 이럴 경우에는 상대적으로 건강을 많이 해치지 않을 수 있다.

셋째, 억울하지만 참는 방법이 있다. 이럴 경우에는 마음과 건강을 해칠 수 있을 것이다. 네 가지 방법 중 가장 나쁜 우둔한 방법이다.

넷째, 억울한 것을 법에 호소할 수도 있다. 이것은 성도로서 최선의 방법은 아닐지라도 사회의 정의를 세우기 위해서는 필요한 방법이다. 특히 억울한 피해가 자신에게만 미치는 것이 아니라, 주변 사람들에게까지 미치는 사건이라면 주변 사람들을 위해서도 법에 호소할 수밖에 없을 것이다.

가해자가 법의 심판을 받아 벌금형을 선고받았을 때 그가 자신이 지은 죄를 인정하고 회개할 경우, 용서하기 위하여 그 벌금을 탕감해 줄지라도, 일단은 상대가 잘못했다는 것을 인정하도록 노력하는 것은 필요할 것이다.

왜냐하면, 하나님은 공의의 하나님이시기 때문이다(신 32:4; 시 89:14). 따라서 남에게 피해를 끼치고도 죄를 인정하지 않고 회개치 않는 사람을 법정에 세워 정의를 세우는 것은 성경적으로도 옳은 방법이다(삼하 15:4).

용서를 하는 것과 정의를 세우는 것은 다른 주제다. 우리가 용서와 사랑을 지나치게 강조하여 남에게 피해를 끼친 사람을 무조건 용서해준다면, 어떤 현상이 나타나겠는가? 양심에 화인 맞은 악한 힘 있고 부유한 자들의 횡포가 늘어나 양심대로 사는 힘

없고 가난하고 선량한 이들이 많은 피해를 입을 수 있을 것이다. 동네에 깡패와 도둑들이 우글거리는 무서운 사회에 살고 싶은 사람은 없을 것이다.

따라서 악한 자들의 횡포를 막기 위해서는 법집행이 필요한데, 이것이 곧 사회의 정의를 세우는 과정이다. 이것은 하나님께서 하나님이 창조하신 생명들의 재산과 생명을 보호하기 위해 율법을 주셨다는 하나님의 법철학과 일치한다(신 10:18; 시 140:12; 잠 22:23; 잠 22:23).

또한 인간이 사는 사회에 정의가 무너지게 되면, 사회는 불공평하게 될 것이고, 질서도 무너질 것이다. 그 결과 사회에 혼란이 가중되어 사회 공동체 전체가 막대한 손실을 입을 수 있다. 그렇다고 정의를 세우기 위한 명분을 내세워 율법을 지나치게 강조하면, 용서와 사랑이 사라져서 세상이 차갑게 된다. 왜냐하면 율법 앞에 의인은 아무도 없기 때문이다(시 53:3; 롬 3:10).

때문에 율법과 용서에 필요한 은혜(사랑)는 균형과 조화를 이루어야 한다. 물론 둘 중에 은혜(사랑)는 율법보다 더 우선되어야 한다. 그 이유는 용서가 더 많을 때 더 따뜻한 세상을 만들 수 있기 때문이다.

**용서와 사랑을 지나치게 강조하여
남에게 피해를 끼친 사람을 무조건 용서해준다면,
어떤 현상이 나타나겠는가?**

랍비 강의

열이란 숫자

내가 어떤 사람을 놓고 일부러 모함의 말을 하여 그의 마음에 상처를 입혔다고 가정하자. 그런 다음에 그 사람을 만나게 되었을 때 "지난번에는 너무 흥분한 나머지 지나친 말을 하여, 본의 아니게 당신의 마음을 아프게 해 드려서 정말 미안하다"고 사과를 할 수는 있다. 그래도 상대편이 용서해 주지 않을 때에는 어떻게 하면 좋겠는가?

이런 경우를 당하면 유대인들은 "나는 며칠 전에 어떤 사람에 대해서 도리에 어긋나는 말을 하여 그의 체면을 손상시켰기 때문에, 그에게 사과하러 찾아갔으나 그는 나를 용서하지 않습니다. 나는 진심으로 잘못을 후회하고 있는데, 여러분은 나의 잘못을 용서해 줄 수 있겠습니까?"하고 열 사람에게 물어서 그 열 사람이 모두 용서해 준다고 하면 용서를 받게 된다.

만약 모욕을 당한 상대가 죽어버려서 사죄할 수 없게 되면, 열 명의 사람들을 무덤 앞에 데려가서 무덤을 향해 그 사람들 앞에서 용서를 빌지 않으면 안 된다.

[편역자 주: 유대인은 사람과 사람 사이에 '용서'를 상당히 귀중하게 여긴다. "땅에서 매면 하늘에서도 매이고, 무엇이든지 땅에서 풀면 하늘에서도 풀린다"(마 18:18)는 사상을 갖고 있다. 따라서 하나님에게 예물을 드리기 전에도 먼저 형제와 화해를 하고 예물을 드려야 한다(마 5:24).]

출처: Tokayer, 탈무드 1: 탈무드의 지혜, 2007, 동아일보, pp. 179-180.

III. 기억의 유익

1. 갑의 입장에서 기억의 유익

A. 하나님(갑)은 용서한 죄를 기억하시지 않는가?

이제 '기억'에 대하여 설명해 보자. 앞에서 언급한 대로 '용서'는 상대방의 잘못을 용서하는 사람(갑)과 용서함을 받은 사람(을), 두 당사자의 관계에서 이루어진다. 갑은 을의 죄(잘못)를 용서한 이후에도 그 사건을 다시 기억해야 하는가? 아니면 기억하지 말아야 하는가? 을은 어떠한가? 먼저 갑의 입장에서 설명해보자.

대부분 성도들은 갑은 을의 죄를 용서한 이후에는 그 죄를 기억하지 말아야 한다고 말한다. 그들은 한 번 용서하고 용서받은 죄는 피차 잊어야 진정한 용서가 되고, 화합이 된다고 주장한다.

그들이 그렇게 주장하는 이유는 "하나님(갑)도 성도(을)의 죄를 용서한 이후에는 그 죄를 기억하시지 않는 분이기 때문"이라고 말한다. 그래서 성도는 하나님처럼 을의 죄를 용서한 이후에는 다시 그 죄를 기억하지 말아야 한다는 것이다.

실제로 신구약성경에는 하나님은 우리의 죄를 용서하신 이후에는 기억하시지 않는다고 말씀하셨다(사 43:25; 렘 31:34; 히 8:12, 10:17).

> "나 곧 나는 나를 위하여 네 허물을 도말하는(blot out) 자니 네 죄를 기억치 아니하리라" (사 43:25).

> 내가 그들의 불의를 긍휼히 여기고 그들의 죄를 다시 기억하지
> 아니하리라 하셨느니라. (히 8:12)

대부분의 권위 있는 주석가들도 이 말씀들에 대해 "도말(용서)하는 것"은 예수님의 십자가 보혈과 관련하여 구원론적인 입장에서 주석했지만, "기억하지 않는다"는 것은 주석을 생략했거나, 극히 일부가 주석을 했다 하더라도 "사랑의 하나님은 그 죄를 기억하지 않으신다"라고 썼다(아래 주석 참조 바람).

(John Calvin's Commentaries, 1974; Benson Commentary on the Old and New Testaments, 1846; The Biblical Illustrator, Electronic Database, http://www.biblehub.com; Adam Clarke Commentary on the Bible, 1831; John Gill's Exposition of the Entire Bible, 2012; David Guzik Bible Commentary, 2006; Keil and Delitsch, OT Commentary, 2006; Lange's Commentary on the Holy Scriptures, 1976; Spence, & Exell, The Pulpit Commentary, 1985; Explanatory Notes on the Whole Bible by John Wesley, http://www.biblehub.com; 박윤선 주석, 1989; 이상근 주석, 1990)

때문에 신약시대 2000년 동안 거의 모두가 하나님이 한 번 용서하신 죄는 기억하지 말아야 한다고 생각해 왔다. 과연 그들의 주장이 맞는가? 저자는 반대 입장이다. 왜 반대 입장인지를 논증해 보자. 이 논증은 대단히 중요하다. 왜냐하면 이 성경 말씀을 잘못 해석했기 때문에 용서와 기억의 신학에 대한 엄청난 오류를 범해왔기 때문이다. 용서함을 받은 죄라 하더라도 기억을 하는 것과 그렇지 못함에 따라 인성교육에 엄청난 긍정적인 영향과 부정적인 영향을 미친다는 것을 알아야 한다.

저자는 하나님은 갑의 입장에서 이스라엘 백성의 죄를 모두 도말하셨지만, 그 사건들을 아직도 기억하고 계신다고 주장한다. 그

증거는 하나님은 과거 이스라엘 백성들이 저질렀던 모든 죄악들을 기억하시고 "너는 광야에서 네 하나님 여호와를 격노케 하던 일을 잊지 말고 기억하라"(신 9:7)고 하셨던 말씀에서 찾을 수 있다.

> 너는 광야에서 네 하나님 여호와를 격노하게 하던 일을 잊지 말고 기억하라 네가 애굽 땅에서 나오던 날부터 이곳에 이르기까지 늘 여호와를 거역하였으되 호렙산에서 너희가 여호와를 격노하게 하였으므로 여호와께서 진노하사 너희를 멸하려 하셨느니라. (신 9:7-8)

만약 하나님께서 이스라엘 백성의 죄를 잊으셨다면, 어떻게 다시 그들에게 그들이 여호와를 격노하게 했던 사건들(신 9:9-29), 시기, 장소, 기간, 그리고 여호와가 격노하셨던 정도 등을 자세히 말씀하실 수 있었겠는가? 잊지 않고 기억을 하고 계셨기 때문에 하실 수 있지 않았겠는가?

뿐만 아니라 하나님은 그 후에도 수천 년을 걸쳐 여러 번 기회가 있을 때마다 그들의 과거 죄를 상기시키셨다는 점을 기억해야 한다(시 78:38; 느 9:16-18). 시편 기자는 "오직 하나님은 자비하심으로 죄악을 사하사, 멸하지 아니하시고 그 진노를 여러 번 돌이키셨다"(시 78:38)고 말했다. 이러한 형태의 메시지는 신약시대에 스데반이 유대인에게 한 설교에서도 나타난다(행 7:39-41).

> 우리 조상들이 모세에게 복종하지 아니하고자 하여 거절하며 그 마음이 도리어 애굽으로 향하여 아론더러 이르되 우리를 인도할 신들을 우리를 위하여 만들라 애굽 땅에서 우리를 인도하던 이 모세는 어떻게 되었는지 알지 못하노라 하고 그 때에 그

들이 [금]송아지를 만들어 그 우상 앞에 제사하며 자기 손으로
만든 것을 기뻐하더니…. (행 7:39-41)

이것은 무엇을 뜻하나? 하나님께서는 이스라엘 백성의 죄를 여러 번 용서하셨지만, 즉 도말하셨지만, 그 사건들을 결코 잊으신 것이 아니라는 것을 뜻한다(시 78:38). 따라서 하나님의 형상을 닮아야 하는 성도들도 하나님처럼 상대방의 죄를 용서한 이후에 그 용서한 사건을 잊지 말고 기억해야 한다.

하나님도 성도의 죄를 용서한 이후에는 기억하지 않는 분이신데,
왜 피해자가 가해자의 죄를 용서한 이후에
다시 그것을 기억해야 하는가?

B. 하나님(갑)은 왜 이스라엘의 죄를 기억하시는가

앞에서 하나님은 이스라엘 백성의 죄를 용서하신 이후에도 그 죄를 기억하고 계신다고 설명했다. 그렇다면 하나님은 갑의 입장에서 왜 이스라엘 백성의 죄를 기억하시는가?

하나님은 인간의 속성을 너무나 잘 아신다. 옛 속담에 "인간은 자신을 도와준 사람의 은혜는 물에 새기고 원수(분노)는 돌에 새긴다"는 말이 있다. 그만큼 인간은 은혜를 잊기 쉽다는 얘기다.

그러나 하나님은 정 반대로 "우리에게 자신을 도와준 사람의 은혜는 돌에 새기고 원수(분노)는 물에 새기라"고 말씀하신다. 하나님

하나님은 이스라엘의 죄를 잊지 않으시고 기억하셨다. 사진은 이스라엘 백성이 광야에서 금송아지를 만든 후 축제를 벌이는 모습. 하나님은 그들의 이 전과기록을 기억하시고 몇 번이나 경고의 메시지로 사용하셨다.

의 은혜나 부모의 은혜는 돌에 새기라고 말씀하시고(신 6:5), 원수에 대한 분노는 쉽게 잊고 그를 사랑하라(눅 6:35)고 말씀하신다. 신약성경에 예수님은 예수님이 치유해 주신 나병 환자 10명 중 한 명만이 감사를 표현한 것을 보시고 "열 사람이 다 깨끗함을 받지 아니하였느냐? 그 아홉은 어디 있느냐?"(눅 17:17)고 한탄하신 적이 있다(눅 17:11-19). 이 질문은 나머지 아홉에게도 감사 표현을 기대하셨다는 것을 뜻한다.

이스라엘 백성 역시 하나님의 은혜를 물에 새기듯 쉽게 잊어버렸다. 은혜를 잊어버린 후 그들은 하나님을 떠나 죄악에 물들곤 했다. 하나님은 그럴 때마다 그들 스스로 죄를 인정하고 회개한 후 하나님에게 다시 돌아와 순종하기를 원하셨다. 하나님은 그들을 어떻게 회개시키고 순종하게 하셨는가? 그들의 죄를 입증할만한 증거들을 제시하시며 변론하셨다. 그 증거들은 무엇인가? 하나님께서 그들 조상들에게 주셨던 1) 언약들과 2) 율법들 그리고 3) 그들이 과거에 지었던 죄의 목록, 즉 전과기록들이었다. 따라서 하나님은 1)항과 2)항뿐만 아니라 3)항도 기억하셔야 했다.

여기에서 "하나님(갑)은 왜 이스라엘의 죄를 기억하시는가?"에 대한 답을 찾을 수 있다. 하나님은 그들과 변론하실 때 그들의 전과기록들을 증거로 제시하기 위하여 그들의 과거 죄들을 모두 기억하셨다.

그들의 전과기록들을 낱낱이 기록해 놓은 책이 바로 성경이며 이스라엘 민족의 역사책이기도 하다. 구약성경을 '타나크'(Tanakh, 히브리어: תנך)라고 하는데, 히브리어의 '토라'(오경), '느비임'(예언서), '케투빔'(성문서)의 머리글자를 따서 합성한 단어다. 이스라엘 백성의 죄의 역사, 즉 전과기록은 이 세 부분에 골고루 퍼져 있다.

이것은 바로 인간에게 역사의 기록이 필요한 이유이기도 하다. 역사를 기록하는 목적은 과거의 사건을 되돌아보면서 오늘을 다시 생각하고 평가하기 위함이다. 즉 과거의 역사를 되돌아보면서 오늘의 잘못을 발견하고 그것을 고쳐 더 나은 미래를 준비하기 위함이다. 역사에는 잘한 일보다는 잘못한 일이 더 많기 때문에 현재나 미래에는 그런 잘못을 되풀이 하면 안 된다는 교훈을 얻기 위함이다.

더구나 이스라엘의 역사는 이방의 역사와 다르다. 전자는 천지를 창조하신 하나님이 그분의 목적대로 주관하시는 하늘에 계신 하나님과 땅에 있는 이스라엘 백성 사이에 일어난 수직적인 역사이지만, 후자는 피조물인 인간들 사이에서 일어난 수평적인 역사다. 따라서 전자를 하나님의 감동이 배어 있는 거룩한 책이라고 하고, 후자는 세상 인간의 역사라고 한다.

하나님이 이스라엘 백성에게 계속해서 그들의 조상 아브라함과 이삭과 야곱에게 주셨던 언약을 상기시키시며 그 언약의 성취를 위해 과거 율법을 어겼던 그들의 역사(전과기록)를 기억하시고(remember), 기억하신 것을 근거로 책망(reproof)하시고, 바르게 하신(correct) 이유가 여기에 있다(딤후 3:16).

따라서 바울은 "모든 성경은 하나님의 감동으로 된 것으로 교훈(doctrine)과 책망(reproof)과 바르게 함(correction)과 의로 교육하기(instruction in righteousness)에 유익하다"(딤후 3:16)고 했다. "이는 하나님의 사람으로 온전하게 하며 모든 선한 일을 행할 능력을 갖추게 하려 함이기 때문이다"(딤후 3:17).

**하나님은 이스라엘과 변론하실 때
그들의 전과기록들을 증거로 제시하기 위하여
그들의 과거 죄들을 기억하셨다.**

C. 하나님은 이스라엘과 변론하실 때 왜 법적 용어를 사용하셨는가

여기에서 우리는 하나님의 중요한 속성을 발견할 수 있다. 하나님은 이스라엘 백성과 대화하실 때 무조건 권위적인 힘으로 명령만 하신 것이 아니라, 이성적이고 논리적으로 과거의 죄악된 기록들을 증거로 제시하시며 그들을 설득하여 리드하셨다는 점이다.

예를 들어 하나님은 이스라엘 백성에게 너희는 '목이 곧은 백성'(출 32:9, 33:5, 신 31:27)이라고 정죄하실 때도 거기에 합당한 과거 그들의 죄를 기억하시고 그 기록들을 증거로 제시하셨다. 모세도 이런 하나님의 논리에 설득을 당하여 이스라엘 백성이 목이 곧은 백성임을 시인했을 정도다.

> 모세가 급히 땅에 엎드려 경배하며 이르되 주여 내가 주께 은총을 입었거든 원하건대 주는 우리와 동행하옵소서 이는 목이 뻣뻣한 백성이니이다 우리의 악과 죄를 사하시고 우리를 주의 기업으로 삼으소서. (출 34:8-9)

하나님은 이처럼 이스라엘 백성을 대하실 때, 어떤 때는 자상한 아버지처럼, 어떤 때는 엄한 아버지처럼 토론식으로 말씀하셨다. 하나님께서는 변론을 좋아하신다. 심판하시기 전에도 먼저 변론을 하셨다. 그리고 변론하시는 단어들의 거의 모두가 법정에서 가해자(이스라엘 백성)와 피해자(하나님)가 사용하는 법적인 용어를 사용하셨다. 몇 가지 예를 들어보자. 특히 영어 단어에 주목하라.

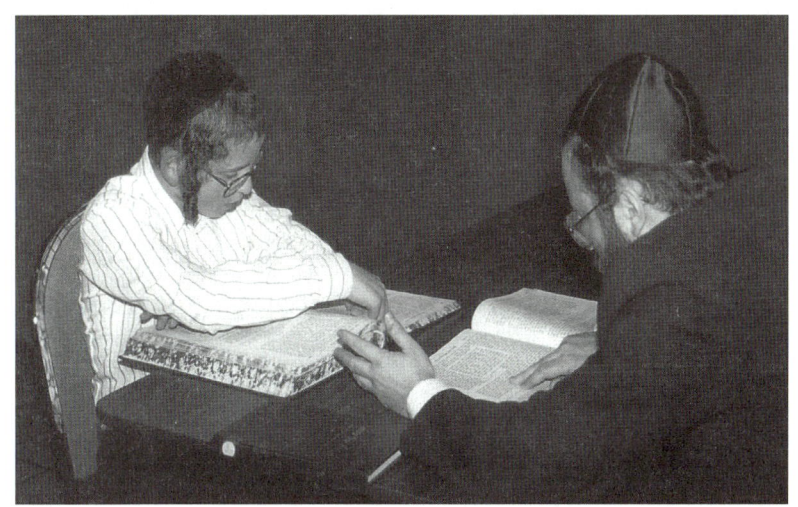

탈무딕 디베이트의 시조는 하나님이다. 사진은 아버지와 아들이 탈무딕 디베이트를 하는 모습, 아버지는 가정에서 하나님 아버지를 대신하는 존재다.

여호와께서 변론하러 일어나시며 백성들을 심판하려고 서시도다(The LORD stands up to plead, And stands to judge the people. Is. 3:13). (사 3:13)

너는 나로 기억이 나게 하고 서로 변론하자 너는 네 일을 말하여 의를 나타내라(Put Me in remembrance; Let us contend together; State your case, that you may be acquitted. Is. 43:26). (사 43:26)

너희 산들과 땅의 견고한 지대들아 너희는 여호와의 쟁변을 들으라 여호와께서 자기 백성과 쟁변하시며 이스라엘과 변론하실 것이라(Hear, O you mountains, the LORD'S complaint, And you strong foundations of the earth; For the LORD has a complaint against His people, And He will contend with Israel. Mic. 6:2). (미 6:2)

하나님은 이스라엘 백성에게 변론하자고 말씀하신다. 지금까지 진술된 하나님의 말씀이 옳은지 그른지 따져 보자는 뜻이다. "너는 나로 기억이 나게 하고"(Put Me in remembrance)(사 43:26a)란 "'너의 경우'(State your case)(사 43:26c)를 서술하라. 네가 옳다면, 너의 의를 나로 하여금 기억나게 해보라"는 것이다. 얼마나 이성적이고 논리적인가! 하나님은 이런 변론으로 여지없이 가해자인 이스라엘 백성이 하나님이 주신 율법을 어긴 죄를 시인하고 회개하도록 하셨다.

하나님은 이스라엘과 변론하실 때 왜 법적 용어를 사용하셨는가? 그 이유는 하나님은 이스라엘 백성과 법적으로 언약, 즉 계약 관계(신적 계약, covenant)에 있었기 때문이다. 대표적인 언약들은 하나님이 아브라함을 부르실 때 맺으셨던 언약(창 12장 1-3), 횃불 언약(창 15장), 시내산 언약(출애굽기 14-19장, 특히 출 19:3-8 참조) 등이 있다.

특히 시내산 언약은 이스라엘 백성과 맺은 행위 언약이다. 하나님이 이스라엘 백성에게 그 언약을 지키면 복을 주시고, 지키지 않으면 저주를 내리시겠다는 조건으로 언약을 맺으셨다(출 19:5-6; 신 28장 참조).

> 세계가 다 내게 속하였나니 너희가 내 말을 잘 듣고 내 언약을 지키면 너희는 모든 민족 중에서 내 소유가 되겠고 너희가 내게 대하여 제사장 나라가 되며 거룩한 백성이 되리라 너는 이 말을 이스라엘 자손에게 전할지니라. (출 19:5-6)

하나님은 출애굽기 19장에서 언약을 맺으시고 20장부터 이스라엘 백성들이 꼭 지켜야 할 십계명을 비롯한 많은 율법들을 주셨다. 하나님이 이스라엘과 변론하실 때 법적인 근거로 언약과 율법을 먼저 거론하시는 이유가 여기에 있다. 그리고 이 언약을 지키는 방법이 바로 쉐마교육이다.

[자세한 것은 저자의 저서 '잃어버린 구약의 지상명령 쉐마'(쉐마, 2009) 제2권 제4부 제1장 II. '쉐마의 성경적 배경: 시내산 언약'과 III. '시내산 언약과 쉐마의 관계' 참조]

하나님은 이스라엘과 변론하실 때 왜 법적 용어를 사용하셨는가?
이스라엘 백성과 계약 관계에 있었기 때문이다.
하나님은 이스라엘과 변론하실 때 법적으로 어떤 근거를 대셨나?

D. 유대인 중에 증거 수집과 변론에 능한 법조인이 많은 이유

이스라엘 백성은 겁도 없이 하나님과 다툰 민족이다(출 17:2; 민 20:13). 뿐만 아니라 하나님을 시험하기도 하였다(출 17:7).

> 그가 그 곳 이름을 맛사라 또는 므리바라 불렀으니 이는 이스라엘 자손이 다투었음이요 또는 그들이 여호와를 시험하여 이르기를 여호와께서 우리 중에 계신가 아닌가 하였음이더라. (출 17:7)

실제로 하나님도 까다로운 이스라엘 백성과 다투느라 매우 피곤하셨을 것이다. 이스라엘 백성은 설득이 안 되면 물러나지를 않았기 때문이다. 그래서 하나님은 이렇게까지 말씀하셨다.

> 트집 잡는 자가 전능자와 다투겠느냐 하나님을 탓하는 자는 대답할지니라. (욥 40:2)

오늘 날 세계적으로 훌륭한 법조인들 중에 유대인이 많은 이유는 바로 하나님이 그들을 4000년 동안 변론에 능한 법조인으로 키우셨기 때문이다. 하나님을 상대하여 다투고 변론하는 과정에서 유능한 법조인이 된 것이다. 즉 유대인이 매사에 과거 사건을 기억하고, 기억한 것을 기록으로 남기고, 그 기록된 증거들을 수집하여 논리적으로 분석하고 정리하는 습관을 하나님으로부터 배운 것이다.

이것은 무엇을 뜻하나? 유대인은 하나님이 세우신 법대에서 보조 강사도 없이 하나님의 직강을 듣고 변론 방법도 훈련받았다. 기본 법학 교과서는 하나님이 직접 집필하신 모세오경에 있는 613개의 율법이었다. 이 안에 민법, 형법, 도덕법 및 종교법 등이 모두 포함되어 있다. 최고 중의 최고의 법대 교육이다.

교육에는 시험도 있는 법이다. 따라서 하나님은 유대인에게 많은 시험도 치르게 하셨다(출 15:25, 16:4; 신 8:2). 믿음이 있는지 없는지를 시험하신 것이지만, 이것은 율법을 지키는지 안 지키는지에 대한 시험이기도 했다. 그들은 하나님이 주신 613개의 율법을 한 치의 오차도 없이 지키려고 얼마나 연구하고 또 연구를 거듭했겠는가! 이것이 그들이 법에 대한 최고의 달인이 된 노하우다.

물론 유대인의 이런 합리적이고 논리적인 사고는 그들이 학문의 세계에서도 으뜸이 되게 하는 데 큰 공헌을 했다. 즉 세상에서 드러나는 유대인의 우수성은 하나님의 교육이 만들어낸 작품이다. 기독교인도 이런 것들을 배워 유능한 인간이 되어야 한다.

여기에서 우리가 감격하는 것은 천지를 창조하신 전능하신 하나님이시지만, 세상에서 가장 미천했던 이스라엘 백성에게조차도 물리적인 힘이 아닌, 논리로 끊임없이 설득하셨다는 점이다. 이것은 그만큼 하나님은 이스라엘 백성의 아버지로서 이스라엘 백성을 사랑하셨다는 것을 증명한다. 또한 이것은 하나님 아버지는 성도들에게 인격을 가지신 분이라는 것을 증명하기도 한다.

뿐만 아니라, 하나님 아버지는 사랑의 크기 면에서 이스라엘 백성의 수많은 죄를 "일흔 번씩 일곱 번이라도 용서하신"(마 18:22), 즉 무제한으로 용서하신 분이시라는 것을 알 수 있다(느 9:30-38). "하나님은 사랑이다"(요일 4:8, 16)라고 말하는 이유가 여기에 있다.

우리 인간의 가정에서 아버지의 모델은 하나님 아버지다. 따라서 아버지는 하나님 아버지의 인격을 닮아야 하고, 자녀들은 아버지의 인격적인 행동을 보고 하나님의 형상을 닮아가야 한다.

1970년대 이전에 한국의 아버지들이 아내와 자녀들에게 아픈 상처를 많이 준 것은 이성적이고 논리적인 설득이 아닌, 권위적인 힘으로 아래 사람들을 제압하려 했기 때문이다. 이런 면에서 한국의 아버지는 하나님 아버지로부터 배워야 할 점이 많다.

[저자 주: 권위에 대한 자세한 설명은 '유대인 아버지의 4차원 영재교육'(현용수, 동아일보, 2006), 제1장 II. 2. '권위'와 '권위주의'의 차이' 참조]

결론적으로 인간 사이에서도 갑은 을(가해자)이 후에 다시 그런 죄를 짓는 것을 막기 위하여 그와 변론할 때, 증거로 제시하기 위하여 을의 과거 죄들을 기억해야 한다. 증거도 없이 권위적인 힘으로 상대를 제압하려 한다면 감정이 상하여 화해 대신, 또 다른 분쟁이 생길 수 있다. 따라서 우리가 상대와 변론할 때에는 하나님처럼 이성적이고 논리적인 증거를 갖고 사랑의 마음으로 설득해야 한다. 즉 따뜻한 가슴과 냉철한 머리를 가지고 설득해야 한다.

그 결과 을이 갑에게 자신의 죄를 인정하고 회개한 다음, 갑에게 돌아와 화해하도록 해야 한다.

유대인은 하나님이 세우신 법대에서
그분의 직강을 듣고 변론 방법도 훈련받았다.
기본 법학 교과서는 613개의 율법이었다.

E. 용서한 죄는 기억치 않겠다는 하나님의 말씀은 틀렸는가

앞에서 하나님은 성도의 죄를 용서하신 이후에는 기억하시지 않는다고 말씀하셨지만(사 43:25; 렘 31:34; 히 8:12, 10:17), 실제로는 우리의 죄를 기억하고 계신다고 설명했다. 그렇다면 "하나님이 성도의 죄를 용서하신 이후에는 기억하시지 않는다"(사 43:25; 렘 31:34; 히 8:12, 10:17)는 말씀은 틀린 말씀인가? 아니다. 다만 그 말씀의 의미를 잘못 해석한 것이다. 그렇다면 참된 의미는 무엇인가?

이 말씀의 참뜻은 하나님의 입장과 성도의 입장에서 다르게 해석해야 한다. 먼저 하나님의 입장에서 이 말씀을 해석한다면, 하나님은 성도들이 과거에 지은 죄를 기억은 하시지만, 그 죄에 대해서 하나님이 그 당시 어떤 방법으로 죄 값을 치르게 하신 후, 한 번 용서하셨다면 다음에 그 죄에 대해서는 다시 묻지 않으시겠다는 것을 의미한다(시 78:38). 즉 그 죄에 대한 법적 징벌은 면제(exemption)되었다는 것을 뜻한다. 그러니 그 죄에 대한 징벌을 더 이상 두려워하지 말라는 것이다.

그러나 성도의 입장에서 이 말씀을 오해해서는 안 된다. 성도의 성화의 과정, 즉 선민 교육(쉐마교육)을 위해서는 자신의 과거 죄를 기억하게 하는 전과 기록은 필요하다. 물론 이런 원리는 공동체의 입장에서도 동일하게 적용된다.

그렇다면 성도가 하나님으로부터 죄를 한 번 용서함 받았으면, 그는 어떻게 살아야 할 것인가? 과거의 어둡고 무거운 죄에 얽매여 두려워하며 살지 말고, 죄의 종의 멍에에서 해방된 자유인의 모습으로 미래를 긍정적으로 살아야 한다(갈 5:1).

> 그리스도께서 우리로 자유케 하려고 자유를 주셨으니 그러므로 굳세게 서서 다시는 종의 멍에를 메지 말라. (갈 5:1)

그리고 과거의 죄가 그렇게 무섭다는 것을 기억하면서 다시는 그 죄를 짓지 말아야 한다. 그리고 여기에서 그치면 안 된다. 더 성숙한 성도가 되기 위해서는 하나님에게 이에 상응하는 보답을 해야 한다.

> 그들이 여호와를 향하여 악을 행하니 하나님의 자녀가 아니요 흠이 있는 사곡한 종류로다 우매무지한 백성아 여호와께 이같이 보답하느냐 그는 너를 얻으신 너의 아버지가 아니시냐 너를 지으시고 세우셨도다. (신 32:5-6, 개역한글)

우리는 본문에서 "여호와께 이같이 보답하느냐?"(신 32:5-6b)라는 말씀에 주목해야 한다. 이 말씀은 무엇을 뜻하는가? 하나님은 자신의 백성으로부터 보답받기를 원하신다는 것을 뜻한다. 따라서 하나님이 원하시는 성숙한 바른 성도는 자신이 하나님에게 죄를 지은 사실과 하나님으로부터 탕감 받은, 즉 구원 받은 은혜의 빚을 평생 동안 기억하고, 그 은혜에 감사하며 겸손하게 평생토록 보답하며 살아야겠다는 마음을 가져야 한다.

만약 그렇지 못하고, 오히려 하나님에게 악을 행한다면, 하나님은 그런 백성을 "흠이 있는 사곡한 종류"(신 32:5) 그리고 "우매무지한 백성"(신 32:6)이라고 책망하셨다. 따라서 하나님이 자신의 죄를 잊으셨다고 생각하여 자신도 자신의 과거의 죄를 잊고 죄를 사해주신 하나님의 은혜도 잊어버린다면, 이스라엘 백성처럼 하나님에게 악을 행하기 쉽다.

요약하면, 하나님이 성도의 죄를 용서하신 이후에는 기억하시지 않는다(사 43:25)고 말씀하신 뜻은 하나님의 입장과 성도의 입장에서 다르게 해석해야 한다. 하나님의 입장에서는 성도들이 과거에 지은 죄를 기억은 하시지만, 법적으로 그 죄를 한 번 용서하셨으면 다음에 그 죄에 대해서는 다시 묻지 않으시겠다는 것을 의미한다(시 78:38). 그러나 성도의 입장에서는 하나님이 자신의 죄를 용서해주신 은혜를 기억하고 그 은혜에 감사하며 겸손하게 평생토록 보답하며 살아야겠다는 마음을 가져야 한다.

(이 주제는 이어지는 Ⅳ. "예수님이 가르쳐 주신 '용서와 기억'의 신학"에서 다시 자세히 설명함)

**하나님이 성도의 죄를 용서하신 이후에는
기억하시지 않는다(사 43:25)고 말씀하신 뜻은
하나님의 입장과 성도의 입장에서 다르게 해석해야 한다.**

F. 성도는 용서한 죄를 기억치 않겠다는 하나님의 말씀을 어떻게 적용해야 하는가

앞에서 하나님은 성도가 지은 죄를 한 번 용서하셨으면 다음에 그 죄에 대해서는 다시 묻지 않으시지만(시 78:38), 성도의 입장에서는 하나님이 죄를 용서해주신 은혜를 기억하고 그 은혜에 감사하며 겸손하게 평생토록 보답하며 살아야겠다는 마음을 가져야 한다고 했다. 그리고 하나님은 용서하신 이후 보상을 원하신다고 했다.

하나님이 이스라엘 백성에게 자신이 이런 보상을 받을 권리가 있다고 제시하신 증거는 무엇인가? 하나님은 그들의 죄를 용서해주셨을 뿐만 아니라, 기본적으로 "그[하나님]는 너를 얻으신 너의 아버지" 그리고 "너를 지으시고 너를 세우신 이"(신 32:6c)시기 때문이라고 말씀하셨다. 즉 하나님은 이스라엘 백성의 아버지이시고, 창조주이시며 이스라엘 국가를 세우신 분이시기 때문이라는 것이다.

[저자 주: KJV은 "너를 얻으신"을 "너를 사신"(hath bought thee)으로 번역하고 있다. 이는 출애굽 사건을 하나님께서 이스라엘이 애굽의 노예로 있을 때 그들을 값을 지불하시고 사신(purchased) 사건으로 묘사한 것이다.(시 74:2 참조)]

하나님의 은혜에 보답하는 것과 관련된 성경의 예를 들어보자. 히스기야는 마음이 교만하여 그의 생명을 구하여 주신 여호와 하나님의 은혜에 보답하지 아니하므로 진노가 저와 유다와 예루살렘에 임하게 되었다(대하 32:25). 그러나 다윗은 하나님의 은혜에 감사하고 그 은혜에 보답할 것을 이렇게 노래했다.

> "내게 주신 모든 은혜를 내가 여호와께 무엇으로 보답할까 내가 구원의 잔을 들고 여호와의 이름을 부르며 여호와의 모든 백성 앞에서 나는 나의 서원을 여호와께 갚으리로다"(시 116:12-

14)…. "내가 주께 감사제를 드리고 여호와의 이름을 부르리이다 내가 여호와께 서원한 것을 그의 모든 백성이 보는 앞에서 내가 지키리로다."(시 116:17-18).

신약시대에 하나님이 원하시는 바른 성도의 대표적인 인물은 누구인가? 바울이다. 그는 자신이 "헬라인이나 야만인이나 지혜 있는 자나 어리석은 자에게 다 내가 빚진 자라"(롬 1:14)고 말했다.

왜 그런가? 초대교회 당시에 예수님에게 누구보다도 큰 죄를 지었던 자신의 죄를 주님이 십자가의 보혈로 탕감해 주신 은혜를 늘 기억하고 크게 감사했기 때문이다. 때문에 그는 주님에게 상대적으로 덜 탕감 받은 자들보다 더 큰 사랑을 표현하기 위하여 자신의 목숨까지 기꺼이 주기를 주저하지 않았다(빌 1:8; 살전 2:8, 3:9). 그러면서 바울은 성도들에게 하나님께서 죄의 종에서 해방시킨 "자유로 육체의 기회를 삼지 말고, 오직 사랑으로 서로 종 노릇 하라"(갈 5:13)고 했다.

예수님은 우리가 예수님을 믿을 때 십자가의 보혈로 우리의 원죄와 자범죄의 삯을 모두 지불하시고 속죄해 주셨다(롬 6:23; 히 9:12). 물론 성도들은 자신이 지은 자범죄의 크기를 자신만이 알겠지만, 아무리 큰 죄를 지었다고 하더라도, 자범죄는 원죄와 비교할 때 매우 작은 죄에 해당한다.

따라서 누구든지 예수님을 믿으면 가장 큰 원죄를 사함 받는다는 점에서는 세상에서 가장 선하게 살았다는 이들보다 크게 탕감 받은 것이다. 따라서 누구든지 성도라면, 하루하루를 예수님의 은혜에 감사하고 겸손하게 보답하며 살아야 한다.

이런 논리는 하나님 아버지와 성도, 즉 하나님의 자녀 사이의 논리이기 때문에 가정에서 부모와 자녀 사이에서도 동일하게 적용할 수 있다. 그 증거는 어디에서 찾을 수 있는가? 바울은 자녀나 손자는 조부모나 부모에게 효를 행하여 보답하기를 배우게 하라(딤전 5:4)고 했다.

하나님이 이스라엘 백성에게
자신이 이런 보상을 받을 권리가 있다고
제시하신 증거는 무엇인가?

G. 갑의 입장에서 기억의 유익

갑은 을에게 피해를 당한 사람이다. 그런데도 을을 용서했다. 그러나 그 사건을 잊지는 않고 기억한다.

여기에서 우리가 구분해야 할 것은 앞의 B항과 C항에서 설명한 갑과 인간 사회에서의 갑은 차이가 있다는 점이다. 전자는 힘이 강한 하나님이고, 후자의 갑은 힘이 없어 당하거나, 혹은 사기를 당한 피해자이기 때문에 두 사이에 차이가 있을 수 있다. 전자는 항상 강한 힘이 있는 상태에서 을을 사랑으로 용서한 이후 기억한 것이고, 후자는 힘이 없더라도 사랑으로 용서한 후 기억하는 경우다. 따라서 여기에서는 후자의 입장에서 기억의 유익을 살펴본다.

첫째, 자신의 정체성, 즉 뿌리를 알기 위함이다.

인성교육학적인 측면에서 인간이 자신이 누구인지를 안다는 것은 대단히 중요하다. 즉 정체성을 가져야 수직문화의 사람이 될 수 있다. 자신이 을로부터 과거에 많은 상처를 받았다는 것을 기억한다는 것은 개인의 아픈 역사를 기억하는 것이다. 때문에 이것은 고난의 역사, 즉 수직문화에 속한다. 수직문화가 강해지면 자존감이 높아진다. 자존감이 높아지면 수평문화의 쾌락에 쉽게 물들지 않을 수 있다. 뿌리가 깊은 나무이기 때문이다. 그리고 인간은 자신의 약한 부분을 기억할 때 겸손해 질 수 있다.

둘째, 갑이 미래를 위한 유비무환의 태도를 갖기 위함이다.

갑이 을로부터 입은 아픈 과거를 용서한 이후에도 다시 그 과거를 기억해야 하는 이유는 다시는 그런 치욕을 당하지 않기 위해 평화 시기에 힘을 기르기 위함이다. 즉 미래를 위한 유비무환의 태도이다.

이런 과정에서 자신이 과거에 왜 을로부터 당했는지, 그 원인을 파악하며 자신의 약점을 알고 이를 보완하여 힘을 기를 수 있을 것이다. 그래야 다시 당하지 않을 수 있다.

그러나 용서하기 이전과 용서한 이후에는 기억에도 차이가 있어야 한다. 용서하기 이전에는 기억할 때 억울함으로 말미암아 미움과 분노가 일어났다면, 용서한 이후에는 평온한 마음 가운데 그 사건을 기억해야 할 것이다.

그리고 그 사건을 기억함으로 자신이 용서한 일을 을이나 다른 사람들에게 자주 얘기할 경우, 자신의 의가 많이 나타나 자신의 인격에 해를 입기 쉬울 것이다. 따라서 갑은 용서는 하되 잊지는 말아야 한다. 그리고 그 사건을 을이나 타인에게 거론하지 않는 것이 덕스러울 것이다. 오히려 잊은 것처럼 행동하는 것이 지혜로울 것이다.

셋째, 을이 반복하여 죄를 짓는 것을 막기 위함이다.

앞의 B항에서 자세히 설명한 바와 같이 갑은 과거 을의 죄를 증거로 제시하여 을이 반복하여 죄를 짓지 못하게 하기 함이다.

넷째, 기억의 목적이 잘못되어 피의 재앙을 막기 위함이다.

앞에서 "인간은 자신을 도와준 사람의 은혜는 물에 새기고 원수(분노)는 돌에 새긴다"는 옛 속담을 소개했다. 인간은 억울한 피해를 당하면, 피해를 준 원수는 그만큼 강렬하게 뇌리에 기억된다는 말이다. 이 때 자신이 당한 만큼이 아니라, 몇 배 더 갚기 위하여 을의 잘못을 기억한다면 그의 미래는 매우 염려스럽다.

따라서 자신에게 피해를 준 사건을 어떤 목적으로 기억하느냐에 따라 평화를 가져올 수도 있고, 피를 부를 수도 있다는 것을 명심해야 한다. 용서를 전제로 한 기억은 미래에 평화를 가져오지만, 용서 없는 기억은 칼날과 같아 미래에 피를 부를 수도 있기 때문이다. 전자는 사랑을 전제로 하지만, 후자는 원수를 갚는 복수를 전제로 하기 때문이다. 따라서 우리는 과거의 사건을 용서를 전제로 기억하여 생산적이고 평화적인 미래를 추구해야 한다.

**용서를 전제로 한 기억은 미래에 평화를 가져오지만,
용서 없는 기억은 칼날과 같아 미래에 피를 부를 수도 있다.**

2. 을의 입장에서 기억의 유익

A. 하나님이 나(을)의 죄를 기억하라고 하신 증거

이제 을의 입장에서 기억에 대하여 설명해 보자. 대부분 성도들은 갑이 을의 죄를 용서한 이후에 그 죄를 기억하지 않는 것처럼, 을도 기억하지 말아야 한다고 주장한다.

그들이 주장하는 근거는 하나님(갑)도 성도(을)가 과거에 지은 죄를 용서하신 후에는 기억하지 않는 분(사 43:25; 렘 31:34; 히 8:12, 10:17)이신데, 왜 자신이 지은 과거의 죄를 기억해야 하느냐고 반문한다. 다시 말하면, "하나님도 나의 죄를 용서하신 후 잊어버리셨는데, 왜 내가 그 죄를 들추어내어 기억해야 하는가?"이다.

이것은 매우 타당한 논리인 것처럼 보이지만, 대단히 잘못된 주장이다. 이것은 두 가지 오해로 인해 나온 주장이다. 첫째, 앞에서 설명했듯이 하나님은 우리의 죄를 잊으신 것이 아니고, 기억하고 계신다는 사실을 모르고 한 주장이다. 둘째, 하나님이 성도들에게 자신이 지은 과거의 죄를 기억하라고 명령하신 것을 몰랐기 때문에 하는 주장이다.

그렇다면, 하나님은 이스라엘 백성에게 자신이 지은 과거의 죄를 기억하라고 명령하셨는가? 물론이다. 하나님은 이스라엘 백성에게 "너는 광야에서 네 하나님 여호와를 격노케 하던 일을 잊지 말고 기억하라"(신 9:7)고 명령하셨다. 이 말씀은 하나님께서 이스라엘 백성에게 내가 너희 죄를 잊지 않고 기억하는 것처럼, 너희도 너희 죄를 잊지 말고 기억하라는 뜻이다.

우리가 분명하게 기억해야 할 것은 하나님은 이스라엘 백성의 역사, 즉 아브라함을 선택하심과 양육하시는 과정 그리고 이스라엘이 하나님과 동거하는 과정에서 지었던 모든 죄의 역사를 결코 잊으시는 분이 아니라는 점이다. 이것은 이스라엘 백성도 마찬가지다. 만약 하나님이나 이스라엘 백성 모두 과거 이스라엘의 죄의 역사를 잊었다면 어떻게 이스라엘 백성의 역사책인 성경이 쓰여질 수 있었겠는가?

용서와 기억의 신학적인 입장에서 성경을 말한다면, "성경은 수천 년 동안 이스라엘 백성들(을)이 지은 죄에 대한 사건들과 그 죄들을 용서하신 하나님(갑)의 애절한 사랑 스토리를 잊지 않고 기억하기 위해 기록한 책"이라 볼 수도 있을 것이다.

이것은 무엇을 뜻하나? 용서를 해준 갑이나 용서를 받은 을, 모두 과거의 죄를 기억했기 때문에 성경이란 책에 기록으로 남기게 되었다는 것을 뜻한다. 좀 더 적극적으로 표현한다면, 죄의 사건들을 잊지 않고 기억하기 위하여 성경이란 책에 기록했다. 이것을 구원론적인 입장에서 말한다면, 하나님이나 이스라엘 백성이 그들의 과거를 잊지 않고 기억하는 목적은 이를 기록하여 인류를 구원하기 위한 생명의 책, 성경을 완성하기 위함이었다.

1. 하나님도 나의 죄를 용서하신 후 잊어버리셨는데, 왜 내가 그 죄를 들추어내어 기억해야 하는가?
2. 만약 하나님이나 이스라엘 백성 모두 과거 이스라엘의 죄의 역사를 잊었다면 어떻게 이스라엘 백성의 역사책인 성경이 쓰여질 수 있었겠는가?

B. 을의 입장에서 기억의 유익:
하나님이 죄를 기억하라고 하신 이유

하나님은 왜 성도들에게 자신이 지은 과거의 죄를 기억하라고 명령하셨는가? 그 이유는 구약시대에 이스라엘 백성들이 과거 여호와의 행하신 것과 저희에게 보이신 기사를 잊었을 때 하나님을 믿지 아니하며 그의 구원을 의지하지 아니하고 타락하였기 때문이다(시 78:11-22). 실제로 그들이 타락했을 때에는 하나님의 권능도 기억치 아니하며 대적에게서 구속하신 시기와 사건도 생각지 아니하였다.

> 오직 하나님은 자비하심으로 죄악을 사하사 멸하지 아니하시고 그 진노를 여러 번 돌이키시며 그 분을 다 발하지 아니하셨으니 저희는 육체뿐이라 가고 다시 오지 못하는 바람임을 기억하셨음이로다 저희가 광야에서 그를 반항하며 사막에서 그를 슬프시게 함이 몇 번인고 저희가 돌이켜 하나님을 재삼 시험하며 이스라엘의 거룩한 자를 격동하였도다 저희가 그의 권능을 기억지 아니하며 대적에게서 구속하신 날도 생각지 아니하였도다. (시 78:38-42)

이스라엘 백성은 어느 때에 하나님을 잊고 타락했는가? 그 때는 하나님이 가나안에서 주신 이 세상의 복을 누리고 배가 불렀을 때였다. 그들이 광야 마른 땅에 있었을 때에는, 즉 배가 고팠을 때에는 하나님을 잊지 않고 그분에게 매달렸었다. 그런데 그들이 가나안에 들어가 배가 불렀을 때 마음이 교만해졌고, 때문에 하나님을 잊게 되어 타락했다(호 13:5-6). 이것은 이미 하나님이 모세를 통하여 경고했던 일이었다(신 8:11-14; 32:13-18).

따라서 이것은 인간에게 배부름은 복이 아니라 저주가 될 수 있다는 점을 말해준다. 이것에 대한 예는 20세기의 풍요로 인한 미국 교회와 한국 교회의 타락에서 볼 수 있다. 때문에 성도들에게는 가난 보다는 오히려 '풍요의 저주'가 더 무서운 것이다.

(저자 주: 자세한 '을의 입장에서 기억의 유익'은 이어지는 4. '예수님이 가르쳐 주신 '용서와 기억의 유익'에서 더 자세히 설명하기 때문에 여기에서는 중복을 피하기 위하여 생략한다.)

IV. 예수님이 가르쳐 주신 '용서와 기억'의 신학

신약성경에서도 구약성경에서처럼 갑과 을, 모두 과거의 죄를 용서한 것과 용서 받은 것을 기억하라고 가르친다. 예수님도 갑으로서 본인이 을의 죄를 탕감해 주신 사건을 잊지 않고 기억하고 계셨다. 그리고 예수님은 을도 자신이 탕감 받은 사실을 기억하기를 원하셨다.

뿐만 아니라 예수님은 앞의 구약성경에서 설명하지 못한 갑과 을의 차이를 예를 들어 매우 자세하게 설명하셨다. 특히 을의 입장에서 갑으로부터 과거의 죄를 용서 받은 후 그 사건을 기억하는 성도와 기억하지 않는 성도의 차이를 잘 설명하셨다. 이것은 인성교육학적인 입장에서 바른 성도의 길과 바른 자녀교육을 위해 대단히 중요한 교훈이다.

〈저자 주: 본 항목에서는 예수님이 가르쳐 주신 '용서'에 대해서는 앞의 2. '용서의 유익'에서 자세히 설명했기 때문에 대부분 '기억'에 초점을 맞추어 설명한다.〉

1. 예수님(갑)과 향유를 부은 여자(을)

신약성경 누가복음에는 예수님께서 예수님으로부터 죄를 용서받은 여자가 감사의 표현으로 눈물로 주님의 발을 적시고, 머리털로 닦아주고, 발에 입을 맞추어 주고, 비싼 향유를 부은 것을 칭찬하신 사건을 볼 수 있다(눅 7:44-46).

> 그 여자를 돌아보시며 시몬에게 이르시되 이 여자를 보느냐 내가 네 집에 들어올 때 너는 내게 발 씻을 물도 주지 아니하였으되 이 여자는 눈물로 내 발을 적시고 그 머리털로 닦았으며 너는 내게 입맞추지 아니하였으되 그는 내가 들어올 때로부터 내 발에 입맞추기를 그치지 아니하였으며 너는 내 머리에 감람유도 붓지 아니하였으되 그는 향유를 내 발에 부었느니라. (눅 7:44-46)

이 말씀에서 갑은 예수님이고, 을은 여자다. 본문 말씀을 근거로 갑의 기억의 유익과 을의 기억의 유익에 대하여 살펴보자.

A. 예수님이 성도들에게 과거 죄를 기억하라고 하신 이유

본문 말씀을 용서와 기억의 신학 입장에서 보면, 예수님은 갑으로서 그 여자(을1)의 죄를 탕감해 주신 후 그 죄를 기억하고 계셨다는 것을 발견할 수 있다. 뿐만 아니라 시몬(을2)의 죄와 그의 행동까지도 기억하고 계셨다. 그리고 기억하신 내용을 을1과 을2를 교육(discipline)시키시는 데 활용하셨다(눅 7:44-46).

이제 을의 입장에서 과거의 죄의 사건을 왜 기억해야 하는지, 그리고 기억하게 될 경우 어떤 유익이 있는지, 그리고 기억하지 않을 경우 어떤 불이익이 있는지를 살펴보자. 먼저 우리가 알아야 할 것은 예수님으로부터 죄를 탕감 받은 그 여자가 그 사건을 잊지 않고 기억하고 있었느냐 하는 것이다. 물론이다. 그 증거는 무엇인가?

예수님께서 칭찬하신 이 여자(을)의 감사 표현은 이 여자가 자신의 죄를 탕감해주신 예수님(갑)의 구속의 은혜를 기억했다는 것을 전제로 한 행동이기 때문이다. 만약 이 여자가 자신의 죄와 예수님의 구속의 은혜를 기억하지 않았다면, 어떻게 은혜에 대한 보답으로 그런 사랑의 표현을 할 수 있었겠는가!

이는 마치 성도가 예수님을 믿은 후 구원받기 이전의 1) 죄의 종살이 할 때 처참했던 생활을 기억하고, 2) 자신의 죄를 탕감해 주시기 위해 예수님이 대신 십자가를 지신 사건을 기억해야, 예수님의 은혜에 더 감사하고, 겸손해지며, 그 은혜에 보답하려고 하는 것과 같다. 이런 성도는 하나님과 더 가까워진 성숙한 성도가 되며, 하나님 아버지에게 효자가 된다.

다른 말로 표현하면, 성도는 항상 죄 때문에 지옥에 갈 수밖에 없었던 자신의 과거 처지를 기억해야, 자신을 천국 갈 수 있도록 구원해주신 예수님의 은혜에 감사하며 겸손하게 그분에게 보답하며 살 수 있다.

만약 성도가 죄의 종살이 할 때를 기억하지 않고 잊어버린다면, 죄를 탕감해주신 예수님의 은혜에 감사를 잊어버리고 교만하기 쉽다. 그렇게 되면 예수님의 은혜에 대한 보답도 생각하지 못하고, 예수님에 대한 믿음이 점점 약하여져서 그분과 거리가 점점 멀어져 다시 타락하기 쉽다.

그 예로 처음 사랑을 버려 주님으로부터 책망을 받았던 에베소교회(계 2:1-4)를 들 수 있다. 왜 에베소교회가 처음 사랑을 버리게 되었는가? 자신들의 과거 죄와 그 죄를 사해주신 주님의 은혜를 기억하지 못하고 잊어버렸기 때문이다. 다시 말하면, 자신들의 죄와 그 죄를 사해주신 주님의 은혜를 기억했을 때는 주님에 대한 사랑이 뜨거웠었는데, 시간이 지나 기억하지 못하고 잊어버린 결과 주님에 대한 처음 사랑을 버리게 되었다는 것이다.

요약하면, 성도는 과거의 죄와 죄를 용서해주신 하나님의 은혜를 기억하는 것 만큼, 비례하여 감사하고, 겸손해져서, 은혜에 보답하고 하나님과 가까워져 성숙한 성도가 되며, 하나님 아버지에게 효자가 된다. 반면, 성도는 과거의 죄와 죄를 용서해주신 하나님의 은혜를 잊는 것만큼, 비례하여 감사가 없어지고, 교만해져서, 은혜에 대한 보답도 없고, 하나님과 멀어져 타락하는 성도가 된다. 이런 성도는 미성숙하여 하나님 아버지에게 불효자가 된다.

이런 논리는 가정에서 부모와 자녀 사이에서도 적용할 수 있다. 부모는 갑의 입장에서 어린 자녀들(을)이 성장하면서 부모에게 많은 죄를 짓게 되지만, 그 때마다 부모는 자녀의 죄를 무한정 용서해 준다. 그러나 부모는 그 사건들을 잊어버리지 않고 기억한다. 그리고 다음에 자녀가 동일한 죄를 범하면 이전의 사건을 증거로 제시하며 다시는 그런 죄를 짓지 말라고 교육시킨다.

자녀(을)의 입장에서는 어떠한가? 자녀는 부모로부터 과거의 죄를 용서 받은 사실들을 기억해야, 부모의 은혜에 감사하며, 겸손해져서, 그 은혜에 보답할 생각을 하고, 부모와 더 가까워져 더 성숙한 효자가 될 수 있다. 그러나 자녀가 과거의 죄와 죄를 용서해주신 부모의 은혜를 잊어버리게 되면, 그만큼 감사가 없어지고, 교만해져서 보답할 생각도 안하고, 자신의 마음에서 부모를 떠나 타락하여 불효자가 되기 쉽다.

요약하면, 자녀는 과거의 죄와 죄를 용서해주신 부모의 은혜를 기억하는 것만큼, 비례하여 은혜에 감사하고, 겸손해져서, 은혜에 보답하며, 부모와 가까워져 성숙한 효자가 된다. 반면, 자녀는 과거의 죄와 죄를 용서해주신 부모의 은혜를 잊어버리는 것만큼, 비례하여 감사가 없어지고, 교만해져서 보답도 안하고, 부모를 떠나 타락하여 불효자가 된다.

이런 논리는 인간과 인간 사이에도 적용될 수 있을 것이다. 갑은 을의 죄를 기억할 때 평상시에 힘을 길러 다시 피해를 보지 않고, 을을 더 나은 방향으로 인도할 수 있을 것이다. 그리고 을은 갑의 은혜를 기억하는 것만큼, 비례하여 은혜에 감사하고, 겸손해져서, 은혜에 보답하며, 갑과 가까워져 성숙한 인간이 될 것이다. 반면, 을은 갑의 은혜를 잊어버리는 것만큼, 비례하여 감사가 없어지고, 교만해져서 보답도 안하고, 갑을 떠나 타락하여 배은망덕한 인간이 될 것이다.

이 보다 더 악한 것은 인성이 잘못된 인간은 과거 자신의 죄를 용서받고서도 그 사실을 잊고 갑에게 은혜를 원수로 갚는 패역함을 보일 수도 있다. 이런 일은 예수님과 성도 사이, 부모와 자녀 사이 그리고 인간과 인간 사이에서도 일어날 수 있다. 그 대표적인 예가 예수님을 은 삼십에 팔아넘긴 가룟 유다이다.(마 26:15; 눅 22:3-6). 그는 마귀였다(요 6:70).

이제 앞의 내용을 요약 정리해보자. 앞에서 예수님과 성도의 관계에서 성도가 용서 받은 과거의 죄와 예수님의 구속의 은혜를 기억할 경우와 기억하지 않을 경우, 부모와 자녀와의 관계에서 자녀가 용서 받은 과거의 죄와 죄를 용서해준 부모의 은혜를 기억할 경우와 기억하지 않을 경우 그리고 인간과 인간과의 관계에서 을이 용서 받은 과거의 죄와 용서해준 갑의 은혜를 기억할 경우와 기억하지 않을 경우를 대조하며 그 차이를 설명했다. 그 차이는 선과 악의 차이만큼 크다.

하나님과 성도의 관계에서 기억의 기능

〈을의 입장에서 과거의 죄를 용서 받은 후
그 사건을 기억하는 성도와 기억하지 않는 성도의 차이〉

1. 성도가 과거의 죄와 예수님의 구속을 기억할 경우 성숙의 5단계

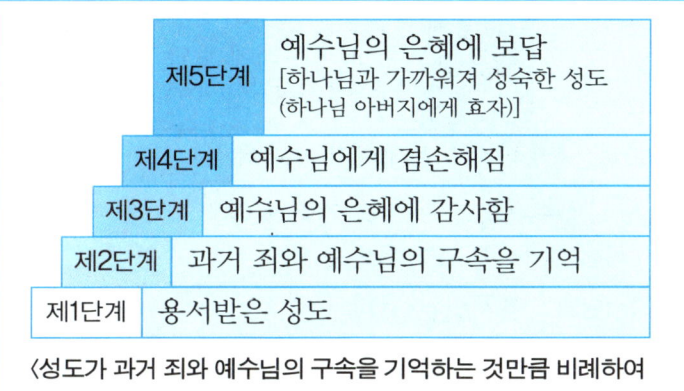

〈성도가 과거 죄와 예수님의 구속을 기억하는 것만큼 비례하여 예수님의 은혜에 감사하고 겸손해져서 보답하여 하나님에게 효자가 됨〉

2. 성도가 과거의 죄와 예수님의 구속을 기억하지 않을 경우 타락하는 5단계

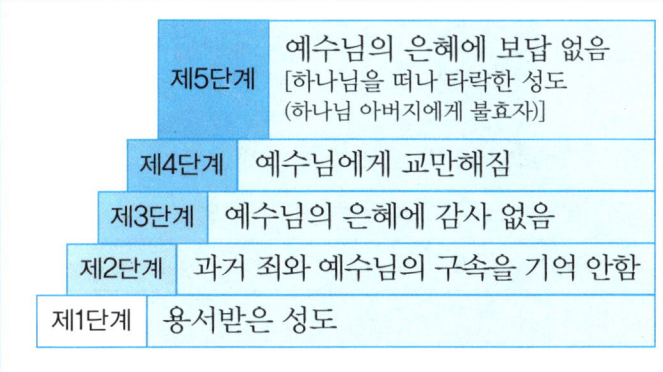

〈성도는 하나님의 은혜를 잊는 것만큼 비례하여 감사가 없어지고 교만해져서 보답하지 않고 하나님과 멀어져 타락함〉

부모와 자녀의 관계에서 기억의 기능

〈을의 입장에서 과거의 죄를 용서 받은 후
그 사건을 기억하는 자녀와 기억하지 않는 자녀의 차이〉

**3. 자녀가 과거의 죄와 죄를 용서해준 부모의 은혜를
기억할 경우 성숙의 5단계 (잘된 인성교육)**

제5단계	부모의 은혜에 보답 [부모과 가까워져 성숙한 효자가 됨]
제4단계	부모에게 겸손해짐
제3단계	부모의 은혜에 감사함
제2단계	부모의 은혜를 기억
제1단계	용서받은 자녀

〈자녀는 부모의 은혜를 기억하는 것만큼 비례하여 은혜에 감사하고 겸손해져서 은혜에 보답하고 부모와 가까워져 효자가 됨〉

**4. 자녀가 과거의 죄와 죄를 용서해준 부모의 은혜를
기억하지 않을 경우 타락하는 5단계 (잘못된 인성교육)**

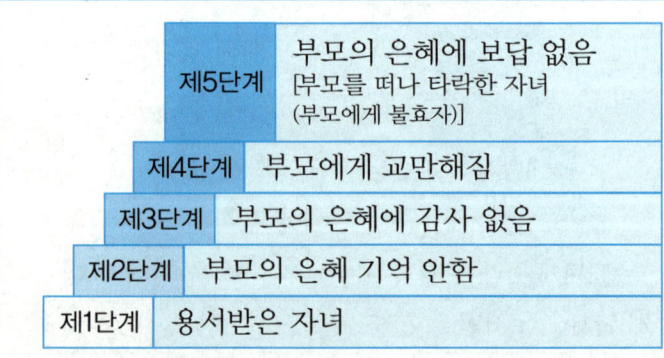

제5단계	부모의 은혜에 보답 없음 [부모를 떠나 타락한 자녀 (부모에게 불효자)]
제4단계	부모에게 교만해짐
제3단계	부모의 은혜에 감사 없음
제2단계	부모의 은혜 기억 안함
제1단계	용서받은 자녀

〈자녀가 부모의 은혜를 잊어버리는 것만큼 비례하여 은혜에 대한 감사가 없고, 교만해져서 보답도 안하고, 부모를 떠나 타락함〉

그리고 그 차이를 다음 4가지 도표로 요약했다(도표 참조).

1) 성도가 과거의 죄와 예수님의 구속을 기억할 경우 성숙의 5단계,
2) 성도가 과거의 죄와 예수님의 구속을 기억하지 않을 경우 타락하는 5단계,
3) 자녀가 과거의 죄와 죄를 용서해준 부모의 은혜를 기억할 경우 성숙의 5단계(잘된 인성교육)
4) 자녀가 과거의 죄와 죄를 용서해준 부모의 은혜를 기억하지 않을 경우 타락하는 5단계(잘못된 인성교육)

3)항은 잘된 인성교육에 기인하고, 4)항은 잘못된 인성교육에 기인한다. 때문에 어려서부터 좋은 인성(성품)을 갖게 하기 위해 수직문화를 가르쳐야 한다. 물론 수직문화 속에는 종교교육, 즉 복음과 선민교육인 쉐마도 포함된다.

결론적으로 우리는 인간이 갑으로부터 과거의 죄를 용서 받은 후 그 사건을 기억하고 감사하느냐, 아니면 기억하지 않고 감사하지 않느냐에 따라 선한 열매를 맺느냐, 아니면 악한 열매를 맺느냐가 결정된다는 점에 주목해야 한다. 따라서 을이 용서받은 죄를 기억하고 감사해야 한다는 것은 인성교육적인 측면에서 대단히 중요한 주제라고 할 수 있다.

만약 성도가 예수님을 믿고 구원받기 이전에 죄의 종살이 할 때를 기억하지 않고 잊어버린다면, 어떻게 되겠는가?

B. 갑에 대한 보답은 용서받은 죄의 양에 비례해야 한다

예수님께서는 이어서 "이러므로 내가 네게 말하노니 그의 많은 죄가 사하여졌도다 이는 그의 사랑함이 많음이라 사함을 받은 일이 적은 자는 적게 사랑하느니라"(눅 7:47)라고 말씀하셨다.

이것은 무엇을 뜻하나? 그 여자는 죄를 지은 여자인데(눅 7:37, 아마도 창기인 듯함), 시몬이라는 바리새인(눅 7:40)보다 더 많은 죄를 지어 더 많은 사함을 받았다는 것을 시사한다. 더 많은 사함을 받았다는 것은 더 많은 은혜를 받았다는 것을 뜻한다. 바울도 "죄가 더한 곳에 은혜가 더욱 넘쳤다"(롬 5:20b)고 말했다.

때문에 그 여자가 자기 죄를 모르는 시몬보다 더 많은 죄를 사함 받았기에, 즉 더 많은 은혜를 받았기에 예수님에게 더 많은 사랑을 표현했다는 것이다(눅 7:40-43). 즉 사랑의 표현은 죄사함의 양에 비례해야 한다는 것이다. 죄사함을 받았다는 것은 죄의 용서함을 받았다는 것을 뜻한다. 그 여자는 예수님에게 사랑 표현으로 마음을 다하고 정성을 다하고 힘을 다하여 이렇게 했다.

> 예수님의 뒤로 그 발 곁에 서서 울며 눈물로 그 발을 적시고 자기 머리털로 씻고 그 발에 입맞추고 향유를 부었다. (눅 7:38)

그녀는 예수님에게 종이 상전에게 하듯 최대한 겸손한 자세로 비싼 향유를 부으며 헌신하였다. 마음과 물질을 아끼지 않았다. 특히 감사함에 울며 눈물로 그 발을 적시고 자기 머리털로 씻고 그 발에 입맞추고 향유를 붓는 모습은 그녀의 간절한 마음을 잘 표현한다.

저자가 앞에서 "사랑의 표현은 죄사함의 양에 비례해야 한다"

고 주장하는 이유는 무엇인가? 이것은 "사랑의 표현은 죄사함의 양에 비례한다"와 구별하기 위함이다. 전자는 주관적으로 책임감을 느끼게 하는 것이고, 후자는 객관적인 통계를 말하는 것이다. 따라서 전자는 죄사함의 양에 따라 사랑의 표현이 결정되는데, 그 사랑의 표현, 즉 실천은 최소한 죄사함의 양의 기준치 이하로 하면 안 된다는 것을 강조하기 위함이다.

왜냐하면 죄 사함을 많이 받은 사람 중에서도 사랑의 표현을 많이 하는 사람이 있는가 하면, 그에 비하여 기준치 이하로 적게 하는 사람도 있고, 어떤 이는 안 할 수도 있기 때문이다. 심지어는 은혜를 원수로 갚는 사람도 있을 수 있기 때문이다. 이것은 을의 인성에 따라 갑에 대한 보답은 매우 상대적이라는 것을 뜻한다.

따라서 용서와 기억의 신학적인 면에서 요약하면, 사랑의 표현이란 보답은 죄사함의 양과 이를 기억함과 비례해야 하고, 타락은 죄사함의 양과 이를 망각함과 비례한다고 볼 수 있다. 즉 보답은 죄의 기억과 비례하고, 타락은 죄의 망각과 비례한다.

여기에서 인성교육학적 및 종교심리학적인 입장에서 예수님의 발에 향유를 부은 여자와 바리새인 시몬을 대조해 볼 필요가 있다. 그 여자는 비록 죄는 지었으나 눈물이 있는 EQ(감성 지수)의 여자이고, 시몬은 많이 배운 IQ(지능 지수)의 남자다. 전자는 가슴이 따뜻한 사람이고, 후자는 가슴이 메마른 사람이다. 전자는 죄인임을 고백한 사람이고, 후자는 스스로 의인임을 자랑하는 사람이다. 전자는 예수님을 만나 자기 죄를 회개한 사람이고, 후자는 자기 죄를 모르는 사람이다. 전자는 자기 죄를 사해주신 예수님의 은혜에 보답하는 사람의 모델이고, 후자는 예수님의 은혜를 잘 모르는 사람의 모델이다.

예수님은 왜 죄 많은 여자와 바리새인인 시몬을 대비시키셨을까? 그 여자는 예수님이 가장 원하시는 사람의 모델이고, 그 남자는 예수님을 가장 힘들게 하는 사람의 모델이기 때문이다. 분명한 것은 어느 누구에게나 율법을 비추면 죄가 드러나기 때문에(롬 5:20) "의인은 없나니 하나도 없다"(롬 3:10)는 것이다. 예수님은 "의인을 부르러 오신 것이 아니요 죄인을 불러 회개시키러 오셨다"(눅 5:32). "죄인 하나가 회개하면 하늘에서는 회개할 것 없는 의인 아흔아홉을 인하여 기뻐하는 것보다 더하다"(눅 15:7). 우리는 결정을 해야 한다. 나는 두 사람 중에 어디에 속해 있는가!

결론적으로 누가복음 7장 44-47절에 나타난 '예수님(갑)과 향유를 부은 여자(을)'의 말씀에서 얻는 가장 큰 교훈은 무엇인가? 예수님은 왜 예수님의 발에 향유를 부은 여자를 그렇게 칭찬하셨나 하는 것이다. 그 이유는 예수님이 모든 성도들에게 그 여자가 갑에게 보답한 행동을 모델로 제시하시며 그것을 본받기를 원하셨기 때문이다.

그러나 이런 대조는 예수님을 구세주로 영접하는 데 필요한 복음적인 토양적 입장에서 설명한 것이고, 실제로 주님의 사역을 감당하는 데는 IQ교육도 매우 필요하다는 것을 잊어서는 안 된다.

예수님 발에 향유 부은 여자와 시몬이라는 바리새인의 대조표

(눅 7:37-46)

번호	예수님 발에 향유 부은 여자	시몬이라는 바리새인
1	눈물이 있는 EQ(감성 지수)의 여자	많이 배운 IQ(지능 지수)의 남자
2	가슴이 따뜻한 사람	가슴이 메마른 사람
3	죄인임을 고백한 사람	스스로 의인임을 자부하는 사람
4	예수님 만나 죄를 회개한 사람	예수님을 만나도 자기 죄를 모르는 사람
5	죄를 사해주신 예수님 은혜에 보답하는 사람의 모델	예수님 은혜를 잘 모르는 사람의 모델
6	예수님이 가장 원하시는 사람의 모델	예수님을 가장 힘들게 하는 사람의 모델
비고	나는 두 사람 중에 어디에 속해 있는가?	

보답은 죄의 기억과 비례하고 타락은 죄의 망각과 비례한다

죄를 더 잊음
죄사해준 은혜를 더 잊음

-5 -4 -3 -2 -1 0 +1 +2 +3 +4 +5

죄를 더 기억
죄사해준 은혜를 더 기억

하나님의 은혜에 감사 더 없음
교만해져 보답 더 안 함
하나님과 더 멀어짐
타락한 나쁜 인성

하나님의 은혜에 더 감사
겸손해져 은혜에 더 보답
하나님과 더 가까워짐
성숙한 더 좋은 인성

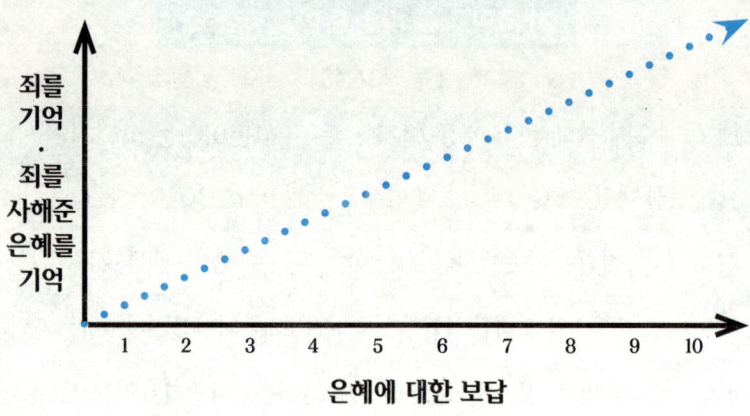

따라서 이상적인 성도는 마음(EQ)은 눈물 있는 가슴을 가진 여자를 닮아야 하고, 지성(IQ)은 바리새인 시몬을 닮아야 한다. 그 대표적인 예가 눈물 많고 똑똑한 바울이다. 바울은 전형적인 시몬 같은 사람이었으나 예수님을 믿고 성령을 받아 눈물 많고 똑똑한 사도가 되었다. 그리고 기독교 교리를 창시하여 세계사에 위대한 업적을 남겼다.

[자세한 것은 저자의 저서 '현용수의 인성교육 노하우'(동아일보, 2008), 제2권 제2부 제4장 I. '수직문화와 수평문화가 자신감에 미치는 영향', II. '수직문화와 수평문화가 인성(종교성)의 토양에 미치는 영향' 그리고 제3권 제6부 제3장 '전인교육적 측면에서 본 바울 연구' 참조]

'예수님과 향유를 부은 여자'의 말씀에서 얻는
가장 큰 교훈은 무엇인가?

2. 빚 주는 사람(갑)과 빚진 자(을)의 비유

A. 임금 vs 만 달란트 빚진 종과 백 데나리온 빚진 종

예수님은 '빚 주는 사람(갑)'과 '빚진 자(을)'의 비유를 들어 하나님의 마음과 성도의 도리를 자세히 설명하셨다(마 18:23-35; 눅 7:41-43). 그 중 하나가 예수님이 재림하실 때 천국에서 결산하는 방법을 '임금'(갑)과 두 종들, '만 달란트 빚진 종'(을1)과 을1에게 '백 데나리온 빚진 종'(을2)을 등장시키어 비유로 설명하신 것이다.

> 천국은 그 종들과 결산하려 하던 어떤 임금과 같으니 결산할 때에 만 달란트 빚진 자 하나를 데려오매 갚을 것이 없는지라 주인이 명하여 그 몸과 아내와 자식들과 모든 소유를 다 팔아 갚게 하라 하니 그 종이 엎드려 절하며 이르되 내게 참으소서 다 갚으리이다 하거늘 그 종의 주인이 불쌍히 여겨 놓아 보내며 그 빚을 탕감하여 주었더니 그 종이 나가서 자기에게 백 데나리온 빚진 동료 한 사람을 만나 붙들어 목을 잡고 이르되 빚을 갚으라 하매 그 동료가 엎드려 간구하여 이르되 나에게 참아 주소서 갚으리이다 하되 허락하지 아니하고 이에 가서 그가 빚을 갚도록 옥에 가두거늘…. 주인이 노하여 그 빚을 다 갚도록 저를 옥졸들에게 넘기니라. (마 18:23-34)

본문은 임금(갑)이 만 달란트 빚진 자(을1)에게 그의 모든 빚을 탕감해 주었는데, 그는 자신에게 백 데나리온 빚진 자(을2)에게 빚을 탕감해 주지도 않고 심하게 빚 독촉한 것을 매우 꾸중한 비유다(마 18:23-35). 주인은 을1에게 "내가 너를 불쌍히 여김과 같이 너도 네 동료를 불쌍히 여김이 마땅하지 아니하냐?"(마 18:33)고 따지며 "노

용서를 모르는
1만달란트 빚진자는
왕의 명령으로
감옥으로 끌려갔다.

결국 감옥에 갇힌
1만달란트 빚진자
삽화 출처: 백승철 목사

하여 그 빚을 다 갚도록 그를 옥졸들에게 넘겼다"(마 18:34).

이것은 주인(갑)의 입장에서 더 많은 용서를 받은 을1이 갑의 위치로 변했을 때, 자신에게 상대적으로 매우 적은 빚을 진 을2를 용서 하지 않은 것을 악하게 본 것이다. 그 악의 대가는 무엇인가? 주인은 만 달란트의 빚을 탕감해 주었던 것을 없던 일로 여기고 다시 만 달란트를 모두 갚도록 하고 그를 옥에 가두었다.

예수님이 재림 시에 천국에서 결산하는 방법은 무엇인가?

B. 을이 갑에게 보답하는 두 가지 방법

이 비유를 용서와 기억의 신학 입장에서 분석해 보자. 그리고 예수님이 성도들에게 무엇을 원하시는지를 알아보자.

먼저 생각해야 할 것은 "만 달란트를 을1에게 탕감해준 임금(갑)이 후에 그 사실을 잊었는가?"하는 것이다. 아니다. 모두 기억하고 을1의 행동을 예의주시하고 있었다. 그리고 갑은 을1이 과거 자신의 처지를 생각하지 않고 을2에게 심하게 빚 독촉한 행동에 대하여 분노했다.

이것은 을1이 자신이 만 달란트를 탕감 받은 후에도 탕감 받은 사실을 잊어서는 안 된다는 것을 말해준다. 을1은 자신이 탕감 받은 과거 사실을 잊었기 때문에 감사를 잊어버리고 교만하여 을2에게 횡포를 부린 것이다.

그런데 여기에서 주목해야할 점은 임금(갑)은 을1이 자신에게 감사의 표현을 하지 않았던 것은 문제 삼지 않았고, 동료(을2)의 적은 빚을 탕감하지 않았던 것을 죄악으로 여겼다는 것이다. 그 이유는 을1이 을2에게 하는 것이 곧 갑에게 하는 것으로 간주되었기 때문이다. 이점이 앞에서 설명한 것과 차이가 난다.

여기에서 우리는 을1이 갑의 은혜에 보답하는 방법은 두 가지가 있다는 것을 추측할 수 있다.

1) 을1이 갑에게 직접 사랑으로 보답하는 방법, 이것은 을이 갑에게 하는 수직적인 보답 방법이다.

2) 을1이 갑에게가 아니라, 자신에게 빚진 자(을2)의 돈을 탕감해주는 수평적인 보답 방법이다.

2)항의 성경적인 근거는 "내가 너를 불쌍히 여김과 같이 너도 네 동료를 불쌍히 여김이 마땅하지 아니하냐?"(마 18:33)는 것이다. 네 동료를 불쌍히 여긴다면, "네가 너의 죄를 탕감 받은 것처럼, 너도 남의 죄(허물)를 탕감(용서)해주라"(마 18:23-34)는 것이다. 전자는 원인이고, 후자는 결과다.

여기에서 갑, 즉 임금은 누구를 예표하는 것인가? 원칙적으로 예수님을 예표하지만, 인간에게도 적용할 수도 있다. 먼저 전자의 경우를 생각해 보자.

이 비유는 예수님께서 마태복음 25장에서 주님이 재림 하실 때 임금이 모든 민족을 그 앞에 모으고 목자가 양과 염소를 구분하는 것 같이 구분하시겠다는, '양과 염소의 구분법'에 대한 비유(마 25:32-46)를 상기시킨다. 그 때 예수님은 "너희가 여기 내 형제 중에 지극히 작은 자 하나에게 한 것이 곧 내게 한 것이니라"(마 25:40)고 말씀하셨다.

사실 앞에서 예수님의 발에 향유를 부은 여자의 예에서는 예수님이 그 당시 살아계셨기 때문에 수직적인 보답이 가능했겠지만, 그 분이 돌아가신 이후에는 어떻게 그분에게 보답할 것인가? 이것은 눈에 보이지 않는 하나님의 은혜에 어떻게 보답할 것인가 하는 문제다. 여러 가지가 있는 데, 그 중 하나가 주변에 있는 나보다 못한 불쌍한 형제를 사랑하는 것이다.

이것은 내가 하나님으로부터 죄사함만 받고 남을 용서하지 않으면 하나님으로부터 심한 책망을 받을 수 있다는 것을 뜻한다. 성도들 중에 여기에서 자유로울 자는 아무도 없다. 주님으로부터 너무나 큰 죄를 탕감 받았기 때문이다.

예수님은 왜 만 달란트 빚을 탕감받은 자가
임금에게 감사의 표현을
하지 않았던 것은 문제 삼지 않으시면서,
그가 동료의 적은 빚을 탕감하지
않았던 것을 죄악으로 여기셨나?

C. 많이 탕감 받은 자가 동료의 빚을 탕감하지 못한 3가지 이유

다시 을1의 문제점을 분석해보자. 왜 을1은 후자의 방법, 즉 자신에게 빚진 자(을2)의 빚을 탕감해 주지 못했을까? 3가지 경우를 생각해 볼 수 있다.

1) 갑의 은혜를 잊어버렸기 때문일 수도 있다.
2) 갑의 은혜를 기억하지만 후자의 방법을 몰랐기 때문에, 즉 미련해서 실천하지 못했을 수도 있다. 혹은
3) 갑의 은혜를 기억하고 후자의 방법도 알고 있었지만, 이기심이 강하여 고의로 실천하지 않았을 수도 있다.

갑의 입장에서 을의 죄의 경중을 중한 순서대로 정한다면, 3)항, 1)항 그리고 2)항 일 것이다. 3)항이 가장 악한 이유는 하나님의 뜻에 합당한 줄 알면서 고의적으로 거역하면 죄가 되기 때문이다(요 9:41, 15:22; 약 4:17).

> 이러므로 사람이 선을 행할 줄 알고도 행치 아니하면 죄니라.
> (약 4:17)

이것은 무엇을 뜻하나? 을이 과거의 용서받은 죄를 기억하고 감사한다고 해서 갑이 용서해준 은혜에 모두 보답하는 것은 아니라는 것이다. 그래서 그 보답이란 상대적인 것이다. 과거의 죄를 더 강하게 기억하고 뼈저리게 반성하는 것만큼, 더 큰 감사와 보답을 할 수 있을 것이다. 그리고 보답에는 기본 인성이 중요하고, 결단력도 함께 있어야 가능하다. 특히 3)항은 우리 모두에게 더 깊은 고민을 하게 만든다. 대부분 성도들이 어느 것이 옳은지를 알면서도 실천하기 힘든 경우가 많기 때문이다.

그리고 2)항이 가장 약한 죄인 이유는 당시에 몰랐기 때문에 실천하지 못한 것은 죄의 양이 적기 때문이다.

주인의 뜻을 알고도 예비치 아니하고 그 뜻대로 행치 아니한 종은 많이 맞을 것이요 알지 못하고 맞을 일을 행한 종은 적게 맞으리라 무릇 많이 받은 자에게는 많이 찾을 것이요 많이 맡은 자에게는 많이 달라 할 것이니라. (눅 12:47-48)

이제 본문에 나타난 갑의 마음이 인간에게도 적용할 수도 있다는 점에서 생각해 보자. 예를 들어 설명해보자. 저자가 많은 신세를 진 미국 USC대학교 영문과 교수가 있었다. 그는 저자가 논문을 쓸 때 약 2년간 영어 교정을 무료로 해주었다. 저자는 그에게 너무 고마워 조금이라도 신세를 갚기 위해서 졸업식 때 축하하러 온 그에게 어떤 선물을 원하느냐고 물었다.

그는 저자에게 감사 카드 한 장이면 족하다고 했다. 왜냐하면 자신은 주님에게 상급 받기를 원한다고 했다. 그 때 저자는 그를 생각할 때마다 저자보다 못한 사람을 도와주는 것이 그에게 보답하는 길이라고 생각했다. 미국의 많은 성숙한 신앙인들은 이런 일이 있을 때마다 이렇게 말한다.

> "당신이 여력이 생겼을 때 나에게 신세를 갚지 말고, 당신 주변에 있는 당신 같은 처지의 사람들에게 대신 갚아주세요. 이것이 나에게 갚는 것입니다."

물론 한국에도 이런 분들이 많이 있을 것이다. 이런 분들은 예수님의 형상을 많이 닮은 분들이다. 기독교의 위대함이 여기에 있다. 어떤 이들은 기독교를 비난하지만, 그들은 아직도 이런 성숙한 신앙인들이 얼마나 많은지를 모르고 하는 것이다.

을이 과거의 용서받은 죄를 기억하고 감사한다고 해서 모두 갑이 용서해준 은혜에 보답하는가?

V. 용서의 심리학

헝가리 태생인 심리학자 토머스 샤스는 용서의 심리학을 다음과 같이 정리하였다. 그는 인간을 세 가지 종류로 구분하였다. 첫째, 어리석은 사람, 둘째, 순진한 사람, 셋째, 지혜로운 사람이다(중앙일보, 1994년 11월 19일).

첫째, 어리석은 사람은 피해를 준 사람을 용서하지도 않고, 잊어버리지도 않는 사람이다. 이러한 사람은 항상 분노에 차 있으며 보복할 때를 기다린다. 이는 자신이나 사회에 또 다른 독소를 심는 것이다.

둘째, 순진한 사람은 자신에게 피해를 준 사람을 용서도 쉽게 하고 망각도 쉽게 하는 사람이다. 이런 사람은 피해의 상처가 쉽게 치유는 되지만 다음에 또 당할 위험이 있다. 왜냐 하면 앞으로 또 그러한 환경에서 남에게 당할 것에 대한 대비를 하지 않는 사람이기 때문이다.

유대인의 격언에 따르면, 세상을 잘못 사는 세 부류의 사람들이 있다고 한다. 빨리 화를 내는 사람, 사람을 쉽게 용서하는 사람, 너무 완고한 사람이다(Tokayer, 탈무드 5: '탈무드의 잠언집', 2009, 동아일보, p. 391). 이것은 사람을 쉽게 용서하는 인간은 우둔한 인간이라는 뜻이다. 그렇다고 너무 완고해서도 안 된다.

셋째, 지혜로운 사람은 피해를 준 사람을 용서는 하되 그 사실을 잊어버리지 않는 사람이다. 이러한 사람은 피해를 받은 상처가 쉽게 치유되며, 앞으로 또 당하지 않도록 항상 준비하는 사람이다.

다시 말하면, 일상생활에서 유비무환(有備無患)을 실천 하는 사람이다. 이러한 자세를 갖고 있는 개인이나 민족은 망하지 않는다. 따라서 세 번째, 지혜로운 사람이 가장 이상적이다.

유대인은 아브라함으로부터 현재까지 약 4000년 동안 수많은 주변 국가의 침입을 당해 왔다. 그렇다면 그들은 주변 국가에 적대감을 갖고 살고 있는가? 그렇지 않다. 그들은 평화를 원한다. 만약 유대인이 자신들을 괴롭혔던 모든 나라들을 미워한다면, 경제적으로 고립되어 살아남을 수 없었을 것이다. 중동지역과 전 유럽 그리고 러시아 지역 사람들 모두를 적으로 간주했어야 했기 때문이다.

유대인은 다가올 미래의 역사 속에서 살아남고 주변 국가들과 평화를 유지하기 위해서 과거 그들에게 당했던 고난을 잊지 않고 기억할 뿐이다. 때문에 우리도 고난의 역사를 잊지 않고 기억함은 미래의 역사를 밝게 준비하는 지혜임을 명심하여야 한다.

**사람을 쉽게 용서하는 인간은 우둔한 인간이다.
그렇다고 너무 완고해서도 안 된다.**

VI. 요약 및 결론

본 연구에서는 두 주제를 연구했다. 용서와 기억이다. 먼저 용서란 주제에 대해 요약해보자. '용서'는 상대방의 잘못을 용서하는 사람과 용서함을 받은 사람, 두 당사자의 관계에서 이루어진다. 편의 상 전자를 '갑'(甲)이라 하고, 후자를 '을'(乙)이라고 하자. 전자는 피해자이고, 후자는 가해자다.

용서의 유익, 즉 갑이 을의 죄를 용서해야 하는 이유는 1) 나 자신의 마음을 치유하기 위함이고, 2) 자신의 마음에 평화를 얻기 위함이고, 3) 예수님의 명령이기 때문이다. 그리고 4) 용서 없는 복수는 공동체를 파괴하기 때문이다. 용서의 회수는 무제한이지만, 용서를 할 때에는 전제 조건이 있어야 한다. 예수님은 용서의 전제 조건으로 가해자의 회개를 제시하셨다(눅 17:3). 화해는 가해자가 사과하고 피해자가 용서해야 이뤄진다는 말이다.

가해자가 피해자에게 사과를 하지 않을 경우 피해자는 어떻게 해야 하는가? 성도는 가해자에게 원수 갚는 보복을 하지 않는 것을 원칙으로 한다. 원수 갚는 것은 하나님에게 있기 때문이다 (신 32:35; 롬 12:19; 히 10:30). 그렇다면 다음 4가지 방법들이 있다.

1) 가해자의 마음이 어떻든 그의 죄를 이미 용서했다고 생각하면서 편하게 살 수 있는 방법이다. 가장 성숙한 믿음의 사람들이 할 수 있는 방법이다. 2) 하나님에게 간절히 기도하는 방법이

다. 두 번째로 성숙한 믿음의 사람들이 할 수 있는 방법이다. 3) 억울하지만 참는 방법이 있을 것이다. 이럴 경우에는 마음과 건강을 해칠 수 있을 것이다. 네 가지 방법 중 가장 나쁜 방법이다. 4) 억울한 나머지 법에 호소할 수도 있을 것이다. 이것은 성도로서 최선의 방법은 아닐지라도 사회의 정의를 세우기 위해서는 필요한 방법이다.

용서와 사랑을 지나치게 강조하여 남에게 피해를 끼친 사람을 무조건 용서해준다면, 어떤 현상이 나타나겠는가? 은혜와 율법이 균형을 잃고 악한 자들이 많이 나타나 선량한 시민들이 고통을 당하는 사회가 될 것이다.

두 번째 주제인 기억에 대해 요약해보자. 갑은 가해자의 잘못을 용서한 이후에도 그 사건을 다시 기억해야 하는가? 아니면 기억하지 말아야 하는가? 을은 어떠한가?

대부분 사람들은 한 번 용서하고 용서받은 죄는 피차 잊어야 한다고 주장한다. 그래야 진정한 용서이고, 화합이라는 것이다. 이에 대한 성경적인 근거는 하나님도 우리의 죄를 용서하신 이후에는 다시는 기억하시지 않겠다고 말씀하셨기 때문이라고 한다(사 43:25; 렘 31:34; 히 8:12, 10:17).

저자는 이 논리가 잘못되었다는 것을 규명하기 위해 다음 다섯 가지 질문을 했다.

첫째, 과연 하나님은 갑의 입장에서 성도들이 지은 모든 죄를 잊으시고 기억하시지 않는가? 아니면 기억하시는가? 만약 기억하신다면, 그 증거는 무엇인가?

둘째, 하나님은 이스라엘 백성의 죄를 기억하시는가? 기억하신다면 그 증거는 무엇인가?

셋째, 을의 입장에서 하나님도 나의 죄를 용서하신 후 잊어버리셨는데, 왜 내가 그 죄를 들추어내어 기억해야 하는가?

넷째, 그렇다면 용서한 죄는 기억치 않겠다는 하나님의 말씀은 틀렸는가? 틀리지 않았다면 바른 해석은 무엇인가?

다섯째, 용서 받은 을은 어떻게 용서해준 갑에게 보답할 수 있는가?

저자는 이 다섯 가지 질문에 답하면서 구약성경에 나타난 근거와 신약성경의 예수님이 말씀하신 근거를 아울러 제시했다. 그런데 구약성경에 나타난 근거와 예수님이 말씀하신 근거는 동일하다는 것을 발견했다. 그리고 예수님이 말씀하신 근거가 구약성경에 나타난 근거보다 더 자세하고 풍성함을 발견했다.

요약하면, 하나님도 이스라엘 백성(성도)의 죄를 용서하신 후 기억하시는 것처럼, 성도도 자신의 과거 죄를 기억해야 한다(자세한 것은 본문 참조 요함). 즉 갑과 을, 모두 과거의 죄를 기억해야 피차 유익하다.

만약 하나님이나 이스라엘 백성 모두 과거 이스라엘의 죄의 역사를 잊었다면 어떻게 이스라엘 백성의 역사책인 성경이 쓰여질 수 있었겠는가? 그렇다면 동일한 과거의 죄의 사건을 기억하는 것인데, 갑과 을의 입장에는 어떤 차이가 있는가?

갑과 을이 기억해야 할 목적이 다르다. 갑이 과거 을의 죄를 용서한 사실을 기억하는 목적은 자신의 미래를 위한 유비무환과 을이 잘못한 죄를 반복하지 못하게 증거를 제시하여 교육하기 위함이라면, 을이 기억해야 할 목적은 갑이 용서해준 은혜에 감사하고, 겸손해져서, 은혜에 보답하기 위하여, 즉 성숙한 사람의 도리를 실천하기 위함이다.

예수님께서 죄를 용서받은 여자가 감사의 표현으로 눈물로 주님의 발을 적시고, 머리털로 닦아주고, 발에 입을 맞추어 주고, 비싼 향유를 부은 것을 칭찬하신 사건(눅 7:44-46)과 예수님이 말씀하신 '빚 주는 사람(갑)'과 '빚진 자(을)'의 비유(마 18:23-35; 눅 7:41-43)도 같은 맥락에서 하신 말씀이다.

따라서 갑이나 을 모두에게 과거의 사건을 망각하는 것은 옳지 않다. 그리고 용서함을 받은 자가 보답으로 표현하는 사랑은 용서를 받은 크기에 비례해야 한다.

이런 원리를 하나님과 성도 사이에 그리고 부모와 자녀 사이에 적용하면 다음과 같다. 어떤 성도는 과거의 죄와 죄를 용서해주신 하나님의 은혜를 기억하는 것만큼 비례하여 감사하고, 겸손해져서, 은혜에 보답하고 하나님과 가까워져 성숙한 성도가 되며, 하나님 아버지에게 효자가 된다. 반면, 또 다른 성도는 과거의 죄와 죄를 용서해주신 하나님의 은혜를 잊는 것만큼 비례하여 감사가 없어지고, 교만해져서, 은혜에 대한 보답도 없고, 하나님과 멀어져 타락하는 성도가 된다. 이런 성도는 미성숙하며 하나님 아버지에게 불효자가 된다.

그리고 어떤 자녀는 과거의 죄와 죄를 용서해주신 부모의 은혜를 기억하는 것만큼 비례하여 은혜에 감사하고, 겸손해져서, 은혜에 보답하며, 부모와 가까워져 효자가 된다. 반면, 또 다른 자녀는 과거의 죄와 죄를 용서해주신 부모의 은혜를 잊어버리는 것만큼 감사가 없어지고, 교만해져서, 보답도 안하고, 부모를 떠나 타락하여 불효자가 된다.

또한 이런 원리는 일반적인 인간관계에서도 적용할 수 있다. 이렇게 갑과 을이 용서해준 사건과 용서받은 사건을 기억할 때 둘의 관계는 더욱 긴밀해지고 하나님이 원하시는 아름답고 따뜻한 사회를 만들 수 있다. 그리고 당사자 사이에 진정한 평화를 누릴 수 있다.

신약시대의 2000년 동안 이런 용서와 기억의 신학이 잘 정리되지 않았기 때문에 용서와 화해만을 지나치게 강조한 결과 사회에 정의가 사라지는 경우가 많았다. 그 결과 양심에 화인 맞은 악한 자들의 횡포가 늘어나 선량한 성도들이 고통을 당하는 경우가 많았다. 이것은 은혜만 너무 강조한 나머지 은혜와 율법의 조화가 깨진 결과였다.

토막 상식

재외동포 정책과 '검은 유대인'
김기정 기자 (LA중앙일보, 2010년, 7월 9일)

한국정부가 야심차게 준비한 '복수국적 제도'가 유명무실해지고 있다는 보도가 최근 나갔다. 국적법 개정 이후 LA총영사관에 복수국적을 신청한 한인이 한 명도 없을 정도로 외면받고 있다는 것이다. 정책과 제도는 쏟아 내지만 해외 한인에 대한 인식은 여전히 변하지 않고 있다는 생각이 든다.

두 달 전 이스라엘을 방문했을 때다. 이스라엘 의회인 '크네세트'의 숄로모 몰라 의원을 만났다. 그는 에티오피아에서 태어난 흑인 유대인이다. 아프리카에 사는 검은 유대인의 존재가 세상에 알려진 것은 19세기다. 유럽의 선교사와 학자들은 에티오피아 북부 산악지대에서 안식일 유월절 등 유대교의 풍속을 지키는 흑인 부족과 마주쳤다. 다른 흑인들은 이들 부족을 '팔라샤(이방인)'로 불렀다.

유대인 학자가 말했다.
"나는 당신들과 같은 유대인입니다."

팔라샤가 웃었다.
"당신이 유대인이라고 했습니까. 당신은 백인인데요."

그들은 수천 년 동안 외부 세계와 단절된 채 자신들이 세상에 마지막으로 남은 유대종족이라고 믿고 살아왔다. 하지만 유대인이 언제 어떻게 에티오피아에 정착하게 됐는지에 대한 정확한 기록은 없다. 에티오피아는 무슬림과 기독교의 나라다. 흑인 유대인들은 에티오피아에서도 박해를 받았다.

1990년대 들어서면서 에티오피아는 극심한 혼란에 빠진다. 빈곤과 학살위기에 몰린 팔라샤를 구하기 위해 이스라엘 정부와 미국의 유대인들이 나섰다.

1991년 5월24일 에티오피아의 아디스아바바 공항. 1만4000여명의 팔라샤들이 몰려 들었다. 이스라엘은 항공기와 수송기를 동원 36시간에 걸쳐 이들을 모두 이스라엘로 실어 날랐다.

같은 시각 에티오피아의 이웃나라 수단에도 보잉 747기가 한 대 내렸다. 하지만 1000명이 넘는 팔라샤가 비행기를 기다리고 있었다. 너무 많았다. 보잉사는 760명 이상 타면 위험하다고 경고했다. 우선 비행기의 좌석을 모두 들어냈다. 한 명이라도 더 태우기 위해서다. 결국 1122명이 이스라엘에 도착했다.

에티오피아의 유대인들은 수 백 년을 문명과 담을 쌓고 살아 왔다. 이스라엘 사회에서 이들 검은 유대인들은 하나의 사회 이슈다. 언어도 다르고 문화도 차이가 있다. 이들이 이스라엘에서 정착해 살 수 있도록 드는 사회비용도 상당하다. 하지만 대다수의 유대인들은 에티오피아 유대인을 포용하는 정책에 동의하고 있다.

현재 이스라엘에는 약 13만명의 에티오피아 유대인들이 살고 있다. 이스라엘 전체 인구의 약 1.75%다. 숄로모 몰라 의원은 200명의 이스라엘 크네셋(국회)의원 중 유일한 에티오피아계 유대인이다.

　이스라엘의 의원들은 지역구가 없다. 정당에 투표를 하고 득표율에 비례해 의원이 선출된다. 한국의 비례대표제와 유사하다. 숄로모 몰라 의원도 자신이 속한 정당에서 비교적 앞 번호를 배정받아 의원에 당선될 수 있었다. 몰라 의원 본인의 역량도 뛰어났겠지만 에티오피아 유대인들의 목소리를 듣고자 하는 정당의 배려가 있었다고 보인다.

　이국 땅에서 고통 받고 있는 동포들을 구하기 위해 필사의 작전을 펼치고 그들의 권익을 위해 의원직까지 할당한 이스라엘의 동포정책은 참정권 시행을 앞둔 한국정부에 시사하는 바가 크다.

　한국은 참정권과 복수국적 등 해외 한인들을 포용하기 위한 정책들을 쏟아내고 있다. 한국이 진정으로 미국의 한인들의 목소리를 듣고자 하는지 지켜볼 일이다.

여기에 싣는 내용은 저자의 저서 '현용수의 인성교육 노하우'
(동아일보, 2009) 제4권 제7부 '한국인의 세계관: 다문화 속의 인성교육
(해외동포의 바른 자녀교육법)' 중 꼭 필요한 일부만 수정증보하여 싣고,
나머지는 중복을 피하기 위하여 목차만 소개한다.
 특히 제7부 제2장의 한국인의 다문화권에서의 동화의 원리는 유대
인을 모델로 자세히 설명한 것이다.

하나님은 각 개인, 지방,
민족에게 특성을 주셨다.
각자는 그 특성들을 더욱 개발하여
하나님의 영광을 위해
서로 연합하여 선을 이루어야 한다
(다양성 속의 하나).

THEOLOGY OF FORGIVENESS AND REMEMBRANCE 2

용서와 기억의 신학 2
〈국가와 국가 사이〉

I. 세계화의 원리: 다문화권에서 동화의 원리
II. 국수주의의 위험성과 샐러드 볼 이론
III. 올바른 국가관: 이웃과 이웃 사이, 국가와 국가 사이의 차이점
   (국가관의 시각에서 9·11 테러 후 미국의 대응은 옳았나)

I. 세계화의 원리: 다문화권에서 동화의 원리

1. 다문화권에서 사랑의 우선순위

우리는 세계화, 국제화 시대에 살고 있다. 이러한 환경에서 "애국심은 타민족과 어울리는 데 부담이 되지 않느냐?"라는 의문을 제기할 수 있다. 과연 그런가? 물론 애국심을 잘못 정의하면 부담이 될 수도 있다. 그러나 기독교인의 애국심은 일반적인 것과 다르다. 어떻게 다른지 알아보자.

세계 인류 이전에 국가와 민족이 있고, 그 이전에 이웃과 가정이 있다. 그리고 가정 이전에 '나'가 있다. 이것이 하나님이 인간사회를 창조하신 창조의 순서다. 따라서 애국심 문제를 풀기 위해서는 먼저 '나(我)'에 관한 올바른 인식이 있어야 하고, 다음에 자신의 가정, 그 다음에 이웃과 자신이 속한 민족에 대해 인식해야 한다. 즉, 사랑의 우선순위가 중요하다. 차례대로 설명해 보자.

첫째, '나'와 '너' 사이에서 사랑의 우선순위

'나'의 생명은 얼마만큼의 가치가 있는가? 예수님은 '나'의 생명을 천하보다도 귀하다고 말씀하셨다(마 16:26). 왜냐하면 '나'의 생명은 하나님의 형상을 따라 하나님이 창조하셨기 때문이다(창 1:26-27). 따라서 인간은 자신의 생명의 귀중함을 알고 자신을 사랑해야 한다. 이것이 바로 자아 형성 및 자아 존중(Self-Esteem)의 첫걸음이다.

동일하게 남의 생명도 '나'의 생명처럼 하나님의 형상을 따라 하나님이 창조하셨기 때문에 천하보다 귀한 존재다. 그러나 사랑의 순서로 보아 나의 생명을 먼저 사랑해야 한다. 자신의 생명이 귀한 줄 알아야 남의 생명도 귀한 줄 안다. 반대로 자신의 생명을 업신여기는 사람은 남의 생명도 업신여긴다. 이것이 생명 경시 현상이다.

하나님이 주신 생명이기 때문에 기독교인은 절대로 자기 멋대로 자살을 해서도 안 되고 남의 생명을 해하여서도 안 된다. 그리고 기독교인은 남들이 무시할 수 있는 아무리 천한 거지나 타민족의 사람이라 하더라도 그들을 귀하게 여겨야 한다. 그들도 하나님의 형상을 닮은 동일한 가치를 지녔기 때문이다.

그렇다면 '나'와 '너'의 관계에서, '나'는 '너'에게 어떻게 행하여야 하는가? 하나님은 하나님의 선민에게 "네 이웃을 네 몸처럼 사랑하라"(레 19:18; 마 22:39)고 말씀하셨다. 이 말씀은 '나'와 '너'의 관계에서 기독교인이 행해야 할 중대한 행동 지침이다. 네가 네 몸을 귀하게 여기는 것처럼 남도 귀하게 여기고 사랑하라는 말씀이다. 여기에서 중요한 것은 먼저 자기 자신을 사랑하고 이웃을 사랑하는 것이다. 따라서 자기 자신을 사랑하지 않는 사람이 남을 사랑한다는 것은 성경적인 순서가 아니다. 이는 자신을 속이거나 혹은 잘못된 인간관계의 순서다.

이러한 사랑의 논리는 자신이 속한 가정과 민족에도 마찬가지로 적용된다. 먼저 자기 자신이 우선이고, 다음이 가족이고, 그 다음이 민족이다. 그리고 마지막이 타민족을 포함한 세계 인류이다.

둘째, '나의 가족'과 '이웃' 사이에서 사랑의 우선순위

이것은 '나의 가족'과 '이웃' 중 어느 쪽을 먼저 사랑해야 하는가 하는 우선순위의 문제다. 기독교인은 '이웃'보다 '가족'을 먼저 사랑해야 한다. 정통파 유대인이었던 사도 바울은 디모데전서 5장 8절에 "누구든지 자기 친족 특히 자기 가족을 돌아보지 아니하면 믿음을 배반한 자요, 불신자보다 더 악한 자니라"라고 단언했다. 왜냐하면 불신자도 자신의 가족을 사랑하고 돌보는데, 성도가 가족을 저버리는 것은 상식에 어긋나기 때문이다.

따라서 기독교인은 먼저 자신의 가족을 사랑하고 그 다음에 이웃을 사랑해야 한다. 이는 특히 신앙의 모범을 보여야 하는 목회자 가족부터 실천해야 한다. 그리고 성도들은 가족을 희생시키는 목회자만을 존경할 것이 아니라, 가족을 귀하게 여기고 먼저 가족에게 사랑을 실천하는 목회자를 존경하는 풍토를 만들어야 한다.

셋째, '나의 가족'의 부모와 형제들, 그리고 친족들 사이에서 사랑의 우선순위

저자가 유대인의 효도교육에서 언급한 것처럼 유대인은 자신의 부모를 먼저 사랑하지 않고 남을 사랑하는 것을 가증하게 여긴다. 가족 안에서도 다른 가족보다 '부모'를 더 사랑해야 한다. 유대인은 윗 어른들부터 가까운 순서대로 그들을 공경해야 한다고 가르친다.

그 순서는 다음과 같다. 1) 친부모, 2) 의붓 어버이(the stepparents), 3) 큰 형들과 누이들, 4) 친할아버지 할머니와 외가

쪽 할아버지 할머니, 5) 장인 장모, 6) 아버지 어머니계의 친족들이다. 여기에서 '공경'의 의미는 예절적인 면을 넘어서 그들을 섬기고 그들의 필요를 제공해야 할 책임이 있다는 것을 뜻한다 (Wax, *The Ten Commandments*, 2005, pp. 253~255).

(자세한 것은 저자의 저서 '자녀들의 효도교육 이렇게 시켜라'. 제1권 제1부 III. 2. '효의 대상: 혈통적 측면'참조)

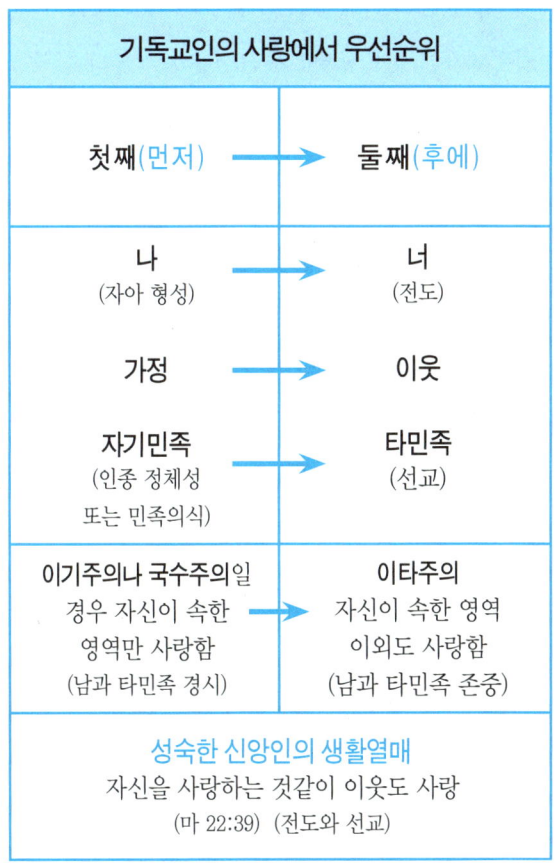

넷째, 이웃과 이웃 사이에서 사랑의 우선순위

이웃과 이웃 사이에 어느 이웃을 먼저 사랑해야 하는가? 이 질문에 답하려면 먼저 '믿음의 공동체'인 예수님을 믿는 이웃과 불신자인 이웃을 구별해야 한다. 어느 쪽을 먼저 사랑해야 할까?

바울은 선행을 베푸는 순서도 나와 나의 가족이 먼저고, 그 다음이 똑같은 믿음의 공동체인 믿음의 가정들이라고 말했다. 그 다음이 불신자인 이웃이다. "우리는 기회 있는 대로 모든 이에게 착한 일을 하되 더욱 믿음의 가정들에게 할지니라"(갈 6:10). 이는 정통파 유대인이 자선(쩨다카)을 행하는 범위의 순서와 같다. [자세한 것은 저자의 저서 '성경이 말하는 어머니의 EQ교육'(쉐마, 2013), 제2권 제4부 제2장 IV. 2. '유대인이 자선(쩨다카, 慈善)을 행하는 방법']

다섯째, 자기 민족과 타민족의 사이에서 사랑의 우선순위

'나'가 있고 '너'가 있는 것처럼, '자신의 가정'에도 '부모'와 '가족'이 있다. 그리고 '자신의 가정'이 있고 '이웃'이 있는 것처럼, '나의 민족'이 먼저 있고 '타민족'이 있다. 따라서 불신자들도 자기 민족을 사랑하는데 기독교인이 자기 민족을 사랑하지 않으면 되겠는가? 이 말은 기독교인은 불신자보다 더 자기 조국을 사랑하는 애국자여야 한다는 뜻이다.

결론적으로 사랑의 우선순위는 첫째 '나'에서 시작하여, 둘째 부모, 셋째 가족, 넷째 믿음의 공동체, 다섯째 불신자인 이웃, 여섯째 자신의 민족 그리고 마지막 일곱째 타민족이다. 따라서 우리는 먼저 하나님의 창조의 질서에 따른 사랑의 우선순위를 인지하고 이에 순종해야 한다. 물론 하나님의 특별한 사역을 위해 부르심(calling)이 있을 때에는 바울처럼 순종해야 한다.

2. '사회구조에의 동화'와 '문화에의 동화' 원리

A. 유대인의 동화 모델 원리

서양의 현대 학문과 과학을 받아들이는 상황에서 한국인에게 생겨난 가장 큰 고민 중 하나가 과연 자녀들에게 어떻게 한국의 전통적 가치를 가르치느냐의 문제일 것이다. 특히 미국이나 해외에 거주하는 동포들에게 이 문제는 심각하다. 한국의 전통문화 즉, 수직문화를 말하면 미국의 독자들은 "영어로 가르쳐도 미주류사회에 들어가기 힘든데 한국말을 가르치면 더 어렵지 않느냐?"라고 반문한다.

혹자는 "우리 것만 고집하면 어떻게 세계 무대에서 살아남을 수 있는가? 그러지 말고 국제화에 발맞추어 우리도 서양의 것을 따라야 하지 않는가?"라고 말한다. 그렇다면 더욱이 미국에 사는 한인 동포들, 특히 2세들은 미국인으로 살아야 하는가, 아니면 한국인으로 살아야 하는가? 이런 경우 우리는 유대인 자녀교육에서 무엇을 배워야 하는가?

이를 설명하기 위해서는 먼저 2가지 동화 이론을 설명해야 한다. 2가지 동화 이론이란, '사회구조에의 동화(the Social Structural Assimilation)'와 '문화에의 동화(Cultural Assimilation)'를 말한다(Gordon, 1964). 이에 대한 실험연구로 고든(Gordon, 1964)과 에릭슨(Erikson, 1968)은 유대인이 고도의 인종 결속력을 갖고 있다는 관점에서 미주 유대인과 미주 흑인의 차이를 비교 대조하는 연구를 했다.

첫째, '사회구조에의 동화'란 외형적 사회구조에 동화되는 것을 말한다. 즉, 어떤 사람이 타민족 문화를 접했을 경우, 자신의 내면적 세계인 고유문화나 사상을 버리는 것이 아니라 자신의 전통적 역사관이나 문화적 가치를 지키면서 외면적 세계인 그 사회구조에만 동화하는 것을 말한다.

그 대표적인 예가 유대인들이다. 전 세계에 흩어져 나그네 생활을 하는 그들은 어느 민족이나 국가에 속하여 살게 될 경우 재빨리 그 지역의 사회구조 즉 정치, 경제, 교육, 문화, 사회, 세무 및 법률 제도 등에 대하여 연구하고 이를 자녀들에게 가르쳐 적극적으로 그 사회 구조에 동화하도록 교육시킨다. 물론 그 지역의 언어도 배운다. 그들은 자신이 속한 사회구조에 동화함으로써 전 세계에 흩어져 나그네 생활을 하면서도 원주민과 충돌을 피해 가는 지혜를 터득했다. 그리고 20~30년이 지나면 그 지방의 사회구조인 정치, 사회, 상권, 언론계, 학계 등에 깊숙이 동화하여 주도적인 리더십을 발휘한다.

그러나 그들은 사회생활을 마치고 저녁에 가정에 들어오면 머리에 유대인의 고유 모자인 '키파'를 쓰고 토라(성경)를 펼치고 자녀에게 유대인의 선민교육을 시킨다. 그리고 그들의 전통적인 절기를 철저히 지킨다. 즉, 사회의 외형적 구조의 틀에는 적극적으로 동화하면서도 자신의 내면적 세계인 정신적인 사상을 위해서는 계속 자신들의 전통적인 뿌리교육과 신본주의 사상을 교육시키고 있다.

다른 말로 정리하면, 유대인은 자녀들의 내면적 정신세계는 100% 유대인의 정체성을 갖도록 키우면서, 외형적으로는 100% 미국 사회구조에 동화된 미국인으로 키우고 있다. 그러므로 그들은 전 세계 어디를 가든지 유대인의 정체성을 가지고 있으면서도 자신들이 사는 곳의 각 분야에서 두각을 나타낸다.

그리고 전 세계에 흩어진 유대인들은 마치 그 나라에 파송된 정보요원처럼 자기 민족들끼리 얻은 각 지역의 고급 정보를 다른 곳에 사는 동족에게 제공해 주며 국제무대를 주도해 가고 있다. 이것이 바로 '유대인은 하나'라는 사상이다. 이렇게 세계 각 지역에서 유대인이 형성한 힘은 전 세계를 움직이는 원동력이 된다.

한 예로 미국의 정통파 유대인인 리버만(Joseph Lieberman, 58세)을 들 수 있다. 그는 미국의 코네티컷 주 민주당 상원의원을 중임하고 있다. 2001년 민주당 대통령 후보로 앨 고어가 출마했을 때 부통령 러닝메이트로 활약한 인물이다. 그는 정통파 유대인의 내면적 전통 가치를 전수받았으면서도 정치인으로서 미국의 사회구조에 적극적으로 동화한 인물이다.

이스라엘 본토의 인구는 700만 명에 불과한데 13억 인구의 아랍권과 겨루어 이기는 힘이 어디에서 나오겠는가? 그것은 미국을 비롯한 전 세계에 흩어진 유대인들이 자신들이 속한 지역에서 승리하는 삶을 살고 있을 뿐 아니라 그 힘을 조국인 이스라엘과 연결시키기 때문이다.

둘째, '문화적 동화'란 어떤 사람이 타민족 문화를 접했을 경우 자신의 내면적 고유문화 및 사상을 버리고 자신이 접한 문화의 외형적 구조뿐 아니라 내면적 정신세계에까지 동화하는 것을 말한다.

미국의 흑인이 좋은 예다. 그들은 대부분 아프리카의 전통문화를 거의 잊어버리고 미국의 세속적 수평문화에 동화되었다. 이런 경우에는 정체성이 약화되고 자긍심이 해이해져서 자신은 물론 그 집단의 힘도 약화된다. 그리고 정신적인 안정감도 약해진다(Erikson, 1968). 결국 사회적 진출을 위한 사회구조에 동화되지 못하고 두각을 나타내기도 힘들다.

그렇다면 흑인들이 정신적으로 더 건강해지고 성공적인 삶을 살려면 자녀들에게 어떠한 교육을 시켜야 하는가? 저자도 흑인 지역에서 3년 간 홈리스를 대상으로 선교를 해 봤지만 결론적으로는 흑인 문제 역시 흑인들 스스로 능력을 키워 자신들이 풀도록 도와주는 것이 가장 합리적이며 바람직하다는 것을 깨달았다.

섣불리 한국인이 흑인 지도자로 나설 자리가 아니다. 잘못하면 좋은 일 하고 망신만 당하기 쉽다. 따라서 흑인을 위한다면 흑인들에게 먼저 스스로 자신들을 사랑하고 자신들의 전통과 정체성을 살리도록 교육해야 한다.

이런 면에서 흑인 목사인 마틴 루터 킹(Martin Luther King, 1929~1968)은 진정 자신의 뿌리를 기억하고 자기 민족을 사랑하고 미국의 인권을 발전시킨 위대한 인물임에 틀림없다. 그가 더 돋보이는 것은 흑인이지만 우수한 학벌과 변호사라는 직업으로 충분히 백인 지역에서 편안히 잘 살 수 있었음에도 불구하고, 자신의 민족을 사랑하여 그들의 고난에 동참했다는 데 있다. 만약 그가 흑인을 못 본 체하고 백인 지역에서 자신만 편안하게 살았다면 오늘날과 같은 그의 이름은 존재할 수 없었을 것이다.

자신의 부모를 공경하면 아버지 세대와 자신의 민족도 사랑하는 법이다. 자신의 부모나 민족도 사랑하지 못하면서 어떻게 다른 사람이나 다른 민족을 사랑할 수 있겠는가? 만약 그렇다면 가증한 것이다. 그런데도 재미교포 중에 이런 사람이 얼마나 많은가? 특히 신앙이 좋다는 이민 2세대들 중에도 많다. 이민 1세대들이 이민 2세대들을 잘못 가르쳤기 때문이다. "너의 부모와 민족을 먼저 사랑하라!" 이 말은 모든 민족에게 공통적으로 적용되는 하나님의 가르침이다.

> 유대인은 자녀들의 내면적 정신세계는
> 100% 유대인의 정체성을 갖게 하고,
> 외형적으로는 100% 미국 사회구조에
> 동화된 미국인으로 키운다.
> 이렇게 양육된 유대인 자녀는
> 성인이 된 후 유대인의 정체성을 가지고
> 전 세계 어디를 가든지 자신들이
> 사는 곳의 각 분야에서 두각을 나타낸다.

B. 한국인에게 적용(한국인의 동화 모델)

앞에서 유대인의 동화 원리를 소개했다. 미주 한국인은 어느 동화 모델을 따라야 하는가? 물론 한국인도 유대인처럼 자신의 수직문화를 지키면서 그 사회구조에 동화하는 모델을 따라야 한다. 그래야만 내면적 정체성도 강해지고 그 주류사회에서 성공하여 공헌할 수 있다.

즉, 한국인은 자녀들의 내면적 정신세계는 100% 한국인의 정체성을 갖도록 키우면서, 외형적으로는 100% 미국 사회구조에 동화된 미국인으로 키워야 한다. 그렇게 될 때 그들은 한국인의 정체성을 가지고 전 세계 어디를 가든지 자신들이 사는 곳의 각 분야에서 두각을 나타낼 수 있다.

60세(1998년)가 넘은 어떤 한국인은 백인 사회에서 백인인 척 살면서 이렇게 말한다. "나는 한국인으로 미국의 주류 속에서 얼마든지 성공적인 삶을 살았다." 이 말은 다민족이 함께 사는 미국의 사회구조에 성공적으로 동화되었다는 말이지, 그 주류를 이루는 다양한 민족 중 어느 특정 민족, 즉 흑인이나 일본 커뮤니티의 지도자가 되었다는 뜻이 아니다.

즉 한 민족의 외면적 사회구조에의 동화와 내면적 정체성은 서로 다른 개념이라는 사실을 깨달아야 한다. 그리고 그가 미국에서 그만한 칠전팔기의 힘을 발휘할 수 있었던 것은 한국에서 어릴 적에 받았던 강한 유교문화 교육과 한국전쟁 등을 거치면서 이미 자신의 의지와는 상관없이 당시 한국의 전통적 수직문화 교육과 혹독한 고난의 교육을 받았기 때문이다. 자신이 그런 내면적 정신교육을 받은 것처럼 자녀들에게도 그런 교육을 시켰어야 자녀 세대에서도 그런 불굴의 힘이 발휘될 수 있다. 그러나 대부분 1세들은 자녀들에게 그런 교육은 시키지 않았고, 미국의 IQ교육에만 치중했다는 게 문제다.

따라서 한국인은 세계 어느 곳에 거주한다 해도 자녀에게 한국어와 한국인의 정신적 수직문화 가치를 가르치는 것과 함께, 자신들이 거주하는 사회구조에 적극적으로 동화될 수 있도록 가르쳐야 한다. 그래야만 그 나라의 주류사회에 진출하여 성공할 뿐 아니라 자신이 속한 나라와 민족에도 공헌할 수 있다.

한국인은 절대로 자신이 거주하는 사회구조에서 격리되어 살아서는 안 된다. 만약 그렇게 산다면 한국인을 받아 준 그 나라에도 득이 되지 않을 뿐 아니라 한국인 커뮤니티에도 커다란 손실이 된다. 그리고 자녀들의 장래를 막는 길이 된다. 해외에 거주하는 한국인은 외면적으로는 로마에서는 로마인처럼, 미국에서는 미국인처럼, 그리고 브라질에서는 브라질인처럼 각 지역의 사회구조에 적극 동화하며 살아야 한다.

그러면서도 자녀에게는 한국인의 뿌리를 지닐 수 있도록 한국어와 한국인의 정신적 수직문화 가치를 가르쳐야 한다. 그래야 한국인으로서 그 나라의 주류사회에 진출하여 성공할 뿐 아니라 자신이 속한 나라에도 공헌할 수 있다.

한국인도 자녀들의 내면적 정신세계는
100% 한국인의 정체성을 갖고,
외형적으로는 100% 미국 사회구조에 동화된
미국인으로 키워야 한다.
그럴 때 한국인의 정체성을 가지고
전 세계 어디를 가든지 자신들이
사는 곳의 각 분야에서 두각을 나타낼 수 있다.

생각하며 갑시다

이미한 양, 부시 앞에서 '일제 만행' 에세이 읽어

(미주중앙일보, 2005년 4월 21일)

한글학자 정인승 박사 외증손녀
링컨기념관 개관기념 경영대회 대상 받아

한인 2세 여고생이 미국 에이브러햄 링컨 기념관 개관 기념으로 열린 에세이 경연대회에서 대상을 받았다. 메릴랜드주 포토맥의 조지타운 데이 고교 2학년에 재학 중인 이미한 양이다. 일제 치하에서 탄압받은 증조부와 자유의 개념을 연관 지은 에세이로 영광을 차지했다. 이날 개관식에서 이양은 조지 W 부시 대통령 부부 등 1만여 명의 귀빈 앞에서 에세이를 읽어 큰 박수를 받았다.

이양의 증조부는 한글학자 고(故) 정인승 박사. 1935년 한글학회 이사로 있으면서 '큰 사전'을 편찬하다 투옥됐다. 이양은 "내게 있어 자유에 대한 이해는 언어에 대한 이해와 깊은 연관이 있다"고 글을 시작했다. 그는 "증조부께서 일제가 한글 사용을 금지했던 1940년대 최초의 한글사전을 편찬하다 체포, 투옥됐다.

할아버지는 개인의 사상을 형성하고 나누는 매개체인 언어를 금지하고 박해하는 것은 곧 사상을 박해하는 것이라고 믿으셨다"고 했다. 이어 "할아버지는 한국인이 자신의 언어로 사상을 표현할 수 있는 자유를 위해 싸웠고 그럼으로써 한국인들의 사상을 가질 권리를 지켰다"고 강조했다.

그러면서 "증조부로부터 물려받은 자유의 개념을 기억하며 내 것으로 만들려고 노력한다. 친구들과 학교 행정, 동성 결혼 권리, 이라크전의 정당성 등을 놓고 토론한다"며 자신이 누리고 있는 사상의 자유를 언급했다.

또 "21세기의 자유는 연령, 인종, 성별, 계급 등과 관계없이 자신의 언어로 의사를 밝히고 역사를 만들어 나가는 것"이라며 "자유를 누리되 이를 지키기 위한 싸움은 결코 멈추지 않아야 한다"고 주장했다.

〈 한글 전문 보기 〉
새로운 자유의 탄생

이미한

(미국 시카고 고2, 2005년 4월 20일)

"내가 생각하는 자유는 내가 생각하는 언어와 밀접한 관련이 있다. 나의 증조 할아버지(국어학자 정인승/역자 주)는 1940년대 한국에서 일본 식민정부에 의해 사용이 금지된 한국어 사전을 맨처음으로 만들었다는 이유로 체포되었다. 증조할아버지는 사람들이 생각하고, 생각한 것들을 서로 나누는데 필요한 매체로서의 언어가 탄압하는 자들의 언어일 경우, 탄압자의 그 언어 자체가 사람들의 사상을 좌지우지할 수 있다고 믿으셨다.

증조할아버지는 한국인들이 자기 나라 말로써 자신들의 생각을 표현할 수 있는 자유를 위해 투쟁하셨다. 그렇게 함으로써 증조할아버지는 한국인들이 그들 자신들의 생각을 가질 수 있는 권리를 지켜주셨다.

성인으로서 가지는 나의 모든 자유와 의무를 준비하면서 나는 내가 물려받은 자유의 의미들을 생각한다. 그리고 우리 가족이 이민 온 이 나라에서 태어난 첫 세대(이민 2세)로서 뿐만 아니라 새로운 세기(21세기)에 태어난 미국 젊은이로서 나 스스로 새로운 자유의 정의를 내려 보려고 노력한다.

학교 수업 사이사이에 복도에 앉아 나는 친구들과 우리 학교가 행정상 잘못한 일이라든가 동성간에 결혼할 수 있는 권리, 이라크 전쟁의 정당화 등에 대하여 토론한다. 우리는 우리의 주위환경에 대해서 알고 또 평가할 권리가 있다고 생각하며 또한 우리의 생각을 말로써 표현하고 그에 대한 반응을 얻을 권리가 있다고 생각한다.

21세기의 자유는 나이, 인종, 성(性), 사회계층에 관계없이 모든 사람들이 그들 자신의 말로써 그들의 생각을 표현하고, 또한 역사를 만들어 가기 위해 그 말들을 사용할 수 있는 자유를 의미한다고 나는 생각한다.

우리는 자유를 기리며, 자유를 위한 투쟁을 결코 중단하지 아니한다. 나는 한국계 미국인이며, 젊은 자유인이다. 그리고 항상 내 말이 분명하고 또 항상 옳은 것은 아니지만, 나는 항상 내 자신의 말로써 말하고 듣는다. (워싱턴에서 조화유 번역)

〈 영문 전문 보기 〉

A New Birth of Freedom

By Mihan Lee (April 20, 2005)

My understanding of freedom is inextricably tied up with my understanding of language. My great-grandfather, in 1940s Korea, was arrested for putting together the first Korean dictionary when the language had been banned by the Japanese government. My great-grandfather believed that words, the medium by which we formulate and share ideas, can bind and break the very ideas they express if the language is that of an oppressor. He fought for the freedom of his people to express ideas in their own words; in so doing, he defended their very right to have ideas.

As I prepare for all the freedoms and responsibilities of adulthood, I remember these definitions of freedom I have inherited, and strive to make ones of my own -- not only as the first generation of my family born in a new country, but also as an American youth at the birth of a new century. Sitting in the hall between classes, my friends and I discuss the faults of our school's administration, the right to same-sex marriage, the justification for the Iraq war. We feel it is our right to know and evaluate our surroundings, to speak and have our ideas responded to.

I believe that freedom in the 21st century means the liberty of individuals, regardless of age, race, gender, or class, to express themselves in their own words, and to use those words to shape history. We celebrate it, and yet we never stop fighting for it. I am Korean-American, I am young, and I am free. I speak -- not always articulate, not often right, but always in my own words. I speak, and I listen.

III. 국수주의의 위험성과 샐러드 볼 이론

1. 기독교인과 비기독교인의 민족주의의 차이점

비기독교인도 기독교인처럼 자기 민족을 더 사랑해야 하는 것이 순서다. 따라서 둘 다 민족주의자(a nationalist)가 될 수 있다. 그러나 비기독교인의 민족주의와 기독교인의 민족주의는 다르다. 비기독교인은 자기 자신이나 자기 가정, 자기 민족만 사랑하는 이기주의자나 국수주의자(chauvinism = ultranationalism, extreme patriotism)가 되기 쉬우나, 기독교인은 먼저 나와 나의 가정을, 그리고 나의 민족을 사랑하는 것처럼 이웃과 타민족도 사랑해야 한다. 이것이 바로 성숙한 신앙인이 행해야 할 성령의 열매다. 여기에는 자신의 희생이 따른다.

그러나 자신을 사랑하지 않거나, 혹은 자신의 가족이나 민족을 사랑하지 않으면서 남을 사랑하고 타민족을 사랑한다는 것은 잘못된 사랑의 순서다. 이런 사람은 자아 형성과 인종 정체성 의식이 잘못 형성된 사람이다. 이러한 사람은 수직문화의 사람이 아니다.

반면 자신을 사랑하고 자신의 가족과 민족을 사랑하는 사람은 자아 형성과 인종 정체성 의식이 잘 형성된 사람이다. 이러한 사람은 예수님과의 믿음의 관계도 뚜렷하게 정립되어 있기 때문에 수평문화에 의하여 신앙이 흔들리지 않는다. 그리고 영적 만

족감도 높다(현용수, 1993). 따라서 올바른 성도라면 남과 타민족을 사랑하기 위해서도 자신과 자신의 가정, 자기 민족을 먼저 사랑해야 한다. 이러한 투철한 믿음이 있는 사람이어야 이방 선교도 사명과 기쁨으로 잘 수행할 수 있다.

자기 민족을 자신의 생명보다 더 사랑한 바울이 그 대표적인 예이다. 바울은 특별히 이방 전도를 위하여 택함 받은 사도다(행 9:15; 롬 11:13; 엡 3:1). 그리고 그는 이방인을 그렇게 사랑하며 복음을 전파했다. 그러나 그는 자신의 동족인 유대인 사랑은 더 유별났다. 자신의 동족이 예수님을 믿고 구원 받은 천국 백성이 되게 하기 위하여 "나의 형제 곧 골육의 친척을 위하여 내 자신이 저주를 받아 그리스도에게서 끊어질지라도 원하는 바로다"(롬 9:3)고 절규했다.

그는 종교가 다르다는 이유(유대인은 유대교, 바울은 기독교로 개종했음)로 동족인 유대인에게 그렇게 심한 핍박을 당했으면서도 말이다(행 28:17-20). 따라서 한국의 기독교인도 종교가 다른 유교나 불교를 믿는 한국인도 사랑해야 할 의무가 있다. 한 핏줄 한 동족이기 때문이다.

이렇게 자신의 정체성이 뚜렷하고 자신의 민족을 사랑하는 개인이나 인종들이 기독교인이 될 때 확실한 믿음의 소유자들이 될 것이며, 그들이 주님 안에서 서로 도울 때 다양성 속에서 강력한 하나됨을 이룰 수 있다. (자세한 것은 '현용수의 인성교육 노하우' 제4권 제4장 '한국인 기독교인은 예수님을 안 믿는 동족보다 예수님을 믿는 타인종을 더 사랑해야 하는가' 참조)

2. 다문화 속에서 함께 사는 샐러드 볼 이론

한국인은 수천 년 동안 단일 민족으로 단일문화 속에서 살아왔다. 그러나 1990년대 이후 경제규모가 커지면서 세계화가 되고 다양한 인종들과 다양한 문화 속에서 살게 되었다. 다른 나라로 이민을 간 사람들도 많았다.

다문화 속에서 어떻게 각 인종간의 갈등을 최소화하고, 그들과 함께 좋은 사회를 이룰 수 있을까? 다른 문화에 동화되는 것이 좋은가, 아니면 자신의 고유 전통문화를 유지하는 것이 좋은가?

결론적으로 말한다면, 각 개인이나 인종 문제는 각 인종의 다양한 특성을 없애고 한 가지 특성만을 갖게 하는 용광로 이론인 '멜팅 팟' 이론(Melting Pot Theory)이 아니고, 다양한 특성을 인정하고 서로 조화를 이루는 '샐러드 볼' 이론(Salad Bowl Theory)으로 풀어야 한다.

'샐러드 볼' 이론(혹은 모자이크 이론, mosaic theory)이란 샐러드 볼에 담긴 각종 과일과 채소들이 각각 특유한 맛을 내야 하는 것처럼 각 인종들은 각각 자신들의 특성을 살려야 한다는 것이다. 그러나 전체적으로는 샐러드가 색깔과 영양 면에서 조화를 이뤄 아름다운 하나가 되듯이 각 인종들의 특성이 조화를 이루어 아름답고 평화로운 지구촌을 만들어야 한다. 왜냐하면 하나님께서는 개인마다 인종마다 그들의 고유 특성을 주셨기 때문이다.

하나님은 한국인을 한국인의 특성을 가진 한국인으로 창조하셨다. 따라서 하나님은 한국인이 한국인처럼 사는 것을 원하신다.

영국인이나 일본인처럼 사는 것을 원치 않으신다. 이는 하나님이 어떤 이에게는 음악적 재능을, 어떤 이에게는 미술적 재능을 준 것과 같은 논리다. 음악인은 음악으로, 미술인은 미술로 하나님께 영광을 돌리듯 영국인은 영국인으로, 한국인은 한국인으로 하나님께 영광을 돌려야 한다.

이러한 논리는 각 개인이 갖고 있는 개성이 서로 다른 것에도 적용된다. 하나님은 인간을 창조하실 때 모든 사람을 획일적인 성격을 가지도록 하지 않으셨다. 각 사람에게 서로 다른 개성을 주셨다. 각 개성에는 장점도 있고 단점도 있다. 각자 개성들의 단점은 배제하고 장점만을 존중해야 한다. 그리고 그 장점들을 더 개발하여 하나님의 영광을 위해 서로 연합하여 선을 이루도록 해야 한다. 바울이 설명한 몸은 하나인데 지체는 여럿이라는 원리는 바로 다양성 속의 하나를 이루라는 것을 뜻한다(고전 12장).

한국 사람끼리도 각 지방, 즉 충청도, 경상도, 전라도마다 특성이 있다. 그 지방의 특성에는 장점도 있고 단점도 있다. 단점은 배제하고 장점만을 서로 존중하고, 각 지방의 장점을 연합하여 하나님의 영광을 위해 선을 이루어야 한다. 따라서 주님 안에서 충청도 사람은 충청도 사람다워야 하고, 경상도 사람은 경상도 사람다워야 하고, 전라도 사람은 전라도 사람다워야 한다. 모든 지방 사람들의 특성이 획일적이어서는 사회가 역동적이지 않거니와 크게 발전하지도 못한다. 이것은 하나님이 원하시는 바가 아니다.

각 지방 사람들은 자신의 고장을 먼저 사랑해야 한다. 그러나

용광로 이론과 샐러드 볼 이론의 차이점

분류	용광로 이론	샐러드 볼 이론
원리	다양한 내용물을 집어넣어 용해시킨 뒤 하나의 내용물로 나오게 한다.	다양한 내용물들이 각각 특성을 갖고 있으며, 색깔과 영양면에서 전체적으로 조화를 이루게 한다.
적용	개인이나 가정 및 민족의 특성을 무시하고 하나로 통일하고자 한다.	각 개인이나 가정 및 민족의 특성을 가지고 모든 공동체를 위하며 조화를 이루며 협동한다.
결과	하나님의 창조원리에 어긋난다.	다양성 속에 하나의 개념(고전 12장)이며, 바람직한 성경적 모델이다.

기독교인은 맹목적으로 자기 지방을 사랑하는 것이 아니고, 큰 틀에서 하나님 나라와 국가의 전체 이익을 먼저 생각해야 한다. 그리고 타지방 사람들도 사랑해야 한다. 그 이유는 전체가 하나 됨 속에서 자신이 처해 있는 지체의 입장을 최우선으로 지켜야 하기 때문이다. 바울의 설명을 들어보자.

> 이제 지체는 많으나 몸은 하나라 눈이 손더러 내가 너를 쓸데 없다 하거나 또한 머리가 발더러 내가 너를 쓸데없다 하거나 하지 못하리라 이뿐 아니라 몸의 더 약하게 보이는 지체가 도리어 요긴하고 우리가 몸의 덜 귀히 여기는 그것들을 더욱 귀한 것들로 입혀 주며 우리의 아름답지 못한 지체는 더욱 아름다운 것을 얻고 우리의 아름다운 지체는 요구할 것이 없으니 오직 하나님이 몸을 고르게 하여 부족한 지체에게 존귀를 더하사 몸 가운데서 분쟁이 없고 오직 여러 지체가 서로 같이하

여 돌아보게 하셨으니 만일 한 지체가 고통을 받으면 모든 지체도 함께 고통을 받고 한 지체가 영광을 얻으면 모든 지체도 함께 즐거워하나니 너희는 그리스도의 몸이요 지체의 각 부분이라. (고전 12:20-27)

요약하면, 하나님은 각 개인, 각 지방, 각 민족에게 특성을 주셨다. 각자는 그 특성을 더욱 개발하여 하나님의 영광을 위해 연합하여 선을 이루도록 해야 한다. 서로 자신의 분수를 넘어 우월감을 갖고 타인의 것을 업신여기거나 미워하는 것은 하나님의 창조 질서를 파괴하는 것으로서, 결국 하나님과 하나님이 창조하신 전체를 해치게 된다는 사실을 명심해야 한다.

하나님은 동질성이 있는 그룹(Homogeneous Group)을 통해 더 크게 역사하신다(Homogeneous group provides a degree of cohesiveness). 왜냐하면 문화, 학력, 인종, 전공 및 연령 등에서 동질성이 있는 그

샐러드 볼을 개인과 민족에 비유

샐러드 볼의 중요성	개인 개성의 중요성	각 민족 특성의 중요성
고추·양파·배추·당근 사과·무·토마토 등	한씨·김씨·현씨·박씨 강씨·송씨·이씨 등	한국인·인도인·멕시코인 독일인·유대인·케냐인 등
각 내용물의 좋은 특성을 살려 전체 조화를 이룬다	각 개인의 좋은 특성을 살려 전체 조화를 이룬다	각 민족의 좋은 특성(문화)을 살려 전체 조화를 이룬다

각 개체마다 특성이 강할수록 그가 속한 공동체가 더 역동적이다

룹이 더 결속력이 강하기 때문이다. 이런 그룹이 성령을 받아도 더 크게 받고, 주님의 사역을 해도 더 크게 할 수 있다(현용수, '문화와 종교교육', 2007, 참조).

따라서 동질성의 특성을 서로 존경하고 더 개발하도록 도와주어야 한다. 그리고 서로 연합하여 하나님의 영광을 위해 쓰임 받도록 노력해야 한다. 샐러드 볼 이론의 장점이 여기에 있다. 따라서 한국인 2세들을 한국어나 한국 예절 및 한국 문화를 가진, 즉 한국인의 특성을 가지도록 교육시켜야 한다.

하나님은 각 개인, 지방,
민족에게 특성을 주셨다.
각자는 그 특성들을 더욱 개발하여
하나님의 영광을 위해
서로 연합하여 선을 이루어야 한다
(다양성 속의 하나).

3. 국수주의는 세계 평화의 적이다

개인은 자신이 속한 단체나 민족에 대한 소속감이 있어야 자긍심이 높다. 각자가 자기 민족을 사랑하는 애국심과 민족주의는 장점 중의 장점이다. 그렇다면 무엇이 문제인가? 각 민족이 자신의 우월감만을 앞세우고 타민족을 경시하며 자신들의 유익만을 추구하는 비뚤어진 민족주의가 문제다. 이런 '비뚤어진 민족주의'를 '국수주의' 혹은 '배타적 민족주의'라고 말한다. 이러한 잘못된 민족주의의 남용 때문에 민족과 민족 간에 분쟁이 일어난다. 그리고 상대적으로 약한 민족이 피해를 당한다.

그 예로 일본과 독일의 역사적 과오를 들 수 있다. 그들은 세계적으로 자타가 공인하는 우수한 민족이다. 그들은 우수한 민족의 공통점인 청결, 내핍 생활, 정직, 근면, 자기 절제 및 남을 돕는 생활에 철저했다.

그런데도 일본과 독일은 제2차 세계대전(世界大戰)의 주범이라는 사실에 주목해야 한다. 그들은 자신들의 지식과 문화가 다른 민족보다 앞서 있다는 자만심으로 민족 우월주의에 도취되어 있었다. 그리고 상대적으로 타민족을 열등하게 여기고 경멸(hatred)하는 사상을 갖고 있었다. 특히 지도자급에 그런 위험한 사상을 갖고 있었던 인물들이 많았다. 그 결과 전 세계 수많은 다른 민족들에게 엄청난 인명 손실과 아픔을 안겨 주었다. 국수주의의 해독이다. 따라서 국수주의는 세계 평화의 적이다. 기독교인은 절대로 국수주의자가 되어서는 안 된다.

유대인의 격언은 이것을 이렇게 설명한다. "지식이 하나님에 대한 복종보다 강해졌을 때 인간은 싸우거나 서로 피를 흘리거나 한다"(Tokayer, 탈무드 2, '랍비가 해석한 모세오경', p. 65). 인간의 지식이 하나님의 말씀보다 더 강하게 작동할 때 우월성을 갖고 교만해져서 이웃에게 피해를 입히게 된다는 말이다.

여기에서 우리가 한 가지 더 생각해 볼 것이 있다. 당시 독일은 보수 기독교 국가였다. 그런데도 그들이 세계대전의 주범이 된 이유는 무엇인가? 대략 3가지로 설명할 수 있다.

첫째, 독일 국민이 인민을 잘 선동하는 미치광이 지도자에게 속은 것이다. 이것은 무엇을 뜻하는가? 인기가 좋은 지도자가 반드시 훌륭한 지도자는 아니라는 점이다. 민주주의의 함정이 여기에 있다.

둘째, 신앙이 좋다는 기독교인도 얼마든지 판단이 흐려져서 악한 지도자에게 속을 수 있다는 것을 보여 준다. 그러므로 항상 깨어 마귀의 올무에서 벗어나 하나님께 사로잡힌 바 되어 그 뜻을 좇아야 한다(딤후 2:26).

셋째, 당시 히틀러의 정책에 일부 교회(천주교회와 개신교회)가 동조했다. 이것은 무엇을 뜻하는가? 기독교인도 얼마든지 교만해질 수 있다는 교훈을 준다. "그런즉 선줄로 생각하는 자는 넘어질까 조심해야 한다"(고전 10:12). (물론 당시 악에 대항하는 양심적인 기독교인들도 많았다. 예: 본 회퍼)

따라서 기독교인은 이웃과 인류를 사랑하며 세계 평화를 이루는 데 공헌해야 한다. 왜냐하면 기독교인 한 사람 한 사람은 예수 그리스도의 지체(members of one body)로서 평화(peace)를 위해 부르심을 받은 자들이기 때문이다(골 3:15b). 사랑하는 성도들이 모두 파괴가 아니라 평화를 위해 부르심을 받았으니 얼마나 감사한 일인가!

결론적으로 한국인 기독교인은 한국 민족을 먼저 사랑하되 자기 민족만이 우월하다는 생각으로 타민족을 업신여기는 국수주의자여서는 결코 안 된다. 우리는 서로 용납하는 관용(tolerance)의 민족이 되어야 한다. 중국인도, 일본인도 예수님 믿고 구원받아 천국 가야 할 백성이다. 그런 의미에서 한국인 선교사가 중국이나 일본에 가서 복음을 전할 사명도 있다. 그들에게 복음을 전하기 위해서라도 한국 민족이 역사 속에서 없어지면 안 된다. 오히려 하나님을 위한 세계 선교를 위해서도 한국 민족이 과거 외침에 의한 고난의 역사를 기억하고 힘을 길러 세계의 지도자가 돼야 하지 않겠는가!

자신의 우월감만을 앞세우고 타민족을 경시하며
자신들의 유익만을 추구하는 비뚤어진 민족주의가 '국수주의'다.
일본과 독일은 타민족들에게 엄청난 아픔을 준 국수주의의
대표적인 국가들이다. 기독교인은 이웃과 인류를 사랑하며
세계 평화를 이루는 데 공헌해야 한다.

4. 독일과 일본의 다른 점을 기억하자

위에서 독일과 일본의 우월적인 국수주의의 위험함에 대하여 언급하였다. 그들이 일으킨 제2차 세계대전(世界大戰)의 피해는 실로 말로 형언키 어렵다.

여기에서 한국 민족이 꼭 기억해야 할 것은 그 중에서도 독일인은 자신들의 죄를 심각하게 회개하고 세계에 용서를 빌고 있지만, 일본은 2014년 현재까지도 과거사 인식에 억지와 생떼를 쓰며 자신들의 잘못을 궤변으로 합리화하고 있다.

1993년 3월 미국 워싱턴 D.C에 위치한 유대인 대학살 박물관을 관람한 독일의 콜 총리는 본에서 이렇게 말했다. "독일의 이름으로 유대인들에게 가한 끔찍한 일을 생각하면 부끄러울 뿐이다"(US News, 1993, May 10).

중앙일보 한경환 베를린 특파원에 의하면, 로만 헤르초크 독일 대통령은 1996년 1월 27일을 나치 희생자 기념일로 선포했다. 나치가 저지른 "학살의 기억은 끝이 나서는 안 되며, 미래 세대에도 이를 알게 하여야 한다"는 게 기념일을 제정한 이유였다.

그는 "모든 독일 국민들이 세대를 넘어서도 과거 잘못된 나치의 악행 때문에 고통과 피해를 받았던 희생자를 추모하고, 다시는 이 같은 일을 반복하지 않겠다는 다짐을 할 필요가 있다"고 강조했다. 대다수의 독일 국민도 이를 환영했다. 그리고 독일은 유대인뿐만 아니라 피해를 준 주변 국가에 배상과 원조를 아끼지 않아 왔다.

그러나 일본은 다르다. 시도 때도 없이 과거 일제의 악행과 만행을 궤변으로 미화하거나 호도하려 하고 있다. 아직도 위안부(정신대) 문제도 양심적인 해결을 하지 않고 있다. 그 결과 일본은 아시아의 피해국들로부터 믿을 수 없는 이웃이 되었다(중앙일보, 반성하는 독일, 궤변 반복 일본, 1996년 1월 16일).

따라서 우리 한국은 일본의 악행을 용서는 하지만, 그들에게 다시 당하지 않도록 유비무환의 마음으로 역사 교육에 힘써야 한다. 한국을 부강한 나라로 만들어 나라를 일본에 빼앗기지 않고 살아남아야 한다. 이 길만이 하나님 영광을 나타내고, 일본에도 복음을 전할 기회가 되지 않겠는가?

`생각하며 갑시다`

독일인 친구의 충격적인 고백

무명 학생

(http://aneulstory.tistory.com/26)

    2013년 9월 2일이 개강일이었지만 저를 포함한 대부분의 교환학생들은 그보다 훨씬 일찍 이 곳 핀란드에 도착했습니다. 오늘은 프랑스인 친구 아가트(Agathe)가 살고 있는 시내 근처 아파트에서 조촐한 파티가 있었습니다. 맛있는 케익을 먹으면서 정말 별의별 이야기를 다 하던 중, 각자 출신 국가에 대한 이야기가 자연스레 나왔습니다. (교환학생들의 모임이다보니 각 나라별 특성, 비교 대조, 언어 등은 빠지지 않는 대화 주제예요^^) 그런데 별안간 평소에 항상 위트 넘치는 독일인 친구가 매우 진지하게(정색하며) 던진 한 마디에 저는 큰 충격을 받았습니다.

"나는 독일인인게 결코 자랑스럽지 않아.
아니, 오히려 부끄러울 때가 많아"

    그녀의 이 발언에 저뿐만 아니라 다른 세 명의 프랑스 친구들도 화들짝 놀랄 수밖에 없었습니다. 이어지는 그녀의 설명은 더더욱 충격적이었는데요.

"나뿐만 아니라 지금까지 내 주변의 독일 사람들 중 독일인임을 자랑스러워하는 사람은 본 적이 없어, 오히려 나처럼 부끄러워하는 사람들이 있으면 있었지. 국가적인 행사 – 월드컵, 올림픽 등이 아니라면 국기 게양 역시 특별히 하지 않지"라고 하는 그녀의 발언, 정말 예상치 못했던 일이었습니다.

물론 저희들 모두 왜 이 친구가 그런 말을 했는지 즉각 이해했습니다. 독자 분들도 물론 짐작이 가시겠죠? 그럼에도 과거 전범국가라는 굴레를 벗고 오늘날 유럽 연합의 주요 기둥으로 활약하는 부강한 국가로 변모한 선진국 독일의 국민들이 독일인임을 오히려 부끄러워한다는 고백은 정말 충격적이었습니다.

프랑스 친구들 역시 "그 일은 이미 수십 년 전에 일어났던 일이고, 더욱이 우리 세대, 부모님 세대의 잘못도 아닌데, 그렇게까지 생각할 필요는 없다. 프랑스에서도 과거 독일의 행적을 그런 식으로(오늘날 독일과 독일인들을 비난하는) 생각하지 않는다"며 친구에게 위로 아닌 위로를 건넸지만, 그 친구의 생각은 변함없어 보였습니다.

한국인인 저는 물론 우리의 이웃나라, 또 다른 전범국가인 일본을 생각하지 않을 수 없었는데요. 대체 독일과 일본의 차이점이 어디에서부터 발생하는지 참 답답합니다. 과거의 잘못을 뼈저리게 사죄하고, 국민들에게 올바른 역사 인식을 심어주는 독일과 간단히 말해 정반대의 길을 걷는 일본. 그들은 어디서부터 무엇이 다르기에 이런 정반대의 행보를 보여주는 걸까요?

평상시에 너도 나도 깔깔 웃으며 재미있는 대화만 하다 친구의 발언을 시작으로 2차 대전 당시 나치에 의한 홀로코스트의 중심지인 아우슈비츠 수용소 방문담 등 이런저런, 보다 진지한 이야기를 나누어 유익했던(동시에 뒤숭숭했던) 하루였습니다.

생각하며 갑시다

우리가 선진국 독일에서
보고 배워야 할 점들

(http://blog.naver.com/PostView.nhn?blogId=ysh4045&logNo=220120491246)

- 철학의 나라답게 독일인들은 하루에 많게는 두 번씩 매일같이 산책을 하면서 자신의 내면 세계에 집중한다. 때문에 남들과 비교되는 삶으로부터 자유롭다. 사고의 깊이도 다를 수밖에 없다.

- 유흥 좋아하는 한국인이라면 살기에는 정말 더럽게 재미없다. 골프라도 치지 못하면 아마 미칠 지경일지도 모른다. 한국형 유흥에 중독된 인간은 절대로 독일 올 생각도 마라.

- 부모들은 아이들이 늦어도 8시면 잠자리에 들도록 교육시킨다. 발육 때문이기도 하고, 학교 수업이 워낙 일찍 시작한다.

- 사교육 시장 자체가 존재하질 않는다. Nachhilfe라고 우등한 학생이 그렇지 못한 학생을 가르치는 아르바이트 같은 건 있다.

- 수업시간에 학생들끼리 토론을 자주 그리고 많이 하도록 교사들이 적극적으로 유도한다. 초중고의 모든 과정에서 객관식 문제는 없다. 모든 시험은 서술형이다. 대학 진학률은 그리 높지 않다.

- 이것이 근본적인 경쟁력이라고 본다. 전교조들이 학생 등의 인권 운운하면서 수업은 개판치고, 애들이 수업시간 중에 자는 것도 그저 방치하며 교실을 쓰레기장으로 만들어가는 것

은 나라를 망치자는 수작이나 다름없다.

- 독일의 마이스터 제도(장인제도)에 대해서는 잘 알려져 있는데, 우리가 주목해야 할 것은 마이스터들이 받는 처우일 것이다. 굳이 대학을 나오지 않아도 자기 분야에서 최고 수준의 숙련자가 되면 부와 명예를 쌓을 수 있다.

- 학교에서 어린 학생들에게 쉰들러리스트 같은 영화를 그야말로 틈만 나면 틀어 준다. 잘못된 역사를 바로잡는 교육에 철저하다.

- 대부분의 독일인들이 평소엔 집과 직장을 오가는 다소 무료한 생활을 한다. 하지만 여름휴가를 한 달 이상 받아서 가족과 함께 따뜻한 나라로 떠난다. 평소엔 근검절약하는 민족이지만 여름휴가를 위해선 돈을 아끼지 않는다. 독일인들은 이 여름휴가를 위해서 1년을 살아간다고 해도 과언이 아니다.

- 편법이나 트릭이 통하질 않는 사회다. 국민들 대다수가 원리 원칙을 중요시하고 따른다. 융통성이 없어 보일 수 있지만 신뢰할 수 있는 민족이다.

- 그러나 시간이 가면 갈수록 사기꾼도 점점 엄청나게 많아지고 있다. 약 20년 전과는 아예 차원이 틀리다. 사회가 이런 것에 대하여 제대로 대응을 못한 탓이 아닐까.

이글에 대하여 박영호님이 달아준 댓글 내용

- 독일에서 40년 전부터(1975년-1978) 약 4년 가까이 지사장으로 근무하면서 독일 사람들로부터 많은 도전을 받은 사람이다.

적당주의가 발을 못 붙이고, 직업교육(Fachshule) 철저하고, 자연보호에도 본받을 것이 많다. 한 도시에 대학은 한 군데 뿐이고 학점 교류가 잘 되었고, 우리처럼 학벌위주의 사회가 아니고, 고속도로는 속도제한이 없어 젊은 나이에 뒤질세라 528 차량으로 220킬로로 주행해 보았지만 이것은 나의 교만한 행동이었다.

- 라인강님의 comments 그대로 인정합니다.

meister, techner, 그리고 학교 선생을 존중하는 풍토이고 우리처럼 전교조 출신의 폐해는 없는 나리지요.

- bundesliga 메니아, 차범근 선수를 존경하던 독일 거래처 사장이 생각이 나네. 라인강 개발에 150년 걸렸고 장기적인 안목이 있는 정직하고 성실하고 기독교 신앙이 바탕에 깔려 있는 나라임에 틀림없소이다.

III. 올바른 국가관:
이웃과 이웃 사이, 국가와 국가 사이의 차이점
(국가관의 시각에서 9·11 테러 후 미국의 대응은 옳았나)

대한민국 국가관은 어떤 것이어야 하는가? 여기에서 모든 분야를 논할 수는 없다. 따라서 자신의 나라와 다른 나라가 분쟁 관계에 있을 때 인성교육학적 측면에서 어떤 시각으로 대처해야 하는가를 다루어 보자. 왜냐하면 많은 이들이 이웃과 이웃 사이, 국가와 국가 사이의 차이점에 대해 잘 모르고 있기 때문이다. 이를 미국이 당한 '9·11 테러'를 예로 들어 설명해 보자.

2001년 9월 11일, 이슬람 중 급진주의에 속한 빈 라덴이 미국 뉴욕에 있는 세계무역센타 쌍둥이 빌딩을 공격했다. 이것은 미국의 적이 국가를 테러한 사건이었다. 이때 한편에서는 그들에게 보복하자는 주장을 했고, 한편에서는 그들을 용서하고 사랑해야 한다고 주장했다. 이것은 한 나라의 국가관에 관한 주제다. 만약 이런 사건이 대한민국에서 일어났다면, 대한민국 국민으로서 그리고 기독교인으로서 어느 쪽이 옳은가?

현재 이런 혼돈이 생기는 이유는 기독교적 시각에서 사랑과 평화를 남용하고 있기 때문이다. 어떤 이들은 예수님이 말씀하신 "네 이웃을 네 몸처럼 사랑하라"(레 19:18; 마 22:39)는 성경구절을 상기시키며 빈 라덴을 용서해야 한다고 한다. 사랑만이 문제의 해답이라고 말한다. 그럴듯하게 들린다. 그리고 여기에 동조하지 않으면 '매파(전쟁을 좋아하는 강경파)'라고 몰아붙인다. 이들은 무엇을 혼동하고 있는 것인가?

신약성경에서 예수님과 바울이 말씀하시는 사랑과 용서는 개인과 개인의 문제다. 신약성경에서 복음은 집단이 아닌 개인의 구원에 초점이 맞춰져 있기 때문이다. 따라서 "네 이웃을 네 몸처럼 사랑하라"는 말씀은 광의로 국가와 국가 간에도 일부 적용될 수 있지만, 구체적으로는 개인과 개인, 또는 한 국가 내의 집단과 집단 사이에 더 우선적으로 적용되는 말씀이다. 가정에서 가족끼리, 이웃과 이웃끼리 그리고 자신과 타민족 사이라 해도 개인끼리의 갈등이 생길 때 용서와 사랑으로 문제를 풀라는 말씀이다. 즉 사랑은 인간관계의 기본법이다.

그러나 국가 대(對) 국가에서는 국가의 평화와 번영을 위해 강한 힘이 있어야 한다. 그 모델이 바로 구약성경에 나타난 이스라엘이라는 나라와 그 나라 백성들인 유대인의 국가관이다. 유대인의 국가관은 이스라엘의 역사에 잘 나타나 있다.

성경적 관점(유대인의 관점)에서 개인과 개인 사이에 지켜야 할 인간관계법과 국가와 국가 사이에 지켜야 할 국가관을 살펴보자. 개인적으로는 고아와 과부와 나그네를 보살피며 사랑을 행해야 한다. 자신의 동포끼리 뿐만 아니라 "이방인을 학대하지 말라"(출 22:2; 레 19:3; 신 24:1)는 말씀대로 이방인에게도 용서와 사랑으로 행할 것을 가르친다.

그러나 국가와 국가끼리의 대결에서는 언제나 강한 국가를 지향했다. 그래야 주변에서 이스라엘을 괴롭히는 블레셋이나 바벨론을 무찌를 수 있었기 때문이다. 유대인이 하나님이 주신 땅을 지키는 것은 바로 하나님의 영광을 위한 것이다. 따라서 유대인은 모든 국민을 유대민족과 이스라엘을 사랑하는 민족주의자로 키운다.

성경의 예로는 다윗이나 솔로몬을 들 수 있다. 그들이 하나님의 말씀에 따라 하나님만을 의지했을 때에는 강대국이 되어 세계의 중심이 되었다(삼하 5:10; 대상 11:9, 14, 29:28-30). 그리고 다른 이방 나라들을 다스렸다. 현대의 이스라엘도 성경적 국가관에 따라 강한 힘의 국가를 지향한다. 그들이 아직도 지구상에서 없어지지 않고 살아남은 강한 힘을 유지할 수 있는 데는 이사야, 예레미야, 다니엘, 에스라, 느헤미야 그리고 바울 같은 수많은 강한 민족주의 지도자들이 있었기 때문에 가능했다.

물론 하나님을 믿는 나라가 강한 나라라고 해서 그 힘을 남용하여 약소국을 힘으로 압제해서는 안 된다. 오히려 약한 나라를 긍휼히 여기고 도와주어야 할 책임이 있다. 이스라엘의 역사를 살펴보면 주변 나라가 먼저 침공하지 않는 한 먼저 침공하지 않았다. 또 자신들이 아무리 부강한 나라가 되었다고 해도 이웃 나라를 침공해서 영토를 늘린 적이 없다. 언제나 하나님이 주신 기업의 땅 가나안이라는 제한된 영토만을 지킨 것이다. 이것이 국가 간에 지켜야 할 윤리의 기본이다.

근본적으로 선을 행해야 하는 기독교 국가는 기독교적 선을 행하고 복음의 영향을 많이 끼치기 위해서라도 강해야 한다. 그리고 기독교인 국민이라면 강한 국가가 되도록 국가의 지도자와

"네 원수를 사랑하라"는 계명은 원칙적으로 개인에게 적용된다. 국가는 국민을 보호하기 위해 외적을 응징할 책임이 있다. 사진은 아랍권 지도자 오사마 빈 라덴이 주도한 테러로 화염에 휩싸인 뉴욕의 쌍둥이 빌딩. 2001년 9월 11일.

9·11테러(우)와 이후(하)

미국은 쌍둥이 빌딩 자리에 9·11테러를 기억하는 조형물을 지었다(2014년). 마치 무저갱으로 빨려들어가는 듯이 까만 조형물 위로 물이 항상 위에서 밑으로 빠져들어간다.

제3-2장 용서와 기억의 신학 2 (국가와 국가 사이)

국가를 위해 기도해야 할 의무가 있다. 더구나 국가의 최고 지도자는 국민의 생명과 재산을 보호할 권리와 의무가 있지 않은가?

왜 성경에 구약과 신약이 함께 있는가? 신약의 중심 주제는 복음으로 개인의 영혼을 구원하는 것이고, 구약은 하나님이 택하신 구원받은 영혼의 선민교육과 국가관을 논리적으로 정리해 주고 이에 대한 모델을 만든 것이다. 그 모델이 바로 민족적으로는 유대인이고, 국가적으로는 이스라엘이다.

[구원론적 입장에서 유대인과 기독교인과의 차이점에 대해서는 '*부모여 자녀를 제자 삼아라*'(현용수, 쉐마, 2005), 제1권 제1장 Ⅳ. 질문 1 '유대교와 기독교의 구원과 성화는 어떻게 다른가'와 '*잃어버린 구약의 지상명령 쉐마*'(현용수, 쉐마, 2009) 제2권 제3부 제1장 '유대인과 이방 기독교인과의 관계: 유대인에게 접붙임 받은 이방 기독교인' 참조]

따라서 미국이 9·11 테러 이후에 빈 라덴을 응징한 것은 필요한 일이다. 이것은 부시 대통령 개인의 문제가 아니라 국가의 문제이기 때문이다. 근본적으로 국제 사회가 더 견고하고 오랜 평화를 갖게 되는 방법은 무엇인가? 크게 2가지가 필요하다.

첫째, 사랑과 인내를 갖고 이웃나라와 대화하는 외교의 방법이다.

둘째, 상대방이 불법을 행할 때, 국익과 정의를 위한 심판의 도구로 힘을 사용하는 방법이다.

때로는 냉엄한 국제사회에서 정의 없는 평화의 구호는 허구일 뿐이다. 이것은 무슨 뜻인가? 먼저 개인이나 국가나 약자가 강자에 대해 억울한 일이 없게 하려면 불법을 저지른 자에게 벌을 주는 정의구현이 우선이라는 뜻이다. 물론 정의라는 심판의 도구를 사용하기까지는 기독교 국가답게 오랜 사랑의 인내가 필요하다. 평화적 방법을 모두 동원한 다음 최후의 방법이어야 한다.

만약 일본이 한국을 침략했을 때 적국 일본을 사랑해야 한다고 하여 "너를 송사하여 속옷을 가지고자 하는 자에게 겉옷까지도 가지게 하라"(마 5:4)는 예수님의 말씀에 의거하여 한국 땅을 송두리째 내주고 일본의 노예로 전락하는 것이 하나님의 뜻인가? 결코 그럴 수는 없다.

우리는 일본인에게 구원의 복음을 전하기 위해서라도 강한 대한민국 국가를 만들어야 한다. 예수님을 잘 믿는 한국이 부강하여 남을 도와주어야지, 도움만 받아서는 하나님의 이름을 높일 수 없다.

"네 이웃을 네 몸처럼 사랑하라"는
말씀은 원칙적으로 개인 간의 갈등이
생길 때 적용할 말씀이다.
그러나 기독교 국가는
기독교적 선을 행하고 복음의 영향을
많이 끼치기 위해서라도 강해야 한다.

[저자 주: 본 저서에 더 많은 주제들을 설명해야 하지만, 중복을 피하기 위하여 나머지는 '현용수의 인성교육 노하우'(동아일보, 2009) 제4권 제7부의 목차만을 소개한다.]

제7부
한국인의 세계관:다문화 속의 인성교육
⟨해외동포의 바른 자녀교육법⟩

제1장
문제 제기: 지구촌에서 더불어 살아야 하는 한국인

Ⅰ. 서론
 1. 왜 한국인은 세계화와 다문화권을 생각해야 하는가?
 2. 한국의 전통문화는 종교성에 어떠한 영향을 주는가?
Ⅱ. 연구를 위한 질문

제2장
다문화 속의 인성교육:
한국인의 세계화 원리와 다문화권에서 동화의 원리

Ⅰ. 세계화의 원리 1: 지구촌 발전과 한국인의 세계화 원리와 방안
 1. 보편적 세계화의 원리: 인류를 위한 지식의 세계화와 복지의 세계화
 2. 한국인의 세계화 원리 1: 내 것을 가꾸어 세계화하라
 3. 한국인의 세계화 원리 2: 남의 것도 내 것으로 승화시켜라
 4. 한국인의 세계화 원리 3: 언어학적 측면에서 본 세계화
   (유대인은 자녀에게 몇 가지 언어를 가르치나)
   A. 유대인의 언어 정책과 한국에서 한자 병용의 필요성
   B. 교육학적 측면에서 본 한자 병용의 필요성
 5. 한국인의 세계화, 그 문제점과 해결책
 6. 유대인은 민족 형성 과정부터 세계화에 유리하다
Ⅱ. 세계화의 원리 2: 다문화권에서 동화의 원리(유대인의 동화 모델)
 1. '사회구조에의 동화'와 '문화에의 동화' 원리
 2. 유대인은 소화가 안 되는 민족이다
 3. 미국 코리안 아메리칸의 이상적인 동화 모델
   (나는 미국에서 미국인으로 살아야 하는가,한국인으로 살아야 하는가)
 4. 다문화 속에서 성경적 동화 모델(예수님과 바울의 예)

제3장
코리안 디아스포라 2세의 인성교육

I. 코리안 디아스포라 2세가 부모 세대를 섬기게 하는 방법
   1. 먼저 한국인으로 키워라: 문화는 신앙을 담는 그릇이다
   2. 한국인 기독교인으로 키우려면 4단계 교육을 시켜라
   3. 각 인종도 성숙한 기독교인으로 키우려면 4단계 교육을 시켜라
   4. 적용 사례
      A. 적용 사례 1: 한국 기독교에도 유대인 같은 교육의 형식이 있었다
      B. 적용 사례 2: 서양의 위인보다 한국의 위인을 먼저 가르쳐라

II. 왜 부모는 자녀에게 족보를 가르쳐야 하는가
   [질문 1] 인간에게 왜 족보교육이 필요한가?(왜 한국인 기독교인도 자녀에게
             족보교육을 해야 하는가?)
     1. 윤리학적 답변
     2. 종교심리학적 답변
     3. 신학적 답변
   [질문 2] 유대인은 아브라함의 조상으로 선민의 족보를 잘 가르칠 수 있지만,
             한국인은 기독교 역사가 짧아 위의 조상들이 모두 우상숭배자들이었는데,
             어떻게 그들의 족보를 가르칠 수 있는가?
   [질문 3] 자신의 족보가 다른 성씨보다 자랑스럽지 못해도 가르쳐야 하는가?
   [질문 4] 족보가 없는 사람은 어떻게 해야 하는가?
   [질문 5] 바울은 그리스도를 안 이후 자신의 자랑스러운 족보를 배설물처럼
             여겼다고 말했다(빌 3:8). 그런데도 왜 족보교육이 필요한가?

제4장
한국인 기독교인은 예수님을 안 믿는 동족보다
예수님을 믿는 타인종을 더 사랑해야 하는가

I. 문제 제기
   1. 한인 1세들의 강한 민족주의
   2. 한인 2세들의 약한 민족의식
II. 예수님의 동족, 유대인 사랑의 예
   [질문] 예수님은 동족인 유대인과 이방인 중 누구를 더 사랑하셨는가?
III. 정통파 유대인 바울의 동족 사랑의 예
   [질문] 정통파 유대인이었던 바울은 비기독교인 유대인과 기독교인인 헬라인이나
         로마인 중 누구를 더 사랑하였는가?

제5장
대한민국 국민의 민족관과 국가관 그리고 세계화

Ⅰ. 사랑의 우선순위
Ⅱ. 국수주의의 위험성과 샐러드 볼 이론
   1. 기독교인과 비기독교인의 민족주의의 차이점
   2. 다문화 속에서 함께 사는 샐러드 볼 이론
   3. 한국인의 국제결혼 열풍, 세계화에 도움이 되는가?
      A. 문제 제기: 한국에 급증하는 외국인 이주자들, 이대로 좋은가?
      B. 이스라엘의 다문화 사회 대처 방법
      C. 한국의 급속한 다문화 사회, 어떻게 대처해야 하나?
   4. 국수주의는 세계 평화의 적이다
Ⅲ. 대한민국 국민의 민족관과 국가관
   1. 올바른 국가관: 이웃과 이웃 사이, 국가와 국가 사이의 차이점
     (국가관의 시각에서 9·11 테러 후 미국의 대응은 어느 것이 옳은가)
   2. 한국인은 왜 미국 편에 서야 하는가
Ⅳ. 분단 상황에서 대한민국 국민의 국가관과 대북관계
   1. 왜 한국의 국가 정체성이 흔들리는가
   2. 성공한 대한민국의 건국과 정체성: 보수 한국인의 국가관이 옳은 이유
   3. 흔들리는 한국인의 국가관을 바로잡을 논리
      A. 한국은 '민족 사랑'과 '대한민국 국가를 지키는 것' 중 어느 것이 우선인가
      B. 한국은 '남북통일'과 '대한민국 국가를 지키는 것' 중 어느 것이 우선인가
      C. 통일은 언제 해야 하는가
      D. 전후 한국에 50년간 평화와 유지된 것은 햇볕정책 때문인가
   4. 유대인의 시각에서 본 북한의 인권
   5. 역사의 심판은 반드시 온다

쉐마지도자클리닉 체험의 증언

편집자 주_ 쉐마클리닉을 수료하신 분들의 간증문들이 대부분 탁월하나, 부득이 몇 분만을 고르게 되어 나머지 분들께 죄송한 마음을 전합니다. 쉐마교육연구원 홈페이지(www.shemaiqeq.org)에 더 많은 간증문이 실려 있으니 참고하시기 바랍니다.

유대인 현장 체험은 맹인이 눈뜨고 세상을 보는 것과 같았습니다
  - 김용택 목사 (온세계교회)

금맥을 발견한 환희, 어떻게 표현할지 몰라
  - 윤옥순 선교사 (중국 선교사)

쉐마전도사로 만드신 하나님의 징계
  - 양주성 목사 (전 백석문화대 교수)

교회학교 문제의 근본 해결을 찾았다
  - 이병두 목사 (부산 수영로교회 유년부 담당)

쉐마교육이 없었다면 까칠한 사춘기에 짧은 치마입고 망가졌을 겁니다
  - 백하림 학생 (초등 5년, 새빛충신교회)

쉐마클리닉 참석자들의 증언!

유대인 현장 체험은 맹인이 눈뜨고 세상을 보는 것과 같았습니다

김용택 목사 (온세계교회)

- 풀러신학교 D.Min.
- 총신대 신학대학원
- 아세아연합신학대학원

쉐마목회자클리닉 3차 학기의 미국 유대인 현장 체험 학습은 제게 큰 도전이요 축복이었습니다. 책에서만 또는 말로만 듣던 유대인의 교육 현장을 보는 것은 맹인이 눈을 뜨고 처음으로 세상을 보는 것과 같았습니다. 그들이 나라를 잃고 수많은 박해와 고난의 역사 속에서 꿋꿋하게 살아남았을 뿐만 아니라, 세계 곳곳에서 영향력 있는 민족으로 살아가는 이유가 우연이 아니라 필연임을 몸으로 알게 된 시간이었습니다.

기독교 역사가 2천 년 동안 지속되었지만 어느 나라 어느 민족에 지속된 곳은 없다는 사실은 우리의 위기를 보는 가늠자였습니다. 이스라엘에서 시작된 교회가 터키를 넘어 로마로, 그리고 유럽으로, 그리고 미국과 아시아권으로 넘어 왔습니다. 우리는 그

것을 당연한 결과로 보았고 하나님의 일하심으로 믿었습니다.

그러나 쉐마교육을 통해 그것은 우리 교육의 부재라는 것을 통감했습니다. 지금 한국은 기독교 신앙이 저물고 있는 현장에 서 있습니다. 유럽교회의 흔적들이 박물관으로 전락하듯 한국교회도 역사의 흔적으로 남을 위기에 있습니다.

현 교수님께서 남다른 역사의식을 가지시고 고민하던 가운데 그 답을 발견하게 된 것은 한국교회와 세계 기독교 교회의 여명이었습니다. 유대인은 쉐마를 통해 어느 시대 어느 지역을 막론하고 신앙의 전수는 물론 인성과 효 교육을 통해 세계적으로 빛나는 인물들을 배출하고 있습니다. 아브라함 때부터 지금까지 자손대대로 이어지는 진수를 발견하고 오늘 우리에게 그 비밀을 전수시킴은 축복 중의 축복입니다. 하나님의 말씀을 전수하는 지상명령은 이제 우리가 배워야할 진리입니다.

저는 책에서 유대인은 자녀들에게 오전 내내 탈무드 교육을 하고 오후에 일반교육을 받게 한다는 글을 읽었습니다. 그래도 일류대학을 진학하고 성년이 된 후에는 각 분야에서 최고의 전문가로 활동한다는 말이 믿어지지 않았습니다. 그러나 교육 현장을 방문하면서 이런 내용이 사실이라는 것을 알 수 있었습니다.

학교 교과 과정을 보니 실제 토라와 탈무드교육으로 이루어져 있었습니다. 놀라운 사실은 일반 아이들과 비교할 때 고득점을 얻을 수 없는 공부를 하고 있었습니다. 그러나 결과는 반대였습니다. 좋은 실력을 발휘하고 있었습니다. 도대체 어떻게 이런 결과를 낳는 것일까요?

성경의 가르침이 진리라는 사실입니다. 성경은 지혜의 말씀입니다. 성경을 배우고 익힐 때 아이들은 지혜롭게 되었습니다. 실제로 어린 유대인 학생들(중고생)은 일반 아이들이 3시간 동안 해야 하는 공부를 자신들은 1시간이면 넉넉히 소화한다고 말해 주었습니다. 말씀의 가르침을 받은 아이들이 지혜와 지식을 동시에 얻는다는 말입니다. 이들이 사회에 나가 살 때 사람들과의 대인관계나 일을 처리하는 능력은 누구도 따라올 수 없는 실력을 갖추고 있더라고 입을 모아 말합니다.

이런 교육의 방법을 한국교회에 적용한 분들이 있습니다. 놀라운 것은 한국에서도 같은 결과를 낳고 있다는 사실입니다. 신앙 교육은 물론 사람다운 인성교육, 그리고 학교 실력의 상승이 함께 따라온다는 것은 저에게 큰 도전이었습니다.

오늘 우리는 너도 나도 좋은 대학 진학을 위해 모든 것을 바칩니다. 거의 아이들은 물론 부모님들까지 올인을 합니다. 불행한 것은 실력도 향상되지 못하고 사람다운 인성도 잃고 동시에 신앙의 전수도 시키지 못하는 결과들이 우리를 슬프게 만듭니다.

이제 우리는 늦었지만 무엇이 문제인지 진지하게 성찰하고 고민해야 할 때를 만났습니다. 오늘 날 세상 자녀교육의 흐름에 따라가야 되는지, 아니면 다른 대안에 대한 고민을 해야 하는지 중요한 시점에 이르렀습니다. 쉐마교육은 오늘 우리가 잃은 중요한 기독교교육의 새로운 대안이라고 생각합니다. 신앙의 가문을 세우고 인성교육을 통해 사람다운 사람을 만들고 세상에서도 없어서는 안 될 인재를 만들 수 있는 길이 여기에 있다고 확신합니다.

쉐마클리닉 참석자들의 증언!

금맥을 발견한 환희, 어떻게 표현할지 몰라

윤옥순 선교사 (중국 선교사)

■ 서울대 농대 졸
■ 안광록 선교사 사모

내가 쉐마를 알게 된 과정

지금 저는 60세에 접어들었습니다. 30대에 자녀 둘을 낳아 기르고 교회에 주일학교 사역을 하면서 말씀대로 가르치는 것이 무엇인지 수많은 고민과 생각을 하던 중 마빈 토카이어가 쓴 탈무드를 읽고 유대인 교육을 알게 되었으며, 그 책을 교육의 원전처럼 참조하며 자녀를 양육하였습니다.

내 자녀의 유년기에는 대형 서점에 가도 유대인 교육 책을 2~3권밖에 구할 수 없었습니다. 유대인 교육에 대한 더 좋은 책을 찾던 중, 현 교수님 책을 발견하였습니다. 현 교수님의 책들을 한꺼번에 모두 사고 거의 섭렵했습니다. 그리고 부모교육에 관한 현 교수님 책의 내용을 한국의 교육현장과 해외선교지에서 많이 인용했습니다.

그러다가, 현 교수님의 강의를 듣고 싶어 쉐마목회자 클리닉에 참가하였습니다. 현 교수님의 강의를 들은 소감을 무엇에 비유해야 할까요. 그 환희를 무엇이라 표현할 수 있을까요?

현 교수님의 강의를 통해 책에서도 발견하지 못한, 금맥과 엄청난 금광을 발견한 느낌입니다.

그 동안 유대인 교육의 핵심에 대하여 자세히 알고 싶은 마음이 간절했지만, 배울 통로가 없었는데 현 교수님께서 유대인 교육의 핵심을 잘 가르쳐 주셨습니다. 현 교수님 감사합니다. 현 교수님은 하나님께서 이 시대에 쓰시는 분이라는 것을 확인 할 수 있었습니다.

기독교인이 유대인의 인성교육과 쉐마교육에 대해 알지 못하면서, 자녀에게 기독교신앙을 전수한다는 것은, 장님이 코끼리의 뒷다리를 만지면서 코끼리를 연구하려는 것과 다름이 없으며, 그 동안 내가 실천했던 기독교 교육은 하나님의 뜻과 거리가 있다는 생각을 했습니다.

현 교수님의 강의를 들으며 나의 과거와 무지에 대해 회개 했습니다. 진정한 기독교 교육을 모르면서 살아 왔었고, 내 자녀에게도 너무 부족한 어머니였다는 것을 느꼈습니다.

현 교수님께서 한국교회와 가정이 무너지는 것을 보면서 안타깝게 부르짖는 강의를 들을 때는, 나의 마음과 같아서 속이 후련하기도 했지만 마음도 같이 아팠습니다. 쉐마목회자클리닉을 통하여 쉐마교육에 대한 사상이 정립되고 성경말씀이 내 안에서 논리적으로 체계화되었습니다.

저도 다음 세대에 대해 안타까운 마음으로 바라보고만 있었지만, 이제 내가 할 일이 무엇인지 배웠습니다. 그러므로 내 가정에서부터 더 체계적으로 쉐마교육을 실천하고, 한국형 주일가정 식탁예배도 시작하려 합니다.

선교지에 가도 현 박사님께 배운 쉐마교육을 현지인에게 잘 전수하겠습니다.

한국에서도 남은 삶을 쉐마 교육에 헌신하고 3대가 함께 살면서 고령화, 저출산 시대의 대안이 될 아름다운 가정의 모델을 세울 수 있기를 소원합니다.

쉐마클리닉 참석자들의 증언!

쉐마전도사로 만드신 하나님의 징계

양주성 목사 (전 백석문화대 교수)

- 비전교회 담임
- 전) 백석문화대학 교수
- 백석대학교 신학박사(Th.D.) 취득
- 백석대 상담대학원(Th.M.) 졸업
- 백석대 기독신학대학원(M.div.) 졸업

먼저 나는 이 글을 쓸 만한 자격이 없는 사람임을 밝힌다. 나는 하나님과 아버지, 그리고 사랑하는 아내에게 대죄를 지은 불효자요, 참 나쁜 남편이었다. 이런 내가 쉐마를 적용한 모델로 소개되어진다는 것은 참 부끄럽다. 쉐마를 온전히 실천하고 있는 것도 아니기 때문에 더더욱 그렇다.

그럼에도 불구하고 이 글을 쓰는 것은 쉐마가 제2의 인생을 살게 해주었기 때문이다. 또한 가정 밖에서 행복을 찾던 내가 이제 가정에서 행복을 찾는 사람이 되었기 때문이다. 이 글을 통해 하나님께서 어떻게 쉐마로 나를 강력하게 이끄셨고, 쉐마를 적용할 수밖에 없도록 역사하셨는지 그리고 부끄럽지만 쉐마를 실천하면서 나타난 행복한 열매들에 대해 소개하고자 한다.

행복을 밖에서 찾아야 했던 불행한 어린 시절

내가 가정 밖에서 행복을 찾을 수밖에 없었던 가장 큰 이유는 나를 낳아주신 어머니가 나를 낳은 후 가출하셨기 때문에 어머니의 젖과 어머니의 따뜻한 품(EQ)을 느끼지 못하고 자랐기 때문이다. 때문에 나에게는 어머니에 대한 원망과 분노 그리고 아픔이 남아 있다. 뿐만 아니라 이로 인한 남들과 다른 많은 심리적인 상처들이 있었다. 나는 현 박사님으로부터 어머니의 EQ교육을 배운 후에야 그것들이 어머니의 EQ교육 부재임을 깨닫게 되었다.

아버지께서는 홀로 막노동과 미장일을 하시면서 3남매를 키우느라 갖은 고생을 다 하셨다. 아버지께서는 일을 하시기 위해 새벽 별을 보고 집을 나서면 저녁별을 보며 집에 들어오시는 경우가 많았다. 그렇게 힘든 가운데서도 우리를 고아원에 보내지 않으시고 혼자 키우신 아버지께 정말 감사하다.

예수님은 고1 여름수련회 때 나를 만나주셨다. 목사님의 안수기도를 받는 순간 방언이 터졌고 몸은 뜨거워졌으며 하염없이 눈물만 흘렸다. 어머니의 사랑에 목말라 있었던 나에게 예수님의 사랑은 형언할 수 없는 기쁨과 행복을 선물로 주어졌다. 결국 나는 남은 인생을 주를 위해 살리라 소원하였다.

매년 성경일독을 목표로 부지런히 줄을 치며 성경을 읽었고 은혜 받은 말씀들을 창세기부터 기록하였다. 고등학교 3학년 때는 교회가 속한 합동측 황해노회 성경암송 대회에 나가 대상을 받을 만큼 말씀에서만큼은 누구에게도 지기 싫어하였다.

가정보다 청소년 사역을, EQ보다 IQ교육을 선호

나는 군대를 원주통합국군병원에서 복막염 수술을 받은 후 의가사 제대를 하고 군대에서 펜팔로 만난 지금의 아내와 결혼했다. 그리고 학교에 공무원으로 특별 채용되어 서초전자고등학교의 조교로, 아내는 간호사로 병원에서 근무하였다.

신학을 공부하면서 청소년 사역에 뛰어 들었다. 단원만 150명 정도였다. 학교별 리더들을 데리고 금요일마다 기도원으로 산기도를 다녔고, 다양한 행사들을 진행하였다. 그렇게 나는 밖으로, 밖으로 돌아다녔다. 가정에서도 나는 나대로, 아내는 아내대로 남편과 아내의 역할, 아빠와 엄마의 역할에 대해 무지하였기에 힘든 결혼생활을 할 수밖에 없었다.

남의 자식들을 제자훈련 시키면서 행복과 보람을 느꼈지만 정작 내 아내와 내 자녀에게는 소홀했다. 그러면서도 이것이 사역자가 짊어져야 할 십자가로 생각하며 위안을 삼았다. 그러나 사역자로 인정을 받으면 받을수록 나의 가정은 병들어 가고 있었다.

더구나 자녀들도 IQ교육만을 강조하여 중학교 2학년 된 딸을 미국으로 강제 유학을 보내 2년간 떨어져 있어야만 했다. 나 역시 IQ교육에 빠져 박사학위에 매진하게 되었다. 그 결과 우리 가정은 언제 부서질지 모르는 모래성이 되어 있었다.

내가 개척한 교회는 부흥하는 것 같았으나 제자훈련을 받은 성도들은 그때뿐이었다. 말씀의 감동은 그리 오래가지 않았다. 그리고 청소년 사역의 경험은 나에게 많은 후회감과 좌절감을 안겼다. 고등학교를 졸업하면 교회를 떠나는 아이들의 통계를 볼 때마다 "과연 내가 제대로 한 것이 맞나?"하는 의문을 가질 수밖에 없었다.

나의 인생 목표를 바꾸게 했던 쉐마목회자클리닉

그러다가 2010년 쉐마목회자클리닉에 참석하게 되었다. 쉐마를 배우면서 받은 감동과 깨달음은 너무나도 컸다. 그러나 당장 발 등에 떨어진 박사학위 논문 때문에 쉐마를 실천하는 것은 뒤로 미루었다. 2011년 미국에서 3학기를 마치고 박사논문에 대한 방향을 현 박사님의 영향을 받아 '효신학'으로 잡고, 본격적으로 논문을 쓰기 시작하였다. 정말 1년간 논문에 매달리다시피 하였다. 드디어 논문이 통과되어 나는 2012년 2월 박사학위를 취득하고 긴 IQ 여정을 마치게 되었다.

결국 쉐마를 졸업하고 1년 간 아내는 아내대로 그 동안 쌓여왔던 나에 대한 원망과 미움은 커져만 갔고, 나 역시 그런 아내를 보며 마음속에서 미움이 자라기 시작하였다. 큰 딸 역시 유학을 하면서 부모에 대한 마음은 식어갔다. 더 이상 우리 가족의 힘으로는 가정의 문제를 해결할 방법이 없었다.

하나님의 혹독한 징계를 받고 찾은 가정의 행복

그 때 하나님은 우리 가정을 회복시키기 위한 극약 처방을 내리셨다. 2012년 5월 말 청천벽력 같은 날벼락 소식은 갑상선 암이었다. 단순한 암이 아니고 이미 주변 임파선은 물론 오른 쪽 후두신경과 폐까지 전이된 심각한 상황이었다. 박사학위를 취득하고 이제 목회를 잘 해보려했는데 암이라니 앞으로 어떻게 해야 할지 암담했다. 암 소식을 접한 아내의 속이 까맣게 타들어갔었을 것이다.

성대마비로 말을 거의 할 수 없어 세 번에 걸쳐 성대수술을 받아야 했고, 전이 된 암을 치료하기 위한 세 번에 걸친 고용량 방사선요오드치료(항암치료)는 너무 힘든 고난의 과정이었다. 결국 나는 가족들의 권유로 경기도 양평 암요양원에 들어가 한 달간 요양을 했다. 처음으로 하나님은 나로 하여금 산책하며 기도할 때에 지나 온 나의 인생을 돌아보게 하셨다. 그리고 가정 밖에서 행복을 찾아 방황했던 나의 죄를 고백하도록 하셨다. 그리고 내가 가장 힘들 때 누가 옆에 있는지 알게 하셨다.

하나님은 비로소 나의 눈을 열어 가족의 소중함을 보게 하셨다. 가족밖에 없구나! 아빠의 암 소식을 듣고 암 수술을 받기 전 유학을 중단하고 돌아와 준 큰 딸, 그래도 남편이라고 발 동동 그리며 뛰어다녔던 아내, 언제나 사랑스런 아들이 있다는 것이 얼마나 큰 행복인지 가슴 깊이 깨닫게 되었다.

그리고 현 박사님으로부터 배운 구약의 지상명령 쉐마를 실천하지 못했던 나 자신이 통탄스러웠다. 공기 좋은 것에서 요양을 해서인지 몸이 많이 좋아졌다. 내 인생에서 가장 캄캄한 암흑기와 뼈아픈 눈물을 흘려야 했던 2012년이지만 하나님은 가정과 목회에 대한 새 희망의 씨앗을 심어주신 한 해였다. 갑상선 암은 하나님께서 우리 가족을 회복시키시기 위한 사랑의 징계였다.

제자훈련보다 강력한 쉐마목회로 전환

사실상 박사논문과 암 수술로 인하여 2년간 목회를 놓다시피 한 결과 성도들은 떠나가고 몇몇 성도들만 남게 되었다. 가장 밑바닥까지 내려왔지만 목회를 포기할 수 없었던 것은 하나님께서 남겨 놓으신 성도들이 있었기 때문이다. 그래서 2013년은 새 출발, 새 시작의 한 해였다.

많은 고난의 눈물을 흘린 후에 교회적으로는 가정회복을 위한 목회가 시작되었다. 먼저 현 박사님에게 배운 대로 교인들을 논리를 설득해야 그들의 마음이 움직일 것 같아 효쉐마학교 교재를 만들어 쉐마와 효를 열심히 가르쳤다.

효의 당위성을 논리적으로 설명하니 쉐마목회는 순풍을 타기 시작하였다. 그리고 유대인처럼 주일에 모이는 주일학교와 중고등부 모임과 주일 오후예배를 과감하게 폐지하고, 철저히 주일은 가족 중심으로 전환하였다.

주일예배는 3대가 함께 드리는 가족통합예배로 드리면서 아이들에게도 헌금위원, 대표기도 등 순서를 맡겼다. 오후 예배 대신 성도들 가정마다 가정예배가 정착될 수 있도록 2-3가정을 묶어 쉐마가정예배를 드리도록 하였다. 또한 금요철야예배를 수요예배와 통합하여 드림으로 금요일 저녁을 성도들이 가족모임에 활용하도록 하였다.

이러한 조치들은 먼저 가정이 쉐마로 회복되지 않으면 성도들을 아무리 제자훈련을 시킨다고 하더라도 그 효과가 오래가지 못한다는 것을 지난 목회 경험을 통해 깨달았기 때문이다. 사실 나는 이미 IQ 위주의 제자훈련은 오히려 나중에 독화살이 되어 목회자에게 날아온다는 것을 비싼 값을 지불하면서 배웠다. 교회와 목회자가 어려울 때 가장 먼저 교회를 떠난 성도들이 제자훈련 전 과정을 마친 성도들이었기 때문이었다. 이를 통해 하나님은 제자훈련을 하기 전 왜 가정에서 자녀를 먼저 제자 삼는 쉐마를 해야 하는지에 대한 귀중한 교훈을 얻게 하셨다.

아직 내 몸이 언제 온전히 회복될지 모르지만 쉐마목회와 더불어 목회에 대한 욕심을 버리고 천천히 가고자 한다. 지금까지 나의 목회철학은 신약의 지상명령에 따라 이웃에게 전도하여 한 사람의 일꾼이라도 제대로 세우는 데 있었다. 그러나 이젠 구약의 지상명령에 따라 한 가정을 신앙의 명가로 온전히 세우는 것이 나의 목회철학이 되었다. 앞으로 나는 어린 아이부터 실버 세대에 이르기까지 모든 성도가 행복을 가정 밖에서 찾지 않고 가정에서 찾을 수 있도록 돕는 목회를 할 것이다.

쉐마목회의 열매, 가정이 지옥에서 천국으로

가정적으로는 현 박사님이 창안한 한국형 주일가정식탁예배의 모형대로 가정예배를 드리기 시작했다. 가족과 함께 동대문으로 가서 한복을 구입하고 가정예배에 필요한 그릇 등을 마련하였다. 쉐마를 실천하면서 가정에 어떤 변화가 있었는지 잠깐 소개하고자 한다.

1) 나와 아내의 변화: 서로 눈물로 고백, "내 죄 때문입니다"

하나님은 암의 발견과 수술, 그리고 3번에 걸친 성대수술과 방사선 요오드 치료를 통해 아내의 마음에 남편을 향한 EQ를 확장시켜 주셨다. 아내는 지극 정성으로 나를 챙기기 시작하였다. 나 역시 그런 아내를 보며 EQ가 생기기 시작하였다.

쉐마목회자클리닉에서 아버지 교육을 받은 후, 나의 잘못을 인정하지 않았을 뿐만 아니라 아내에 대한 분노로 가득했던 내가 나의 잘못을 아내와 자녀에게 고백했다. 그리고 아내에게 원망만 하던 내가 변하여 아내에게 한 없이 고마움을 느끼기 시작했다. 아내가 더 예뻐 보이고 사랑스러워졌다. 그리고 그 고마움을 "당신은 우리 집 복덩어리야!"라고 말하며 사랑을 표현하기 시작했다.

아내 역시 나에게 원망으로 가득했던 IQ여성에서 쉐마목회자 클리닉에서 어머니 교육을 받은 후, 남편이 이렇게 된 것은 모두 자신의 책임이라고 고백했다. 그리고 IQ여성에서 EQ여성으로 변하기 시작했다. 남편과 자녀들을 위하여 기도할 때는 전에 없었던 눈물이 많아졌다. 부드러운 아내와 부드러운 엄마로 변하였다.

그 결과 몸과 마음이 멀어졌던 우리 부부는 쉐마를 통해 사랑으로 하나가 되었다. 오랜 세월 소원했던 우리 부부는 속에 있는 말을 꺼내놓고 깊은 대화를 나누기 시작했다. 아내는 나를 더 이해하는 계기가 되었고 나 역시 아내를 더 이해하게 되었다.

지금 와서 생각해 보니, 나나 아내나 남편의 정체성과 역할 그리고 아내의 정체성과 역할을 제대로 몰랐던 것이다. **하나님이 창조하신 아버지와 어머니 및 가정의 원리를 몰랐으니, 어떻게 제대로 된 행복한 가정생활을 할 수 있었겠는가! 만약 쉐마교육에서 이런 원리들을 배우지 않았다면 우리 가정이 어떻게 되었을 지를 생각하면 끔찍한 생각이 든다.**

그리고 효쉐마학교를 통해 우리 부부는 부모의 역할에 대해 진지한 고민을 하게 되었다. 그 결과 아내와 나는 역할을 정해 가정에서 구약의 지상명령에 따라 자녀들에게 말씀과 신앙을 전수하기로 마음먹었다.

성대마비로 말미암아 아직 말하는 것이 힘든 나였기에 주중에는 아내가 저녁마다 자녀들과 말씀과 기도하는 시간을 갖기로 하였고, 토요일에는 쉐마가정예배를 드리기로 하였다. 중간 중간 가정예배를 드리지 못할 때도 있었지만, 가정예배는 자녀들과 많은 대화를 나누도록 해 준 교육의 장이 되었고, 우리 부부를 단단하게 묶어주는 행복의 동아줄이 되어 주었다.

2) 둘째 아들 예찬이의 변화: 효와 IQ를 동시에 잡다

감사하게도 둘째 아들은 첫째 딸과 달리 아내가 가슴으로 어릴 적부터 키웠다. 딸을 그렇게 키우지 못한 아픔 때문인지 아내는 아들을 늘 품에 안고 많은 대화를 나누었다. 그래서인지 아들의 마음은 큰 딸에 비해 옥토밭이었다.

예찬이는 효쉐마학교를 통해서 효의 중요성을 깨닫고 스스로 효를 실천하기 시작했다. 할아버지가 외로우실까봐 시키지도 않았는데 할아버지 집에 일주일에 두 세 번 씩 가서 말벗이 되어 주었다. 그리고 아들은 우리가 아파트를 얻어 이사를 갈 때 돈이 없어 고민을 하자 자신이 저축한 용돈으로 벽걸이 에어컨을 달아 주기도 했다.

엄마 생일 때는 엄마의 화장품이 떨어진 것을 알고 화장품을 선물로 사 줄 정도로 센스장이가 되었다. 효도교육을 받은 후 명절 때 용돈이 많이 생기면 십일조는 물론 부모에게 용돈을 주는 아들이 되었다. 우리 부부는 이런 아들을 볼 때면 행복한 웃음이 절로 나온다.

아들의 놀라운 변화는 또 있었다. 착하기는 하지만 공부에 별 흥미를 느끼지 못했던 아들이 공부를 매우 열심히 하게 된 것이다. 아내가 현용수 박사님이 쓴 '쉐마교육개척기'를 읽고 감동을

받은 후 5학년인 아들에게 읽도록 한 것이 계기가 되었다.

아내는 아들과 몇 차례에 걸쳐 그 책을 읽은 소감을 나누는 시간을 가졌는데, 아들은 그 책에서 깊은 감명을 받았다고 했다. 특히 현 박사님이 미국 직장에서 흑인과 백인 사이에 겪은 고난의 이야기는 아들에게 깊은 생각을 하도록 해주었다.

왜냐하면 현 박사님이 자신을 괴롭혔던 흑인이 회사에서 억울한 누명을 쓰고 쫓겨났을 때 그를 위해 법정에서 증인을 서 주었기 때문이다['쉐마교육 개척기' (쉐마, 2013) 제2부 참조]. 이것은 아들에게 인생을 어떻게 살아야 하는지 하는 깨달음을 주었고, 이는 힘들고 하기 싫은 공부를 왜 열심히 해야 하는지에 대한 강한 동기부여가 되었다. 또한 자신의 인생의 꿈도 크게 갖는 전기를 마련해 주었다.

그 결과 중학교 1학년에 올라와서 스스로 공부를 열심히 하기 시작했다. 하나님께서 지혜를 주셔서 부모의 간섭이 없어도 스스로 공부 시간표를 짜서 자기 할 일을 스스로 했다. 지금은 가장 공부를 잘하는 친구를 교회에 데리고 와서 함께 공부하고 있다.

3) 큰 딸의 변화: IQ에서 EQ로 변하다

큰 딸 주예에게는 우리 부부가 잘못한 것이 너무 많았다. 6살부터 IQ위주의 교육을 시켰기 때문이다. 거기다 중학교 2학년 여름방학 때 미국으로 강제로 유학을 보냈다. 아는 사람이 한 사람도 없는 낯선 땅에 그것도 그 어린 딸을 혼자 보냈다. 어쩌면 그렇게 냉정했는지 지금도 그 생각을 하면 가슴이 아프다.

다행히 주예가 미국에서 잘 적응하여 공부를 잘 따라가고 있었다. 그러나 우리 부부는 우리에 대한 딸의 마음을 잃고 있었다. 미국 유학에 적응하면서 딸은 한국에 돌아오고 싶은 마음이 없어졌다. 우리 부부는 딸로부터 직접 그 말을 들었을 때 그 심각성을 파악하지 못하였다. 오히려 잘 적응하고 있다는 사실에 안도하여 잘 되었다고 생각하였다.

하나님은 딸이 원망과 불평 없이 돌아올 수 있도록 나의 암을 통하여 역사하신 것 같다. 큰 딸 주예는 암 소식을 듣고 유학생활을 중단하고 2012년 5월 말에 돌아왔다. 하나님이 손을 쓰시지 않았다면 우리 부부는 딸에게 큰 원한과 원망을 심어주었을 것이다.

한국에서 딸이 다시 공부를 한다는 것은 참으로 어려운 일이었다. 힘들어 하는 모습을 보면서 어찌해 줄 방법이 없었다. 그러나 포기할 수는 없는 일이었다. 아내가 많은 노력을 기울였다. 딸의 마음이 열려지기 시작한 결정적 계기는 엄마의 변화, 그리고 가정예배와 효쉐마학교였다.

엄마와의 포옹까지도 어색하게 여겼던 딸이 아내의 눈물 있는 변화된 모습을 통해 조금씩 마음의 문을 열더니 급기야 엄마와 자연스럽게 포옹을 하기 시작했다. 이런 모습은 오랜 동안 인내하며 기다린 아내에게 큰 위로가 되었다.

또한 한국형 주일가정식탁예배를 통해 가족 간에 떡을 떼며 나누는 자연스런 대화는 가족 간의 친밀감을 증진시켜주었다. 특히 성대수술을 받은 후 몇 주간은 가정예배 시간에 말씀을 큰 딸이 전하도록 하였다.

현용수 박사님의 저서 '인성교육 노하우'를 매주 일정 분량을 읽고 발표하도록 하였다. 수평문화에 물들어 있던 딸에게 수직문화와 수평문화에 대한 성찰은 큰 자극이 되었다. 전에는 가정 식탁예배에서 한복 입는 것을 불편하게 생각했었는데, 이제 한복을 입고 예배드리는 것을 즐기게 되었다. 뿐만 아니라 아빠가 하고자 하는 쉐마목회를 부정적으로 생각했었는데, 이제는 이해하기 시작했다.

그리고 효쉐마학교를 통해 부모를 향한 효의 EQ가 자라기 시작하였다. 집안일을 거들기 시작했고, 동생을 챙기기 시작하였다. 예찬이는 누나의 관심에 목말라 있었다. 무뚝뚝한 누나 때문에 상처를 많이 받았는데 지금은 사이가 많이 좋아졌다. 나중에 알았지만 예찬이가 누나에게 사랑을 받고 싶어 우리 몰래 누나를 물질적으로 많이 챙겨주었다.

이런 저런 동생의 많은 노력은 주예로 하여금 누나로서 책임감과 동생에 대한 사랑을 외면적으로 나타내도록 해주었다. 아무튼 고3이 된 우리 딸은 인생의 분명한 목표를 가지고 대학진학을 위해 지금 공부를 하고 있다.

쉐마 사역자로 부름받은 나의 비전

하나님께서는 나를 쉐마 사역자로 만드시기 위하여 부르셨다. 그러나 그 분의 뜻도 모르고 나는 내 뜻대로 가정 밖에서 행복을 찾기 위해 몸부림쳤었다. 그런 나에게 갑상선 암은 그 분의 뜻을 따르게 하기 위한 강권적인 징계였다. 따라서 나는 그 분 앞에 무릎을 꿇고 눈물로 쉐마를 시작하지 않으면 안 되었다. 그리고 쉐마는 우리 가족을 하나로 묶어주어 가정 천국을 이루게 해 주었다. 이를 계기로 가정 밖에서 행복을 찾았던 나의 인생에 마침표를 찍고 가정에서 행복을 찾도록 해주었다.

하나님께서는 목회 철학과 방향 역시 가정을 살리고 돕는 목회로 전환하도록 해주셨다. 2012년만 해도 가정도, 교회도 다 잃게 되는 것은 아닌지 생각되었지만, 하나님은 다시 시작할 수 있도록 인도하셨다. 가정은 전화위복이 되어 행복의 둥지가 되어갔고, 교회는 남은 자를 통해 다시 시작할 수 있도록 하셨다.

외형적인 교회 성장에 대한 욕심을 내려놓게 된 것이 내겐 큰 은혜다. 쉐마야말로 한국교회는 물론 무너져가고 있는 가정의 대안이요 희망임을 확신한다. 앞으로 건강이 허락되는 한 내가 할 수 있는 일을 통해 쉐마 사역에 작게나마 기여했으면 한다.

후배 목회자들에게 권하고 싶은 것이 있다. 쉐마는 논리가 있는 이론이 먼저라는 사실이다. 쉐마는 프로그램이 아니라 본질이기 때문이다. 누가 쉐마를 한다고 해서 바인더만 가지고 가서 실천하면 처음에는 되는 것 같으나 곧 실패하기 쉽다. 먼저 논리적인 이론을 배워야 동기부여가 확실하게 되어 가정이나 목회에서 실천하는데 성공할 수 있다.

쉐마클리닉 참석자들의 증언!

교회학교 문제의 근본 해결을 찾았다

이병두 목사 (부산 수영로교회)

- 수영로 교회 유년부 담당
- 총신대학교 신대원 M.div.
- 동아대 독어독문과

하나님 경외하는 법을 모르는 아이들

저는 존경하는 원로목사님과 담임 목사님의 지도하에서 모교회에서 신앙생활을 하고, 모교회에서 부교역자 생활을 하고 있습니다. 자라오면서 큰 은혜와 교회의 사랑을 통해 부교역자가 되었지만, 학생시절부터 지금까지 자라오면서 아쉬운 것이 있었습니다.

"청소년 때 함께 신앙생활을 하던 친구들은 어디에 있나? 그렇게 울면서 함께 예배하던 학생들은 어디에 갔나?"였습니다.

사역을 시작하고, 시간이 흐를수록 문제는 더 쌓여가고, 해결할 새도 없이 새로운 문제들을 경험하는 것이 안타까웠고, 이것이 저희 교회뿐만 아니라 모두의 문제라는 것을 다른 사역자들과의 교제 속에서 깨달으면서, "우리 모두의 숙제이구나!" 하는 생각을 하게 되었습니다.

역시 문제는 가정이었구나!

교회일은 열심히 하지만 가정을 돌보지 않는 부모, 신앙은 좋지만 자녀들에게 그 신앙을 전수하지 못하는 부모, 직업과 교회 사역을 열심히 하지만 아이들과 소통하지 않는 아버지들을 보면서 "뭔가 잘못되었다"라는 생각이 들었습니다.

더 큰 문제는 가정이 중요하다는 것을 모르는 것이 아니고, 가정을 신앙으로 이끌어 가려고 하지만, 어떻게 해야 할지를 모르고 있다는 사실이었습니다.

민망할 정도로 짧은 바지를 입고 오는 아이들, 슬리퍼를 끌면서 오는 아이들, 예배시간에 나가서 담배피고 돌아오는 아이들. 그리스도인이고, 하나님을 두려워하는 성도이고 예배자라면 당연히 갖추어져야 할 내용들을 알려주는 것이 사역자로서 할 일이기도 했지만, 방법도 잘 몰랐고, 어떻게 접근해야 할지 막막했으며, 일주일 교회에 한 번 교회 오는 것으로 해결할 수 있는 것도 아니라는 생각에 많이 답답했습니다.

그런 사역 가운데에도 변하는 아이들을 만났습니다. 그런데 그런 아이들을 유심히 살펴보니 잠시 방황은 하지만, 뒤에는 건강한 가족의 보살핌과 기도가 있었다는 것을 발견하게 되었습니다.

현용수 교수님의 말씀처럼 가정에서 인성이 기본적으로 바탕이 된 아이들은 잠시 방황은 하지만 얼마든지 돌아올 수 있고,

다시 제자리를 찾는 것을 보면서 가정교육과 인성이 정말 중요하다는 생각을 하게 되었습니다.

대형교회 특성상 가정과 인성이 묻히는 안타까움을 보면서

대형교회의 장점은 다양한 프로그램들을 경험할 수 있고, 부족한 것이나 궁금한 것과 관련된 것들을 충족할 수 있는 기회가 많다는 것입니다. 그러나 그런 장점 때문에 연령별로 너무 세분화 되어져 있어서 가족간에 소통의 단절이 될 확률이 더 많기도 합니다. 은혜로운 교회에서 많은 성도들이 건강하게 신앙생활을 해 나가는 것은 큰 축복이라고 생각합니다.

그러나 아빠와 엄마는 대예배에, 자녀들은 주일학교 예배에, 부모님은 철야에 아이들은 철야학교에 이렇게 분리된 프로그램들이 성장과정과 수준에 맞는 이해를 주는 것은 장점이기는 하나, 가족이 하나로 모여서 은혜를 나누는 기회가 부족하다는 현실은 비단 한 교회만의 문제는 아니리라 생각 됩니다. 때문에 부모와 자녀들은 은혜가 넘치는 교회에서도 세대차이를 경험하며, 신앙의 이질화를 경험하는 것 같아 보이기도 합니다.

사역을 하며 이와 관련된 몇 가지 사건들을 경험하게 되면서, 저는 가족이 함께 하는 교육이 필요하다 라고 생각하기 시작했습니다.

쉐마학당을 실천했으나 곧 한계를 맛보고

우연한 기회에 지인의 권유로 현 박사님의 책을 읽던 중 큰 감동을 받았습니다. 수직문화와 수평문화를 나누고, 유대인들의 교육 방법을 도입하여 한국 교회에 적용하고자 하는 선구자적인 연구에 "이거다!" 라는 생각을 가지고 알아보기 시작했습니다.

현 박사님의 말씀처럼 이것은 교회 프로그램이 아니기에 교회에 적용하기에는 상황적으로 어려움이 있어 과천약수교회의 '쉐마학당'을 교회에서 실천하기로 마음먹고 실행에 옮겼습니다.

반응은 폭발적이었습니다. 부산 근교의 교회 성도들까지 알고 연락이 왔고, 90가정 가까이 접수를 했으며 첫 시작에 60가정이 모였습니다. 특별히 광고도 하지 않았고, 부서에서 조용히 진행했음에도 관심을 가지는 것을 보며 쉐마교육에 대한 기대를 실감하게 되었습니다.

그러나 쉐마 토요학당을 교회 안에 적용을 한 것에 대해서는 좋은 시도였으나, 지속적인 동기 부여를 하는 것에 제 스스로 한계를 경험했습니다. 무엇보다도 제 자신이 쉐마교육의 본질에 대한 동의가 정확하게 이루어져 있지 않았기 때문입니다. 그리하여 진행하는 과정에 저와 많은 가정의 열기는 급속하게 떨어지기에 이르렀습니다.

쉐마학당 한계의 원인을 찾고 대안도 찾았습니다

내적으로 확신을 하지 못한 상태에서 쉐마를 섣불리 시작한 것이 문제였다고 여기던 중에, 주변에 쉐마교육 사역을 하는 노욱상 목사를 찾아가 상담했고, 현용수 교수님의 쉐마목회자클리닉에 갈 것을 권유받아 기대감을 가지고 참여하게 되었습니다. "무엇이 문제였을까?"를 고민하며 1차 교육과 2차 교육을 받으면서 논리적으로 문제의 해결을 받았습니다. 그러나 그저 책이나,

강의로만 들었기에 "설마 유대인이 요즘 세상에 그렇게까지 하겠는가?"하는 궁금증에 믿어지지 않는 것도 있었습니다. 그런데 3차 학기 미국 현장 체험 연수를 다녀오면서 책에 있는 이야기대로 살고 있는 유대인들을 보면서 확신을 가지게 되었습니다.

문제의 원인 두 가지를 발견하게 되었는데, 첫째, 쉐마교육은 일시적인 프로그램이 아니라, 사상이기 때문에 쉐마교육의 논리로 학부모들을 가르쳐 그들의 사상을 쉐마사상으로 무장하게 하지 않으면 힘들겠다는 것이고, 둘째, 쉐마교육을 실천하는 장소는 교회가 아닌 가정에서 유대인처럼 주일가정식탁예배의 모형 속에서 실천해야 한다는 것이었습니다. 그러나 쉐마학당을 진행했던 저에게 이 두 가지가 모자랐고, 그것 때문에 동력이 떨어질 수 밖에 없다는 것을 깨닫게 되었습니다.

쉐마는 사역에 눈을 뜨게 해 준 패러다임 전환입니다

쉐마교육은 저의 사역에 눈을 뜨게 해 주었습니다. 부족한 부교역자로서 그저 주어진 사역만 한다고 생각했던 저에게 교육사역에 대한 열정을 주었고, 가정사역에 대한 중심을 불어넣어 주었습니다. 일종의 패러다임 전환입니다. 아직은 연구하며, 쉐마교육에 대해서 더 알아가야 하겠지만, 부족하나마 가정교육의 중요성을 알게 하고, 부모가 자녀를 위해서 축복하고 기도하게 하는 예배들을 부서에서 하면서 가정 안에 일어나는 변화들을 경험하게 됩니다.

학부모들과 함께 부서 예배를 드릴 때, 가정예배의 정신과 형식을 도입했더니, 감동적인 일들이 일어났습니다. 서로의 죄를 고백할 때에 부모와 아이가 함께 안고 울며 기도하는 모습, 쉐마교육을 진행하며, 가정이 변했다는 이야기들을 건너서 듣기도 하고, 이전에 사역한 노욱상 목사를 통해서 오랫동안 가정예배를 실천하고 있는 가정들의 모습을 심방을 통해 보면서 쉐마는 가정을 살리는 사역이구나 하는 생각을 하게 되었습니다.

많은 지역과 교회에서 3대 통합예배를 드리는 교회뿐만 아니라, 주일가정식탁예배를 드리는 가정들이 계속 늘어나고 있다는 이야기를 들으며, 이미 많은 목회자들이 이 흐름에 함께 하고 있다는 것을 느낍니다. 쉐마교육과 현 박사님을 알게 해 주신 것에 감사하고, 무엇보다 이 귀한 사역을 사랑하는 교회 안에서 할 수 있도록 인도해 주신 하나님의 큰 은혜에 감사드립니다.

쉐마클리닉 참석자들의 증언!

쉐마교육이 없었다면 까칠한 사춘기에 짧은 치마입고 망가졌을 겁니다

백하림 학생 (초등 5년, 새빛충신교회)

충주 쉐마목회자클리닉에 정말 오랜만에 참가했는데, 왠지 고향에 온 듯한 친근한 기분이 들었습니다. 전에 들었던 현용수 교수님의 강의 내용을 다시 들으니 이해가 더욱 더 잘 되었습니다.

제가 쉐마를 실천하는 부모님 밑에서 이렇게 훌륭한 쉐마를 듣고 실천을 하고 있으니까 무척 자랑스러웠습니다. 효신학 강의를 들으면서 그 동안 부모님께 효를 많이 못 행한 것 같아 죄송했습니다. 그리고 제가 부엉이 체질이라 새벽예배에 잘 나가지 못하는데, 유대인은 3대가 모두 새벽예배에 나가는 것을 다시 보았습니다. 저도 이제부터 자주 나가겠습니다.

그리고 저는 쉐마 방학 숙제로 '현용수의 인성교육 노하우'라는 두 권의 책을 다 읽었는데, 너무 많은 것을 다시 깨달았습니다. 만약 이 책의 내용을 배우지 않았다면, 전 지금 까칠한 사춘기 5학년으로 짧은 치마를 입고 망가져 갔을 겁니다.

그런 모습이 되지 않게 인도해주신 주님과 어머니 아버지께 감사드리고, 현용수 교수님께 존경과 감사를 드립니다. 교수님이 여러 목사님들 앞에서 우리 교회 쉐마학생들이 인성교육 책을 읽는다고 칭찬하실 때 너무나 기분이 좋았습니다.

또 가정의 소중함을 한 번 더 새기게 되었습니다. 내 가족이 있다는 것, 아버지 어머니가 계신다는 것에 너무나 하나님께 감사했습니다. 매주 토요일 한국형 주일가정예배를 잘 드리고 있고 가끔 현용수 교수님을 뵐 수 있었다는 것에 대하여 주님께 감사했습니다.

이번 강의를 들으며 다시 한 번 제가 향하는 길의 방향을 쳐다보게 되었습니다. 이제 부모님께 더욱 효도하겠습니다. 다시 한 번 쉐마클리닉에 참여하게 해 주신 주님께 감사드립니다! 현용수 교수님께도 감사드립니다.

이 시간 이후로 쉐마교육이 이 세상에 더욱 전파되길 원합니다. 아멘.

쉐마 국악 찬양

인성교육적 측면에서
왜 국악 찬양이 필요한가!

유대인의 성공은 어디에서 오는가? 그들은 어떻게 자손 대대로 하나님의 말씀을 전수하는 데 성공하였는가? 그들은 자녀를 깊이 생각하는 뿌리 깊은 인간으로 양육하기 때문이다. 그들은 어떻게 자녀를 깊이 생각하는 뿌리 깊은 인간으로 양육할 수 있는가?

저자는 유대인을 모델로 한 저자의 저서 '현용수의 인성교육 노하우' 제1권에 수직문화와 수평문화에 대한 이론을 개발하였다. 그들은 표면적인 수평문화보다는 깊이 있는 수직문화를 가르치기 때문이다. 수직문화 중 하나가 자기 민족의 역사의식과 전통을 귀하게 여기고 가르치는 것이다. 그런데 한국인 기독교인은 우리의 전통을 무시하고 서양 것에만 너무 익숙해져 있다. 한국인 기독교인의 인성교육적 측면에서 분명히 잘못된 것이다.

물론 그만한 이유도 있다. 한국인 기독교인이 한국 민족의 전통을 그대로 이어갈 수 없는 이유는 대부분 한국의 전통들이 그 내용이나 형식을 보면 우상을 섬기는 데서 나왔기 때문이다. 그렇다면, 한국인 기독교인이 한국의 전통을 어떻게 사용할 수 있는가? 두 가지로 생각할 수 있다.

첫째, 기독교에서 한국의 전통을 잇기 위해서는 그 전통의 내용을 신본주의 사상으로 바꾸어 일부 형식만 사용하는 방법이다. 예를 들면 조상들에게 추수에 대한 감사를 표시하는 한국의 추석을 하나님께 추수에 대한 감사를 표시하는 추수감사절로 바꾸어 사용하는 방법이다. 기도도 마찬가지다. 서양 사람들은 의

자에 앉아서 혹은 서서 기도한다. 그러나 한국인은 옛날부터 무릎을 꿇고 조상신들에게 빌었다. 이런 기도하는 방법, 즉 무릎을 꿇고 하나님께 기도하면 얼마나 하나님 앞에 정성스런 기도가 될 것인가? 뿐만 아니라 찬양도 국악의 형식을 빌어 하나님을 찬양할 수 있다. 우리 민족의 고유 가락을 하나님 섬기는 도구로 사용하는 것이다.

둘째, 보편적 윤리나 도덕적 예의나 지혜는 그대로 사용할 수 있다. 예를 들면, 서양 사람들이 인사할 때는 고개를 그대로 들고 "하이(Hi!)" 한다. 그러나 한국 기독교인은 고개를 많이 숙이면서 "안녕하세요"라고 말한다. 뿐만 아니라 한국의 고사성어에는 동양의 지혜가 많이 배어 있다. 예를 들면, 토사구팽(兎死狗烹), 새옹지마(塞翁之馬), 결자해지(結者解之) 등이다. 식자우환(識字憂患)이란 고사성어는 전도서에 나오는 말씀이다(전 1:18). 이런 것들은 종교를 떠나 한국인 지식인이라면 마땅히 알고 평상시에 사용하여야 한다. 특히 성경의 잠언이나 전도서 같은 지혜서에 나오는 말씀들도 동양에 얼마든지 있다. 왜냐하면, 하나님께서 이방인에게도 성경이라는 특수계시를 주시기 전 하나님을 알 만한 보편적 진리(롬 1:19~20)를 주셨기 때문이다. [자세한 내용은 저자의 저서 '현용수의 인성교육 노하우'(전4권, 동아일보사, 2008) 참조]

〈부록 2〉에는 부족한 종이 쉐마사역을 위하여 작사한 '쉐마 3대 찬양', '쉐마 효도 찬양', '쉐마아버지노래', '쉐마어머니노래' 그리고 박성희 목사가 작사한 '쉐마 이스라엘 들으라'를 싣는다. 곡은 모두 국악이다. 곡을 만드신 작곡가 류형선, 정세현, 조춘오 세 선생님에게도 감사를 드린다. 차제에 국악찬양이 많이 보급되어 전 세계에 흩어진 한국인 기독교인들이 우리의 것으로 하나님을 찬양하는 날이 속히 오기를 소원한다.

저자 현용수

쉐마아버지노래

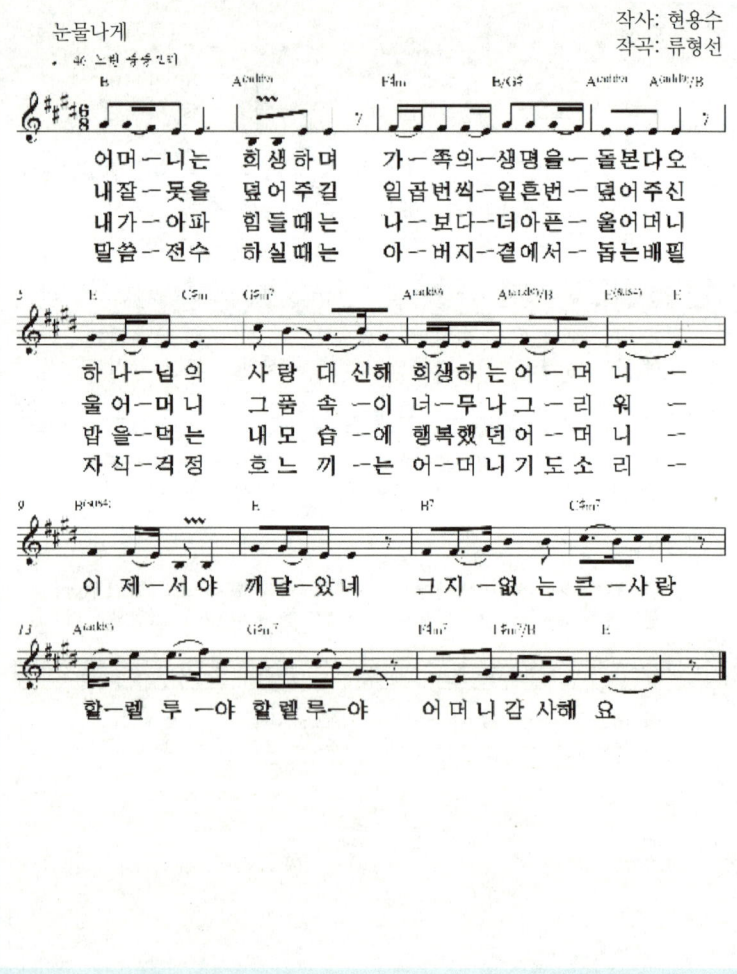

이제 너희는 이 노래를 써서 이스라엘 자손들에게
가르쳐 그들의 입으로 부르게 하여 이 노래로 나를
위하여 이스라엘 자손들에게 증거가 되게 하라.
(신명기 31:19)

대 주제

나는 너를 애굽 땅, 종 되었던 집에서 인도하여 낸 너의 하나님 여호와로라. (출 20:2)

자녀들을 복음으로 구원의 확신을 갖게 하여 하나님의 성민이 되게 하라. (갈 2:20)

쉐마자녀교육 십계명
- 3대가 신앙과 문화의 세대차이를 막는 법 -

I. 정체성 교육(1-3계명)
II. 성결 교육(4-7계명)
III. 비전 교육(8-10계명)

'쉐마자녀교육 십계명'을 제정하면서

현대 사회는 가정이 심각한 위기를 맞고 있다. 부모가 자녀에게 인성교육과 성경적 가치관 교육을 시키고 싶어도 왜 무엇을 어떻게 가르쳐야 할지 세부적이면서도 포괄적인 가이드라인이 분명치 않아 혼돈 상태에 있다. 이에 쉐마교육연구원은 성경적 자녀교육의 지침이 절실함을 깨닫고 다음에 유념하여 '쉐마자녀교육 십계명'을 제정하여 공포하게 되었다.

첫째, 본 '쉐마자녀교육 십계명'은 복음을 믿고 구원받은 기독교 가정의 자녀교육이다.

유대인이 성경을 많이 알아도 신약시대에 예수님을 믿지 않아 구원을 받지 못하는 것처럼, 자녀가 기독교 집안에서 성장했다고 구원 받는 것은 아니다. 신약시대는 오직 예수님의 십자가와 부활을 믿음으로 구원을 받을 수 있다(행 4:12; 고후 13:4). 따라서 본 쉐마자녀교육 십계명은 하나님의 은혜로 성령을 받아 예수님을 믿음으로 구원 받은 기독교인 가정을 대상으로 정리한다.

둘째, 본 '쉐마자녀교육 십계명'의 제정 목적은 한국인이 자녀로 하여금 한국인 기독교인의 정체성을 갖게 하고, 구별된 백성으로 하나님의 형상을 닮게 하여 그리스도의 장성한 분량까지 자라게 하기 위함이다(엡 4:13). 그리고 하나님을 향한 가문·민족·세계선교의 비전을 이루고, 전인교육으로 세상을 변화시키는 지도자로 키우기 위함이다. 이것이 3대가 신앙과 문화의 세대 차이를 막고 자손대대로 말씀을 전수하며(구약의 지상명령, 창 18:19; 신 6:4-9), 세계선교(신약의 지상명령, 마 28:19-20)를 이루는 방법이다. 따라서 본 십계명은 다음 세 부분으로 구성되어졌다.

I. 정체성 교육(제1계명 - 제3계명)
II. 성결 교육(제4계명 - 제7계명)
III. 비전 교육(제8계명 - 제10계명)

2006년 5월 5일, 어린이날
쉐마교육연구원 원장 현용수

한민족 기독교인의
쉐마자녀교육 십계명
- 3대가 신앙과 문화의 세대차이를 막는 법 -

대 주제

나는 너를 애굽 땅, 종 되었던 집에서 인도하여 낸 너의 하나님 여호와로라. (출 20:2)

자녀들을 복음으로 구원의 확신을 갖게 하여 하나님의 성민이 되게 하라. (갈 2:20)

I. 정체성 교육
(하나님을 향한 한민족 기독교인의
신앙·민족·지식의 정체성 교육)

제1계명 자녀를 제자 삼아 말씀 맡은자의 정체성을 갖게 하라(신앙의 정체성 교육)

하나님은 인류를 말씀으로 구속하시기를 소원하신다(사 40:8; 벧전 1:24). 예수님은 말씀이 육신이 되신 분이시다(요 1:14). 하나님의 말씀은 영혼의 양식이다. 따라서 부모는 자녀를 '말씀 맡은자'(롬 3:2)로 영적 정체성을 갖도록 양육해야 한다. 부모는 정기적으로 자녀와 함께 가정예배를 드리고 부지런히 말씀을 가르치므로 (신 6:4-9) 주님 오실 때까지 하나님의 말씀을 자손 대대로 대물림해야 한다.

제2계명 자녀에게 한민족 기독교인의 정체성을 갖게 하라 (민족의 정체성 교육)

자녀를 자기 민족을 사랑하는 한민족 기독교인으로 양육하기 위하여(출 32:32; 롬 9:1-5), 기독교 가치관과 한국인의 수직문화를 함께 가르쳐야 한다. 한국인의 수직문화는 자녀에게 한국인의 정체성을 심어주고, 자녀의 마음을 인성교육의 바탕이 되는 복음적 토양, 즉 옥토가 되게 한다(마 13:18-23). 자녀에게 한국말과 한국의 예절을 가르쳐야 한다. 자신의 뿌리인 부모님에 대하여, 가족과 가문에 대하여, 민족에 대하여 생각하며 기도하게 해야 한다. 그래야 선 세대들이 이루어 놓은 한인교회를 후세대들이 세대차이 없이 전수받을 수 있다. 수직문화 교육은 모세나 바울처럼 신앙을 담는 아름답고 큰 그릇을 형성하게 한다.

제3계명 자녀에게 EQ + 지혜교육을 시켜 지식의 정체성을 갖게 하라 (지식의 정체성 교육)

그리스도를 아는 것은 고등학문이요, 세상학문은 초등학문이다(골 2:8). 또한 자녀들이 세상 악인의 꾀에 빠지지 않게 하기 위해서는 마음은 비둘기같이 순결하지만 머리는 뱀같이 지혜롭게 키워야 한다(마 10:16). 어머니교육, 기독교교육 및 자연교육은 EQ를 증진시키고 순결한 마음을 갖게 한다. 그리고 하나님의 말씀(율법) 교육은 자녀의 영혼을 소생케 하고 세상을 사는 데 필요한 지혜를 갖게 한다(시 119:98-107). 하나님은 지혜의 원천이시며, 그 말씀에서 지혜 교육이 나온다. 지혜교육에는 세상에서 머리가 되는 IQ교육도 포함된다(신 28:13).

II. 성결 교육
(하나님을 향한 장소·시간·사람·물질·생활의 성결교육)

제4계명 세속 수평문화로부터 가정을 성결케 하라
(장소의 성결 교육)

가정은 거룩한 성전이다. 가정에서 수평문화를 차단하여 이 세대를 본받지 말게 하라(롬 12:2). 가정에서 죄성을 자극하는 불건전한 물건을 없애고, 자녀들의 TV 시청 및 영상문화를 금하라. 13세 이전에 세속적인 수평문화를 본받게 되면 마음의 토양이 자갈밭이 되어 복음을 전해도 받아들이기가 힘들고, 예수님을 영접한 후에도 헌신도가 약하고 제자화하기가 힘들다(마 13:18-23).

제5계명 한 가족 3대가 성수주일로 시간을 성결케 하라
(시간과 사람의 성결 교육)

신앙과 문화의 세대차이를 막기 위해 3대가 함께 주일을 거룩하게 지키는 훈련을 하는 것은 자녀를 어려서부터 하나님의 구별된 백성으로 양육하는 데 대단히 중요한 요소다. 하나님께서는 6일 동안 천지를 창조하신 후 제7일을 복되게 하여 그 날을 안식일로 거룩하게 하셨다(창 2:2-3). 안식일은 모든 세속적인 일을 멈추고 안식하며 하나님과의 관계를 더욱 충만하게 하는 절기다(출 20:8-11). 성수주일 교육은 하나님을 위한 다른 시간도 성결하게 사용하도록 돕는 훈련이다.

제6계명 십일조 교육으로 물질을 성결케 하라
(물질의 성결 교육)

하나님께 십일조를 드리는 행위는 만물의 주인이신 하나님에 대한 신앙의 표현이며 물질의 헌신이다. 이것은 기독교인의 기본 의무이기도 하다(말 3:7-12). 하나님을 사랑하기 때문에 기꺼이 의무를 이행할 수 있어야 한다. 보물이 있는 곳에 마음도 있다(마 6:21). 어려서부터 십일조 외에 다른 헌물도 구별하여 하나님께 드리는 바른 물질관 훈련을 시켜야 한다.

제7계명 선악을 분별케 하는 율법교육으로 생활을 성결케 하라(생활의 성결 교육)

죄악 세상에서 어떻게 자녀를 성결하게 키울 수 있을까? 악인의 꾀를 좇지 않고 죄인의 길에 서지 않게(시 1:1) 하기 위해서는 먼저 어느 것이 악이고 어느 것이 선인지를 구별할 줄 알아야 한다. 따라서 부모는 자녀에게 하나님이 주신 십계명을 비롯한 성경(율법) 교육을 시켜(요일 5:2-3), 하나님이 '하라'는 것은 하고 '하지 말라'는 것을 하지 않도록 훈련시켜야 한다(시 119:101-102). 특별히 음란한 세상에서 성적 순결을 지키게 하라.

III. 비전 교육
(하나님을 향한 가문 · 민족 · 세계선교의 비전)

제8계명 효도교육으로 명문 가문의 비전을 심으라
(가문의 비전 교육)

부모공경(출 20:12; 엡 6:1-3)은 하나님의 말씀을 전수하기 위한 필수 요건이다. 자녀가 부모를 공경하지 않으면 순종이 없고, 부모에게 순종하지 않으면 부모로부터 말씀을 전수받을 수 없기 때문이다. 말씀전수의 차원에서 부모공경은 바로 하나님 공경과 같다. 자녀가 부모에게 말씀을 받아 '말씀 맡은자'가 되면 당연히 예수님처럼 육신의 부모에게 효를 행하게 된다(요 19:25-26). 따라서 효는 하나님과 부모를 기쁘게 해드리는 인성교육의 기본이다. 효도교육을 받은 자녀는 형제간에 우애 있고 가문을 말씀으로 일으키며 민족(성민)의 수명을 길게 한다. (효도교육을 시킬 때 영적 부모인 목회자에 대한 효도교육도 함께 시켜야 한다)

제9계명 고난의 역사교육으로 민족의 비전을 심으라
(민족의 비전 교육)

한국 민족의 고난의 역사교육을 시켜야 한다. 하나님은 이스라엘 백성을 애굽에서 구원하신 후 애굽에서의 고난을 기억시키기 위하여 유월절에 자녀들에게 쓴나물과 고난의 떡을 먹게 하셨다(출 12:8; 신 16:3). 인간이 고난의 역사를 잊으면 하나님의 은혜를 잊고 타락하기 때문이다(호 13:6). 따라서 자녀에게 가정뿐 아니라, 민족의 고난의 역사 교육도 시켜야 한다. 인간은 고난을 기억할 때 현재의 생활에 감사하며 충실하게 된다(신 6:10-13, 8:1-16). 그리고 민족의 평화와 번영을 위한 비전을 품게 한다.

제10계명 신·구약의 지상명령을 가르쳐 세계선교의 비전을 심으라(세계선교의 비전 교육)

기독교인 자녀는 먼저 자신의 가정을 돌보고, 자기 민족을 사랑하지만, 이웃과 타민족도 함께 사랑해야 한다. 특히 하나님의 최고 관심사는 타락한 인류를 구원하여 하나님 나라를 이루시는 일임을 어려서부터 가르쳐야 한다. 따라서 기독교인은 먼저 가정에서 부모가 자녀에게 말씀을 가르쳐 자녀를 말씀의 제자로 양육하는 '구약의 지상명령'(창 18:19; 신 6:4-9)과 수평적으로 땅 끝까지 복음을 전하라는 예수님의 지상명령(마 28:19-20)도 함께 수행해야 한다. 이것이 주님의 재림을 준비하는 길이다.

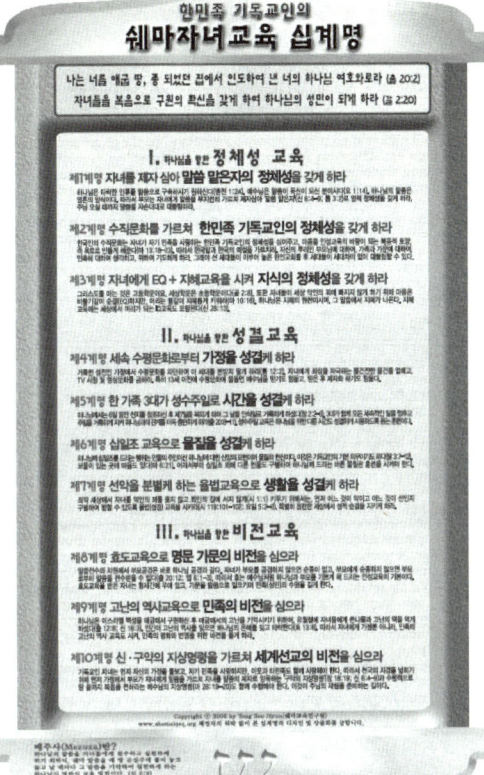

본 쉐마자녀교육 십계명은 가정과 교회에서 사용할 수 있도록 쉐마교육 용품으로 제작되어 있으므로 쉐마교육연구원에서 구입할 수 있습니다. 사진 참조

Copyright ⓒ 2006 by Yong Soo Hyun(쉐마교육연구원)
제정자의 허락 없이 본 십계명의 디자인 및 상품화를 금합니다.

참고자료(References)

외국 자료

Adlerstein, (2009). *The Article review*. The Forgotten Great Commission in the Old Testament, Shema written by Yong Hyun, p. 20, Seoul, Korea: Shema Books.

Agron, David. (1992). *Soviet Jews: A Field God Has Plowed*. Fuller Theological Seminary School of World Mission, ThM Thesis. Pasadena, California.

Aiken, Lisa. (1996). *Beyond bashert: A guide to enriching your marriage*. Northvale, NJ: Jason Aronson Inc.

Allis, O. T. (1982). *The Five Books of Moses*. Translated into Korean by Jung-Woo Kim. Seoul, Korea: Christian Literature Crusade.

Allport, G. W. (1946). Some Roots of Prejudice. *Journal of Psychology, 22,* 9–39.

_____. (1950). *The Individual and His Religion*. New York, NY: Macmillan.

_____. (1954). *The Nature of the Prejudice*. Cambridge, MA: Addison-Wesley.

_____. (1959). *Religion and prejudice*. Crane Review, 2, 1–10.

_____. (1960). *Personality and Social Encounter*. Boston, MA: Beacon.

_____. (1963). Behavioral Science, Religion, and Mental Health. *Journal of Religion and Health, 2,* 187–197.

_____. (1966a). The Religious Context of Prejudice. *Journal for the Scientific Study of Religion. 5,* 447–457.

_____. (1968). *The Person in Psychology*. Boston, MA: Beacon.

Allport, G. W., & Ross, J. M. (1967). Personal Religious Orientation and Prejudice. *Journal of Personality and Social Psychology, 5,* 432–443.

Alshich, Moshe. (1615). *Eynei Moshe on Ruth*. Unknown publisher.

Angoff, Charles. (1970). *American Jewish Literature*. New York, NY: Simon and Schuster.

Baeck, Leo. (1958). *Judaism and Christianity*. Philadelphia, PA: Jewish Publication of America.

Barclay, William. (1959a). *Train Up A Child*. Philadelphia, PA: Westminster Press.

_____. (1959b). *Educational Ideals in the Ancient World*. Grand Rapids, MI: Baker House.

Barker, K. (1985). *The NIV Study Bible*. Grand Rapids, MI: Zondervan.

Benson, C. H. (1943). *History of Christian Education*. Chicago, IL: Moody Press.

Benson, Joseph. (1846). *Joseph Benson's Commentary on the Old and New Testaments*. NY: T. Carlton & J. Porter.

Ben-Sasson, H. H. Editor. (1976). *A History of the Jewish People*. Cambridge, MA: Harvard University Press.

Berenbaum, Michael. (1993). *The World Must Know, The History of the Holocaust As Told in the United States Holocaust Memorial Museum*. Boston, MA: Little, Brown and Company.

Birnbaum, Philip. (1991). *Encyclopedia of Jewish Concepts*. New York, NY: Hebrew Publishing Company.

Bloch, Avrohom Yechezkel. (   ). *Origin of Jewish Customs: The Jewish Child*. Brooklyn, NY: Z. Berman Books.

Botterweck & Ringgren, ed. (1977). *Theological Dictionary of the Old Testament, Vol. 1*. Grand Rapids, MI: Eerdman Publishing Company.

Branden, Nathaniel. (1985). *Honoring the Self: Self-Esteem and Personal Transformation*. New York, NY: Bantam.

_____. (1988). *How to Raise Your Self-Esteem*. New York, NY: Bantam.

_____. (1995). *Six Pillars of Self-Esteem*. New York, NY: Bantam.

Bridger, David. ed. (1962, 1976). *The New Jewish Encyclopadia*. West Orange, NJ: Behrman House, Inc.

Brown, Collin, ed. (1975). *The New International Dictionary of New Testament Theology, Vol. 1*. Grand Rapids, MI: Regency Reference Library, Zondervan.

Brown, Driver & Briggs(BDB). (1979). *The New Brown – Driver – Briggs – Genesis Hebrew and English Lexicon*. Peabody, Ma: Hendrickson Publishers.

Brown, Michael. (1989). *The American Gospel Enterprise*. Shippensburg, PA: Destiny Image Publishers.

_____. (1992). *Our Hands Are Stained with Blood*. Shippensburg, PA: Destiny Image Publishers.

_____. (1994). *Our Hands Are Stained with Blood*. Translated into Korean by Hansarang World Mission College Press. Seoul, Korea: Hansarang World Mission College Press.

_____. (1990). *How Saved Are We?* Shippensburg, PA: Destiny Image Publishers.

_____. (1991). *Power of God*. Shippensburg, PA: Destiny Image Publishers.

_____. (1993). *It's Time to Rock the Boat*. Shippensburg, PA: Destiny Image Publishers.

_____. (1995a). *Israel's Divine Healer*. Grand Rapids, MI: Zondervan Publishing House.

_____. (1995b). *High-Voltage Christianity*. Lafayette, LA: Huntington House Publishers.

Bruce, (1984). *The New International Commentary on the New Testament, The epistles to the Colossians, to Philemon, and to the Ephesians*. Grand Rapids, MI: Eerdman Publishing Company.

Bryant, Alton. Editor. (1967). *The New Compact Bible Dictionary*. Grand Rapids, MI: Zondervan.

Calvin, John. (1974). *Calvins Commentaries*. USA: Baker Books.

_____. (1981). *Genesis, the Pentateuch, Vol. I*. Grand Rapid, MI: Baker Book House.

_____. (1981). *Exodus, the Pentateuch, Vol. II*. Grand Rapid, MI: Baker Book House.

_____. (1981). *Galatians, Ephesians, Philippians, Colossians, etc, Vol. XXI*. Grand Rapid, MI: Baker Book House.

_____. (1984). *Institutes of the Christian Religion(기독교 강요), Vol. I*. Translated by Moon Jae Kim, Seoul, Korea: Haemoon-sa.

_____. (1984). *Institutes of the Christian Religion(기독교 강요), Vol. II*. Translated by Moon Jae Kim, Seoul, Korea: Haemoon-sa.

_____. (1984). *Institutes of the Christian Religion(기독교 강요), Vol. III*. Translated by Moon Jae Kim, Seoul, Korea: Haemoon-sa.

_____. (1984). *Institutes of the Christian Religion(기독교 강요), Vol. VI*. Translated by Moon Jae Kim, Seoul, Korea: Haemoon-sa.

Canfield, Jack. (1993). *Chicken Soup for the Soul*. Deerfield Beach FL: Health Communications, Inc.

Chait, Baruch. (1992). *The 39 Avoth Melacha of Shabbath*. Jerusalem, Israel: Feldheim Publishers, Ltd.

Childs, Brevard S. (2005). *Memory and Tradition in Israel*. Translated by Yoon Chun-suk, SCM Canterbury Press LTD.

Clarke, Adam. (1831). *The Holy Bible, Containing The Old And New Testaments*. USA: J. Emory and B. Waugh.

CNN. 한국이 세계에서 가장 뛰어난 점. 2014년 7월 10일.

Cohen. (1992). *The Psalms*. Revised by Rabbi Oratz, New York, NY: The Soncino Press, Ltd.

Cohen, Abraham. (1983). *Everyman's Talmud*. Translated in Korean by Ung-Soon Won, Seoul, Korea: Macmillian.

_____. (1995). *Everyman's Talmud*. New York, NY: Schocken Books.

Cohen, Simcha Bunim. (1993). *Children in Halachan*. Brooklyn, NY: Mesorah Publications, Ltd.

Coleman, William L. (1987). *Environments and Customs of Bible Times*. Seoul, Korea: Seoul books.

Compact Bible Dictionary(the New). (1967). Grand Rapids, MI: Zondervan Publishing House.

Complete Word Study Dictionary(The). (1992). Complied and edited by Spiros Zodhiates. Chattanooga, TN: AMG Publishers.

Darmesteter, A. (1897). *The Talmud*. Philadelphia, PA: The Jewish Publication Society of America.

David Guzik Bible Commentary, 2006

Debour, Rolang. (1992). *Social Customs in Old Testaments(I)*. Seoul, Korea: Kidok Jungmoon-sa.

_____. (1993). *Social Customs in Old Testaments(II)*. Seoul, Korea: Kidok Jungmoon-sa.

Derovan & Berliner. (1978). *The Passover Haggadah*. Los Angeles, CA: Jewish Community Enrichment Press.

Dewey, John. (1916). *Democracy and Education*. New York, NY: The Free Press.

_____. (1938). *Experience and Education*. New York, NY: Macmillian publishing Co.

Ditmont, Max I. (1979). *Jews, God and History(한국역: 이것이 유대인이다)*. Translated into Korean by Young Soo Kim, Seoul, Korea: 한국기독교문학연구 출판부.

Dobson, James. (1992). *Dare to Discipline*. Wheaton, IL: Tyndale House Publisher, inc.

Donin, Hayim Halevy. (1972). *To Be A Jew: A Guide to Jewish Observance in Contemporary Life*. USA: Basic Books.

_____. (1977). *To Raise A Jewish Child: A Guide for Parents*. USA: Basic Books.

_____. (1980). *To Pray As A Jew: A Guide to the Prayer Book and the Synagogue Service*. USA: Basic Books.

Drazin, N. (1940). *History of Jewish Education*. Baltimore, MD: The Johns Hopkins press.

Eavey, C. B. (1964). *History of Christian Education*. Chicago, IL: Moody.

Ebner, Eliezer. (1956). *Elementary Education in Ancient Israel*. New York, NY: Bloch publishing Co.

Eisen, Robert. (2000). "The Education of Abraham: The Encounter between Abraham and God over the Fate of Sodom and Gomorrah." Jewish Bible Quarterly. Vol. 28. No. 2, pp. 80–86.

Encyclopedia Britannica, Macropaedia, Vol. 10. (1979). Chicago, IL: Encyclopedia Inc.

Encyclopaedia Britannica, Micropaedia, Vol. V. (1979). Chicago, IL: Encyclopedia Inc.

Encyclopaedia Britannica, Micropaedia, Vol. IX. (1979). Chicago, IL: Encyclopedia Inc.

Encyclopaedia of Judaica. (1993). Decennial Books 1983-1992. New York, NY: Mc Millan.

Encyclopedia of Jewish Concepts. (1991). edited by Philip Birnbaum, New York, NY: Hebrew Publishing Company.

Erikson, E. (1959). *Identity and the Life Cycle, Psychological Issues. Vol. 1*. New York, NY: International University Press.

Erikson, E. (1959). *Dimensions of New Identity (1st Ed.)*. New York, NY: W. W. Norton & Co.

_____. (1963). *Childhood and Society (2nd Ed.)*. New York, NY: W. W. Norton & Co.

_____. (1968). *Identity Youth and Crisis*. New York, NY: W. W. Norton & Co.

_____. (1982). *The Life Cycle Completed*. London, England: W. W. Norton & Co.

Feldman, Emanuel. (1994). *On Judaism*. Brooklyn, NY: Shaar Press.

Feldman, Sharon. (1987). *The River the Kettle and the Bird*. Spring Valley, NY: Philip Feldheim Inc.

Francis Brown, Samuel Rolles Driver, Charles Augustus Briggs. (1907). *A Hebrew and English Lexicon of the Old Testament*, Oxford.

Friedman, Avraham Peretz. (1992). *Table for Two*. Southfield, MI: Targum Press Inc.

Fromm, Erich. (1989). *The Art of Loving*. New York, NY: Harper & Row, Publishers.

Fuchs, Yitzchak Yaacov. (1985a). *Halichos Bas Yisrael, A Woman's Guide to Jewish Observance*. Vol. 1. Oak Park, MI: Targum Press.

_____. (1985b). *Halichos Bas Yisrael, A Woman's Guide to Jewish Observance*. Vol. 2. Oak Park, MI: Targum Press.

Gangel, K & Benson, W. (1983). *Christian Education: It's History & Philosophy*. Chicago, IL: Moody Press.

Geiger, K. (1963). *Further Insights Into Holiness*. Kansas City, MO: Beacon Hill Press.

Gill, John. (2012). *John Gill's Exposition of the Entire Bible*. USA: Amazon Digital Services, Inc.

Goetz, Bracha. (1990). *The Happiness Book*. Lakewood, NJ: CIS Publishers and Distributors.

Gold, Avie. (1989). *Artscroll Youth Pirkei Avos*. Brooklyn, NY: Mesorah Publications Ltd.

Golding, Goldie. (1988). *Arrogant Ari*. Brooklyn, NY: Sefercraft, Inc.

Goleman, Daniel. (1995). *Emotional Intelligence*. New York, NY: Bantam Books.

Gollancz, S. H. (1924). *Pedagogies of the Talmud and That of Modern Times*. London, UK: Oxford University press.

Gordon, M. M. (1964). *Assimilation in American Life*. New York, NY: Oxford University Press.

Grayton, J. (1985). *Early Buddhism and Christianity in Korea*. Leiden,

Nederland: E. J. Brill.

Guder, Eileen. (1982). *We are Never Alone*. Translated by Eujah Kwon, Seoul, Korea: Voice Publishing Company.

Hamilton, Victor P. (1995). *The Book of Genesis*. Grand Rapid, MI: William B. Eerdmans Publishing Co.

Han, Woo Keun. (1970). *The History of Korea*. Seoul, Korea: Eul-yoo Publishing Co.

Hauslin, Leslie. (1990). *The Amish: The Ending Spirit*. New York, NY: Crescent Books/Random House.

Heller, A. M. (1965). *The Jew and His World*. New York, NY: Twayne Publishers, Inc.

Heller, Rebbetzin Tziporah. (1993). *More Precious Than Pearls*. Spring Valley, NY: Feldheim Publishers.

Hertz, Joseph H. (1945). *Sayings of the Fathers(Ethics of the Fathers)*. USA: Behrman House Inc.

Hirsch, Samson Raphael. (1988). *Collected Writings of Rabbi Samson Raphael Hirsch*. Jerusalem, Israel: Feldheim Publishers Ltd.

_____. (1989a). *Genesis, the Pentateuch, Vol. I*. Gateshead: Judaica Press Ltd.

_____. (1989b). *Exodus, the Pentateuch, Vol. II*. Gateshead: Judaica Press Ltd.

_____. (1989c). *Leviticus, the Pentateuch, Vol. III*. Gateshead: Judaica Press Ltd.

_____. (1989d). *Numbers, the Pentateuch, Vol. IV*. Gateshead: Judaica Press Ltd.

_____. (1989e). *Deuteronomy, the Pentateuch, Vol. V*. Gateshead: Judaica Press Ltd.

_____. (1990). *The Pentateuch. Edited by Ephraim Oratz*, New York, NY: Judaica Press, Inc.

Holocaust(The). (   ), *Yad Vashem*. Jerusalem, Israel: W. Turnowasky & Son Ltd.

Holy Bible. (NIV, KJV). (1985).

Horner, Barry. Israel Theology Forum, Israel, *the Jewish people and the church fathers*. 서울. 2014년 9월 16일.

Hook, S. (1950). *John Dewey*. New York, NY: Barnes & Noble, Inc.

Hunt, E. (1980). *Protestant Pioneers in Korea.* Maryknoll, MO: Orbis Books.

Hyun, Yong Soo. (1990). *The Relationship between Cultural Assimilation Models, Religiosity, and Spiritual Well-Being Among Korean-American College Students and Young Adults in Korean Churches in Southern California.* Doctoral dissertation, Biola University, Talbot School of Theology, La Mirada CA. Ann Arbor: University Microfilms International.

_____. (1993). *Culture and Religious Education.* Seoul, Korea: Qumran.

_____. (2007). "The Study of the Existence and Fulfillment of the Great Commission in the Old Testament from the Perspective of the History of Redemption (A Study of Gen. 18:19 and Shema from the viewpoint of Christian education)" In *Journal of Christian Religious Education, Vol. 16.* 1-26. Seoul, Korea: The Korean Society for the Study of Christian Religious Education.

Ives, Robert. (1991). *Shabbat and Festivals Shiron.* Beverly Hills, CA: The Medi Press.

Jacobs, Louis. (1984). *The Book of Jewish Belief.* New York, NY: Behrman House, Inc.

_____. (1987). *The Book of Jewish Practice.* West Orange, NJ: Behrman House, Inc.

Jensen, I. R. (1981a). *Genesis: A Self-Study Guide.* Translated into Korean by In-Chan Jung. Seoul, Korea: Agape Publishing House

_____. (1981b). *Exodus: A Self-Study Guide.* Translated into Korean by In-Chan Jung. Seoul, Korea: Agape Publishing House.

John Gill's Exposition of the Entire Bible. 2012

Josephus. (1987). *Wars of Jews, VII.* Translated by Jichan Kim, Seoul, Korea: Word of Life Press.

Joyce, B & Weil, M. (1986). *Models of Teaching.* Englewood Cliffs, NJ: Prentice-Hall.

Kahn, Pinchas. (2002). "The Mission of Abraham: Genesis 18:17-22:19," *Jewish Bible Quarterly. Vol. 30.* No. 3, 2002, pp. 155-163.

Kaplan, Aryeh. (1983). *If You Were God.* New York, NY: Olivestone Print Communications, Inc.

Kaufman, Y. *The Lawyers Unite. (Sept. 1985).* Moment 10, 8, 45-46.

Keil, C. F., Delitzsch, Franz. (2006). *Commentary on the Old Testament.* USA: Hendrickson Publishing Co.

Keil & Delitzsch. (1989a). *Genesis*, the Pentateuch, Vol. I. Grand Rapid, MI: Hendrickson.

_____. (1989b). *Exodus*, the Pentateuch, Vol. II. Grand Rapid, MI: Hendrickson.

Kolatch, Alfred J. (1981). *The Jewish Book of Why*. Middle Village, NY: Jonathan David Publishers, Inc.

_____. (1985). *The Second Jewish Book of Why*. Middle Village, NY: Jonathan David Publishers, Inc.

_____. (1988). *This Is the Torah*. Middle Village, NY: Jonathan David Publishers, Inc.

KJV.(영문 성경)

Lange, John. (1976). *Lange's Commentary on the Holy Scriptures*. USA: Zondervan.

Lamm, Maurice. (1969). *The Jewish Way in Death and Mourning*. New York, NY: Jonathan David Publishers.

_____. (1980). *The Jewish Way in Love and Marriage*. Middle Village, NY: Jonathan David Publishers, Inc.

_____. (1991). *Becoming a Jew*. Middle Village, NY: Jonathan David Publishers, Inc.

_____. (1993). *Living Torah in America*. West Orange, NJ: Behrman House, Inc.

Lamm, Norman. (2002). "The Shema: Spirituality and Law in Judaism." *Journal of Law and Religion*. 17, 2002. Book Review.

Lampel, Zvi. trans. (1975). *Maimonides: Introduction to the Talmud*. New York, NY: Judaica Press.

Lange, J. p. (1979). *The Book of Genesis I & II*. Translated into Korean by Jin-Hong Kim. Seoul, Korea: Packhap.

Lee, Nam-Jong. (1992). *Christ in the Pentateuch*. Seoul, Korea: Saesoon Press.

Lee, Sang-Keun. (1989). *Genesis, the Lee's Commentary*. Seoul, Korea: Sungdung-sa.

_____. (1989). *Exodus, the Lee's Commentary*. Seoul, Korea: Sungdung-sa.

Leupold, H. C. (1942). *Exposition of Genesis*. Vol. I. Grand Rapids, MI: Baker.

_____. (1974). *Exposition of the Psalms*. Grand Rapids, MI: Baker.

Lipson, Eric-Peter. (1986). *Passover Haggadah*. USA: Thomas Nelson, Inc.

Los Angeles Times, *2 Rabbis Accused of Molesting Girl*, 15, June 2, B1.

Luther, Martin. (1962). *On the Jews and Their Lies*. trans. Martin H. Bertram, in Martin Luther's Works, 47:268-72(1543). Philadelphia, Pa: Muhlenberg.

Luzzatto, Moshe Chaim. (1989). *The Ways of Reason*. Jerusalem, Israel: Feldheim Publishers Ltd.

Martin Luther, 1543, trans. Martin H. Bertram(1962), in Martin Luther's Works, 47:268-272

Malbim. (1867). *Ruth*. Geza Yishai, Unknown Publisher.

Matthews, Kenneth A. (2005). *The New American Commentary*. Vol. 1B, Nashville, TN: Broadman & Holman Publishers.

Matzner-Bekerman, Shoshana. (1984). *The Jewish Child: Halakhic Perspectives*. New York, NY: KTAV Publishing House, Inc.

Mitchel, Larry A. (2001). *성경 히브리어 아람어 단어집*. 류근상 역, 서울: 크리스챤출판사.

NIV.(영문 성경)

New York Times, May 9, 1985, quoted from Brown, 1993, p. 11

Oesterly, W. O. E. *A History Of Israel*, II. pp. 459-463.

Orlowek, Rabbi Noach. (1993). *My Child, My Disciple*. Nanuet, NY: Feldheim Publishers.

Oxford Advanced Learner's Dictionary of Current English as Hornby(혼비영영한사전). (1987). 서울: 범문사.

Payne, J. B. (1954). *An Outline of Hebrew History*. Grand Rapid, MI: Baker Book House.

Piaget, Jean. (1972). *Biology and Knowledge*. Chicago, IL: The University of Chicago Press and Edinburgh: Edinburgh University Press.

Pilkington, C. M. (1995). *Judaism*. Lincolnwood, IL: NTC Publishing Group.

Ramban. (1973). *Genesis*. Brooklyn, NY: Shilo Publishing House, Inc.

_____. (1973). *Exodus*. Brooklyn, NY: Shilo Publishing House, Inc.

_____. (1973). *Leviticus*. Brooklyn, NY: Shilo Publishing House, Inc.

_____. (1973). *Deuteronomy*. Brooklyn, NY: Shilo Publishing House, Inc.

Rashi. (1994). *The Metsudah Chumash, vol. 1. Bereishis*. Hoboken, NJ: KTAV Publishing House.

_____. (1996). *The Metsudah Chumash, vol. V. Devarim*. Hoboken, NJ: KTAV Publishing House.

_____. (2003). *Commentary on the Torah, Vol. 1. Bereishis/Genesis*. New York. NY: Mesorah.

_____. (2003). *Commentary on the Torah Vol. 2. Shemos/Exodus*. New York. NY: Mesorah.

_____. (2003). *Commentary on the Torah Vol. 3. Vayikra/Leviticus*. New York. NY: Mesorah.

_____. (2003). *Commentary on the Torah Vol. 4. Bamidbar/Numbers*. New York. NY: Mesorah.

_____. (2003). *Commentary on the Torah Vol. 5. Devarim/Deuteronomy*. New York. NY: Mesorah.

Rausch, David A. (1990). *A Legacy of Hate: They Christians Must Not Forget the Holocaust*. Grand Rapids, MI: Baker.

Reuben, Steven Carr. (1992). *Raising Jewish Children In A Contemporary World*. Rocklin, CA: Prima Publishing.

Richardson, Peter. *Israel in the Apostoloc Church*. pp. 9-14. 74.

Sanders, E. P. (1995). *Paul, the Law, and the Jewish People*. Translated by Jin-Young Kim, Seoul, Korea: Christian Digest.

Shulman, Eliezer. (2003). *The Sequence of events in the Old Testament*. Lambda Publishers, Inc. New York, NY: Brooklyn.

Scherman, Nosson(Ed.) (1998). *Tanach, The Torah/Prophets/Writings*. Mesorah Publications, Ltd.

Scherman & Zlotowitz(Editors). (1992). *The Complete Art Scroll Siddur*. New York, NY: Mesorah

Peace. SBS publishing, Inc. Englewood, CO: New Jersey, 1979.

Publication, Ltd.

_____. (1994). *The Chumash*. Brooklyn, NY: Mesorah Publication, Ltd.

_____. (1997). *The Book of Ruth*. Brooklyn, NY: Mesorah Publication, Ltd.

_____. (2004). *The Complete Art Scroll Siddur*. Brooklyn, NY: Mesorah

Publication, Ltd.

_____. (2005). *The Chumash*. Brooklyn, NY: Mesorah Publication, Ltd.

Schlessinger, B. & Schlessinger, J. (1986). *The Who's Who of Nobel Prize Winners*. Oryx Press.

Seitz, Ruth. (1991). *Amish Ways*. Harrisburg, PA: RB Books.

_____. (1989). *Pennsylvania's Historic Places*. Intercourse, PA: Good Books.

Seymour Sy Brody, Art Seiden(Illustrator), (1996). *Jewish Heroes and Heroines of America: 150 True Stories of American Jewish Heroism*. New York, NY: Lifetime Books.

Shapiro, Michael. (1995). *The Jewish 100*. Secaucus, NJ: Carol Publishing Group.

Shilo, Ruth. (1993). *Raise A Child As A Jew*. Translated and edited by Hyun-Soo Kim, Gae-Sook Bang. Seoul, Korea: Minjisa.

Shulman, Eliezer. (2003). *The Sequence of Events on the Old Testament*. Brooklyn, NY: Lambda Publishers, Inc. and Israel: Ministry of Defence-Publishing House.

Silbiger, Steven. (2000). *The Jewish Phenomenon*. Atlanta, GA: Longstreet, 4.

Skinner, B. F. (1969). *Contingencies of Reinforcement*. Meredith.

Solomon, Victor M. (1992). *Jewish Life Style*. Translated into Korean by Myung-ja Kim, Seoul, Korea: Jong-ro Books.

Song, Min-Ho. (1997). "Constructing a Local Theology for a Second Generation Korean Ministry." Urban Mission. no. December: 23-34.

Spence, H.D.M., Exell. Joseph S. (1985). *The Pulpit Commentary*. USA: Hendrickson Publishing Co.

Stevenson, William. (1977). *90minutes at Entebbe Airport*. Translated into Korean by Yoon Whan Jang. Seoul, Korea: Yulwhadang.

Stott, John. (1996). *The Message of 1 Timothy & Titus*. 김현희 역, Leicester, England; InterVarsity Press.

_____. (1996). 디모데전서 · 디도서 강해. 김현희 역, 서울; 한국기독학생회(IVP).

Swift, Fletcher H. (1919). *Education in Acient Israel from Earliest Times to 70 A. D*. The Open Court Publishing Company.

Talmud, Babylonian Edition.

_____. *Jerusalem Edition.*

Telushkin, Joseph. (1991). *Jewish Literacy.* New York, NY: William Morrow and Company, Inc.

_____. (1994). *Jewish Wisdom.* New York, NY: William Morrow and Company, Inc.

The Jewish Bible. (1985) TANAKH, The Holy Scriptures. by JPS.

The New Compact Bible Dictionary. (1967). Editor; Alton Bryant. Grand Rapids, MI: Zondervan.

The New International Dictionary of New Testament Theology Vol. 1. Edited by Collin Brown, 1975, Grand Rapids, MI; Regency Reference Library, Zondervan.

The Times of Israel. June 26, 2013.

Theological Dictionary of the Old Testament Vol. 1. Edited by Botterweck & Ringgren, 1977, Grand Rapids, MI: Eerdman Publishing Company.

Thurow, Lester. (1985). *The Zero Sum Solution:* "Is America a Global Power in Decline?" Boston Globe, 20 March 1988, p. A22. New York, NY: Simon & Schuster.

Tokayer, Marvin. (2007). 탈무드 1; 탈무드의 지혜. 현용수 편역. 서울: 동아일보사.

_____. (2007). 탈무드 2; 탈무드와 모세오경. 현용수 편역. 서울: 동아일보사.

_____. (2009). 탈무드 3; 탈무드의 처세술. 현용수 편역. 서울: 동아일보사.

_____. (2009). 탈무드 4; 탈무드의 생명력. 현용수 편역. 서울: 동아일보사.

_____. (2009). 탈무드 5; 탈무드의 잠언집. 현용수 편역. 서울: 동아일보사.

_____. (2009). 탈무드 6; 탈무드의 웃음. 현용수 편역. 서울: 동아일보사.

Touger, Malka. (1988a). *Sefer HaMitzvot Vol. 1.* New York, NY: Moznaim Publishing Corporation.

_____. (1988b). *Sefer HaMitzvot Vol. 2.* New York, NY: Moznaim Publishing Corporation.

Tournier, Paul. (1997). *The Gift of Feeling.* 서울: 한국기독학생회출판부(IVP).

Towns, Elmer. L. Editor (1984). *A History of Religious Education.* Translated into Korean by Young-Kum Lim. Seoul, Korea: The Presbyterian Church of Korea, Department of Education.

Toynbee, Arnold J. (1958a). *A Study of History.* New York, NY: Oxford University Press.

_____. (1958b). *A Study of History*. New York, NY: Oxford University Press.

Trudy Gold(Director). (2004). *The Time chart history of Jewish civilization*. p. 14, Minneapolis, MN: Worth Press Ltd.

Twerski, Abraham J. (1992). *Living Each Week*. Brooklyn, NY: Mesorah Publications, Ltd.

Twerski, Abraham & Schwartz, Ursula. (1996). *Positive Parenting: Developing Your Child's Potential*. Brooklyn, NY: Mesorah Publications, Ltd.

Unger, M. F. (1957). *Unger's Bible Dictionary*. Chicago, IL: Moody Press.

Unterman, Isaac. (1973). *The Talmud*. New York, NY: Bloch Publishing Company.

Vilnay, Zev. (1984). *Israel Guide*. Jerusalem, Israel: Daf-Chen.

Vine, W. E. (1985). *An Expository Dictionary of Biblical Words*. Nashville, TN: Thomas Nelson Publishers.

Wagschal, S. (1988). *Successful Chinuch*. Jerusalem, Israel: Feldheim Publishers Ltd.

Walder, Chaim. (1992). *Kids Speak Children Talk About Themselves*. Jerusalem, Israel: Feldheim Publishers.

Waltke, Bruce K. (2001). *Genesis*. Grand Rapid, MI: Zondervan Publishing Co.

Walker, . et al. (1985). *A History of the Christian Church*. New York, NY: Charles Scribner Sons.

Washington Post, *Dole Plan on Shutdown*. 1996, Jan. 3.

Wax, Dovid. (Chief Editor) (2005). *The Ten Commandments*. Lakewood, NJ: Taryag Legacy Foundation.

Webster New Twentieth Century Dictionary. (2nd ed.). (1983). New York, NY: Simon & Schuster.

Wenham, Gordon J. (1994). *World Biblical Commentary. Vol. 2*. Nashville, TN: Thomas Nelson Publishers.

Westermann, Claus. (1995). *A Continental Commentary, Genesis Chapter 12-36*. Minneapolis: Fortress Press.

Wilson, Marvin R. (1993). *Our Father Abraham, Jewish Roots of the Christian Faith*. Grand Rapid, MI: William B. Eerdmans Publishing Company.

World Book Encyclopedia Vol. 2. (1986). Chicago, IL: Field Enterprises Educational Corp.

World Book Encyclopedia Vol. 11. (1986). Chicago, IL: Field Enterprises Educational Corp.

Young, R. (1982). *Young's Analytical Concordance to the Bible*. Nashville, TN: Thomas Nelson.

Zlotowitz, Meir. (1989). *Pirkei Avos Ethic of the Fathers*. Brooklyn, NY: Mesorah Publications, Ltd.

한국 자료

강은국. 남자(자카르 זכר)에게 명하신 쉐마교육(창 1:27 중심으로). 2011년도 쉐마교육학회 하계 학술논문 발표회에서 발표한 논문(미출판물). 2011년 6월 11일. 서울: 총신대

김종욱. (1998). 민족 번영을 위한 준비. 공군 정신교육원 횃불지 23호.

뉴에이스 국어사전. 금성출판사, p. 180.

동아 메이트 국어사전. (2002). 서울: 두산 동아.

대전일보. 세계가 주목하는 대한민국 조국에 긍지·자신감 갖자. 2007년 5월 1일.

미주중앙일보. 이미한 양, 부시 앞에서 '일제 만행' 에세이 읽어. 2005년 4월 21일.

박윤선. (1980). 성경주석, 창세기 출애굽기. 서울: 영음사.

_____. (1980). 성경주석, 레위기 민수기 신명기. 서울: 영음사.

_____. (1980). 성경주석, 여호수아기, 사사기, 룻기. 서울: 영음사.

_____. (1980). 공관복음. 서울: 영음사.

복음신문. 강국이 될 이스라엘. 2000년 3월 27일.

_____. 바람꽃(분수대 칼럼). 2005년 9월 9일.

스토트. (1996). 디모데전서·디도서 강해. 김현희 역, 서울; 한국기독학생회(IVP).

신용하. (1995). 구 조선총독부 청사는 하루 속히 철거해야 한다. 월간조선, 1995년 1월호, p. 606.

안희수. (2007). 100년 전 8월 1일의 치욕을 잊었는가. 국방일보, 2007년 8월 1일.

LA중앙일보, 재외동포 정책과 '검은 유대인'.2010년, 7월 9일.

엣센스 국어사전. (1983). 서울: 민중서림.

연합뉴스. 남은 위안부 생존자는 이제 87명, 하루빨리 이 문제가 해결돼야 할 텐

데…. 2010년 1월 17일.

연합뉴스. '홀로코스트' 생존자 비젠탈 사망. 2005년 9월 21일.

월간 중앙. 코리안 디아스포라 에필로그, 2005년 6월호, 통권 355호.

US News. 유대인 학살 추도 박물관 개관, 독일선 의도 무엇이냐 항의. 1993년 5월 10일.

윤종호. 크리스챤포스트, 망국 백성의 슬픈 노래. 1995년 8월 12일.

이기백. (1983). 한국사 신론. 서울: 일조각.

이상근. (1990). 갈·히브리 주석(8). 서울: 성등사.

_____. (1989). 창세기 주석. 서울: 성등사.

_____. (1990). 출애굽기 주석. 서울: 성등사.

_____. (1990). 레위기 주석(상). 서울: 성등사.

_____. (1990). 민(하)·신명기 주석. 서울: 성등사.

_____. (1991). 로마서 주해. 서울: 성등사.

_____. (1992). 옥중서신. 서울: 성등사.

_____. (1992). 살전-디도 주해. 서울: 성등사.

_____. (1992). 요한복음 주해. 서울: 성등사.

_____. (1993). 고린도서 주해. 서울: 성등사.

_____. (1993). 옥중서신 주해. 서울: 성등사.

_____. (1994). 잠언·전도·아가서 주석. 서울: 성등사.

이야기 신한국사. (1994). 신한국사연구회, 서울: 태을출판사.

이회창. 정치가 법을 만들지만 법치는 정치의 위에 있다. 월간 조선, 1995년 1월호.

임덕규. 한국의 효와 토인비교수의 눈물. 서울신문. 1990년 4월 14일.

林建彦(하야시 다께히꼬). (1989). 남북한 현대사. 서울: 삼민사.

정훈택. (1993). 열매로 알리라. 서울: 총신대학 출판부.

조선일보. 외국인 6000여명에게 '한국'하면 떠오르는 것 물었더니…. 2014년 7월 25일.

주간 중앙(미주판). 뉴 키즈 온 더 블록 '한국 소녀 팬 잊지 못해'. 2004년 7월 24일.

중앙일보. 용서의 심리학 발표. 1994년 11월 19일.

_____. 한인 대학생 미국 직장 취업 미국 학생 절반 수준. 1995년 2월 9일, 미주판.

_____. *1천만명이 전과자였다니.* 1995년, 8월 14일.
_____. *구 일본총독부 중앙돔 첨탑 철거.* 1995년, 8월 15일.
_____. *반성하는 독일, 궤변 반복 일본.* 1996년 1월 16일.
_____. *먼저 용서하니 기쁨이 충만.* 1998년 2월 13일, 미주판.
_____. *권영빈 칼럼, 역사 文盲이 늘고 있다.* 1998년 4월 24일.
_____. *박세리의 승리 비결.* 1998년 5월 19일, 7월 7일.
_____. *세계 한인 네트워크, 윈-윈의 지혜로.* 2007년 10월 8일.
_____. *세리야, "잘했다. 아빠가 그동안 너무 모질었지…,"* 1998년 5월 19일.
_____. *승자 없는 전쟁, 가자의 비극.* 2014년 8월 11일.
_____. *일본에 선의로 접근한 노무현, 독도로 뒤통수 친 일본.* 2014년 8월 10일.
_____. *말 말 말.* 1998년 5월 19일.
최규상. (2010). *365일 유머 넘치는 긍정력 사전.* 서울: 작은씨앗.
크리스챤 저널 (미주). *3·1 운동과 기독교.* 1995년 2월 23일.
크리스챤 헤럴드. *상하의원 개신교 293, 카톨릭 151, 유대교 35명.* 1997년 2월 2일.
한글성경(개역성경). (2010). 서울: 대한성서 공회.
한글판 개혁성경. (1956). 대한성서공회.
한국일보. *뉴 키즈 온 더 블록 방한 수십명 사상.* 1992년 3월 17일.
_____. *'돈-행복' 상관지수론.* 1992년 6월 14일, 미주판.
_____. *6·25 기념관 꼭 지어야 하는가.* 1993년 6월 22일.
_____. *실록 청와대, "지는 별 뜨는 별" 제 34회.* 1993년 8월 24일.
_____. *장교 40% 사명감 없이 입대.* 1995년 1월 11일.
_____. *佛 마지막 戰犯 모리스 파퐁.* 1996년 9월 20일.
_____. *무엇이 한국적인가.* 1997년 1월 27일.
한국 외교통상부 재외동포 현황 발표, 2005년 9월 5일.
한승홍. (1991). *한국신학 사상의 흐름.* 서울: 한국신학사상 연구원.
현대인의 성경. (1984). 생명의 말씀사.
현용수. (1993). *문화와 종교교육.* 서울: 쿰란출판사.
_____. (2005). *IQ는 아버지 EQ는 어머니 몫이다.* 제1권. 서울: 쉐마.
_____. (2005). *IQ는 아버지 EQ는 어머니 몫이다.* 제2권. 서울: 쉐마.

_____. (2005). *IQ는 아버지 EQ는 어머니 몫이다*. 제3권. 서울: 쉐마.

_____. (2005). *부모여 자녀를 제자 삼아라*. 제1권. 서울: 쉐마.

_____. (2005). *부모여 자녀를 제자 삼아라*. 제2권. 서울: 쉐마.

_____. (2006). *유대인 아버지의 4차원 영재교육*. 서울: 동아일보사.

_____. (2007). *자녀들아 돈은 이렇게 벌고 이렇게 써라*. 서울: 동아일보사.

_____. (2008). *현용수의 인성교육 노하우*. 제1권. 서울: 동아일보사.

_____. (2008). *현용수의 인성교육 노하우*. 제2권. 서울: 동아일보사.

_____. (2008). *현용수의 인성교육 노하우*. 제3권. 서울: 동아일보사.

_____. (2008). *현용수의 인성교육 노하우*. 제4권. 서울: 동아일보사.

_____. (2009). *잃어버린 구약의 지상명령 쉐마*. 제1권. 서울: 쉐마.

_____. (2009). *잃어버린 구약의 지상명령 쉐마*. 제2권. 서울: 쉐마.

_____. (2009). *잃어버린 구약의 지상명령 쉐마*. 제3권. 서울: 쉐마.

_____. (2010). *자녀들의 효도교육 이렇게 시켜라*. 제1권. 서울: 쉐마.

_____. (2010). *자녀들의 효도교육 이렇게 시켜라*. 제2권. 서울: 쉐마.

_____. (2010). *자녀들의 효도교육 이렇게 시켜라*. 제3권. 서울: 쉐마.

_____. (2011). *신앙명가 이렇게 세워라*. 제1권. 서울: 쉐마.

_____. (2011). *신앙명가 이렇게 세워라*. 제2권. 서울: 쉐마.

_____. (2012). *성경이 말하는 남과 여, 부부-성신학*. 서울: 쉐마.

_____. (2012). *IQ-EQ 박사 현용수의 쉐마교육 개척기*. 서울: 쉐마.

_____. (2013). *성경이 말하는 어머니의 EQ교육*. 제1권. 서울: 쉐마.

_____. (2013). *성경이 말하는 어머니의 EQ교육*. 제2권. 서울: 쉐마.

_____. (2014). *하나님의 독수리 자녀교육*. 서울: 쉐마.

_____. (2014). *고난의 역사를 기억하라*. 서울: 쉐마.

혼비영영한 사전*(Oxford Advanced Learner's Dictionary of Current English as Hornby)*. (1987). 서울: 범문사.

인터넷 자료

Adam Clarke Commentary on the Bible, 1831; http://www.biblehub.com

Benson Commentary on the Old and New Testaments, 1846; http://www.

biblehub.com

David Guzik Bible Commentary, 2006; http://www.biblehub.com

Electronic Bible Database

Elie Wiesel, http://100gatestojewishlearning.tumblr.com/post/47628108617/in-remembrance-is-the-secret-of-redemption

Explanatory Notes on the Whole Bible by John Wesley, http://www.biblehub.com

John Calvin's Commentaries, 1974; http://www.biblehub.com

John Gill's Exposition of the Entire Bible., 2012; http://www.biblehub.com

Keil and Delitsch, OT Commentary, 2006; http://www.biblehub.com

Lange's Commentary on the Holy Scriptures. 1976; http://www.biblehub.com

Spence, & Exell, The Pulpit Commentary, 1985; http://www.biblehub.com

The Biblical Illustrator, Electronic Database, http://www.biblehub.com;

http://bbs1.agora.media.daum.net/gaia/do/debate/read?bbsId=D003&articleId=5656805

http://blog.naver.com/PostView.nhn?blogId=yimychan&logNo=10179915581

http://blog.naver.com/PostList.nhn?blogId=yimychan&categoryNo=1&parentCategoryNo=1&from=postList

http://blog.daum.net/son13601/8086237

http://en.wikipedia.org/wiki

http://blog.naver.com/k15566/220101115011

http://cafe.daum.net/gwangnaru77/EYIU/12987

http://mail2.daum.net/hanmailex/Top.daum#ReadMail

http://www.mofat.go.kr/mofat

다음 사전(인터넷)

발포아 선언; http://blog.daum.net/cocoisland314/48

우리가 선진국 독일에서 보고 배워야 할 점들 http://blog.naver.com/PostView.nhn?blogId=ysh4045&lo No=220120491246

위키백과, http://ko.wikipedia.org/wiki/

웨스트민스터 대요리 문답 http://www.nazuni.pe.kr/faith/creeds/westminster/catechism_larger.php,

유교와 조상숭배 문화권선교. http://www.inbora.com/ez2k/ezboard.cgi?db=board3&action=read&dbf=2047&page=37&depth=2.

유교와 조상숭배 문화권선교. http://kin.naver.com/open100/db_detail.php?d1id=6&dir_id=60301&docid=775734&qb=7Jyg6rWQIOyhsOyDgeyIreuwsA==&enc=utf8&pid=fqX0KB331xosstqRDi8ssv--456615&sid=Squ0MnljqOoAABg3JE8.

이혼은 비성경적인가? 2009년 7월 23일. http://www.christiantoday.co.kr/view.htm?id=203385.

초대교회 순교자. http://en.wikipedia.org/wiki

효의 정의. http://kin.naver.com/detail/detail.php?d1id=6&dir_id=612&docid=824066&qb=7ZqoKOWtnSk=&enc=utf8&pid=frZgFz331ylssu2fe3sssv--142044&sid=SrETnnL9sEoAAC2eLxE.

학켈(Hakhel) http://en.wikipedia.org/wiki/Hakhel.

본서에 사용한 사진의 출처

Canon Institute 조한용 선생 제공 ⓒ, 미국 Los Angeles, CA. Tel. (213) 382-9229 USA(각 사진에 출처가 표기돼 있음).

Peace. SBS publishing, Inc. Englewood: New Jersey, 1979.

Shema Christian Education Institute, ⓒ Yong-Soo Hyun, 3446 Barry Ave Los Angeles, CA 90066 USA. (각 사진에 출처가 표기 안된 모든 사진들)

Simon Wiesenthal

Solomon, Victor M. ⓒ (1992). Secret of Jewish Survival. Translated into Korean by Myung-ja Kim, Seoul, Korea: Jong-ro Books(각 사진에 출처가 표기돼 있음).

Trudy Gold(Director). (2004). The Time chart history of Jewish civilization. p. 14, Minneapolis: MN, Worth Press Ltd.

Wiesenthal Center Museum of Tolerance, ⓒ Jim Mendenhall, 9786 West Pico Blvd., Los Angeles, CA USA. 90035-4792 Tel. (310)553-8403 제공 (각 사진에 출처가 표기돼 있음)

Yad Vashem, P.O. Box 3477, Jerusalem, Israel. Tel. 751611 (각 사진에 출처가 표기돼 있음)

김종욱. (1998). 민족 번영을 위한 준비. 공군 정신교육원 횃불지 23호.

독일 나치가 죽인 유대인 시체들 http://www.banzaj.pl/galeria/
 niemieckie-obozy-koncentracyjne-3-galdok-44823-473247-jpg.html

복음신문, 강국이 될 이스라엘, 2000년 3월 27일.

_____. 바람꽃(분수대 칼럼). 2005년 9월 9일.

안희수. (2007). 100년 전 8월 1일의 치욕을 잊었는가. 국방일보, 2007년 8월 1일.

월간 중앙, 코리안 디아스포라 에필로그, 2005년 6월호, 통권 355호.

주간 중앙(미주판), 뉴 키즈 온 더 블록 '한국 소녀 팬 잊지 못해', 2004년 7월 24일.

한국 외교통상부 재외동포 현황 발표, 2005년 9월 5일.

한국일보, 뉴 키즈 온 더 블록 방한 수십명 사상, 1992년 3월 17일.

참고 사항

1. 본 책자에 사용된 사진의 불법 복사 및 사용을 금합니다.
2. 만약 독자가 본서에 포함된 사진을 사용하기를 원할 때에는 반드시 사진 작가의 허가를 받아야 합니다.
3. 본 책자의 저자 이외의 사진은 저자가 권한을 갖고 있지 않으므로 위의 주소로 직접 연락하시기 바랍니다.

교육 혁명이 시작되었습니다!
- 가정교육 · 교회교육 · 교회성장 위기의 대안 -

자녀교육 + 교회성장 고민하지요?

Q1: 왜 현대 교육은 점점 발달하는 데 인성은 점점 더 파괴되는가?
Q2: 왜 자녀들이 부모와 코드가 맞지 않아 갈등을 빚는가?
Q3: 왜 대학을 졸업하면 10%만 교회에 남는가? 교회학교의 90% 실패 원인은?
Q4: 왜 해외 교포 자녀들이 남은 10%라도 부모교회를 섬기지 않는가?
Q5: 왜 현대인에게 전도하기가 힘든가?

근본 대안은 유대인의 인성교육과 쉐마교육에 있습니다

- 어떻게 유대인은 위의 문제를 4,000년간 지혜롭게 해결하고 세계를 지배하고 있는가?
- 어떻게 유대인은 아브라함 때부터 현재까지 세대차이 없이 자손 대대로 말씀을 전수하는데 성공했는가?

■ 쉐마교육연구원은 무슨 일을 하나?

1. 2세 종교교육 방향제시
   혼돈 속에 있는 2세 종교교육의 방향을 성경적이고 과학적인 연구에 의해 옳은 방향으로 제시해 준다.

2. 성경적 기독교교육 재정립
   유대인의 자녀교육과 기존 기독교교육 자료를 중심으로 백년대계를 세울 수 있도록 한국인에 맞는 기독교교육 방법을 재정립한다.

3. 한국인에 맞는 기독교교육 자료(내용) 개발
   현 한국 및 전 세계 한국인 디아스포라를 위해 한국인의 자녀교육에 맞는 기독교교육 내용을 개발한다.

4. 해외 및 기독교교육 문제 연구
   시대와 각 지역 문화의 변화에 대처하기 위해 계속 연구하고 대안을 제시한다.

5. 교회교육 지도자 연수교육
   각 지교회에 새로운 교회교육 지도자를 양성 보충하며 기존 지도자의 필요를 충족시켜준다.

6. 청소년 선도 교육 실시
   효과적인 청소년 교육 프로그램을 개발하여 선도교육을 실시한다.

7. 효과적 성서 연구 및 보급
   성경을 교육학적으로 보다 깊이 연구하고 효과적인 전달 방법을 개발하여 이를 보급한다.

8. 세계 선교 교육
   본 연구원의 교육 이념과 자료가 세계 선교로 이어지게 한다.

■ '쉐마지도자클리닉'이란 무엇인가?

쉐마교육연구원은 세계 최초로 현용수 교수에 의해 설립된, 인간의 인성과 성경적 쉐마교육을 가르치는 인성교육 전문 교육기관이다. 본 연구원에서 가르치는 핵심 교육의 내용 역시 현 교수가 하나님이 주신 지혜로 계발한 것들이며, 거의 모두가 세계 최초로 소개된 인성교육의 원리와 실제를 함께 가르치는 성경적 지혜교육이다. 본 연구원은 바른 인성교육 원리와 쉐마교육신학으로 가정교육·교회교육·교회성장 위기의 대안을 제시해 준다.

쉐마교육연구원에서 주관하는 '쉐마지도자클리닉'은 전체 3학기로 구성되어 있다. 1주 집중 강의로 3차에 걸쳐 제1학기는 '유대인을 모델로 한 인성교육 노하우', 제2학기는 '유대인의 쉐마교육'이 국내에서 진행된다. 제3학기는 '유대인의 인성 및 쉐마교육 미국 Field Trip'으로 미국에서 진행되며 현용수 교수의 강의는 물론 LA에 소재한 유대인 박물관, 정통파 유대인 회당 및 안식일 가정 절기 견학 등 그들의 성경적 삶의 현장을 견학하고, 정통파 유대인 랍비의 강의, 서기관 랍비의 양피지 토라 필사 현장 체험을 한 후 현지에서 졸업식으로 마친다.

3학기를 모두 마친 이수자에게는 졸업 후 쉐마를 가르칠 수 있는 'Teacher's Certificate'를 수여하여 자신이 섬기는 곳에서 쉐마교육을 가르칠 수 있도록 도와준다.

■ 누가 참석해야 하는가?

- 기존 교육에 한계를 느끼고 자녀교육과 교회학교 문제로 고민하시는 분.
- 한국 민족의 후대 교육을 고민하며 그 대안을 간절히 찾고자 하시는 분.
- 하나님의 말씀을 자손에게 물려줄 수 있는 비밀을 알고자 하시는 분.
- 유대인의 효도교육의 비밀과 천재교육+EQ교육의 방법을 알고자 하는 분.

미국 : 3446 Barry Ave. Los Angeles, California 90066 USA
　　　쉐마교육연구원 (310) 397-0067
한국 : 02)3662-6567, 070-4216-6567, Fax. 02)2659-6567
　　　www.shemaiqeq.org shemaiqeq@naver.com

IQ · EQ 박사 현용수의
유대인 자녀교육 총서

	인성교육론 시리즈	쉐마교육론 시리즈	탈무드 시리즈
1	인성교육론 + 쉐마교육론의 총론: IQ는 아버지 EQ는 어머니 몫이다 (쉐마) 전3권		탈무드 1 : 탈무드의 지혜 (원저 마빈 토카이어, 편저 현용수, 동아일보사)
2	현용수의 인성교육 노하우 1 - 인성교육이란 무엇인가 - (동아일보)	부모여, 자녀를 제자 삼아라 (쉐마) 전2권 - 유대인 자녀교육이 필요한 이유 -	탈무드 2 : 탈무드와 모세오경 (이하 동)
3	현용수의 인성교육 노하우 2 - 인성교육의 본질과 원리 - (동아일보)	잃어버린 구약의 지상명령 쉐마 (쉐마) 전3권 - 교육신학의 본질 -	탈무드 3 : 탈무드의 처세술 (이하 동)
4	현용수의 인성교육 노하우 3 - 인성교육과 EQ + 예절 교육 - (동아일보)	유대인 아버지의 4차원 영재교육 (동아일보) - 아버지 신학 -	탈무드 4 : 탈무드의 생명력 (이하 동)
5	현용수의 인성교육 노하우 4 - 다문화 속 인성 · 국가관 - (동아일보)	자녀들아, 돈은 이렇게 벌고 이렇게 써라 (쉐마) - 경제 신학 -	탈무드 5 : 탈무드 잠언집 (이하 동)
6	문화와 종교교육 (쉐마) - 박사 학위 논문을 편집한 책 -	자녀의 효도교육 이렇게 시켜라 (쉐마) 전3권 - 효 신학 -	탈무드 6 : 탈무드의 웃음 (이하 동)
7	IQ · EQ박사 현용수의 쉐마교육 개척기 (쉐마) - 자서전 -	신앙명가 이렇게 시켜라 (쉐마) 전2권 - 가정 신학 -	옷을 팔아 책을 사라 (원저 빅터 솔로몬, 편저 현용수, 쉐마)
8	가정해체로 인한 인성교육 실종 대재앙을 막는 길 (쉐마) - 논문 -	성경이 말하는 남과 여 한 몸의 비밀 (쉐마) - 부부 · 성 신학 -	
9		성경이 말하는 어머니의 EQ 교육 (쉐마) 전2권 - 어머니신학 -	
10		한국형 주일가정식탁예배 예식서, 순서지 (쉐마) - 가정예배 -	
11		하나님의 독수리 자녀교육 (쉐마) - 고난교육신학 1 -	
12		유대인의 고난의 역사교육 (쉐마) - 고난교육신학 2 -	

이런 순서로 읽으세요 (전 36권)

인성교육론과 쉐마교육론

- 전체 유대인 자녀교육에 대한 개론을 알려면
  - 《IQ는 아버지 EQ는 어머니 몫이다》(전3권)
- 유대인을 모델로 한 인성교육의 원리를 이해하려면
  - 《현용수의 인성교육 노하우》(전4권)
- 인성교육론이 나오게 된 학문적 배경을 이해하려면
  - 《문화와 종교교육》(현용수의 박사 학위 논문)
  - 《IQ · EQ 박사 현용수의 쉐마교육 개척기》(현용수 박사의 자서전)
- 왜 기독교교육에 유대인의 선민교육이 필요한지를 알려면
  - 《부모여 자녀를 제자 삼아라》(전2권)
- 쉐마교육론(교육신학)이 나오게 된 성경의 기본 원리를 알려면
  - 《잃어버린 구약의 지상명령 쉐마》(전3권)
    (쉐마와 자녀신학이 포함됨)
- 가정 해체와 인성교육과의 관계를 알려면
  - 《가정 해체로 인한 인성교육 실종 대재앙을 막는 길》

각 쉐마교육론을 더 깊이 연구하려면 다음 책들을 읽으세요

- 아버지 신학 《유대인 아버지의 4차원 영재교육》
- 경제 신학 《자녀들아, 돈은 이렇게 벌고 이렇게 써라》
- 효 신학 《자녀의 효도교육 이렇게 시켜라》(전3권)
- 가정 신학 《신앙명가 이렇게 세워라》(전2권)
- 부부 · 성 신학 《성경이 말하는 남과 여 한 몸의 비밀》
- 어머니 신학 《성경이 말하는 어머니의 EQ 교육》(전2권)
- 가정예배 《한국형 주일가정식탁예배 예식서》(별책부록: 순서지)
- 고난교육신학 1 《하나님의 독수리 자녀교육》
- 고난교육신학 2 《유대인의 고난의 역사교육》

앞으로 더 많은 교육 교재가 발간될 예정입니다. 계속 기도해 주세요.